DIE ZIVILRECHTLICHE ASSESSORKLAUSUR

2016

Ralf Stoffregen
Richter am Amtsgericht
Langjähriger Leiter von Referendararbeitsgemeinschaften und Repetitor

ALPMANN UND SCHMIDT Juristische Lehrgänge Verlagsges. mbH & Co. KG
48143 Münster, Alter Fischmarkt 8, 48001 Postfach 1169, Telefon (0251) 98109-0
AS-Online: www.alpmann-schmidt.de

Zitiervorschlag: Stoffregen, Die zivilrechtliche Assessorklausur, Rn.

Stoffregen, Ralf
Die zivilrechtliche Assessorklausur

2. Auflage 2016
ISBN: 978-3-86752-478-0

Verlag Alpmann und Schmidt Juristische Lehrgänge
Verlagsgesellschaft mbH & Co. KG, Münster

Unterstützen Sie uns bei der Weiterentwicklung unserer Produkte.
Wir freuen uns über Anregungen, Wünsche, Lob oder Kritik an: **feedback@alpmann-schmidt.de**.

1. Teil: Grundlagen der Arbeitsmethodik

A. Einleitung

Die Klausuraufgaben im **Assessorexamen** verlangen nicht nur die Erarbeitung der materiell-rechtlichen Lösung, sondern auch die tatsächliche und verfahrensmäßige Aufbereitung der Aktenstücke aus der Sicht eines Praktikers. Um innerhalb der vorgegebenen Bearbeitungszeit eine **praxisgerechte Lösung** entwickeln und unter Beachtung der erforderlichen Formalien ausformulieren zu können, bedarf es eines soliden Zeitmanagements und des möglichst optimalen Einsatzes der von den **Landesjustizprüfungsämtern** zugelassenen **Kommentarliteratur**. Dies sind in der zivilrechtlichen Assessorklausur in allen Bundesländern (zumindest) die Kommentare von Palandt[1] sowie Thomas/Putzo.[2] Zusätzlich darf in Bayern die Formularsammlung von Kroiß/Neurauter[3] als Hilfsmittel benutzt werden. Es ist ratsam, sich frühzeitig (z.B. im Internet) über die in der Prüfung zugelassenen Hilfsmittel zu informieren und diese bei der Prüfungsvorbereitung regelmäßig zu benutzen. Auf diese konzentrieren sich zur Erleichterung der Nacharbeit die Fundstellennachweise in den bewusst knapp gehaltenen Fußnoten. Soweit dies im jeweiligen Bundesland erlaubt ist, können die zitierten Kommentarstellen als handschriftliche Hinweise in die Gesetzessammlungen übertragen werden.

1

Anders als im Studium und im ersten Staatsexamen ist der dem Fall zugrunde liegende **Sachverhalt in aller Regel zumindest teilweise streitig**. Dies gilt sowohl für gerichtliche als auch für anwaltliche Aufgabenstellungen. Von daher ist der **Arbeit am Sachverhalt besondere Aufmerksamkeit** zu widmen. Bekanntlich wirken sich Fehler bei der Sachverhaltserfassung nahezu immer negativ auf die rechtliche Lösung aus, die das Kernstück der Klausuraufgabe darstellt.

2

Die Umsetzung der Lösung im Praxisteil der Klausur verlangt **praktisches Geschick**. Durch das Bestehen des ersten Staatsexamens ist der Nachweis der rechtswissenschaftlichen Qualifikation gelungen. Die im zweiten Staatsexamen erfolgende Prüfung der Praxiseignung hat eine andere Zielrichtung. Die **Kenntnis alltagstypischer Lösungsmuster** und eine große Zahl von **Formulierungshilfen** erleichtern die Bewältigung dieser Aufgabe nachhaltig und vermeiden unnötigen Zeitverlust. Ein zentrales Anliegen dieses Skriptes besteht darin, dieses unentbehrliche Praxiswissen in **komprimierter Weise** unter weitestgehendem **Verzicht auf die Erörterung wissenschaftlicher Streitfragen** anschaulich darzustellen. Die Erörterung von Meinungsstreitigkeiten ist in den einschlägigen Lehrbüchern[4] und Skripten[5] zu finden. Deshalb hält sich der Umfang dieses Skriptes bewusst in einem überschaubaren Umfang und verzichtet auf ein gesondertes Literaturverzeichnis. Es geht nicht um die Vermittlung von Spezialwissen zu den zahllosen juristischen Streitfragen, sondern um eine praxisnahe Darstellung der methodischen Arbeitsgrundlagen. Damit richtet sich das Skript sowohl an **Referendare am Anfang** ihrer praktischen Ausbildung als auch an **Examenskandidaten**, die ihr im Referendariat erworbenes Wissen auffrischen und vertiefen möchten.

3

Literatur und Judikatur befinden sich auf dem Stand 15.05.2016.

---

1 BGB, 75. Aufl. 2016, zitiert: Palandt-Bearbeiter.

2 ZPO, 37. Aufl. 2016, zitiert: Thomas/Putzo-Bearbeiter.

3 Formularsammlung für Rechtspflege und Verwaltung, 25. Aufl. 2016.

4 Standardausbildungsliteratur sind insbesondere Anders/Gehle, Das Assessorexamen im Zivilrecht, 12. Aufl. 2015, und Knöringer, Die Assessorklausur im Zivilprozess, 15. Aufl. 2014.

5 Siehe AS-Skript ZPO (2015).

B. Aufgabeninhalte von Examensklausuren

4   Die zivilrechtlichen Examensklausuren unterfallen in **Entscheidungsklausuren (Richterklausuren) und Anwaltsklausuren**. Die **Kernprobleme** liegen regelmäßig im Bereich des **materiellen Rechts**.[6] Anders als im ersten Staatsexamen bedarf es aber keiner wissenschaftlichen Abhandlung streitiger Rechtsfragen, vielmehr sollte die (im Kommentar nachzulesende und in der Praxis anerkannte) **h.M. zur Grundlage der Klausurlösung** gemacht werden. Der gleichen Arbeitsweise bedient sich das Justizprüfungsamt bei seinem Lösungsvorschlag, der den Prüfern übermittelt wird. **Prozessuale Fragestellungen** demgegenüber bilden zumeist nur den **Rahmen der Klausur**. Dies darf aber nicht dazu führen, das Prozessrecht bei der Examensvorbereitung zu vernachlässigen und dort den „Mut zur Lücke" zum beherrschenden Prinzip werden zu lassen.

> **Beachte:** Eine sachgerechte Examensvorbereitung erfordert eine solide Kenntnis sowohl des materiellen als auch des Prozessrechts. Bei umstrittenen Rechtsfragen sollte der Fokus auf die herrschende Praxisansicht gelegt werden, um sich nicht in der Auseinandersetzung mit Mindermeinungen zu verzetteln.

5   Von zentraler Bedeutung bei der Erarbeitung jeder Klausurlösung ist die richtige **Schwerpunktsetzung.** Von keinem Referendar, auch nicht von dem Examenskandidaten, kann erwartet werden, dass er sämtliche klausurrelevanten Rechtsfragen kennt. Gerade bei dem Referendar wenig vertrauten Rechtsgebieten ist deshalb die **Entschlüsselung des Aufgabentextes** von großer Wichtigkeit. Die maßgeblichen Rechtsprobleme sind in den Klausuraufgaben mehr oder weniger deutlich angesprochen. Deshalb sollten die von den Fallbeteiligten **angesprochenen Rechtsfragen markiert und gesammelt** werden. Nur wenn jedenfalls die meisten dieser Rechtsansichten in der vom Referendar erarbeiteten Lösung von Relevanz sind, befindet sich der Fallbearbeiter auf dem richtigen Weg. Dies ist grundlegend für die **Klausurtaktik**. Umgekehrt bedeutet dies: Spielen die im Aufgabentext problematisierten Rechtsprobleme für den Lösungsvorschlag des Referendars überhaupt keine oder nur eine untergeordnete Rolle, weicht die Lösung von der des Justizprüfungsamtes mit Sicherheit in zentralen Fragen ab und sollte dringend noch einmal auf ihre Richtigkeit überprüft werden. Dies geschieht **methodisch** durch eine konsequente Anwendung der **juristischen Subsumtionstechnik** (Obersatz – Untersatz – Schlusssatz). Auf diese Weise ist es unter Einsatz der Kommentarliteratur jederzeit möglich, auch Fallprobleme aus unbekannten Rechtsgebieten zumindest vertretbar zu lösen und damit die im Assessorexamen im Vordergrund stehende **Praxistauglichkeit** des Bearbeiters unter Beweis zu stellen.

> **Beachte:** Nur ein methodisch einwandfreier Lösungsweg ist ein Garant für das richtige Klausurergebnis.

C. Klausurtypen

6   Gemeinsames Merkmal aller vorkommenden Klausurtypen ist, dass ein in aller Regel[7] streitige Tatsachen beinhaltendes Aktenstück **in prozessualer und materiell-rechtlicher Hinsicht** umfassend zu prüfen und das Ergebnis in einen **Praxisentwurf** umzusetzen ist.

---

6   Siehe die zusammenfassende Darstellung im AS-Skript Materielles Zivilrecht in der Assessorklausur (2016).

7   Ausnahmen bestehen insbesondere bei kautelarjuristischen Klausuren.

I. Entscheidungsklausuren

Die Entscheidungsklausur besteht in einer **richterlichen Aufgabenstellung.** Zumeist ist ein **Urteil** zu entwerfen, seltener ein **Beschluss**. Bisweilen sind diese Aufgaben in eine einstweilige Rechtsschutzsituation eingebunden. Die dritte vom Gesetz vorgesehene gerichtliche Entscheidungsform (vgl. § 160 Abs. 3 Nr. 6 ZPO), eine richterliche **Verfügung**, ist zumindest bislang nicht Gegenstand zivilrechtlicher Examensaufgaben.[8]   **7**

Beide denkbaren Klausuraufgaben erfordern neben der unbedingten Beachtung der Entscheidungsformalien (vgl. § 313 Abs. 1 Nr. 1–4 ZPO) eine stilistisch saubere **Begründung** der rechtlichen Lösung (im „Urteils-Stil") sowie (vorab) die Schilderung des der Entscheidung zugrunde liegenden **Sachverhaltes**. In aller Regel ist **kein zusätzliches Gutachten** verlangt. Anders ist dies, wenn die Lösung des Referendars zur Unzulässigkeit des gerichtlichen Verfahrens kommt. In Bayern verlangen die Aufgabenstellungen in aller Regel ein zusätzliches Hilfsgutachten und/oder Hilfsentscheidungsgründe zu den vom Referendar in seiner Lösung nicht behandelten Rechtsfragen des Falles.

Eine typische Aufgabenstellung **(Bearbeitervermerk)** lautet:

Bearbeitervermerk:
Die Entscheidung des Gerichts ist zu entwerfen. Die Klage wurde der Beklagten am 11.01.2016 und der Schriftsatz vom 03.02.2016 am 08.02.2016 zugestellt.
Eine Streitwertfestsetzung ist nicht erforderlich.
Wird ein rechtlicher Hinweis für erforderlich angesehen, so ist zu unterstellen, dass dieser ordnungsgemäß erfolgt ist. Eine solche Vorgehensweise ist in einer Fußnote kenntlich zu machen.
Werden eine richterliche Aufklärung oder eine Beweiserhebung für erforderlich gehalten, so ist zu unterstellen, dass diese ordnungsgemäß erfolgt und ohne Ergebnis geblieben sind. Eine solche Vorgehensweise ist in einer Fußnote kenntlich zu machen.
Kommt die Bearbeitung ganz oder teilweise zur Unzulässigkeit der Klage, so ist insoweit zur Begründetheit in einem Hilfsgutachten Stellung zu nehmen.
Die Formalien (Ladungen, Zustellungen, Unterschriften, Vollmachten) sind in Ordnung.
Hannover hat ein eigenes Amts- und Landgericht, zuständiges Amtsgericht für Vlotho ist Bad Oeynhausen, zuständiges Landgericht Bielefeld.
Der Bearbeitung ist der zum Entscheidungszeitpunkt geltende Rechtszustand zugrunde zu legen. Übergangsvorschriften sind nicht zu prüfen.

> **Beachte:** Datenangaben und Kalenderabdrucken im Bearbeitervermerk ist besondere Aufmerksamkeit zu widmen. Sie stellen zumeist für Fristberechnungen wichtige Ergänzungen des Sachverhaltes dar.

II. Anwaltsklausuren

Anwaltliche Aufgabenstellungen bestehen aus einem **vorbereitenden Gutachten** und einem **Praxisentwurf**. In diesem praktischen Teil ist das Ergebnis des Gutachtens in aller Regel in einen **Schriftsatz** (z.B. Klageschrift, Klageerwiderung, Eilantrag, Mandantenschreiben) umzusetzen. Bei kautelarjuristischen Aufgaben bestehen Besonderheiten.[9]   **8**

---

8   Vgl. zu der Unterscheidung der gerichtlichen Entscheidungsformen Thomas/Putzo/Reichold Vorbem. § 300 ZPO Rn. 1–3.

9   Siehe Rn. 278 ff.

Während bei Entscheidungsklausuren im Examen kaum **Überraschungen bei der Aufgabenstellung** zu erwarten sind, ist dies wegen der Vielfalt der im beruflichen Alltag vorkommenden Mandatsinhalte bei den Anwaltsklausuren anders. Neben **Standardaufgaben** (dies sind vor allem **Klageschrift** und **Klageerwiderung**, **Einspruchsschrift** und **Einspruchserwiderung**, **Berufungsbegründung** und **Berufungserwiderung**) bilden hier dem Referendar aus seiner praktischen Ausbildung häufig weniger vertraute Ausgangskonstellationen den Aufhänger der Klausur. Zu nennen sind beispielsweise die Aufgabenstellungen, den Mandanten zur Frage der Annahme eines **gerichtlichen Vergleichsvorschlages** zu beraten oder über die **Ausübung des Widerrufsrechts** bei einem Prozessvergleich zu befinden.

Ausgangspunkt jeder Gutachtenprüfung ist das Auffinden der einschlägigen **Anspruchsgrundlage(n)**. Kommen mehrere in Betracht, erfolgt die Prüfung in der aus der universitären Ausbildung vertrauten **Reihenfolge vertragliche Ansprüche**, **vertragsähnliche** Ansprüche, **dingliche** Ansprüche, **deliktische** Ansprüche, **Bereicherungsansprüche** und **sonstige** Ansprüche. Jede einzelne Anspruchsgrundlage unterliegt der dem Referendar bekannten Unterscheidung **Entstehung, Untergang und Durchsetzbarkeit des Anspruchs**.

9   Soweit der Bearbeitervermerk nichts Abweichendes vorgibt, ist das Gutachten **einspurig** aufzubauen (im Unterschied zu einem **Relationsgutachten**). Dies bedeutet, dass bei der **Anspruchsprüfung** nicht nur der Vortrag des Anspruchstellers, sondern **auch der streitige Tatsachenvortrag des Anspruchsgegners** zu berücksichtigen ist und dadurch ggf. sogleich eine Prognose zur Beweisführung erforderlich wird.[10]

Bei einem **relationsmäßigen Aufbau** demgegenüber wird zunächst **nur** die **Schlüssigkeit** des Vortrages des Anspruchstellers (**„Klägerstation"**) geprüft, erst danach die **Erheblichkeit** der Verteidigung des Anspruchsgegners („Beklagtenstation"), anschließend folgen ggf. noch eine **Replik** („2. Klägerstation") und eine **Duplik** („2. Beklagtenstation").

10 **Schlüssigkeit** ist gegeben, wenn auf der Grundlage der **unstreitigen Tatsachen** und der vom **Anspruchsteller behaupteten (streitigen) Tatsachen** der erhobene Anspruch besteht.[11] Zur Schlüssigkeit genügt, dass der Anspruchsteller sämtliche **anspruchsbegründenden** Voraussetzungen zumindest **einer** Anspruchsgrundlage vorträgt.[12] Ist dies nicht der Fall, ist sein Vorbringen **unschlüssig** und der geltend gemachte Anspruch unbegründet, ohne dass es auf abweichenden Tatsachenvortrag des Anspruchsgegners ankommt. **Teilschlüssig** ist das Vorbringen, wenn es den erhobenen Anspruch nur teilweise rechtfertigt.

> **Merke:** Gegenstand der **Schlüssigkeitsprüfung** ist der **gesamte unstreitige und streitige Vortrag des Antragstellers**. Dies gilt unabhängig davon, ob sein Tatsachenvortag die Entstehung, den Untergang oder die Durchsetzbarkeit des geltend gemachten Anspruchs betrifft. Bei unstreitigen Tatsachen kommt es auch nicht darauf an, wer die unstreitigen Tatsachen in die rechtliche Auseinandersetzung einbringt.

11 Beispielsweise ist ein Anspruch aus § 433 Abs. 2 Vor. 1 BGB schlüssig dargetan, wenn der Anspruchsteller eine Einigung des Verkäufers mit dem Käufer über die Ware und den Preis vorträgt. Dies sind die **anspruchsbegründenden** Voraussetzungen einer

---

10   Formulierungsbeispiel siehe Rn. 20.
11   Thomas/Putzo/Reichold Vorbem. § 253 ZPO Rn. 38.
12   Thomas/Putzo/Reichold Vorbem. § 253 ZPO Rn. 41, 42.

Kaufpreisforderung, für die der Verkäufer die **Darlegungslast** trägt, ebenso die **Beweislast**, falls der Käufer die anspruchsbegründenden Tatsachen bestreitet.[13]

> **Beachte:** Die Darlegungs- und Beweislastverteilung ist für die meisten materiellrechtlichen Vorschriften im Kommentar von Palandt erläutert, zumeist in der letzten Randnummer oder einer der letzten.

Die Verteidigung des Anspruchsgegners ist **erheblich**, wenn sein **abweichender Tatsachenvortrag** den vom Kläger geltend gemachten Anspruch zu Fall bringt.[14] Dies kann durch das **Bestreiten anspruchsbegründender Tatsachen** erfolgen **(unselbstständige Verteidigung)** oder durch das **Behaupten** (streitiger) **anspruchshindernder, anspruchsvernichtender oder anspruchshemmender Tatsachen (selbstständige Verteidigung, Einwendungen und Einreden)** geschehen.   **12**

Beispielsweise kann der Anspruchsgegner Tatsachen behaupten, die den Vertragsschluss wegen **Minderjährigkeit** des Anspruchsgegners schwebend unwirksam machen (**anspruchshindernde** Tatsachen), zum Untergang durch **Erfüllung** des Kaufpreisanspruchs führen (**anspruchsvernichtende** Tatsachen) oder seine Undurchsetzbarkeit infolge **Verjährung** (**anspruchshemmende** Tatsachen) zur Folge haben.

> **Merke:** Erheblich sein kann immer nur abweichender **Tatsachenvortrag**, eine Rechtsansicht kann niemals erheblich ein.

Gegenüber einer erheblichen selbstständigen Verteidigung des Anspruchsgegners kann der Anspruchsteller sein Begehren durch das **Bestreiten der Einwendungs- oder Einredetatsachen** sowie durch das **Behaupten von** (streitigen) **anspruchserhaltenden Tatsachen** („Repliktatsachen") rechtfertigen. Beispielsweise kann der Anspruchsteller gegenüber dem Einwand der Minderjährigkeit des Anspruchsgegners behaupten, die Eltern als gesetzliche Vertreter des Minderjährigen hätten den Vertragsabschluss genehmigt. Diesem Vortrag tritt der Anspruchsgegner erheblich entgegen, wenn er die **anspruchserhaltenden Tatsachen bestreitet**.   **13**

Tatsachengrundlage der Gutachtenprüfung sind aufgrund des im Zivilrechtsstreit geltenden **Beibringungsgrundsatzes**[15] nur die von den Parteien vorgetragenen Tatsachen.   **14**

Jede Partei kann sich gegnerische Behauptungen (auch hilfsweise) **zu eigen machen**.[16] Unterbleibt dies, darf nach h.M.[17] (entgegen der **Äquipollenztheorie**) **gleichwertiger Vortrag** des Gegners nicht verwertet werden. Trägt beispielsweise der Anspruchsteller einen deliktischen Schadensersatzanspruch wegen unbefugter Ingebrauchnahme eines Kraftfahrzeuges (§§ 823 BGB, 248b StGB) schlüssig vor, handelte der Anspruchsgegner aber nach seinem (abweichenden) Tatsachenvortrag im Notstand (§ 904 S. 1 BGB), ist diese Verteidigung trotz der dann gegebenen Haftung des Anspruchsgegners aus § 904 S. 2 BGB erheblich, solange sich der Anspruchsteller nicht (hilfsweise) das Vorbringen des Anspruchsgegners zum Notstand zu eigen macht. Im Zweifel ist allerdings ein solches **Zueigenmachen** anzunehmen.[18]

Überwiegend ist die **Unterscheidung** streitiger Tatsachen danach, ob es sich vom Antragsteller darzulegende (und zu beweisende) anspruchsbegründende oder an-   **15**

---

13 Palandt/Weidenkaff § 433 BGB Rn. 56.

14 Thomas/Putzo/Reichold Vorbem. § 253 ZPO Rn. 38, 43, 44.

15 Vgl. dazu Thomas/Putzo/Hüßtege Einl. I ZPO Rn. 1, 2.

16 Thomas/Putzo/Reichold § 138 ZPO Rn. 6.

17 BGH, Urt. v. 23.06.1989 – V ZR 125/88, in: NJW 1989, 2756; Thomas/Putzo/Reichold § 138 ZPO Rn. 6.

18 Vgl. BGH, Urt. v. 03.04.2001 – VI ZR 203/00, in: NJW 2001, 2178, zum Zueigenmachen einer Zeugenaussage.

spruchserhaltende handelt, oder ob es um vom Anspruchsgegner darzulegende (und zu beweisende) anspruchshindernde, anspruchsvernichtende oder anspruchshemmende Tatsachen geht, **unproblematisch**. Es gilt der Grundsatz, dass jede Partei die für sie günstigen Tatsachen darzulegen und zu beweisen hat[19] **(Günstigkeitsprinzip)**.[20]

16 Teilweise ist die Beweislastverteilung (und damit zugleich die Darlegungslastverteilung) **gesetzlich vorgegeben**, z.B. in § 179 Abs. 1 BGB zum Bestehen von Vertretungsmacht. In anderen Fällen ergibt sie sich aus der **Regel-Ausnahme-Formulierung** im Gesetz. Dies ist beispielsweise bei der Frage der Bösgläubigkeit beim Eigentumserwerb an einer beweglichen Sache vom Nichtberechtigten in § 932 BGB der Fall. Nach dieser Vorschrift scheitert der Eigentumserwerb („es sei denn", § 932 Abs. 1 S. 1 BGB), wenn dem Erwerber das fehlende Eigentum des Veräußerers bekannt ist oder er es infolge grober Fahrlässigkeit verkennt (§ 932 Abs. 2 BGB). Daraus ergibt sich, dass die Darlegungs- und Beweislast für die Bösgläubigkeit des Erwerbers bei demjenigen liegt, der den Eigentumswechsel in Abrede stellt.[21]

17 Nicht unproblematisch ist die Verteilung der Darlegungs- und Beweislast bei **negativen Anspruchsmerkmalen**,[22] beispielsweise beim Anspruch aus § 632 Abs. 2 BGB auf den Werklohn in üblicher Höhe. Dieser hängt nach § 632 Abs. 2 BGB davon ab, dass die Höhe der Vergütung nicht bestimmt ist. Daraus ergibt sich, dass der **Werkunternehmer** darzulegen und zu beweisen hat, dass keine Abrede zur Vergütungshöhe erfolgt ist.[23] Beruft sich der Besteller auf ein vereinbartes Pauschalhonorar, ist es Sache des Unternehmers darzutun und zu beweisen, dass kein Pauschalhonorar in der vom Besteller behaupteten Höhe vereinbart worden ist.[24] Allerdings genügt **keine pauschale** Behauptung eines vereinbarten Pauschalhonorars seitens des Anspruchsgegners, vielmehr trifft diesen eine **Sekundärbehauptungslast**,[25] die (behauptete) Abrede nach Ort, Zeit und Höhe substantiiert darzulegen.[26]

Ähnlich ist es beim Streit der Vertragsbeteiligten um die Vereinbarung einer **aufschiebenden Bedingung** für den Vertragsabschluss. Der **unbedingte** Vertragsabschluss ist **anspruchsbegründende** Voraussetzung für das Entstehen eines vertraglichen Anspruchs.[27] Wendet beispielsweise der sekundärdarlegungspflichtige Antragsgegner ein, der (unstreitig abgeschlossene) Kaufvertrag habe von Anfang an nur gelten sollen, wenn es ihm gelingt, den Kaufpreis von seiner Hausbank finanziert zu bekommen, ist es Sache des Anspruchstellers darzulegen und zu beweisen, dass diese konkrete Bedingung nicht vereinbart worden ist.

Merke: Negative Anspruchsmerkmale führen nicht zu einer Beweislastumkehr, sondern nur zu einer Sekundärbehauptungslast des Anspruchsgegners.

---

19 Thomas/Putzo/Reichold Vorbem. § 284 ZPO Rn. 23.

20 Zu Ausnahmen siehe Thomas/Putzo/Reichold Vorbem. § 284 ZPO Rn. 24 ff.

21 Palandt/Bassenge § 932 BGB Rn. 15.

22 Siehe dazu Thomas/Putzo/Reichold Vorbem. § 284 ZPO Rn. 23.

23 Palandt/Sprau § 632 BGB Rn. 18.

24 BGH, Urt. v. 23.01.1996 – X ZR 63/94, in: NJW-RR 1996, 952; Palandt/Sprau § 632 BGB Rn. 18.

25 Einzelheiten dazu siehe Rn. 37.

26 BGH, Urt. v. 23.01.1996 – X ZR 63/94, in: NJW-RR 1996, 952; Palandt/Sprau § 632 BGB Rn. 18.

27 BGH, Urt. v. 10.06.2002 – II ZR 68/00, in: NJW 2002, 2862; Palandt/Ellenberger, Vorbem. § 158 BGB Rn. 14; sogenannte Leugnungstheorie.

Zusammenfassende Übersicht zur Begründetheitsprüfung: 18

Schlüssigkeit	Erheblichkeit
Das Klägervorbringen ist **schlüssig**, falls der Kläger **mindestens für eine** Anspruchsgrundlage sämtliche den Klageanspruch ergebenden Tatsachen vorgetragen hat. Es ist zu prüfen, ob sich der geltend gemachte Anspruch nach Grund und Höhe aus dem **unstreitigen Sachverhalt und den streitigen Behauptungen des Klägers** ergibt: ■ Feststellung der in Betracht kommenden **Anspruchsgrundlagen**. Prüfung, ob **alle** anspruchsbegründenden Tatsachen vom Kläger vorgetragen sind. ■ Falls sich aus Klägervortrag **anspruchsfeindliche (anspruchshindernde, anspruchsvernichtende oder anspruchshemmende) Tatsachen** ergeben, ist der Klägervortrag unschlüssig, sofern nicht der Kläger **anspruchserhaltende Tatsachen** vorgebracht hat. ■ Falls das Vorbringen des Klägers nicht schlüssig ist, ist die Klage als unbegründet abzuweisen, **ohne auf abweichenden Tatsachenvortag des Beklagten einzugehen**. ■ Bei nur **teilweiser Schlüssigkeit** ist die Klage ohne Prüfung des abweichenden Tatsachenvorbringens des Beklagten **im Übrigen unbegründet**.	Erheblich kann **nur vom Klägervorbringen abweichender Tatsachenvortrag** des Beklagten sein. Das Beklagtenvorbringen setzt sich aus dem **unstreitigen Sachverhalt und den streitigen Behauptungen des Beklagten** zusammen. Erheblichkeit ist zu bejahen, wenn der **Klageanspruch** auf der Grundlage des vom Klägervorbringen abweichenden Tatsachenvortrages des Beklagten, der sich aus dem **unstreitigen Sachverhalt und seinen streitigen Behauptungen** ergibt, **unbegründet** ist. Der **abweichende Tatsachenvortrag des Beklagten** kann erfolgen durch das ■ **Bestreiten von Anspruchsvoraussetzungen** (sogenannte **unselbstständige** Verteidigung): Das **Bestreiten** ist **erheblich**, falls es **prozessual wirksam ist und** anspruchsbegründende **Tatsachen** betrifft. ■ **Vorbringen von Tatsachen, die Gegennormen ausfüllen** (sogenannte **selbstständige** Verteidigung), – die die **Entstehung** des Klageanspruches hindern, sogenannte **anspruchshindernde** Einwendungen, – den entstandenen Klageanspruch **vernichten**, sogenannte **anspruchsvernichtende** Einwendungen, – die Geltendmachung des entstandenen Klageanspruchs dauernd oder auf Zeit **hemmen**, sogenannte **anspruchshemmende** Einreden.

Nach abgeschlossener Sachprüfung erfolgt beim Relationsaufbau die Beweisprüfung (**„Beweisstation"**), in der alle (beweiserheblichen) streitigen Tatsachen zusammen geprüft werden.   19

Beachte: Es ist ein weit verbreiteter Irrtum, dass für eine **einspurige** Gutachtenprüfung keine eingehenden Kenntnisse der relationsmäßigen Fallbearbeitung mehr erforderlich sind. Trotz einspurigen Gutachtenaufbaus muss der Referendar weiterhin die juristische **Relationstechnik** mit der **Unterscheidung anspruchsbegründender, anspruchshindernder, anspruchsvernichtender und anspruchserhaltender Tatsachen** beherrschen, um die **Schlüssigkeit** des Klägervortrages, die **Erheblichkeit** der Klageverteidigung und die Beweislastverteilung beim Vorliegen streitiger Tatsachen richtig beurteilen zu können.

1. Angriffsklausuren

Bei der klassischen Anwaltsklausur ist zwischen **Angriffs- und Verteidigungsmandaten** zu unterscheiden. Bei einem Angriffsmandat beauftragt der Mandant seinen   20

Rechtsanwalt regelmäßig mit der (gerichtlichen)[28] Durchsetzung eines Anspruchs, bei zwangsvollstreckungsrechtlichen Mandaten zumeist mit dem Vorgehen gegen drohende oder bereits begonnene Vollstreckungsakte (z.B. Vollstreckungsabwehrklage, Drittwiderspruchsklage). Eine typische Aufgabenstellung lautet:

> *Die Rechtslage ist zum 20.05.2016 zu begutachten. Dem Mandanten kommt es darauf, den Festgeldbetrag von 3.715 € zu erhalten, in den er vollstreckt hat. Es ist zu unterstellen, dass keine nicht aus dem Sachverhalt ersichtlichen Bedenken gegen die Wirksamkeit des Pfändungs- und Überweisungsbeschlusses vom 11.04.2016 vorhanden sind.*
>
> *Soweit erforderlich, soll auch eine Beweisprognose abgegeben werden. Im Falle von Erfolgsaussicht ist zu unterstellen, dass weitere außergerichtliche Korrespondenz zwecklos ist.*
>
> *Die Arbeit soll mit einem Vorschlag enden, wie weiter vorgegangen werden soll. Im Falle eines gerichtlichen Vorgehens ist der gerichtliche Schriftsatz zu entwerfen. Sollte keine Erfolgsaussicht bestehen, ist dies dem Mandanten in einem laienverständlichen Mandantenschreiben zu erläutern.*
>
> *Die Formalien sind in Ordnung. Nicht gesondert abgedruckte Schriftstücke haben den in dem Vermerk und den Anlagen niedergelegten Inhalt.*
>
> *Paderborn hat ein Amts- und ein Landgericht.*

Formulierungsbeispiel eines **einspurigen** Gutachtens zu einem Kaufpreisanspruch, gegen den sich der Anspruchsgegner mit dem substantiierten Bestreiten einer unbedingten Einigung und mit dem (hilfsweisen) Widerruf seiner Willenserklärung unter Behauptung eines außerhalb von Geschäftsräumen geschlossenen Vertrages i.S.v. § 312 b Abs. 1 BGB verteidigt, den der Anspruchsteller bestreitet; die Beweisprognose ist für den Anspruchsteller günstig:

> *Anspruchsgrundlage für das Zahlungsbegehren des Anspruchstellers kann nur § 433 Abs. 2 Var. 1 BGB sein.*
>
> *Nach der Sachdarstellung des Anspruchstellers hat er der Anspruchsgegnerin am 01.03.2016 in seinem Computerladen den Verkauf eines neuen PC der Marke Superfix-123 zum Preis von 498 € angeboten und die Anspruchsgegnerin hat sich damit unbedingt einverstanden erklärt. Dieser Sachvortrag ist schlüssig.*
>
> *Fraglich ist, ob sich die Anspruchsgegnerin erheblich verteidigt. Zum einen verweigert sie die Bezahlung des PC damit, der Vertragsschluss habe unter dem Vorbehalt gestanden, dass ihr Lebensgefährte mit der Anschaffung des Computers einverstanden sei und sich an den Kosten hälftig beteilige, was dieser aber abgelehnt habe. Zum anderen hat die Anspruchsgegnerin hilfsweise den Widerruf ihrer Annahmeerklärung erklärt und dazu behauptet, der Mitarbeiter Peter Schiller des Anspruchstellers habe sie unerwartet am Ticketautomaten in der Nähe des Ladengeschäfts des Anspruchstellers angesprochen und ihr einen Flyer mit PC-Sonderangeboten des Anspruchstellers in die Hand gedrückt. Zu dieser Zeit sei sie damit beschäftigt gewesen, sich das günstigste Tagesticket für die Benutzung der Straßenbahnen herauszusuchen. Sie habe gleich geantwortet, kein Interesse zu haben und sich auf den Fahrkartenkauf konzentrieren zu wollen, der Mitarbeiter des Anspruchstellers habe aber nicht locker gelassen und sie geradezu bedrängt, mit ihm in die Verkaufsräume des Antragstellers zu gehen, was sie schließlich getan habe.*

---

28   Dies ist nicht zwingend, in Betracht kommt auch zunächst ein außergerichtliches Vorgehen.

Mit ihrem Vorbehaltseinwand macht die Anspruchsgegnerin geltend, der Vertragsabschluss sei aufschiebend bedingt (§ 158 Abs. 1 BGB) erfolgt und die Bedingung sei nicht eingetreten. Dabei handelt es sich allerdings nicht um eine von der Anspruchsgegnerin zu beweisende anspruchshindernde Tatsache. Vielmehr ist die unbedingte Einigung eine anspruchsbegründende Tatsache für den Anspruch aus § 433 Abs. 2 BGB auf Kaufpreiszahlung. Dabei handelt es sich um ein negatives Anspruchsmerkmal (keine Bedingung), bei dem den Anspruchsgegner aus seiner prozessualen Erklärungspflicht nach der Regelung des § 138 Abs. 2 ZPO eine Sekundärbehauptungslast trifft. Das Bestreiten gegenüber einem negativen Anspruchsmerkmal ist prozessual nur erheblich, wenn es nach Zeit, Ort und Inhalt substantiiert ist. Die Anspruchsgegnerin hat angegeben, wann und wo sie den Vorbehalt gemacht habe, auch hat sie diesen inhaltlich konkret beschrieben (Einverständnis und Kostenbeteiligung ihres Lebensgefährten). Der Vorbehaltseinwand der Antragsgegnerin ist damit erheblich.

Folglich hat der Anspruchsteller zu beweisen, dass der Vertragsabschluss vom 01.03.2016 nicht unter dem Vorbehalt stand, dass der Lebensgefährte der Anspruchsgegnerin mit dem PC-Kauf einverstanden ist und die Hälfte der Kosten übernimmt. Dafür benennt der Anspruchsteller seinen Mitarbeiter Peter Schiller als Zeugen. Dieser habe das gesamte Verkaufsgespräch mitgehört. Von daher stellt sich die Beweislage für den Anspruchsteller als günstig dar, zumal die Anspruchsgegnerin keinen Gegenzeugen benennen kann. Ihr bleibt allenfalls, gegenbeweislich wegen bestehender Beweisnot ihre Parteivernehmung zu beantragen. Wenn der Zeuge Schiller die Behauptung des Anspruchstellers bestätigt, die Einigung am 01.03.2016 sei ohne den konkreten Vorbehalt der Anspruchsgegnerin erfolgt, besteht für den Anspruchsteller eine günstige Beweisprognose für den Beweis eines unbedingten Vertragsabschlusses.

Damit bleibt zu prüfen, ob auch der Widerrufseinwand der Anspruchsgegnerin erheblich ist. Dies könnte nach §§ 312 Abs. 1, 312 b Abs. 1 S. 1 Nr. 3, 312 g Abs. 1, 355 Abs. 1 S. 1 BGB der Fall sein. Der von der Anspruchsgegnerin hilfsweise erklärte Widerruf ihrer Annahmeerklärung könnte zum Untergang des Kaufpreisanspruchs durch Begründung eines Rückabwicklungsverhältnisses geführt haben, sodass es sich um einen anspruchsvernichtenden Einwand handelt, für den die Anspruchsgegnerin die Darlegungs- und Beweislast trägt.

Grundlegende Voraussetzung für ein Widerrufsrecht der Anspruchsgegnerin ist das Vorliegen eines außerhalb von Geschäftsräumen geschlossenen Vertrages i.S.v. § 312 b Abs. 1 BGB. Diese könnte sich daraus ergeben, dass die Anspruchsgegnerin, wie sie behauptet, von dem Mitarbeiter Peter Schiller des Anspruchstellers, dessen Verhalten der Anspruchsteller nach § 312 b Abs. 1 S. 2 BGB zuzurechnen ist, unerwartet beim Fahrkartenkauf an dem im öffentlichen Verkehrsraum aufgestellten Ticketautomaten angesprochen worden und anschließend zum Betreten der Verkaufsräume des Anspruchstellers veranlasst worden zu sein. Bei diesem Verhalten des Mitarbeiters des Anspruchstellers handelte es sich um ein (unerwartetes) persönliches und individuelles Ansprechen i.S.d. § 312 b Abs. 1 S. 1 Nr. 3 BGB. Der Widerrufseinwand der Anspruchsgegnerin ist damit erheblich.

Der Anspruchsteller hat diese Behauptungen der Anspruchsgegnerin damit bestritten, die Anspruchsgegnerin habe seinen Laden von sich aus aufgesucht. Damit ist es an der Anspruchsgegnerin, ihr Vorbringen zu beweisen. Als einziges Beweismittel hat sie dazu ihre eigene Parteivernehmung angeboten, während der Anspruchsteller gegenbeweislich seinen Mitarbeiter Peter Schiller als Zeugen benennt. Regelmäßig kommt einer Zeugenaussage zumindest ein ebenso hoher Beweiswert wie einer Parteiverneh-

mung zu, prognostisch ist daher auch insoweit die Beweislage günstig für den Anspruchsteller.

Insgesamt ist zu erwarten, dass der Anspruchsteller den unbedingten Vertragsabschluss beweisen kann, die Anspruchsgegnerin demgegenüber das Vorliegen einer zum Widerruf berechtigenden Haustürsituation nicht beweisen kann.

2. Verteidigungsklausuren

21 Das **Verteidigungsmandat** ist dadurch gekennzeichnet, dass gegen den Mandanten bereits ein gerichtliches[29] Verfahren läuft, in dem er sich wehren möchte (z.B. durch eine Klageerwiderung). Dort lautet ein typischer Bearbeitervermerk:

Bearbeitervermerk:
Der Sachverhalt ist einschließlich einer ggf. erforderlichen Beweisprognose zu begutachten und die zweckmäßige Vorgehensweise vorzuschlagen. Sollte keine Erfolgsaussicht bestehen, ist ein Mandantenschreiben zu fertigen, bei Erfolgsaussicht ein Erwiderungsschriftsatz zu entwerfen. Sollte nur teilweise Erfolgsaussicht einer Verteidigung gegen die Klage bestehen, bedarf es einer Klageerwiderung und eines Mandantenbriefes.
Bearbeitungszeitpunkt ist der 20.05.2016.
Der Mahnbescheid des Amtsgerichts Hagen ist dem Mandanten am 01.02.2016 zugestellt worden.
Nicht gesondert abgedruckte Schriftstücke haben den in dem Vermerk und den Anlagen niedergelegten Inhalt. Soweit sich erforderliche Formalien nicht aus dem Sachverhalt ergeben, ist deren Einhaltung zu unterstellen.
Dortmund und Essen haben jeweils ein Amts- und ein Landgericht. Beide Städte gehören zum Oberlandesgerichtsbezirk Hamm. Das Amtsgericht Hagen ist das zentrale Mahngericht im Oberlandesgerichtsbezirk Hamm.

3. Kautelarjuristische Klausuren

22 Die **kautelarjuristische Aufgabenstellung** besteht darin, dass der Mandant einem Rechtsanwalt einen **Beratungs- und Gestaltungsauftrag** erteilt. Dies ist ebenfalls eine anwaltstypische Mandatssituation. Die anwaltliche Tätigkeit besteht zu einem großen Teil in der außergerichtlichen Interessenwahrnehmung. Die den Klausuraufgaben zugrunde liegenden Sachverhalte können sowohl streitig als auch unstreitig sein.[30]

Da der Referendar in seiner Ausbildung häufig nur wenig Praxiserfahrung bei der Formulierung von Vertragsklauseln erlangt, der Praktiker zudem mit Formularbüchern arbeitet, die dem Referendar im Examen nicht zugänglich sind, werden derartige Prüfungsaufgaben häufig als besonders anspruchsvoll angesehen. Deshalb sollte der Referendar in seiner praktischen Ausbildung beim Anwalt unbedingt Wert darauf legen, auch vertragsgestaltende Mandate zu bearbeiten.

23 Regelmäßig sind bei kautelarjuristischen Klausuren **drei Arbeitsschritte** verlangt: Gutachten zur Rechtslage – Zweckmäßigkeit – Praxisentwurf. Gängig ist beispielsweise folgender allgemein gehaltene Bearbeitervermerk:

---

29 Auch hier gibt es Ausnahmen, z.B. eine vom Mandanten gewünschte Reaktion auf eine außergerichtliche Zahlungsaufforderung.

30 Zahlreiche Beispiele beinhaltet der Ausbildungsaufsatz der hauptamtlichen Prüferin im Landesprüfungsamt Niedersachen Diercks-Harms, Neuer Prüfungsstoff im Zweiten Juristischen Staatsexamen: Rechtsgestaltende Anwaltsklausuren, JA 2013, 801.

> **Bearbeitervermerk:**
>
> Es ist ein Gutachten ohne Sachverhaltsdarstellung zu erstellen. Alle vom Mandanten aufgeworfenen Fragen sind abzuhandeln (ggf. in einem Hilfsgutachten). Die Formalien (Unterschriften, Vollmachten, Gebührenbelehrung usw.) sind in Ordnung. Sollten weitere Informationen für erforderlich gehalten werden, ist davon auszugehen, dass diese nicht erlangt werden konnten.
>
> Das Gutachten hat Ausführungen zur Zweckmäßigkeit und Taktik des weiteren Vorgehens zu umfassen.
>
> Begutachtungszeitpunkt ist der 30.04.2016.
>
> Etwaig erforderliche Schriftstücke sind zu entwerfen.

Besteht die Klausuraufgabe in der **Überprüfung und Überarbeitung** eines bereits vorhandenen Vertragsentwurfes (z.B. Wohnraummietvertrag), einseitiger Regelungen (z.B. Allgemeiner Geschäftsbedingungen oder eines Testamentes) oder um die **Vorbereitung einzelner Vertragsteile** (z.B. einer Haftungsausschlussklausel), findet sich folgende beispielhafte Formulierung des Bearbeitervermerks: **24**

> **Bearbeitervermerk:**
>
> Die vom Mandanten vorgelegten Geschäftsbedingungen für seinen Internethandel sind auf ihre rechtliche Wirksamkeit zu überprüfen. Sollten einzelne Klauseln unwirksam sein, sind wirksame Alternativen aufzuzeigen und zu formulieren, die sowohl gegenüber Unternehmern als auch gegenüber Verbrauchern zulässig sind. Besonderen Wert legt der Mandant auf einen möglichst frühzeitigen Gefahrübergang, einen weitreichenden Haftungsausschluss und auf die Festlegung eines zu seinem Unternehmenssitz ortsnahen Gerichtsstandes.

Es kommt ebenso vor, dass vollständige Vertragsentwürfe zu erstellen sind. Beispielhaft ist der Bearbeitervermerk dann wie folgt formuliert: **25**

> **Bearbeitervermerk:**
>
> Auf der Grundlage des Aktenvermerkes über die Besprechung mit dem Mandanten soll gutachtlich geklärt werden, welche rechtlichen Möglichkeiten bestehen, von Todes wegen die Wünsche des Mandanten umzusetzen. Dabei ist auch zu erörtern, welche Arten von Verfügungen von Todes wegen zu empfehlen sind und in welcher Form sie errichtet werden sollten. Sodann ist die der der Interessenlage des Mandanten am besten geeignete letztwillige Verfügungen zu entwerfen.

D. Erarbeitung der Klausurlösung

Methodisch vollzieht sich die Erarbeitung der Klausurlösung in mehreren Schritten, die einer sachgerechten Zeiteinteilung bedürfen, um genügend Zeit für die Ausformulierung der Klausur zu haben. Als Faustregel gilt, dass etwa 60% der Bearbeitungszeit für die Umsetzung des Lösungskonzeptes in eine vollständig ausformulierte Lösung zur Verfügung stehen sollte. Erfahrungsgemäß treten bei der Ausformulierung noch zuvor nicht ausreichend bedachte Fallprobleme auf, die es ohne Hektik zu bewältigen gilt.   **26**

I. Arbeit am Sachverhalt

Die Erarbeitung der Klausurlösung beginnt mit der methodisch sauberen Arbeit am Sachverhalt.   **27**

Die Sachverhaltsarbeit erfordert ein **mehrmaliges Lesen des Aktenstückes**. Durch das erste Lesen sollte sich der Bearbeiter nur einen groben Überblick über den Tatsachenstoff und die Rechtsfragen des Falles verschaffen. Bei diesem Einstieg in die Klausur kommt es noch nicht auf die Feinheiten an, sondern auf die **tatsächlichen und rechtlichen Grundlagen** des Falles.

Mit dem zweiten (und ggf. dritten) Lesen des Akteninhaltes setzt **das Erfassen der Details** ein. Bei mehr als zwei Fallbeteiligten hilft häufig eine **Fallskizze**, den Sachverhalt zu veranschaulichen. Auch wenn durch die Anfertigung der Skizze Bearbeitungszeit verloren geht, ist diese Arbeitsmethode ein wichtiges Instrument zur Vermeidung von Fehlern jedenfalls bei unübersichtlichen Sachverhaltskonstellationen.

II. Erfassung, Ordnung und Darstellung des Sachverhaltes

28 Methodisch vollzieht sich die Arbeit am konkreten Sachverhalt in **drei Schritten**. Sie beginnt mit der **Stoffsammlung**, der Erfassung des von den Parteien vorgetragenen Sachverhaltes.

1. Erfassung des Sachverhaltes

Im vom **Beibringungsgrundsatz** beherrschten Zivilprozess bestimmen die Parteien den Prozessstoff, nur ihr Vorbringen darf und muss bei der Entscheidungsfindung vom Gericht berücksichtigt werden.[31] Auch wenn der **Mündlichkeitsgrundsatz** (§ 128 Abs. 1 ZPO) gilt, bildet der schriftliche Sachvortrag den Kern des Parteivorbringens. Er wird durch die Einführung in die mündliche Verhandlung wirksam.[32] Dies geschieht in der mündlichen Verhandlung regelmäßig im Wege der **Bezugnahme** nach § 137 Abs. 3 S. 1 ZPO. Im Zivilprozess ist es entgegen § 137 Abs. 2 ZPO unüblich, ein Plädoyer zu halten.

> **Merke:** Bei der Arbeit am Sachverhalt ist auf Genauigkeit, Objektivität und Vollständigkeit besonders zu achten.

29 Quellen des Parteivortrages sind die (vorbereitenden) **Schriftsätze** (§ 129 ZPO) der Parteien, urkundliche **Schriftsatzanlagen** (§ 131 ZPO), **Beiakten** (vgl. § 273 Abs. 2 Nr. 2 ZPO) und die **Sitzungsprotokolle** (§ 160 ZPO). Die Parteien müssen den **Inhalt** von Anlagen und Beiakten substantiiert vortragen; eine **pauschale** Bezugnahme reicht nicht aus.[33] Es ist wegen des Beibringungsgrundsatzes nicht Sache des Gerichts, sich aus vorgelegten oder beigezogenen Urkunden Tatsachen herauszusuchen, die für die Entscheidung des Rechtsstreits von Bedeutung sind.

> **Merke:** Anlagen und Beiakten ergänzen den Parteivortrag, ersetzen ihn aber nicht.

Das Protokollrecht (§§ 160 ff. ZPO) sieht nicht vor, dass der Richter von Amts wegen Sachvortrag der Parteien zu protokollieren hat. Gleichwohl geschieht dies in der Praxis häufig. Zudem kann jede Partei nach § 160 Abs. 4 S. 1 ZPO beantragen, dass ihre Äußerungen protokolliert werden. Darunter gehören Erklärungen, die eine Partei bei ihrer **persönlichen Anhörung** (§ 141 ZPO) abgibt, und Parteivorbringen, das nicht im schriftsätzlichen Vortrag enthalten ist, ihn ergänzt oder von ihm abweicht.[34]

31 Thomas/Putzo/Reichold Einl. I ZPO Rn. 1, 2.

32 Thomas/Putzo/Reichold § 129 ZPO Rn. 1.

33 OLG Düsseldorf, Urt. v. 04.03.1993 – 18 U 191/92, in: MDR 1993, 798; Thomas/Putzo/Reichold Einl. I ZPO Rn. 1.

34 Thomas/Putzo/Reichold § 160 ZPO Rn. 13.

> **Beachte:** Auf protokollierte Parteierklärungen sollte bei der Stoffsammlung besonders geachtet werden. Sie sind häufig von erheblicher Bedeutung für die rechtliche Lösung.

Für die Erfassung des Sachverhaltes ist ohne Bedeutung, ob die Tatsachen **prozessual** verwertbar sind (z.B. unzulässige **Behauptungen ins Blaue** unter Verstoß gegen die **prozessuale Wahrheitspflicht** des § 138 Abs. 1 ZPO,[35] Vortrag unter Verstoß gegen die Interventionswirkung der §§ 74 Abs. 3, 68 ZPO bei der Streitverkündung im Vorprozess[36]). Die Verwertbarkeit von Prozessstoff ist eine Rechtsfrage und erst in den Entscheidungsgründen des Urteils zu erörtern. Zur Stoffsammlung gehört deshalb nicht nur der gesamte Vortrag bis zum Schluss der mündlichen Verhandlung, sondern auch der Inhalt **nachgereichter Schriftsätze**, selbst wenn er möglicherweise nach §§ 283, 296a ZPO bei der Entscheidungsfindung unberücksichtigt bleibt.

30

Dies gilt auch für die von den Parteien schriftsätzlich angekündigten **Anträge**, die sich nicht selten im Laufe des Rechtsstreits ändern (vgl. § 263 ZPO). Sie sind nach § 297 Abs. 1 S. 1 ZPO im Termin aus den **vorbereitenden Schriftsätzen** zu verlesen oder die Verlesung wird durch Bezugnahme auf den Schriftsatz ersetzt (§ 297 Abs. 2 ZPO). Die gestellten Anträge sind zwingend in die Sitzungsniederschrift aufzunehmen (§ 160 Abs. 3 Nr. 2 ZPO). Von daher sind leicht aufzufinden.

Der Sachverhalt sollte **chronologisch** erfasst und in einer **Zeittafel** dokumentiert werden. Dazu empfiehlt sich als Vorarbeit eine tabellarische Erfassung nach der **Drei-Spalten-Methode**: In der **linken Spalte** werden die von dem einen Fallbeteiligten vorgetragenen Tatsachen mit Blattzahl der Akte vermerkt, in der **rechten Spalte** die von seinem Gegner dazu abgegebenen Erklärungen (z.B. „zugestanden Bl. 3"; „bestritten Bl. 5") und dessen neuer Tatsachenvortrag, der wiederum in der linken Spalte kommentiert wird. Die **Mittelspalte** dient vor allem der Aufnahme von Beweisantritten (z.B. „Zeuge Meier Bl. 6") und von Beweisergebnissen (z.B. „Zeugenaussage Meier Bl. 14"). Zur Förderung der Übersichtlichkeit empfiehlt sich die Verwendung unterschiedlicher Farben für die Fallbeteiligten.

31

Beispiel:

Kläger	Sonstiges	Beklagter
Einigung 14.10.2015 (3)		zugestanden (6)
Lieferung 19.10.2015 (4)		mit NW bestritten (7)
Telefonat 20.10.15 (4)	Vernehmung Meier (14)	bestritten (8)
Schadenshöhe (5)	Vernehmung Müller (13)	bestritten (9)
bestritten (12)	Beweisantritt (11)	Hilfsaufrechnung (10)

Die im Aktenstück vorgetragenen **Rechtsauffassungen** sollten beim näheren Durcharbeiten des Sachverhaltes ebenfalls vollständig notiert und möglichst sogleich in einen Zusammenhang mit den streitigen Tatsachen gebracht werden. Dies eröffnet den **Schaukelblick** zwischen dem Tatsachenstreit der Verfahrensbeteiligten und der juristischen Lösung, bei der aus klausurtaktischen Gründen darauf zu achten ist, ob die rechtlichen Argumente Relevanz für den Lösungsweg haben. Sie sind ein deutlicher Hinweis des Prüfungsamtes auf die rechtlichen Schwerpunkte der Klausuraufgabe.

32

---

35 Vgl. Thomas/Putzo/Reichold § 138 ZPO Rn. 3.
36 Siehe Rn. 436 ff.

> **Beachte:** Es ist zwischen Tatsachenvortrag und Rechtsansichten zu unterscheiden. **Tatsachen sind einer Beweisaufnahme zugänglich**, Rechtsansichten nicht. Beispielsweise kann nicht die Behauptung aufgestellt werden, der Beklagte habe sich fahrlässig verhalten. Fahrlässigkeit ist vielmehr ein Rechtsbegriff, nämlich die Außerachtlassung der verkehrsüblichen Sorgfalt (§ 276 Abs. 2 BGB). Es sind Tatsachen zu behaupten, die die Bewertung ermöglichen, ob ein Sorgfaltsverstoß zu bejahen ist.

2. Ordnung des Sachverhaltes

33   An die Erfassung des Sachverhaltes schließt sich im zweiten Arbeitsschritt seine **Ordnung** an. Dafür existiert nur für Urteile eine **gesetzliche Grundlage** (§ 313 Abs. 2 ZPO). Diese unterscheidet in S. 2 zwischen dem **Sach- und Streitstand**, dem Unstreitigen und dem Streitigen. Für Beschlüsse fehlt eine gesetzliche Regelung. Die Praxis erarbeitet den Sachverhalt nach denselben Grundsätzen wie beim Urteil. Diese Grundsätze finden ebenso für die Erstellung eines Sachberichtes in einer Gutachtenklausur Anwendung.

34   Nach § 296 a S. 1 ZPO kommt es für die Abgrenzung des Sach- vom Streitstandes auf den **Zeitpunkt des Schlusses der (letzten) mündlichen Verhandlung** an. Im schriftlichen Verfahren ist der vom Gericht zu bestimmende Zeitpunkt maßgeblich, bis zu dem Schriftsätze eingereicht werden können (§ 128 Abs. 2 S. 2 ZPO). Ohne Relevanz ist, ob eine Tatsache von Anfang an unstreitig oder streitig war oder ob sich dies im Verlauf des Rechtsstreits geändert hat, d.h. zunächst streitige Tatsachen nachträglich unstreitig geworden sind oder umgekehrt. Auch spielt es bei unstreitigen Tatsachen keine Rolle, welche Partei diese Tatsache in den Prozess eingeführt und welche sie nicht bestritten hat.[37]

35   **Unstreitig** sind die Tatsachen, die von beiden Parteien ausdrücklich übereinstimmend geschildert, d.h. **zugestanden** (§ 288 Abs. 1 ZPO) werden; außerdem sind nach § 138 Abs. 3 ZPO Tatsachenbehauptungen, die vom Gegner **nicht**, auch nicht konkludent, **bestritten** werden, als zugestanden anzusehen (Fiktion eines Geständnisses).[38]

36   **Streitig** demgegenüber sind die Tatsachen, die ausdrücklich, konkludent (§ 138 Abs. 3 ZPO) oder (zulässigerweise) mit Nichtwissen (§ 138 Abs. 4 ZPO) bestritten worden sind. Zu unterscheiden **sind drei Bestreitensformen: einfaches** Bestreiten – **substantiiertes** (oder qualifiziertes) Bestreiten und **Bestreiten mit Nichtwissen.** **Pauschales Bestreiten** demgegenüber („Alles nicht Zugestandene wird bestritten.") ist rechtlich unbeachtlich.

Ein **einfaches Bestreiten** liegt vor, wenn eine Partei eine vom Gegner behauptet Tatsache ohne Gegendarstellung in Abrede stellt. Demgegenüber ist ein **substantiiertes Bestreiten** gegeben, wenn eine generische Behauptung bestritten und ihr eine eigene Sachdarstellung entgegengesetzt wird.

Ob einfaches Bestreiten ausreicht, ist vom Einzelfall abhängig und danach zu entscheiden, wie detailliert der Prozessgegner vorträgt.[39] Nach § 138 Abs. 2 ZPO besteht eine **prozessuale Erklärungspflicht** zu den von der gegnerischen Partei aufgestellten Behauptungen. Die Verletzung dieser Erklärungspflicht führt zum Rechtsnachteil des fingierten Geständnisses.[40] Nicht selten ist die **Grenzziehung**, ob ein ausreichen-

---

37 Thomas/Putzo/Reichold § 313 ZPO Rn. 16.
38 Thomas/Putzo/Reichold § 313 ZPO Rn. 16.
39 Thomas/Putzo/Reichold § 138 ZPO Rn. 16.
40 Thomas/Putzo/Reichold § 138 ZPO Rn. 12.

des Bestreiten anzunehmen ist oder nicht, **schwierig**. Behauptet beispielsweise die Klägerin, der Beklagte habe sich im Rahmen mit ihr an einem genau benannten Tag an einem bestimmten Ort auf einen bestimmten Endpreis geeinigt, nachdem der Beklagte zuvor mehrere näher bezeichnete Rechnungsposten beanstandet und einen Preisnachlass verlangt habe, genügt der Beklagte seiner Substantiierungspflicht nicht, wenn er diesen klägerischen Vortrag lediglich pauschal bestreitet und keine Gegenbehauptungen aufstellt.[41] Folge ist, dass der nur pauschal bestrittene Sachvortrag der Klägerin in der rechtlichen Prüfung als unstreitig zu behandeln ist.

> **Merke:** Je substantiierter die eine Partei vorträgt, desto substantiierter muss der Gegner im Rahmen des Möglichen erwidern.

Ein **Sonderproblem** stellt das **Bestreiten** einer **negativen Tatsache** dar (z.B. bei einem Bereicherungsanspruch aus Leistungskondiktion nach § 812 Abs. 1 S. 1 Var. 1 BGB das Bestreiten des fehlenden Rechtsgrundes). Der Umstand, dass es sich um eine Negativtatsache handelt, begründet keine Umkehr der Darlegungs- und Beweislast, aber eine **Sekundärbehauptungslast**: Der Prozessgegner muss die (einfache) Behauptung der (darlegungspflichtigen) Partei substantiiert bestreiten, damit sein Bestreiten prozessual beachtlich ist.[42] Die darlegungs- und beweispflichtige Partei hat dann (nur) den substantiierten Einwand auszuräumen. Dies bedeutet für das genannte Beispiel eines Tatsachenstreites über den fehlenden Rechtsgrund beim Bereicherungsanspruch, dass der Anspruchsteller ausreichend vorträgt, wenn er zunächst nur die (einfache) Behauptung aufstellt, es gebe keinen Rechtsgrund für die erfolgte Leistung. Der Anspruchsgegner verteidigt sich gegen diese Negativtatsache nur dann hinreichend substantiiert, wenn er sich nicht auf ein einfaches Bestreiten beschränkt, sondern den aus seiner Sicht bestehenden Rechtsgrund detailliert vorträgt. Ist dies geschehen, hat der Anspruchsgegner diesen Rechtsgrund auszuräumen, d.h. zu beweisen, dass exakt dieser Rechtsgrund nicht besteht.[43] An diese Beweisführung sind keine zu strengen Anforderungen zu stellen, da die Führung eines Negativbeweises regelmäßig mit erheblichen Schwierigkeiten verbunden ist.[44]

37

Bestreiten mit Nichtwissen ist nach § 138 Abs. 4 ZPO zulässig, wenn es sich um Tatsachen handelt, die nicht **Gegenstand der eigenen Handlung und der eigenen Wahrnehmung** sind. Es besteht keine allgemeine **Informationspflicht**, sondern nur zu Geschehnissen im Bereich der eigenen Wahrnehmungssphäre muss die Partei **Erkundigungen** zu Tatsachen einholen, die sie selbst nicht weiß, die aber Personen bekannt sind, die der Anleitung, Aufsicht oder Verantwortung der Partei unterstehen.[45] Erst nach erfolglosen Erkundigungen ist ein Bestreiten mit Nichtwissen zulässig.[46] Behauptet beispielsweise der Kläger in einem Rechtsstreit gegen eine beklagte GmbH, ein namentlich benannter Mitarbeiter der Beklagten habe mündlich eine bestimmte Gestaltungserklärung abgegeben, ist ein Bestreiten mit Nichtwissen unzulässig, sofern die Beklagte nicht vergeblich ihren Mitarbeiter zu der klägerischen Behauptung befragt hat.

38

> **Merke:** Ein unzulässiges Bestreiten mit Nichtwissen steht einem Nichtbestreiten gleich.

---

41 Vgl. Thomas/Putzo/Reichold § 138 ZPO Rn. 16.

42 BGH, Urt. v. 21.09.2000 – I ZR 135/98, in: NJW-RR 2001, 396, 399; Thomas/Putzo/Reichold § 138 ZPO Rn. 12; Vorbem. § 284 Rn. 18.

43 BGH, Urt. v. 29.09.1989 – V ZR 326/87, in: NJW 1990, 392, Palandt/Sprau § 812 BGB Rn. 76.

44 BGH, Urt. v. 27.06.2014 – V ZR 55/13, in: RÜ2 2015,17, 18.

45 BGH, Urt. v. 15.11.1989 – VIII ZR 46/89; in: NJW 1990, 453; Thomas/Putzo/Reichold § 138 ZPO Rn. 20.

46 BGH, Urt. v. 19.04.2001 – I ZR 238/98, in: NJW-RR 2002, 612; Thomas/Putzo/Reichold § 138 ZPO Rn. 20.

3. Darstellung des Sachverhalts

39   Im dritten und letzten Arbeitsschritt ist der Sachverhalt **tabellarisch** darzustellen. Dies geschieht regelmäßig (getrennt nach unstreitigen sowie nach streitigen Tatsachen) in der **chronologischen** Reihenfolge des Geschehensablaufes.[47] Streitige Tatsachen sind jeweils als Behauptung derjenigen Partei darzustellen, die die **Darlegungs- und Beweislast** trägt.

Ein <u>Beispiel</u> (in Stichworten), bei dem die Parteien um das Vorliegen von Benachteiligungsabsicht des Erblassers (§ 2287 Abs. 1 BGB) sowie um einen Zuwendungsverzicht der Klägerin (§ 2352 BGB) streiten:

Sachstand (Unstreitiges):

03.05.2002	Notarielles Testament Kurt – Sabine Müller
07.05.2008	Tod Sabine Müller
23.12.2008	Heirat Kurt Müller – Beklagte
19.12.2014	Notarieller Übertragungsvertrag
10.01.2015	Suizid des Kurt Müller
26.03.2015	Eigentumseintragung der Beklagten
23.05.2015	Testamentsanfechtung

Streitstand:

Behauptungen der Klägerin:

13.12.2014	Kenntnis des Kurt Müller von Krebserkrankung
14.12.2014	Unterrichtung der Beklagten

Behauptung der Beklagten:

25.12.2014	Mündlicher Zuwendungsverzicht der Klägerin

III. Anfertigung einer Lösungsskizze

40   Nach der Aufarbeitung des Sachverhaltes sollte eine **Lösungsskizze** erstellt werden, die die Grundlage für die abschließende Ausformulierung der Klausurlösung bildet. Dabei ist auf einen methodisch sauberen **Aufbau** zu achten, d.h. beim typischen Anspruchsaufbau auf die Reihenfolge: Entstehung – Untergang – Durchsetzbarkeit.

1. Bearbeitervermerk als Ausgangspunkt

41   Ausgangspunkt der Lösungsskizze ist der **fallbezogene konkrete Bearbeitervermerk**. In der Regel sind die Bearbeitervermerke der jeweiligen Klausurtypen gleich- oder ähnlich lautend formuliert. Wie immer kommt es aber auf die **Besonderheiten des Einzelfalles** an.

Beachte: Weist der Bearbeitervermerk von der Standardformulierung abweichende Formulierungen auf, ist darauf besonderes Augenmerk zu richten. Häufig verbergen sich dahinter wichtige Hinweise auf Einzelfallprobleme der jeweiligen Klausur.

Findet sich im Bearbeitervermerk beispielsweise der Satz, es sei von der Einhaltung der Verfahrensvoraussetzungen beim Erlass und der Zustellung eines Pfändungs- und Überweisungsbeschlusses auszugehen, ist dies ein deutlicher Hinweis, dass die materielle Rechtmäßigkeit der Zwangsvollstreckung im Vordergrund der rechtlichen Prüfung steht.

---

47 Einzelheiten siehe Rn. 127 ff.

> **Beachte:** Vom Beginn des Referendariats an sollte das Klausurenschreiben geübt werden. Nur die regelmäßige Bearbeitung von Klausurfällen auf Examensniveau stellt sicher, dass dem Referendar die vorkommenden Aufgabenstellungen bestmöglich vertraut sind.

Wie immer im Leben gilt auch beim Erlernen der Methodik des Klausurenschreibens: Übung macht den Meister! Es ist deshalb unbedingt anzuraten, sich frühzeitig **Übungsklausuren** zu beschaffen, diese **unter Examensbedingungen** (nur mit den zugelassenen Hilfsmitteln unter Einhaltung der Bearbeitungszeit) zu schreiben und sich ausführlich mit der Musterlösung zu befassen. Die für umfangreiches Klausurentraining aufgewandte Zeit zahlt sich durch den Gewinn von **Klausursicherheit** im Examen aus. Es ist ein zu vermeidender Zeitverlust in der Examenssituation, wenn sich der Referendar insbesondere bei anwaltlichen Aufgabenstellungen längere Zeit mit Aufbauüberlegungen befassen muss. Umgekehrt hilft das möglichst sofortige Wiedererkennen einer vertrauten Mandatssituation über die typische Anfangsnervosität im Examen hinweg. Der Referendar kennt dann bereits den methodisch richtigen Weg, die Klausurlösung zu erarbeiten.

42

In der Anfangsphase des Referendariats, möglicherweise auch noch in der Mitte, können die Ergebnisse von Übungsklausuren zu mancherlei Frustrationen führen, der **Übungseffekt** auch bei misslungenen Klausuren ist aber von grundlegender Bedeutung für das schnellstmögliche Erreichen der Examensreife.

2. Einsatz von Kommentaren[48]

Neben den Gesetzessammlungen sind die zugelassenen Kommentare zentrales Hilfsmittel der Klausurbearbeitung. Hier findet der Fallbearbeiter die maßgeblichen Definitionen und Erläuterungen zur Anwendung der jeweiligen Rechtsnorm. Er braucht die Definitionen anders als für das Referendarexamen nicht mehr auswendig zu lernen. Diese Vereinfachung bringt allerdings auch die **Kehrseite** mit sich, dass die richtigen Definitionen vom Korrektor nicht mehr als eigene Leistung des Referendars angesehen werden, sondern „nur" als zutreffend aus dem Kommentar abgeschrieben.

43

Häufig findet sich zu einzelnen Rechtsfragen in der Kommentarliteratur nur das Ergebnis der h.M., nicht aber die zugrunde liegende Argumentation. Diese ist dann möglichst selbst zu entwickeln.

> **Beachte:** Das Zitat der einschlägigen Kommentarstelle ersetzt nicht die eigene Argumentation.

Der Referendar sollte die zugelassene **Kommentarliteratur** möglichst frühzeitig zu seinem ständigen Begleiter machen. Zu empfehlen ist, sie **auch beim Lesen dieses Skriptes** zu nutzen und die zitierten Fundstellen darin sogleich nachzuhalten. Soweit dies in einzelnen Bundesländern erlaubt ist, können die maßgeblichen Kommentarstellen sogleich mit handschriftlichen Hinweisen versehen werden. Die in allen Bundesländern zugelassenen zivilrechtlichen Kommentare von Palandt und Thomas/Putzo beinhalten zahlreiche sogenannte **versteckte Fundstellen**,[49] die grundlegende Fragen und Prüfungsschemata beinhalten:

44

---

48 Instruktiv ist der Ausbildungsaufsatz Bohnen, Die Kommentarnutzung im Assessorexamen– Fluch oder Segen?, JA 2013, 450 ff., siehe dazu auch RÜ 2013, 471.

49 Bohnen JA 2013, 452–453.

Palandt, BGB:

Einleitung Rn. 26 ff.:	Ausführungen zum Europarecht
§ 147 Rn. 8 f.:	Kaufmännisches Bestätigungsschreiben
Einl. v § 241 Rn. 8 f.:	Gefälligkeitsverhältnis
Vorbem. v § 249 Rn. 105 ff.:	Drittschadensliquidation
§ 280 Rn. 34 ff.:	Beweislast und Beweiserleichterungen
§ 280 Rn. 66 f.:	Haftung des Rechtsanwalts
§ 307 Rn. 60:	Klauseln in Arbeitsverträgen
Überbl. v § 311 Rn. 16 ff.:	Typengemischte Verträge
§ 388 Rn. 2 ff.:	Prozessaufrechnung
Einf. v § 535 Rn. 37 ff.:	Leasingvertrag
Einf. v. § 611 Rn. 7 f.:	Arbeitnehmereigenschaft
Einf. v § 611 Rn. 41 f.:	Teilzeitarbeitsverhältnis
Einf. v § 611 Rn. 76:	Betriebliche Übung
§ 611 Rn. 5 ff.:	Anfechtung im Arbeitsverhältnis
§ 611 Rn. 60 ff.:	Feiertagsentgelt nach EFZG
§ 611 Rn. 81 ff.:	Sonderzahlungen im Arbeitsrecht
§ 611 Rn. 105 ff.:	Gleichbehandlungsgrundsatz
§ 611 Rn. 118 ff.:	(Weiter-)Beschäftigungsanspruch
§ 611 Rn. 126 ff.:	Urlaubsanspruch nach BUrlG
§ 611 Rn. 152 ff.:	Innerbetrieblicher Schadensausgleich
§ 616 Rn. 17 ff.:	Entgeltfortzahlung nach EFZG
Vorbem. v § 620 Rn. 28 ff.:	Voraussetzungen einer Kündigung
Vorbem. v § 620 Rn. 75 ff.:	Schwerbehindertenschutz
Vorbem. v § 620 Rn. 79 f.:	Mutterschutz
Vorbem. v § 620 Rn. 85 f.:	Wiedereinstellungsanspruch
§ 620 Rn. 11 ff.:	Befristeter Arbeitsvertrag nach TzBfG
Anhang zu § 630:	Kommentierung von § 109 GewO
Einl. v § 1297 Rn. 10 ff.:	Nichteheliche Lebensgemeinschaft
Einf. III v § 1569 Rn. 7:	Schema Prüfung eines Unterhaltsanspruchs

Thomas/Putzo, ZPO:

Einl. I Rn. 1 ff.:	Prozessgrundsätze der ZPO
Einl. II Rn. 1 ff.:	Streitgegenstandslehre
Einl. III Rn. 1 ff.:	Prozesshandlungen der Parteien
Vorbem. § 50 Rn. 11 ff.:	Parteiänderung
Vorbem. § 253 Rn. 8 ff.:	Zulässigkeitsvoraussetzungen einer Klage
Vorbem. § 284 Rn. 1 ff.:	Beweisrecht
§ 286 Rn. 7 f.:	Beweisverwertungsverbote mit Beispielen
§ 286 Rn. 12 ff.:	Anscheinsbeweis
§ 286 Rn. 17 ff.:	Beweisvereitelung mit Beispielen
§ 322 Rn. 44 f.:	Prozessaufrechnung
§ 322 Rn. 49 f.:	Beseitigung der Rechtskraft
§ 343 Rn. 3 f.:	Tenor bei einem Einspruch gegen VU
Vorbem. § 511 Rn. 39 ff.:	Tenor bei der Berufung
§ 709 Rn. 3 f.:	Tenor vorläufige Vollstreckbarkeit
§ 711 Rn. 3b:	Tenor Abwendungsbefugnis
§ 712 Rn. 7 ff.:	Tenor Schuldnerschutzantrag
§ 767 Rn. 8a:	Prozessuale Gestaltungsklage

§ 767 Rn. 12:	Tenor Vollstreckungsgegenklage
§ 768 Rn. 10:	Tenor Klauselgegenklage
§ 769 Rn. 12 f.:	Tenor einstweilige Anordnung
§ 922 Rn. 4:	Tenor Arrest

3. Endkontrolle

Nach Fertigstellung der Lösungsskizze mit Fundstellenangaben empfiehlt sich zu **45** überprüfen, ob der gewählte Lösungsweg zumindest die meisten **im Aktenstück angesprochenen Rechtsfragen aufgreift**. Andernfalls ist klausurtaktisch davon auszugehen, dass die erarbeitete Lösung von der des Prüfungsamtes deutlich abweicht. Dies sollte Anlass zur nochmaligen Überarbeitung geben.

4. Reinschrift

Nach der (erfolgreichen) Endkontrolle des Lösungsentwurfes ist mit der **Reinschrift** **46** der Lösung zu beginnen. Im Regelfall sollten dafür etwa drei Zeitstunden eingeplant werden. In welcher **Reihenfolge** die Abfassung der Reinschrift der Klausurlösung erfolgen sollte, lässt sich nicht schematisch für alle denkbaren Aufgabenstellungen beantworten. Maßgeblich ist unter Prüfungsgesichtspunkten die **richtige Schwerpunktsetzung**.

> **Merke:** Die rechtliche Lösung ist das Kernstück der Klausur und darf daher keinesfalls fehlen.

Im **Idealfall** teilt sich der Referendar die fünfstündige Bearbeitungszeit so ein, dass er die Lösung sukzessive herunterschreiben kann und nicht erst Klausurteile verfasst, die in der Reinschrift erst in den hinteren Teil gehören (z.B. beim Urteil die Entscheidungsgründe). Letztlich ist alles eine **Frage der Übung** und des zweckmäßigen Zeitmanagements. Der Referendar sollte die Zeit bis zum Assessorexamen unbedingt nutzen, so viele Klausuren wie möglich zu schreiben.

Bei der Abfassung der Lösung sollte auf eine **lesbare Handschrift** und eine **übersichtliche Darstellung** (mit Absätzen) möglichst ohne (größere) Streichungen und Ergänzungen geachtet werden. Es ist selbstverständlich, dass **Grammatik- und Rechtschreibfehler** tunlichst zu vermeiden sind, sie trüben den Gesamteindruck erheblich.

Es gibt unterschiedliche Ansichten, ob bei einer Entscheidungsklausur zuerst der **47** Sachverhaltsteil (bei einem Urteil der Tatbestand) oder erst die rechtliche Lösung (bei einem Urteil die Entscheidungsgründe) ausformuliert werden soll. Für beide Anleitungen lassen sich gute Gründe nennen, zumal die Sachverhaltsschilderung und die rechtliche Lösung in einer **Wechselbeziehung** stehen.

Zudem sollte der Referendar bemüht sein, eine **vollständige Bearbeitung** der Aufgabenstellung abzugeben und nicht aus großer Zeitnot auf Teile seines Lösungsentwurfs verweisen müssen. Wenn die Zeit knapp wird, ist **notfalls** primär die **Sachverhaltsdarstellung abzukürzen**, schlimmstenfalls wegzulassen. Dies bringt allerdings einen erheblichen Punktabzug mit sich. Auf jeden Fall sollten die Formalien eingehalten und die **rechtlichen Erwägungen umfassend** sein.

> **Merke:** Die **äußere Form** der abgegebenen Klausur ist die **Visitenkarte des Referendars**. Sie ist der erste Eindruck, den der Prüfer erhält. Dieser erste Eindruck ist bekanntlich psychologisch sehr wichtig.

2. Teil: Gerichtliche Entscheidungen

48 Wie bereits dargestellt, bestehen die examenstypischen richterlichen Aufgabenstellungen im Entwurf eines (End-)Urteils oder eines (die Instanz abschließenden) Beschlusses. Nach § 300 Abs. 1 ZPO ergeht ein Endurteil, wenn der Rechtsstreit **entscheidungsreif** ist. Das ist der Fall, wenn nach vollständiger Aufklärung des Sachverhaltes und Ausschöpfung der Beweise der Klage (ganz oder teilweise) stattzugeben oder sie (ganz oder teilweise) abzuweisen ist.[50] Entsprechendes gilt für einen die Instanz abschließenden Beschluss.

> **Merke:** Klausurtaktisch ist von Entscheidungsreife auszugehen. Sobald mit (nach dem Bearbeitervermerk zulässigen) Unterstellungen gearbeitet werden muss, sollte der Lösungsweg unbedingt noch einmal überprüft werden. Es kann mit Sicherheit davon ausgegangen werden, dass die erarbeitete Lösung von der des Prüfungsamtes abweicht, ohne dass deswegen die vom Referendar erarbeitete Lösung unvertretbar sein muss.

A. Urteil[51]

49 Den Inhalt eines zivilgerichtlichen Urteils gibt § 313 ZPO vor.[52] Üblich ist folgender **Aufbau**:

- Überschrift
- Rubrum
- Tenor
- Tatbestand
- Entscheidungsgründe
- ggf. Rechtsbehelfsbelehrung
- Unterschrift(en)

I. Überschrift

50 Die Ausgestaltung der Überschrift ist gesetzlich nicht detailliert geregelt und wird in der Praxis regional unterschiedlich gehandhabt. Der Referendar sollte sich frühestmöglich mit den in seinem Bundesland bestehenden Gepflogenheiten vertraut machen und diese übernehmen, um im Examen nicht mit durch in seinem Bundesland ungewöhnlichen Formulierungen (negativ) aufzufallen.

51 Nach § 311 Abs. 1 ZPO ergeht ein Urteil „im Namen des Volkes". In der Praxis üblich ist die Angabe des **Aktenzeichens** (oben links) sowie des **erkennenden Gerichts**. Es bestehen unterschiedliche Gepflogenheiten, ob das erkennende Gericht ebenfalls oben links (über oder unter dem Aktenzeichen) oder aber in der Mitte oberhalb von „im Namen des Volkes" genannt wird. Vielfach wird auch in der Überschrift bereits die **Art des Urteils** (z.B. Vorbehaltsurteil, § 302 ZPO)[53] angegeben, in anderen Bundesländern erfolgt diese Angabe erst nach dem Rubrum vor dem Tenor.[54] Für Aner-

---

50 Thomas/Putzo/Reichold § 300 ZPO Rn. 2.

51 Behandelt ist als Regelfall das erstinstanzliche kontradiktorische Urteil. Weitere Urteile (z.B. Urkundenvorbehaltsurteil, Versäumnisurteil, Berufungsurteil) sind in Teil 4 bei den examenstypischen Aufgabenstellungen erörtert.

52 Soweit das Gesetz abgekürzte Urteile ermöglicht (z.B. nach §§ 313 a, 313 b, 540, 546 ZPO), ist die Anwendung dieser Vorschriften in den Bearbeitervermerken ausgeschlossen.

53 Vgl. Thomas/Putzo/Reichold § 313 ZPO Rn. 1.

54 Z.B. in Süddeutschland, vgl. Thomas/Putzo/Reichold § 313 ZPO Rn. 7a.

kenntnis-, Versäumnis- und Verzichtsurteile schreibt § 313 b Abs. 1 S. 2 ZPO die Bezeichnung gesetzlich vor.[55]

11 O 23/16

Landgericht Köln
Im Namen des Volkes
Urteil

II. Rubrum

Die gesetzlichen Vorgaben für das Rubrum finden sich in § 313 Abs. 1 Nr. 1–3 ZPO. Als **52** **Eingangsformel** ist in der Praxis die (neutrale) Formulierung „in dem Rechtsstreit" oder „in Sachen" üblich. Bisweilen finden sich auch konkretere Formulierungen wie beispielsweise „in dem Arrestverfahren" oder „in dem einstweiligen Verfügungsverfahren".

1. Parteien,[56] gesetzliche Vertreter, Prozessbevollmächtigte

Nach § 313 Abs. 1 Nr. 1 ZPO sind im Urteilskopf (Rubrum) die **Parteien**, ihre **gesetzli-** **53** **chen Vertreter und** ihre **Prozessbevollmächtigten** aufzuführen (soweit vorhanden). Maßgebender Zeitpunkt ist der Schluss der mündlichen Verhandlung,[57] was insbesondere in Fällen von Parteiwechseln von Bedeutung ist. Zweck dieser Angaben ist die zweifelsfreie Feststellung der Identität sowie der Wirksamkeit von Zustellungen.[58] Die Parteiangabe umfasst den **Namen**, die **Anschrift** sowie die (durch Kommata oder Parenthese abgegrenzte) **konkrete Parteistellung** (z.B. „Kläger") **in der** **jeweiligen Instanz** (z.B. „Beklagter und Berufungskläger"),[59] bei natürlichen Personen an sich zusätzlich die Berufsangabe.[60] Bei Einzelkaufleuten und personenrechtlichen Handelsgesellschaften genügt die Angabe der **Firma** (§§ 17 Abs. 2, 124 Abs. 1, 161 Abs. 2 HGB).[61] **Gesetzliche Vertreter** sind ebenfalls namentlich[62] (mit Zustelladresse) zu bezeichnen. Gleiches gilt für die **Prozessbevollmächtigten**. In einigen Bundesländern wird zudem der Streitgegenstand schlagwortartig angeben.

---

55 Zum Versäumnisurteil siehe Rn. 581 ff.

56 Zahlreiche Sonderfälle des Rubrums (z.B. in Fällen der Streitgenossenschaft, bei Parteiänderungen, in Widerklagefällen usw.) sind im Teil 4 bei den einzelnen examenstypischen Aufgabenstellungen erörtert.

57 Thomas/Putzo/Reichold § 313 ZPO Rn. 2.

58 Vgl. Thomas/Putzo/Reichold § 313 ZPO Rn. 3.

59 Thomas/Putzo/Reichold § 313 ZPO Rn. 3.

60 Vgl. § 130 Nr. 1 ZPO („Stand oder Gewerbe"); allerdings in der Praxis heute immer weniger anzutreffen, soweit die Berufsangabe für den Rechtsstreit ohne Relevanz ist. Hat demgegenüber der Beruf der Parteien Einfluss auf den Rechtsstreit (z.B. die Kaufmannseigenschaft bei einer Gerichtsstandsvereinbarung nach § 38 Abs. 1 ZPO oder für das Vorliegen einer Handelssache i.S.d. § 95 Abs. 1 GVG), sollten die Parteiberufe schon im Rubrum aufgeführt werden.

61 Thomas/Putzo/Reichold § 313 ZPO Rn. 3, beachte dazu aber auch Thomas/Putzo/Seiler § 750 ZPO Rn. 4.

62 Thomas/Putzo/Reichold § 313 ZPO Rn. 4.

> *In dem Rechtsstreit*
>
> *der Frau Helga Wolff, Spremberger Str. 23, 03046 Cottbus,*
>
> *Klägerin,*
>
> *– Prozessbevollmächtigte: Rechtsanwältin Stockmann, Rathausmarkt 3, 03046 Cott-*
> *bus –*
>
> *gegen*
>
> *den minderjährigen Peter Hermsmeier, geb. 03.04.2006, Branitzer Allee 55, 03222 Lüb-*
> *benau, gesetzlich vertreten durch seine Eltern Eva und Rolf Hermsmeier, wohnhaft*
> *ebenda,*
>
> *Beklagten,*
>
> *wegen Schadensersatzes aus unerlaubter Handlung*

54 **Parteien kraft Amtes**[63] werden zusätzlich in ihrer Funktion genannt, z.B. der Insolvenzverwalter.

> *In dem Rechtsstreit*
>
> *des Steuerberaters Uwe Rischmöller, Horner Landstr. 376, 22111 Hamburg, **als Insol-***
> ***venzverwalter** über das Vermögen der Werbeagentur Seifenrieder GmbH, Hagenbe-*
> *cker Heide 7, 22527 Hamburg, gesetzlich vertreten durch ihre Geschäftsführerin Ines*
> *Seifenrieder, geschäftsansässig ebenda,*
>
> *Klägers,*
>
> *– Prozessbevollmächtigte: Rechtsanwälte Dr. Rosenberger & Partner, Wilhelmshave-*
> *ner Str. 151, 28777 Bremen –*
>
> *gegen …*

2. Gericht, erkennende Richter, Schluss der mündlichen Verhandlung

55 Im Urteilsrubrum sind nach § 313 Abs. 1 Nr. 2, 3 ZPO außerdem das **Gericht**, die **Namen der Richter**, die bei der Entscheidung mitgewirkt haben, und der **Tag, an dem die mündliche Verhandlung geschlossen**[64] worden ist, anzugeben. Dieses Datum hat zentrale Bedeutung für den Zeitpunkt der (materiellen) Rechtskraft[65] und für die Präklusionswirkung der §§ 323 Abs. 2, 767 Abs. 2 ZPO.[66]

Die **Bezeichnung des Gerichts** erfolgt nach Behörde und Abteilung/Kammer/Senat,[67] beispielsweise „6. Zivilkammer des Landgerichts Bonn" oder „Landgericht Regensburg, 6. Zivilkammer". Bei den **Namen** der an nach § 309 ZPO der Urteilsfindung mitwirkenden Richter, die sich aus dem Protokoll der (letzten)[68] mündlichen Verhandlung ergeben, sind deren **Dienstbezeichnungen** korrekt anzugeben. Planrichter unterscheiden sich von den Proberichtern dadurch, dass sie den Zusatz „am Amtsgericht", „am Landgericht", „am Oberlandesgericht" oder „am Bundesgerichtshof" führen (vgl. § 19 a DRiG). Hat beim Landgericht ein **Einzelrichter** entschieden, wird

---

63 Siehe dazu Rn. 384.

64 Frühere Verhandlungstage bleiben anders als im Strafurteil außen vor.

65 Siehe dazu Rn. 782 ff.

66 Thomas/Putzo/Reichold § 313 ZPO Rn. 7.

67 Vgl. Thomas/Putzo/Reichold § 313 ZPO Rn. 6.

68 Hat die Besetzung des Gerichts im Laufe des Rechtsstreits gewechselt (z.B. durch eine Änderung des Geschäftsverteilungsplans), sind die in einer früheren mündlichen Verhandlung beteiligten (anderen) Richter nicht zu erwähnen.

dies durch die Formulierung „als Einzelrichter" kenntlich gemacht. War ein **Kollegial-gericht** tätig, werden die Richter in der Reihenfolge Vorsitzender – beisitzende Richter (Planrichter zuerst) genannt.

Das Rubrum endet mit der Formulierung „für Recht erkannt". **Tempus** ist das **Perfekt**, die Zeitform der Prozessgeschichte. Ergeht das Urteil als sogenanntes **„Stuhlurteil"** (§ 310 Abs. 1 S. 1 ZPO) am Schluss der Sitzung, wird dies durch die Formulierung **„in der mündlichen Verhandlung vom …"** zum Ausdruck gebracht. Ist **Verkündungstermin** anberaumt worden, heißt es **„aufgrund** der mündlichen Verhandlung vom …". Das Verkündungsdatum selbst wird dann im Rubrum nicht mitgeteilt, dieses vermerkt nach § 315 Abs. 3 S. 1 ZPO der Urkundsbeamte der Geschäftsstelle auf dem Urteil.

56

> *… hat die 3. Zivilkammer des Landgerichts Osnabrück durch die Vorsitzende Richterin am Landgericht Oberbeck, den Richter am Landgericht Drabusch und die Richterin Dr. Michelsberger aufgrund der mündlichen Verhandlung vom 09.03.2016*
>
> *für Recht erkannt …*

oder:

> *… hat die 9. Zivilkammer des Landgerichts Berlin durch Richterin am Landgericht Vahlke als Einzelrichterin in der mündlichen Verhandlung vom 14.04.2016*
>
> *für Recht erkannt …*

Ergeht das Urteil ausnahmsweise nach § 128 Abs. 2 S. 1 ZPO mit Zustimmung der Parteien ohne mündliche Verhandlung, wird anstelle des (letzten) Verhandlungstermins das Urteilsdatum genannt. Für die Rechtskraftwirkung und die Präklusion kommt es in diesem Fall auf den Tag an, bis zu dem nach § 128 Abs. 2 S. 2 ZPO Schriftsätze eingereicht werden konnten.[69] Gleiches gilt in amtsgerichtlichen Verfahren nach § 495 a ZPO.

57

> *… hat die 9. Zivilkammer des Landgerichts Dortmund durch den Richter am Landgericht Beier als Einzelrichter ohne mündliche Verhandlung auf der Grundlage einer Erklärungsfrist bis zum 07.04. 2016 am 15.04.2016*
>
> *für Recht erkannt …*

Bei einem **Urteil nach Lage der Akten** (§§ 251 a, 331 a ZPO) wird anstatt des Tages der mündlichen Verhandlung der versäumte Termin genannt.

58

> *… hat das Amtsgericht Wolfsburg durch den Richter am Amtsgericht Scholl nach Lage der Akten am 22.04.2016*
>
> *für Recht erkannt …*

III. Tenor

An das Rubrum schließt sich die **Urteilsformel** an (§ 313 Abs. 1 Nr. 4 ZPO). Der Tenor wird von dem nachfolgenden Tatbestand und den Entscheidungsgründen äußerlich abgegrenzt.[70] Dies geschieht in der Praxis zumeist durch ein Einrücken der aus der

59

---

69 Vgl. Thomas/Putzo/Reichold § 313 ZPO Rn. 7.
70 Thomas/Putzo/Reichold § 313 ZPO Rn. 8.

Hauptsacheentscheidung,[71] der **Kosten**entscheidung[72] und der **vorläufigen Voll-streckbarkeit**sentscheidung[73] bestehenden Urteilsformel. Eine Besonderheit besteht bei einem Urkundenvorbehaltsurteil nach § 599 Abs. 1 ZPO. Dort kommt als weiterer Bestandteil der Vorbehalt hinzu, dass der Beklagte seine Rechte im Nachverfahren (§ 600 ZPO) geltend machen kann.[74] Bei erstinstanzlichen Urteilen, bei denen die Beschwer des Unterlegenen 600 € nicht übersteigt, ist zudem unter den Voraussetzungen des § 511 Abs. 4 S. 1 ZPO die Berufung von Amts wegen zuzulassen.

> **Merke:** Der Tenor verkörpert das Gesamtergebnis der Klausur. Der Korrektor sollte dadurch (nach dem tunlichst fehlerfrei zu formulierenden Rubrum) einen möglichst positiven ersten Eindruck von der Leistung des Referendars erhalten.

Der Tenor muss **eindeutig** und **aus sich heraus verständlich** abgefasst sein, um einen vollstreckungsfähigen Inhalt zu haben.[75] Ein in Referendararbeiten häufig zu beobachtender Fehler ist, dass die in der letzten mündlichen Verhandlung gestellten Anträge nicht vollständig beschieden werden. Z.B. wird bei einem geringfügigen Unterliegen mit einem Teil der Zinsforderung immer wieder vergessen, die Klage im Übrigen abzuweisen. Dies sieht kein Korrektor gerne und führt zu einem höchst ärgerlichen Punktabzug.

> **Merke:** Über **alle** in der letzten mündlichen Verhandlung zur Entscheidung gestellten Anträge der Parteien ist **erschöpfend** zu entscheiden.

Bei der Hauptsacheentscheidung ist unbedingt zu beachten, dass einer Partei nicht mehr zuerkannt werden darf, als sie beantragt hat (§ 308 Abs. 1 S. 1 ZPO, „ne ultra petita"). Dies gilt nach § 308 Abs. 1 S. 2 ZPO auch für Nebenansprüche. Eine Ausnahme besteht nach § 308 a ZPO in Wohnraummietsachen für die Fortsetzung des Mietverhältnisses bei erfolglosen Räumungsklagen.

60   Die **Kostenentscheidung** ist ohne Antrag **von Amts wegen** zu erlassen (§ 308 Abs. 2 ZPO). Dies gilt jedoch nur für die Kosten**grund**entscheidung auf der Basis der §§ 91 ff. ZPO. Für diese besteht als **Annex zur Hauptsacheentscheidung** eine richterliche Zuständigkeit.

Über die **Höhe** der erstattungsfähigen Kosten wird erst im **Kostenfestsetzungsverfahren** nach den §§ 103 ff. ZPO durch den **Rechtspfleger** (§ 21 Nr. 1 RPflG) entschieden; dies erfolgt nicht von Amts wegen, sondern nur auf Antrag.[76] Erst der rechtspflegerische **Kostenfestsetzungsbeschluss** (§§ 104, 106 ZPO) ist der nach § 103 Abs. 1 ZPO für die Durchsetzung des Kostenerstattungsanspruchs erforderliche **Vollstreckungstitel** (vgl. § 794 Abs. 1 Nr. 2 ZPO).

61   Über die **vorläufige Vollstreckbarkeit** nach den §§ 708 ff. ZPO ist im Urteil ebenfalls **ohne Antrag**[77] eine Entscheidung zu erlassen.[78] Die grundlegende Unterscheidung besteht darin, ob das Urteil **ohne Sicherheitsleistung** (§ 708 ZPO) oder nach § 709 ZPO nur **gegen Sicherheitsleistung** vorläufig vollstreckbar ist.

---

71 Siehe dazu Rn. 62 ff.

72 Siehe dazu Rn. 86 ff.

73 Siehe dazu Rn. 109 ff.

74 Siehe dazu Rn. 654, 655.

75 Thomas/Putzo/Reichold § 313 ZPO Rn. 8.

76 Zum examensrelevanten Grundlagenwissen im Kostenrecht vgl. Stoffregen, Der zivilprozessuale Kostenerstattungsanspruch und seine Durchsetzung nach den §§ 103 ff. ZPO, JuS 2010, 401.

77 Thomas/Putzo/Reichold § 313 ZPO Rn. 10; Thomas/Putzo/Seiler Vorbem. §§ 708–720 ZPO Rn. 2.

78 Nur ausnahmsweise besteht eine vorläufige Vollstreckbarkeit ohne Ausspruch im Urteil kraft Gesetzes: Nach § 62 Abs. 1 ArbGG bei Urteilen der Arbeitsgerichte, außerdem bei einen Arrest oder eine einstweilige Verfügung anordnenden oder bestätigenden Urteilen, siehe Thomas/Putzo/Seiler § 704 ZPO Rn. 4.

> **Beachte:** Ein wichtiges Hilfsmittel bei der Tenorierung ist der Kommentar von Thomas/Putzo, in dem zahlreiche Mustertenöre abgedruckt und durch Unterstreichungen hervorgehoben sind.

1. Hauptsachetenor

Die Formulierung der **Hauptsacheentscheidung**[79] erfolgt auf der Grundlage der (zuletzt gestellten) **Anträge**. Schon der Antrag in der Klageschrift unterliegt dem Bestimmtheitsgebot (§ 253 Abs. 2 Nr. 2 ZPO).[80] Das Klagebegehren kann im Laufe des Rechtsstreits durch Klageänderung[81] (§§ 263 ff. ZPO) variieren. Es können nach den Regeln der objektiven Klagehäufung[82] (§ 260 ZPO) weitere Anträge hinzukommen, durch (teilweise) Klagerücknahme (§ 269 ZPO) kann sich das Klagebegehren beschränken. Es ist beim (Teil-)Erfolg der Klage unbedingt darauf zu achten, dass eine **konkrete und auch für außenstehende Dritte eindeutige Rechtsfolge** ausgesprochen wird. Andernfalls drohen **erhebliche Schwierigkeiten bei der Zwangsvollstreckung**, da sowohl im Klauselerteilungsverfahren (§§ 724 ff. ZPO) durch das Klauselorgan als auch im Vollstreckungsverfahren durch das jeweilige Vollstreckungsorgan (Gerichtsvollzieher, Vollstreckungsgericht, Grundbuchamt, Prozessgericht des ersten Rechtszuges) die Bestimmtheit des Vollstreckungstitels zu prüfen ist. Bei einem stattgebenden Urteil muss die angeordnete Rechtsfolge alleine aus dem Tenor ohne Hinzuziehung sonstiger Unterlagen ersichtlich sein.[83]

62

> **Merke:** Ein **grober Fehler** ist es, keine Rechtsfolge anzuordnen, sondern zu formulieren: „Der Klage wird stattgegeben." Ein solches Urteil hat keinen vollstreckungsfähigen Inhalt.

a) Erfolglose Klage

Ist die Klage insgesamt unzulässig oder unbegründet, d.h. ohne jeden Erfolg, dann lautet die Urteilformel in der Hauptsache:

63

Die Klage wird abgewiesen.

Im Tenor wird bei einer erfolglosen Klage **nicht zum Ausdruck gebracht, ob sie unzulässig oder unbegründet ist**. Dies ergibt sich erst aus den Entscheidungsgründen des Urteils und ist wegen der **unterschiedlichen Rechtskraftwirkung**[84] von Prozessurteilen einerseits und Sachurteilen andererseits von erheblicher Bedeutung.

b) Erfolgreiche Klage

Bei einer **insgesamt zulässigen und begründeten Klage** ist dem (letzten) Sachantrag des Klägers zu entsprechen. Das Urteil kann auf eine **Leistung** (Handlung, Duldung oder Unterlassung), **Gestaltung** oder **Feststellung** (positiv oder negativ) gerichtet sein.

64

---

79 Zahlreiche weitere Formulierungsbeispiele finden sich im Teil 4 dieses Skriptes, siehe auch Wallisch/Spinner, Die Tenorierung zivilgerichtlicher Entscheidungen – Eine Übung für Rechtsreferendare JuS 2006, 799, 883.

80 Siehe zur Bestimmtheit eines Herausgabeantrages BGH, Urt. v. 10.07.2015 – V ZR 206/14, in: RÜ2 2016, 1.

81 Siehe dazu Rn. 355 ff.

82 Vgl. dazu Rn. 325 ff.

83 Thomas/Putzo/Seiler Vorbem. § 704 ZPO Rn. 16; § 724 ZPO Rn. 9.

84 Siehe dazu Rn. 783.

aa) Leistungsurteil

65 Der Hauptsachetenor ist **so klar wie möglich** zu fassen, er muss **aus sich heraus verständlich und der Zwangsvollstreckung zugänglich** sein.[85] Ob dieses zwingende Erfordernis beachtet worden ist, wird sowohl bei der Erteilung der **Vollstreckungsklausel** vom **Klauselorgan**[86] als auch bei der Durchführung der **Zwangsvollstreckung** vom **Vollstreckungsorgan** geprüft.[87] Somit ist keine zwangsweise Umsetzung des Leistungsurteils möglich, wenn sein Inhalt zu unbestimmt ist.

Beachte: Bei einer erfolgreichen **Leistungsklage** ist besonders darauf zu achten, dass der Hauptsachetenor einen **vollstreckungsfähigen Inhalt** hat.

---

(1) Verurteilung zur Zahlung

66 Der **häufigste** Inhalt von Leistungsurteilen ist die **Verurteilung zu einer Zahlung**. Dabei ist zwischen der **Hauptforderung** und **Nebenforderungen** zu unterscheiden.

(a) Hauptforderung

Die vom Beklagten zu bezahlende **Geldsumme** ist grundsätzlich in einem **festen Betrag** auszutenorieren.[88]

> *Die Beklagte wird verurteilt, an den Kläger 1.576,39 € zu zahlen.*

Es genügt nicht, dass sich der zu zahlende Betrag aus in der Prozessakte befindlichen Schriftstücken (Gutachten, Schriftsatzanlagen) ermitteln lässt.[89] Ist allerdings die Höhe des geschuldeten Betrages aus **leicht zugänglichen Quellen zuverlässig feststellbar**, dann ist dem Bestimmtheitserfordernis Genüge getan.[90] Dies ist beispielsweise bei einer **Wertsicherungsklausel**, die auf den **Preisindex für Lebenshaltungskosten des Statistischen Bundesamtes** Bezug nimmt, der Fall.[91]

> *Der Beklagte wird verurteilt, an die Klägerin eine monatliche Geldrente von 722,50 €, beginnend im Januar 2014, fällig jeweils am Monatsersten, zu zahlen.*
>
> *Erhöht oder verringert sich der für den Monat Januar 2014 vom Statistischen Bundesamt mit 105,9 ermittelte Preisindex für die Lebenshaltungskosten aller privaten Haushalte um mehr als 5%, erhöht oder verringert sich die Rente ab dem Folgemonat im gleichen Verhältnis.*

67 Nach h.M.[92] ist es bei der Verurteilung zu einer **Gehalts- oder Lohnzahlung** zulässig, den Arbeitgeber zur Zahlung einer bestimmten Geldsumme „brutto" zu verurteilen, obwohl der Arbeitnehmer an sich nur den Nettolohn ausgezahlt bekommt. Ein solches **Bruttolohnurteil** verpflichtet zur Zahlung des vollen ausgeurteilten Betrages. Daraus haftet der Arbeitnehmer gegenüber dem Finanzamt für die Entrichtung der

---

85 BGH, Urt. v. 16.05.1994 – II ZR 223/92, in: NJW-RR 1994, 1185, 1186; Thomas/Putzo/Reichold § 313 ZPO Rn. 8; Thomas/Putzo/Seiler Vorbem. IV § 704 ZPO Rn. 16.

86 Vgl. Thomas/Putzo/Seiler § 724 ZPO Rn. 9; Vorbem. IV § 704 ZPO Rn. 16.

87 Thomas/Putzo/Seiler Vorbem. IV § 704 ZPO Rn. 16.

88 Thomas/Putzo/Seiler Vorbem. IV § 704 ZPO Rn. 20

89 Thomas/Putzo/Seiler Vorbem. IV § 704 ZPO Rn. 16.

90 Thomas/Putzo/Seiler Vorbem. IV § 704 ZPO Rn. 16.

91 BGH, Beschl. v. 10.12.2004 – IXa ZB 73/04, in: NJW-RR 2005, 366; Thomas/Putzo/Seiler Vorbem. IV § 704 ZPO Rn. 17.

92 Nachweise bei Thomas/Putzo/Seiler Vorbem. IV § 704 ZPO Rn. 17.

Lohnsteuer und gegenüber den Sozialversicherungsträgern für den Arbeitnehmeranteil.[93]

Die Beklagte wird verurteilt, an den Kläger 4.100 € brutto zu zahlen.

(b) Nebenforderungen

In aller Regel wird bei einer Zahlungsklage neben der Hauptforderung ein **Zinsanspruch** geltend gemacht, häufig zudem ein Anspruch auf die Erstattung vorgerichtlicher **Kosten**. Dementsprechend beinhaltet das stattgebende Zahlungsurteil neben der bestimmten Hauptforderung eine Entscheidung über diese Nebenansprüche.

68

> **Beachte:** Die eingeklagten Nebenforderungen (Zinsen, vorgerichtliche Kosten) dürfen nicht mit den **prozessualen** Nebenentscheidungen (Prozesskosten, vorläufige Vollstreckbarkeit) verwechselt werden.

(aa) Zinsen

Nach § 291 S. 1 BGB besteht ein Anspruch auf **Rechtshängigkeitszinsen**, auch wenn der Beklagte nicht im Schuldnerverzug ist.

69

Rechtshängigkeit wird nach § 261 Abs. 1 ZPO durch die Klageerhebung begründet. Gemeint ist damit die Zustellung der Klage (§ 253 Abs. 1 ZPO) an den oder die Prozessgegner,[94] durch die ein Prozessrechtsverhältnis begründet wird.[95] Die Einreichung der Klageschrift beim Gericht führt demgegenüber zunächst nur zur **Anhängigkeit**.[96] Für den Eintritt der Rechtshängigkeit bedarf es neben einer ordnungsgemäßen Klageschrift einer **formell ordnungsgemäßen Zustellung**.[97] Diese erfolgt nach §§ 271 Abs. 1, 166 Abs. 2 ZPO von Amts wegen.

> **Merke:** Es ist zwischen der Zustellung **von Amts wegen** (§§ 166 ff. ZPO) und der Zustellung **auf Betreiben der Partei** (§§ 191 ff. ZPO) zu unterscheiden.

In Examensklausuren finden sich häufig **Zustellungsprobleme**. Bei der **Amtszustellung** ist in der gerichtlichen Praxis die **Post** (nicht notwendig die Deutsche Post AG)[98] das zentrale **Zustellungsorgan** (§§ 188 Abs. 1 S. 2 ZPO, 33 Abs. 1 PostG), bei der **Parteizustellung** der **Gerichtsvollzieher** (§ 192 Abs. 1 ZPO).

70

Grundsätzlich richtet sich die Parteizustellung nach dem Recht der Amtszustellung (§ 191 ZPO). Nach § 195 Abs. 1 S. 1 ZPO ist zudem eine **Zustellung von Anwalt zu Anwalt** möglich, wobei nach § 195 Abs. 2 S. 1 ZPO ein schriftliches **Empfangsbekenntnis** als Zustellungsnachweis ausreicht.

Zuzustellen ist grundsätzlich dem **Zustellungsadressaten** (§ 182 Abs. 1 S. 1 Nr. 1 ZPO) selbst. Sehr häufig wird dieser aber vom Zustellungsorgan nicht angetroffen. Dann ist eine **Ersatzzustellung** in der Wohnung (§ 178 Abs. 1 Nr. 1 ZPO), in den Geschäftsräumen (§ 178 Abs. 1 Nr. 2 ZPO) oder in Gemeinschaftseinrichtungen (§ 178 Abs. 1 Nr. 3 ZPO) zu versuchen. Im Falle der **unberechtigten Annahmeverweige-**

---

93 LG Stuttgart, Beschl. v. 25.09.2009 – 10 T 344/09, in: DGVZ 2009, 187; Thomas/Putzo/Seiler Vorbem. IV § 704 ZPO Rn. 17.
94 Thomas/Putzo/Reichold § 253 ZPO Rn. 3.
95 Zu (weiteren) materiellen Folgen der Rechtshängigkeit siehe z.B. §§ 204 Abs. 1 Nr. 1, 818 Abs. 4, 989 BGB.
96 Thomas/Putzo/Reichold § 253 ZPO Rn. 1.
97 Thomas/Putzo/Reichold § 261 ZPO Rn. 2.
98 Thomas/Putzo/Hüßtege § 168 ZPO Rn. 5.

rung (§ 179 ZPO) gilt das zuzustellende Schriftstück als zugestellt, das Zustellungsorgan hat es in der Wohnung oder in dem Geschäftsraum zurückzulassen.

Nur wenn keine Ersatzzustellung in der Wohnung oder den Geschäftsräumen möglich ist, kann eine Ersatzzustellung nach § 180 S. 1 ZPO durch **Einlegen in den Briefkasten** erfolgen. Ist dies ebenfalls nicht möglich, ist eine **Ersatzzustellung durch Niederlegung** zulässig (§ 181 Abs. 1 S. 1 ZPO).

Unter den Voraussetzungen des § 185 ZPO ist eine Zustellung durch öffentliche Bekanntmachung, die sogenannte **öffentliche Zustellung**, möglich.

Beim Auftreten von Zustellungsfehlern ist nach § 189 ZPO **Heilung durch tatsächlichen Zugang** zu prüfen.

> **Merke:** Die solide Kenntnis des Zustellungsrechts ist für den Referendar unerlässlich.

71 Der **Zinssatz** für Rechtshängigkeitszinsen beträgt regelmäßig **5 Prozentpunkte über dem Basiszinssatz** (§§ 291 S. 2, 288 Abs. 1 S. 2 BGB). Aktuell sind dies seit dem 01.01.2015 bei einem Basiszins von –0,83%, somit 4,17% (§ 247 BGB i.V.m. der im Schönfelder in einer Fußnote abgedruckten Bekanntmachung der Deutschen Bundesbank).[99]

> **Beachte:** Prozentpunkte sind nicht mit Prozent zu verwechseln.

Zinsbeginn ist nicht der Tag der Zustellung, sondern analog § 187 Abs. 1 BGB erst der **Folgetag**.[100]

72 Die Höhe der Rechtshängigkeitszinsen beträgt **9 Prozentpunkte über dem Basiszinssatz**, wenn es um eine **Entgeltforderung** aus einem Rechtsgeschäft geht, an dem kein Verbraucher beteiligt war (§§ 291 S. 2, 288 Abs. 2 BGB). Diese Gesetzesänderung erfasst nach Art. 229 § 34 S. 1 EGBGB Schuldverhältnisse, die nach dem 28.07.2014 entstanden sind.

Im **Klageantrag** wird die Zinsforderung **nicht ausgerechnet**; vielmehr ist unter Angabe des Zinsbeginnes der Antrag „nebst 5 Prozentpunkten über dem jeweiligen Basiszinssatz" zu stellen.[101] Werden „5 Prozent" statt „Prozentpunkte" verlangt, ergibt sich der richtige Antrag im Wege der Auslegung.[102]

73 Auch im **Urteilstenor** wird der konkrete Zinsbetrag nicht ausgerechnet, vielmehr wird er bei der Vollstreckung ermittelt, da erst dann das Zinsende feststeht.

> **Beachte:** Da der Kläger das Datum der die Rechtshängigkeit (§ 261 Abs. 1 ZPO) begründenden Klagezustellung nicht voraussehen kann, werden die Prozesszinsen in der Praxis häufig **im Klageantrag „ab Rechtshängigkeit"** beansprucht. Bei verständiger Würdigung ist damit aber nicht der Zustellungstag selbst gemeint, sondern der **Folgetag**, da dann analog § 187 Abs. 1 BGB erst die Zinspflicht einsetzt. Der **Urteilstenor** weist den Zinsbeginn **datenmäßig (Tag nach der Zustellung)** aus. Dieser Tag kann bei der Verurteilung mehrerer Beklagter unterschiedlich ausfallen.

99   Siehe auch Palandt/Grüneberg § 288 BGB Rn. 7.
100 Palandt/Grüneberg § 291 BGB Rn. 6.
101 Palandt/Grüneberg § 288 BGB Rn. 7.
102 BGH, Beschl. v. 07.02.2013 – VII ZB 2/12, in: NJW-RR 2013, 511; Palandt/Grüneberg § 288 BGB Rn. 7.

Somit heißt es bei Rechtshängigkeit am 15.02.2016:

*Die Beklagte wird verurteilt, an den Kläger 3.211,09 € nebst Zinsen in Höhe von 5 Prozentpunkten über dem jeweiligen Basiszinssatz **ab dem 16.02.2016** zu zahlen.*

Ein **früherer Zinsbeginn** kann sich aus **Schuldnerverzug** (§§ 280 Abs. 1 S. 1, Abs. 2, 286 Abs. 1 BGB) ergeben. Die gesetzliche **Zinshöhe** von **Verzugszinsen** beträgt wiederum 5 oder 9 Prozentpunkte über dem Basiszins (§ 288 Abs. 1 S. 2, Abs. 2 BGB). Einschränkende Vereinbarungen sind nur in den Grenzen des § 288 Abs. 6 BGB wirksam.   **74**

Nach § 288 Abs. 3 BGB kann der Anspruch auf Verzugszinsen aus einem **anderen Rechtsgrund** höher ausfallen. Da die in anderen Vorschriften geregelten Zinssätze aber entweder niedriger sind (z.B. §§ 246, 503 Abs. 2 BGB) oder mit denen des § 288 Abs. 1 S. 2 BGB übereinstimmen (z.B. §§ 352 HGB, 104 Abs. 1 S. 2 ZPO), läuft die Regelung des § 288 Abs. 3 BGB in der Praxis mit Ausnahme höherer **Vertragszinsen** weitestgehend leer.[103]

Von großer **Praxisrelevanz** ist § 288 Abs. 4 BGB. Danach kann aus Schuldnerverzug auch **weiterer Zinsschaden** verlangt werden. Dieser kann entweder im **Verlust von Anlagezinsen** oder in der **Aufwendung von Kreditzinsen** bestehen.[104] Für den Ersatz von Darlehenszinsen reicht die allgemeine Behauptung, der Anspruchsteller arbeite in Höhe der Klageforderung ständig mit **Bankkredit** in einer mit …% zu verzinsenden Höhe, zunächst aus.[105] Nur wenn der Anspruchsgegner dies bestreitet, ist eine konkretere Darlegung erforderlich.[106]

Nach § 288 Abs. 5 S. 1 BGB hat jeder Gläubiger einer Entgeltforderung im Falle von Schuldnerverzug zudem einen Anspruch auf eine **Verzugspauschale** in Höhe von 40 €.

(bb) Vorgerichtliche Kosten

Besteht ein **materiell-rechtlicher Schadensersatzanspruch** aus Schuldnerverzug, umfasst dieser im Weg der Naturalrestitution nach § 249 Abs. 1 BGB auch die **vorgerichtlichen Rechtsverfolgungskosten**, soweit diese **nach Verzugseintritt** entstanden sind.[107] **Vor** Verzugseintritt aufgewandte Rechtsverfolgungskosten sind nur erstattungsfähig, wenn schon für die Zeit vor Verzugsbeginn ein materieller Schadensersatzanspruch besteht (z.B. aus Delikt).[108]   **75**

Typische Schadenspositionen sind **Mahnkosten**, Kosten von **Registerauskünften** (insbesondere Handelsregister und Gewerberegister) sowie vorgerichtliche **Anwaltskosten**, soweit die Inanspruchnahme eines Rechtsanwaltes erforderlich und zweckmäßig war.[109]

Für außergerichtliche Anwaltstätigkeit fällt nach VV 2300 zum RVG eine gegenstandswertabhängige **Geschäftsgebühr** an, die von 0,5 bis 2,5-Gebühren reicht, berechnet nach der Anlage 2 zum RVG. Regelmäßig wird diese Geschäftsgebühr, sofern nicht eine besonders schwierige oder umfangreiche Anwaltstätigkeit verrichtet wurde, mit **1,3-Gebühren** abgerechnet. Bei einem Gegenstandswert von 5.000 € sind dies beispielsweise 1,3 x 303 €, somit 393,90 €.   **76**

---

103 Palandt/Grüneberg § 288 BGB Rn. 11.

104 Palandt/Grüneberg § 288 BGB Rn. 12–14.

105 BGH, Urt. v. 24.11.1976 – IV ZR 232/74, in: DB 1977, 582; Palandt/Grüneberg § 288 BGB Rn. 14.

106 BGH, Urt. v. 27.02.1991 – XII ZR 39/90, in: NJW-RR 1991, 1406; Palandt/Grüneberg § 288 BGB Rn. 14.

107 Palandt/Grüneberg § 286 BGB Rn. 44.

108 Palandt/Grüneberg § 249 BGB Rn. 56.

109 BGH, Urt. v. 23.10.2003 – IX ZR 249/02, in: NJW 2004, 444, 446; Palandt/Grüneberg § 249 BGB Rn. 57.

77 Kommt es zu einem gerichtlichen Verfahren in derselben Angelegenheit, wird nach der Vorbemerkung 3 Nr. 4 S. 1 VV zum RVG die **außergerichtliche Geschäftsgebühr** (VV 2300 zum RVG) **zur Hälfte**, jedoch höchstens mit einem Gebührensatz von 0,75, **auf die Verfahrensgebühr des gerichtlichen Verfahrens** angerechnet. Dies bedeutet, dass im Klageverfahren entweder nur eine **0,65-Geschäftsgebühr als** (materiell-rechtliche) **Nebenforderung** gegen den Anspruchsgegner geltend macht wird und die volle 1,3-Verfahrensgebühr (nach VV 3100 zum RVG) Gegenstand der prozessualen Kostenerstattung[110] ist **oder** aber die **volle** außergerichtliche Geschäftsgebühr wird als Nebenanspruch mit eingeklagt, dann aber nur eine 0,65-Verfahrensgebühr bei der prozessualen Kostenerstattung abgerechnet. Da sich nach § 15 a Abs. 2 RVG Dritte (und damit der erstattungspflichtige Gegner) grundsätzlich nicht auf die vorzunehmende Anrechnung berufen können, steht die Wahl der Abrechnungsweise im Belieben des Anspruchstellers. Bei **teilweiser vorgerichtlicher Erstattung** der Geschäftsgebühr durch den Gegner hat die Berechnung wegen der Einheitlichkeit des Mandatsauftrages nicht von zwei Teilgegenstandswerten auszugehen, sondern von dem **ursprünglichen Gesamtgegenstandswert**.[111]

78 An sich ist der materiell-rechtliche Erstattungsanspruch des Anspruchstellers auf Ersatz vorgerichtlicher Anwaltskosten auf die **Freistellung** von der Zahlungspflicht gerichtet (§ 257 S. 1 BGB). Ist allerdings die Inanspruchnahme des Befreiungsgläubigers durch den Dritten mit Sicherheit zu erwarten, geht der Befreiungsanspruch sogleich in einen **Zahlungsanspruch** über.[112] Diese Voraussetzung ist bei einer anwaltlichen Honorarforderung gegeben, sodass sie schon deswegen als Geldforderung mit eingeklagt werden kann. Zudem kann nach Zurückweisung einer außergerichtlichen Ersatzforderung auch aus §§ 280 Abs. 1, 3, 281 Absatz 1 S. 1, 249 Abs. 1, 250 S. 2 BGB **Zahlung (anstelle von Freistellung)** verlangt werden:[113]

Berechnungsbeispiel (Gegenstandswert 5.000 €):

1,3-Geschäftsgebühr (VV 2300 zum RVG)	393,90 €
davon die Hälfte	196,95 €
Auslagenpauschale (VV 7002 zum RVG)	20,00 €
Zwischensumme	216,95 €
19% Umsatzsteuer auf 215,65 € (VV 7008 zum RVG)	41,22 €
erstattungsfähige Nebenforderung	258,17 €

Der Beklagte wird verurteilt, an die Klägerin 5.000 € nebst 258,17 € außergerichtliche Kosten sowie Zinsen in Höhe von 5 Prozentpunkten über dem jeweiligen Basiszinssatz auf 5.258,17 € seit dem 13.04.2016 zu zahlen.

(2) Verurteilung zu einer anderen Leistung als Zahlung

79 Bei einer Verurteilung zur **Herausgabe eines Kraftfahrzeuges** empfiehlt sich die Angabe der Fahrzeug-Identifikationsnummer (früher: Fahrgestell-Nr.) oder des polizeilichen Kennzeichens, um das Kraftfahrzeug hinreichend zu individualisieren.[114]

Der Beklagte wird verurteilt, an die Klägerin den Pkw Marke XYZ mit der Fahrzeug-Identifikationsnummer 123456789 herauszugeben.

---

110 Siehe dazu Rn. 60.
111 BGH, Urt. v. 20.05.2014 – VI ZR 396/13, in: BeckRS 2014, 11610.
112 OLG Köln, Urt. v. 12.10.2007, 6 U 76/07, BeckRS 2008, 05793.
113 OLG Hamm, Urt. v. 23.10.2012 – I-4 U 134/12, in: MMR 2013, 171; Palandt/Grüneberg § 250 BGB Rn. 2.
114 Thomas/Putzo/Seiler Vorbem. IV § 704 ZPO Rn. 19.

Wenn ein **Grundstück** betroffen ist, wird die **grundbuchmäßige Bezeichnung** an-　**80**
gegeben, wenn es um eine Grundbucheintragung geht.

> *Die Beklagte wird verurteilt, die Löschung des im Grundbuch von Lübeck, Flur 9, Flur-*
> *stück 28, in Abteilung 2 unter laufender Nummer 1 eingetragenen Wegerechts zu be-*
> *willigen.*

Ist Gegenstand der Verurteilung keine Grundbucherklärung, genügt die Nennung　**81**
der **postalischen Anschrift** des Grundstücks. **Handlungen und Unterlassungen**
sind möglichst konkret zu beschreiben, damit die notwendige Bestimmtheit der Verurteilung gesichert ist.[115] Da die **Auswahlentscheidung, wie** eine Störung zu beseitigen ist, bei einem Anspruch aus § 1004 Abs. 1 S. 2 BGB nicht beim Anspruchsteller,
sondern **beim Störer** liegt, sofern mehrere Störungsbeseitigungsmöglichkeiten bestehen,[116] kann keine bestimmte Maßnahme verlangt werden. Es erfolgt dann eine
Verurteilung zur Vornahme geeigneter Maßnahmen, um eine bestimmt zu bezeich-
nende Beeinträchtigung abzuwenden.

> *Der Beklagte wird verurteilt, durch geeignete Maßnahmen zu gewährleisten, dass das*
> *Gebell, Winseln oder Jaulen seiner Hunde auf dem Grundstück der Klägerin in der*
> *Waldstr. 7 in Braunschweig nur außerhalb der Zeitspannen von 13.00 Uhr bis 15.00 Uhr*
> *sowie von 22.00 Uhr bis 6.00 Uhr zu hören ist.*

Die **Konkretisierung** der Maßnahme zur Störungsbeseitigung erfolgt bei der Verurteilung zu einer vertretbaren Handlung erst **im Rahmen der Vollstreckung** nach
§ 887 Abs. 1 ZPO.[117]

bb) Gestaltungsurteil

Im Bereich der Gestaltungsurteile sind die **prozessualen Gestaltungsklagen** im　**82**
Vollstreckungsrecht von besonderer Examensrelevanz, insbesondere die **Vollstre-**
ckungsabwehrklage (§ 767 ZPO)[118], die **prozessuale Gestaltungsklage sui gene-**
ris analog § 767 ZPO[119] und die **Drittwiderspruchsklage** (§ 771 ZPO).[120]

So heißt es bei einer Klage nach § 767 ZPO:[121]

> *Die Zwangsvollstreckung aus dem rechtskräftigen Urteil des Amtsgerichts Rostock 5 C*
> *349/13 vom 03.05.2016 wird im Umfang von 2.634,45 € für unzulässig erklärt.*

cc) Feststellungsurteil

Durch Urteil kann das **Bestehen oder Nichtbestehen eines Rechtsverhältnisses**　**83**
festgestellt werden (§ 256 Abs. 1 ZPO).[122]

---

115 BGH, Urt. v. 01.03.2013 – V ZR 14/12, in: HNW 2013, 1809, 1810; Palandt/Bassenge § 1004 BGB Rn. 51; Thomas/Put-
　　zo/Seiler Vorbem. IV § 704 ZPO Rn. 20a.
116 BGH, Urt. v. 22.10.1976 – V ZR 36/75, in: NJW 1977, 146; Palandt/Bassenge § 1004 BGB Rn. 51.
117 Palandt/Bassenge § 1004 BGB Rn. 51.
118 Vgl. Thomas/Putzo/Seiler § 767 ZPO Rn. 1.
119 Vgl. Thomas/Putzo/Seiler § 767 ZPO Rn. 8a.
120 Vgl. Thomas/Putzo/Seiler § 771 ZPO Rn. 1.
121 Thomas/Putzo/Reichold § 313 ZPO Rn. 10; zu Einzelheiten siehe das AS-Skript Vollstreckungsrecht in der Asses-
　　sorklausur, (2015), Rn. 272, 298.
122 Einzelheiten siehe Rn. 314 ff.

> *Es wird festgestellt, dass der Beklagte dem Kläger sämtlichen materiellen und immateriellen Schaden aus dem Verkehrsunfall vom 06.01.2016 um 09.55 h in Saarbrücken, Kreuzung Vogesenstr./Millstätter Weg, zu ersetzen hat.*

c) Teilweise erfolgreiche Klage

84 Bei einer nur **teilerfolgreichen** Klage ist der Beklagte im Umfang des klägerischen Obsiegens antragsgemäß zu verurteilen, **im Übrigen** muss die **Klage abgewiesen** werden.[123] Im Umfang der Abweisung wird im Tenor wiederum nicht danach unterschieden, ob die Klage insoweit unzulässig oder unbegründet ist.

Bei einer Klageforderung i.H.v. 3.000 € und einem Klageerfolg nur i.H.v. 2.000 € heißt es:

> *Der Beklagte wird verurteilt, an den Kläger 2.000 € zu zahlen.*
>
> *Im Übrigen wird die Klage abgewiesen.*

85 Bei einer Teilabweisung der Klage kommt es nicht darauf an, ob die Hauptforderung oder ein Nebenanspruch betroffen ist. **Jedes** auch noch so geringe **Teilscheitern** der Klage ist **im Tenor** zum Ausdruck zu bringen.[124]

> **Merke:** Eine **Klageabweisung im Übrigen** ist auszusprechen, wenn
>
> - ein Teil des Zinsanspruches (oder einer sonstigen Nebenforderung) scheitert,
> - eine Zug-um-Zug-Verurteilung anstatt der beantragten unbedingten Verurteilung erfolgt,
> - eine Verurteilung als Teilschuldner anstelle der beantragten Verurteilung als Gesamtschuldner ausgesprochen wird.

Für eine ab dem 07.01.2016 beantragte Zinsforderung, die erst ab dem 08.01.2016 besteht, ist zu formulieren:

> *Die Beklagte wird verurteilt, an den Kläger 2.865 € nebst Zinsen in Höhe von 5 Prozentpunkten über dem jeweiligen Basiszinssatz ab dem 08.01.2016 zu zahlen.*
>
> *Im Übrigen wird die Klage abgewiesen.*

Teilweise wird in der Praxis ein teilweises Scheitern nur einer Nebenforderung im Tenor zum Ausdruck gebracht.

> ...
>
> *Im Übrigen wird die Klage wegen der weitergehenden Zinsforderung abgewiesen.*

2. Kostentenor

86 In der Kosten**grund**entscheidung wird festgelegt, welche Partei (mit welcher Quote) die angefallenen **Prozesskosten** zu tragen hat.[125]

---

123 Thomas/Putzo/Reichold § 313 ZPO Rn. 10 a.E.

124 Für eine eventuelle Klagehäufungsfälle siehe Rn. 338 ff.

125 Thomas/Putzo/Hüßtege Vorbem. § 91 ZPO Rn. 17.

> **Beachte:** Solide Grundkenntnisse des Kostenrechts benötigt der Referendar nicht nur für die zu treffende Kostenentscheidung, sondern auch für die Entscheidung, ob ein Urteil ohne oder gegen Sicherheitsleistung vorläufig vollstreckbar zu erklären ist (vgl. §§ 708 Nr. 11, 709 S. 1 ZPO).

Die Kostengrundentscheidung ergeht erst, wenn über **alle entstandenen Kosten der Instanz** entschieden werden kann.[126] Deshalb enthalten **Teilurteile** (§ 301 ZPO), **Zwischenurteile** (§ 303 ZPO) und **Grundurteile** (§ 304 ZPO) grundsätzlich[127] keine Kostenentscheidung.[128] In der Praxis ist üblich, dies im Tenor klarzustellen.

> *Die Kostenentscheidung bleibt dem Schlussurteil vorbehalten.*

a) Prozesskostenbegriff

Prozesskosten sind die **unmittelbaren Aufwendungen der Parteien** für das Führen des Rechtsstreits.[129] Sie bilden eine Einheit **(Grundsatz der Kosteneinheit)**.

87

> **Merke:** Der Grundsatz der Kosteneinheit ist beherrschendes Prinzip des Kostenrechts.

Deshalb können die **Kosten einzelner Prozesshandlungen**, einzelner Prozessabschnitte und die eines ganzen Rechtszuges **nur in den gesetzlich ausdrücklich vorgesehenen Fällen** (§§ 94 – 97, 100 Abs. 3, 101, 238 Abs. 4, 281 Abs. 3 S. 2, 344 ZPO) gesondert von den übrigen Prozesskosten auferlegt werden.[130]

88

- *Die **Kosten der Beweisaufnahme** trägt der Kläger, die übrigen Kosten des Rechtsstreits der Beklagte.*

- *Die **Kosten der Berufung** trägt der Kläger, die übrigen Kosten des Rechtsstreits der Beklagte.*

- *Die Kosten der **Wiedereinsetzung in den vorigen Stand** trägt der Beklagte, die übrigen Kosten der Kläger.*

- *Der Kläger trägt die durch die **Anrufung des unzuständigen Amtsgericht … entstandenen Kosten**, die übrigen Kosten der Beklagte.*

- *Der Beklagte trägt die durch seine **Säumnis entstandenen Kosten**, die übrigen Kosten der Kläger.*

In anderen Fällen ist die Missachtung des Grundsatzes der Kosteneinheit ein **schwerer Fehler**.

89

---

126 Thomas/Putzo/Hüßtege Vorbem. § 91 ZPO Rn. 18.

127 Zu einer Ausnahme beim Teilurteil siehe Thomas/Putzo/Reichold § 310 ZPO Rn. 5.

128 Thomas/Putzo/Hüßtege Vorbem. § 91 ZPO Rn. 18.

129 Thomas/Putzo/Hüßtege Vorbem. § 91 ZPO Rn. 2.

130 Thomas/Putzo/Hüßtege § 91 ZPO Rn. 5.

- Der Kläger trägt die Kosten der Klage, der Beklagte die der Widerklage.

- Der Kläger trägt die Kosten des Hauptantrages, der Beklagte die des Hilfsantrages.

- Die Kosten bis zur Klageermäßigung trägt der Kläger, die übrigen Kosten einschließlich der der Beweisaufnahme trägt der Beklagte.

- Die Kosten hinsichtlich der Klageforderung i.H.v. 2.500 € trägt der Beklagte, hinsichtlich der darüber hinausgehenden Klageforderung trägt der Kläger die Kosten.

90 Die erstattungsfähigen Kosten des Rechtsstreits unterfallen in **Gerichtskosten und außergerichtliche Kosten;** bei den Gerichtskosten sind Gerichtsgebühren und Auslagen zu unterscheiden, bei den außergerichtlichen Kosten Anwaltskosten, Parteikosten und sonstige Kosten.[131] Auch die Kosten eines **selbstständigen Beweisverfahrens** (§§ 485 ff ZPO) gehören bei einem sich anschließenden Hauptverfahren zu den Kosten des Rechtsstreits.[132]

aa) Gerichtskosten

91 Im Verhältnis zum Staat besteht für Gerichtskosten (Gebühren und Auslagen) nach § 22 Abs. 1 S. 1 GKG eine unmittelbare Schuldnerschaft dessen, der das gerichtliche Verfahren beantragt hat. Dementsprechend sieht § 12 Abs. 1 S. 1 GKG eine **Vorschusspflicht** des Klägers für die Einzahlung der 3,0-Gebühr nach KV 1210 zum GKG vor. Neben die Haftung des Antragstellers tritt die **Gesamtschuldhaftung** (§ 31 Abs. 1 GKG) desjenigen, dem durch die gerichtliche Kostengrundentscheidung die Prozesskosten auferlegt worden sind (§ 29 Nr. 1 GKG). Dieser ist **Erstschuldner**; deshalb soll nach § 31 Abs. 2 S. 1 GKG der Justizfiskus vorrangig gegen ihn vorgehen.

(1) Gerichtsgebühren

92 **Gerichtsgebühren** sind öffentlich-rechtliche Abgaben für das Tätigwerden der Rechtspflegeorgane;[133] sie werden gebührenstreitwertabhängig nach den Anlagen 1 und 2 zum GKG erhoben (§ 3 GKG). Die Kostensteigerung (bei einem höheren Gebührenstreitwert) erfolgt nicht linear, sondern degressiv. So beläuft sich nach der Anlage 2 zum GKG eine Gerichtsgebühr bei einem **Gebührenstreitwert**[134] (§§ 39 ff GKG)von 1.000 auf 53 €, beim zehnfachen Gebührenstreitwert aber nicht auf das Zehnfache (530 €), sondern nur auf 241 €.[135]

93 In zivilrechtlichen Verfahren ist die **3,0-Gebühr für das erstinstanzliche Prozessverfahren** nach KV 1210 zum GKG von zentraler Bedeutung, daneben spielt in der Praxis KV 1211 zum GKG, in dem eine Reduzierung auf eine 1,0-Gebühr im Falle der Klagerücknahme, des Anerkenntnisses, des Klageverzichtes, des Prozessvergleiches und (eingeschränkt) übereinstimmender Erledigungserklärungen geregelt ist, eine wichtige Rolle.

131 Thomas/Putzo/Hüßtege Vorbem. § 91 ZPO Rn. 3–5.

132 OLG Koblenz, Beschl. v. 16.04.2015 – 3 W 214/15 und Beschl. v. 27.02.2015 – 3 W 95/15, in: RÜ2 2015, 200, 201.

133 Thomas/Putzo/Hüßtege Vorbem. § 91 Rn. 3.

134 Dieser ist vom Zuständigkeitsstreitwert (§§ 2 ff ZPO) zu unterscheiden. Die umfangreiche alphabetische Darstellung im Kommentar von Thomas/Putzo in § 3 Rn. 5 ff bezieht sich primär auf den Gebührenstreitwert, gilt grundsätzlich aber auch für den Zuständigkeitsstreitwert: Thomas/Putzo/Hüßtege § 3 ZPO Rn. 4.

135 Anders ist dies beispielsweise bei den Gerichtsgebühren für den Erlass eines Pfändungs- und Überweisungsbeschlusses. Dafür fallen wertunabhängig 20 € an (KV 2111 zum GKG).

(2) Auslagen

Darunter fallen die geldwerten **Aufwendungen der Gerichte**; sie sind in den KV 9000 ff. zum GKG normiert.[136] Besonders bedeutsam ist KV 9005 zum GKG; darin sind die nach dem JVEG zu zahlenden gerichtlichen Aufwendungen für **Sachverständige, Zeugen, Dolmetscher und Übersetzer** geregelt. Sachverständige erhalten nach § 9 Abs. 1 S. 1 JVEG Stundenhonorare, deren Höhe vom jeweiligen Sachgebiet abhängt und zwischen 50 und 125 € schwankt (§ 9 Abs. 1 S. 2 JVEG i.V.m. Anlage 1). Der Honorarsatz für Dolmetscher beträgt nach § 9 Abs. 3 S. 1 JVEG prinzipiell 70 € pro Stunde, beim simultanen Dolmetschen 75 €. Für Übersetzer bewegt sich je nach Schwierigkeit der Übersetzung zwischen 1,75 und 2,05 € für jeweils angefangene 55 Anschläge des schriftlichen Textes (§ 11 Abs. 1 JVEG). **Zeugen** erhalten für ihre Zeitversäumnis 3,50 € pro Stunde, sofern ihnen kein **Verdienstausfall** entstanden ist (§ 20 JVEG). Die Entschädigung für Verdienstausfall ist nach § 22 S. 1 JVEG auf höchstens 21 € pro Stunde begrenzt. Auch bei nachgewiesenem höherem Erwerbsverlust ist keine darüber hinausgehende Erstattung möglich.

94

bb) Außergerichtliche Kosten

Die Erstattungspflicht des Kostenschuldners umfasst neben den Gerichtskosten auch die **außergerichtlichen Kosten** des Kostengläubigers, soweit sie zur zweckentsprechenden Rechtsverfolgung oder Rechtsverteidigung **notwendig** waren (§ 91 Abs. 1 S. 1 ZPO). Zu unterscheiden sind die **Anwaltskosten** und die **Parteikosten**.

(1) Anwaltskosten

Die dem Erstattungsberechtigten entstandenen **Anwaltskosten** als Teil seiner außergerichtlichen Kosten sind nach § 91 Abs. 2 S. 1 in Höhe der **gesetzlichen** Gebühren des RVG zu ersetzen. Dies bedeutet, dass darüber hinaus vereinbarte (höhere) Honoraransprüche des Prozessbevollmächtigten (§ 4 RVG) nicht gegen den Prozessgegner festgesetzt werden können.[137]

95

Auch bei den Anwaltsgebühren (wie bei den Gerichtsgebühren) erfolgt die Kostensteigerung degressiv. So beläuft sich beispielsweise eine Anwaltsgebühr bei einem Gebührenstreitwert von 1.000 € auf 80 €, beim zehnfachen Gebührenstreit aber nicht auf 800 €, sondern nur 558 €.

Ohne Bedeutung ist, ob für das einzelne Verfahren **Anwaltszwang** besteht; eine Partei darf sich im Prozess grundsätzlich anwaltlicher Hilfe bedienen, ohne Kostennachteile befürchten zu müssen. Im erstinstanzlichen Klageverfahren fallen als (ebenfalls wertabhängige, § 2 Abs. 1 RVG) gesetzliche Gebühren vor allem die 1,3-**Verfahrensgebühr** nach VV 3100 zum RVG und die 1,2-**Terminsgebühr** nach VV 3104 zum RVG an; dazu kommen die Auslagenpauschale nach VV 7002 sowie die gesetzliche Umsatzsteuer von derzeit 19% auf die Anwaltsvergütung (VV 7008 zum RVG). Erfolgt innerhalb des laufenden Prozesses eine vergleichsweise Einigung, entsteht zudem eine 1,0- **Einigungsgebühr** nach VV 1003 zum RVG.

96

Ohne eine Einigungsgebühr ergeben sich somit im (erstinstanzlichen) Klageverfahren regelmäßig (sowohl für den Kläger- als auch den Beklagtenanwalt) **2,5-Anwaltsgebühren** zuzüglich Auslagenpauschale und Umsatzsteuer.

97

Berechnungsbeispiel (Gebührenstreitwert: 2.000 €):

1,3-Verfahrensgebühr nach VV 3100 zum RVG	195,00 €
1,2-Terminsgebühr nach VV 3104 zum RVG	180,00 €

---

136 Thomas/Putzo/Hüßtege Vorbem. § 91 ZPO Rn. 4.
137 Thomas/Putzo/Hüßtege § 91 ZPO Rn. 19.

Auslagenpauschale nach VV 7002 zum RVG	20,00 €
Zwischensumme	395,00 €
19% Umsatzsteuer auf 395 € nach KV 7008 zum RVG	75,05 €
Gesamtsumme	470,05 €

98 Die **Verfahrensgebühr** nach VV 3100 zum RVG entsteht für das Betreiben des Geschäfts einschließlich der Information (Vorbemerkung 3 Nr. 2 vor VV 3100 ff. zum RVG) mit der Mandatsannahme und Ausübung der ersten anwaltlichen Tätigkeit, d.h. regelmäßig der Informationsaufnahme. Mit ihr sind sämtliche zu dem Rechtszug gehörenden Tätigkeiten wie Klagevorbereitung, Klageerwiderung und weitere Schriftsätze abgegolten.

Die **Terminsgebühr** fällt für die Vertretung in einem **Verhandlungs-, Erörterungs- oder Beweisaufnahmetermin** an (Vorbemerkung 3 Nr. 3 vor VV 3100 ff. zum RVG).

(2) Parteikosten

99 Das sind diejenigen Kosten, die der Partei durch eigene Tätigkeit oder die ihrer Organe und leitenden Angestellten, welche an ihrer Stelle handeln, infolge des Rechtsstreits erwachsen sind.[138] Dazu zählen nach § 91 Abs. 1 S. 2 ZPO insbesondere **Reisekosten** sowie eine Entschädigung für Zeitverlust.

b) Kostenverteilung

100 Die Belastung der Parteien mit den Prozesskosten (in der richterlichen Kostengrundentscheidung) hängt vom formalen Obsiegen und Unterliegen ab.

aa) Alleinhaftung der unterlegenen Partei

Nach § 91 Abs. 1 S. 1 ZPO trägt die **unterlegene Partei** die Kosten des Rechtsstreits und hat ihrem Prozessgegner die zur zweckentsprechenden Rechtsverfolgung oder Rechtsverteidigung notwendigen Kosten zu ersetzen.

101 Anders ist dies ausnahmsweise dann, d.h. die **obsiegende Partei** ist **kostenpflichtig**, wenn der unterlegene Prozessgegner den Anspruch **sofort anerkannt und keinen Anlass zur Klageerhebung** gegeben hat (§ 93 ZPO). Anlass zur Klage gibt, wer im Schuldnerverzug ist, den Anspruch bezweifelt oder die Leistung verweigert.[139] Ein sofortiges Anerkenntnis erfordert ein wirksames Anerkenntnis i.S.d. § 307 ZPO bereits in der Klageerwiderung und nicht erst in der mündlichen Verhandlung.[140] In Klageänderungsfällen kommt es auf die der Klageänderung folgende mündliche Verhandlung an.[141]

102 Eine Alleinhaftung des Prozessgegners für die Prozesskosten **kann** nicht nur bei einem vollständigen Unterliegen eintreten, sondern auch in den **Fällen des § 92 Abs. 2 ZPO**: Dies ist zum einen nach § 92 Abs. 2 Nr. 1 ZPO der Fall, wenn die **Zuvielforderung verhältnismäßig geringfügig war und keine oder nur geringfügig höhere Kosten verursacht hat**. Die Grenze wird in der Praxis bei etwa 10% gezogen.[142] Zum anderen bestimmt § 92 Abs. 2 Nr. 2 ZPO, dass das Gericht nach Ermessen einer Partei trotz Teilunterliegens ihres Prozessgegners alle Kosten auferlegen kann, wenn die Höhe der Forderung durch **richterliches Ermessen** zu bestimmen, durch einen

---

138 Thomas/Putzo/Hüßtege § 91 ZPO Rn. 15.
139 Thomas/Putzo/Hüßtege § 93 ZPO Rn. 6.
140 BGH, Beschl. v. 30.05.2006 – VI ZB 64/05, in: NJW 2006, 2490; Thomas/Putzo/Hüßtege § 93 ZPO Rn. 9.
141 Thomas/Putzo/Hüßtege § 93 ZPO Rn. 9.
142 Thomas/Putzo/Hüßtege § 92 ZPO Rn. 8.

Sachverständigen zu ermitteln oder von einer **gegenseitigen Berechnung** abhängig gewesen ist. Hauptanwendungsfall dieser Vorschrift ist die Schätzung nach § 287 ZPO bei, wobei Abweichungen bis jedenfalls 20% vom Antrag in der gerichtlichen Praxis hingenommen werden.[143]

In Fällen der alleinigen Kostenpflicht einer Partei lautet die Kostenentscheidung (beispielhaft für den Fall der Klageabweisung):

> *Die Kosten des Rechtsstreits trägt der Kläger.*

bb) Kostenquotelung

Regelmäßig sind die Prozesskosten bei einem Teilobsiegen und Teilunterliegen **gegeneinander aufzuheben oder verhältnismäßig zu teilen** (§ 92 Abs. 1 ZPO).   **103**

Ein gegenseitiges Aufheben verlangt keinen exakten hälftigen Prozesserfolg, sondern nur einen ungefähren.[144] Feste Grenzen gibt es nicht. Berechnungsmaßstab ist der **Gebührenstreitwert**,[145] der nach den §§ 39 ff. GKG und § 23 Abs. 1 S. 1 RVG festzulegen ist. Er ist vom **Zuständigkeitsstreitwert**[146] und vom **Rechtsmittelstreitwert**[147] zu unterscheiden, die beide nach den §§ 3 ff. ZPO zu ermitteln sind (§ 2 ZPO). Soweit der Gebührenstreitwert nicht im GVG und RVG geregelt ist, sind auch für ihn nach §§ 48 Abs. 1 S. 1 GKG, 23 Abs. 1 S. 1 RVG die Regelungen der §§ 3 ff. ZPO anwendbar.

Nach § 63 Abs. 1 GKG wird der **Gebührenstreitwert** für Klageverfahren, die nicht auf Zahlung gerichtet sind, zunächst **vorläufig festgesetzt**, um die nach § 12 Abs. 1 GKG vorschusspflichtigen Gebühren berechnen zu können. Erst nach Abschluss des Klageverfahrens erfolgt nach § 63 Abs. 2 S. 1 GKB die **endgültige Gebührenstreitwertfestsetzung** durch einen gesonderten **Beschluss**. Besonders klausurrelevant ist die Sonderregelung des § 45 GKG für Fälle einer Widerklage,[148] einer Hilfsklage[149] und einer Hilfsaufrechnung.[150]   **104**

Bei der **Kostenaufhebung** werden die **Gerichtskosten hälftig geteilt, außergerichtliche Kosten** demgegenüber **nicht erstattet** (§ 92 Abs. 1 S. 2 ZPO). Dies erleichtert das rechtspflegerische Kostenfestsetzungsverfahren erheblich. Im Falle der Kostenaufhebung wird die Rechtsfolge des § 92 Abs. 1 S. 2 ZPO nicht in den Tenor aufgenommen, da sie sich unmittelbar aus dem Gesetz ergibt, sondern nur formuliert:[151]   **105**

> *Die Kosten des Rechtsstreits werden gegeneinander aufgehoben.*

Werden die Kosten im Verhältnis des Obsiegens und Unterliegens (wiederum auf der Grundlage des Gebührenstreitwertes) **verhältnismäßig** geteilt, geschieht dies durch **Bruch oder Prozentsatz**.[152] Dabei sollte grundsätzlich davon abgesehen werden, die Kosten jeder Partei hälftig aufzulegen, da dann wegen der außergerichtlichen Kosten eine Kostenausgleichung nach § 106 ZPO erfolgt. Diese ist aber nur sachge-   **106**

---

143 Thomas/Putzo/Hüßtege § 92 ZPO Rn. 9.
144 Thomas/Putzo/Hüßtege § 92 ZPO Rn. 5.
145 Thomas/Putzo/Hüßtege § 92 ZPO Rn. 2.
146 Siehe dazu Rn. 470 ff.
147 Siehe dazu Rn. 733 ff.
148 Siehe dazu Rn. 505 ff.
149 Siehe dazu Rn. 338 ff.
150 Siehe dazu Rn. 500.
151 Thomas/Putzo/Hüßtege § 92 ZPO Rn. 5.
152 Thomas/Putzo/Hüßtege § 92 ZPO Rn. 6.

recht, wenn die Parteien deutlich unterschiedliche außergerichtliche Kosten aufgewandt haben, im Regelfall bietet sich bei einem hälftigen Prozesserfolg die Kostenaufhebung an.[153] Eine beispielhafte Formulierung einer Kostenquote nach Brüchen lautet:

> *Die Kosten des Rechtsstreits trägt der Kläger zu 3/4, der Beklagte zu 1/4.*

107 Ist ausnahmsweise eine Kostentrennung gesetzlich zulässig, wird beispielsweise bei einem erfolgreichen Einspruch gegen ein Versäumnisurteil unter Anwendung des § 344 ZPO wie folgt tenoriert:[154]

> *Der Beklagte trägt die Kosten seiner Säumnis, die übrigen Kosten trägt der Kläger.*

cc) Besondere Kostenbestimmungen

108 Neben den bereits erörterten (allgemeinen) Vorschriften enthält das Gesetz verschiedene Bestimmungen für besondere Fallkonstellationen. Klausurrelevant sind vor allem die Regelungen des § 91 a ZPO beim Vorliegen übereinstimmender Erledigungserklärungen,[155] des § 96 ZPO bei erfolglosen Angriffs- und Verteidigungsmitteln, des § 97 für die Rechtsmittelkosten,[156] des § 98 für Vergleichskosten, des § 100 ZPO für Kosten bei einer Streitgenossenschaft,[157] des § 101 ZPO für Kosten der Nebenintervention, des § 281 Abs. 3 S. 2 ZPO für Mehrkosten in Verweisungsfällen, § 344 ZPO für die Behandlung der Säumniskosten im Einspruchsurteil und in § 380 Abs. 1 S. 1 ZPO für die durch ein Ausbleiben eines Zeugen verursachten Kosten.

dd) Anfechtbarkeit der Kostenentscheidung

Die Kostenentscheidung ist nach § 99 Abs. 1 ZPO grundsätzlich nicht **isoliert anfechtbar**. Anders ist dies nach § 99 Abs. 2 S. 1 ZPO bei einem **Anerkenntnisurteil**. Dann ist die sofortige Beschwerde gegen die Kostenentscheidung statthaft. Dies gilt auch, wenn eine Verurteilung aufgrund eines entsprechenden Anerkenntnisses unter einem Zug-um-Zug-Vorbehalt erfolgt.[158]

3. Tenor zur vorläufigen Vollstreckbarkeit

a) Endurteil

109 Vor Rechtskraft sind Urteile (grundsätzlich) nur vollstreckungsfähig, wenn sie in der Urteilsformel für **vorläufig vollstreckbar** erklärt werden (§ 704 Abs. 1 ZPO). Vollstreckungsfähig sind nur **Endurteile** (§ 300 ZPO), darunter fallen auch Anerkenntnis-, Vorbehalts- und Versäumnisurteile.[159] **Ausnahmen** bilden Urteile im Arbeitsgerichtsprozess und stattgebende Urteile in Arrest- und einstweiligen Verfügungsverfahren. Arbeitsgerichtliche Urteile sind vor Rechtskraft kraft Gesetzes (§ 62 Abs. 1 ArbGG), Urteile in einstweiligen Rechtsschutzverfahren aus der Natur der Sache vorläufig vollstreckbar.[160]

---

153 Thomas/Putzo/Hüßtege § 92 ZPO Rn. 6.

154 Thomas/Putzo/Reichold § 344 ZPO Rn. 5.

155 Siehe dazu Rn. 540 ff.

156 Siehe dazu Rn. 746, 754, 756, 771.

157 Zur Baumbach´schen Kostenformel beim unterschiedlichen Obsiegen und Unterliegen von Streitgenossen siehe Rn. 413 ff.

158 BGH, Beschl. v. 22.10.2015 – V ZB 93/13, in: RÜ2 2016, 105, 106.

159 Thomas/Putzo/Seiler § 704 ZPO Rn. 1.

160 Vgl. Thomas/Putzo/Seiler § 704 ZPO Rn. 4.

Eine Hauptsachevollstreckung ist nur aus **Leistungsurteilen** möglich, nicht aber aus Feststellungs- und Gestaltungsurteilen.[161]

Eine **Besonderheit** besteht, obwohl es sich nach h.M.[162] um prozessuale Gestaltungsklagen handelt, bei den (materiellen) Vollstreckungsrechtsbehelfen (§§ 767, 767 analog, 771, 805 ZPO) und bei der Klauselgegenklage (§ 768 ZPO). Hat hier die Klage in der Hauptsache Erfolg, ist das Urteil nach Maßgabe der §§ 708 ff. ZPO für vorläufig vollstreckbar zu erklären, da sonst vor Rechtskraft keine Einstellung der Zwangsvollstreckung nach § 775 ZPO erfolgen könnte.[163]

Klageabweisende Urteile sind wegen der Kosten für vorläufig vollstreckbar zu erklären.[164] Die vorläufige Vollstreckbarkeitsentscheidung ist erforderlich, damit der kostenerstattungsberechtigte Beklagte vor Eintritt der Rechtskraft einen Kostenfestsetzungsbeschluss (§ 794 Abs. 1 Nr. 2 ZPO) erwirken kann.[165]   **110**

> **Merke:** Es ist nicht erforderlich (aber möglich), im Tenor zum Ausdruck zu bringen, dass sich die Anordnung der vorläufigen Vollstreckbarkeit nur auf die Kostenscheidung bezieht.

> *Das Urteil ist vorläufig vollstreckbar.*

Oder:

> *Das Urteil ist wegen der Kosten vorläufig vollstreckbar.*

Beim **Teilerfolg** einer Klage ist, soweit nicht nach § 92 Abs. 2 ZPO eine einseitige Kostentragungspflicht ausgeurteilt ist, für **beide Parteien** eine vorläufige Vollstreckbarkeitsentscheidung zu treffen.   **111**

Der Ausspruch der vorläufigen Vollstreckbarkeit erfolgt ohne Antrag **von Amts** wegen, die Parteien können den Ausspruch durch Anträge beeinflussen (vgl. §§ 710, 711 S. 3, 712, 714 ZPO).

b) Sicherheitsleistung

Die §§ 708, 709 ZPO bestimmen, ob das Urteil ohne oder gegen Sicherheitsleistung für vorläufig vollstreckbar zu erklären ist.   **112**

aa) Ohne Sicherheitsleistung

In den Fällen des § 708 ZPO, in denen der Gläubiger **ohne** Sicherheitsleistung vollstrecken kann, lautet der Vollstreckungstenor (nur):[166]

> *Das Urteil ist vorläufig vollstreckbar.*

Es sollte generell nur die aus dem Rubrum ersichtliche **Parteistellung** (Kläger, Beklagter, Drittwiderbeklagter usw.) verwendet werden, nicht die Bezeichnung Gläubi-

---

161 Thomas/Putzo/Seiler § 704 ZPO Rn. 1.

162 Thomas/Putzo/Seiler § 767 ZPO Rn. 1, § 768 ZPO Rn. 1, § 771 ZPO Rn. 1, § 805 ZPO Rn. 1.

163 Thomas/Putzo/Seiler § 767 ZPO Rn. 30, § 768 ZPO Rn. 11, § 771 ZPO Rn. 24, § 805 ZPO Rn.14.

164 Thomas/Putzo/Seiler Vorbem. §§ 708–720 Rn. 1.

165 Thomas/Putzo/Seiler Vorbem. §§ 708–720 Rn. 15.

166 Es ist überflüssig, in den Tenor aufzunehmen, dass das Urteil „ohne Sicherleistung" vorläufig vollstreckbar ist.

ger und Schuldner, da bei einem Teilerfolg jede Partei Gläubiger und Schuldner sein kann.[167]

113 Der **praxiswichtigste Anwendungsfall** des § 708 ZPO ist seine Nr. 11.[168] Diese differenziert (bei einem kontradiktorischen erstinstanzlichen Urteil)[169] nach einer Hauptsachevollstreckung im Wert bis 1.250 € (1. Var.) und einer **ausschließlichen** Kostenvollstreckung im Wert bis 1.500 € (2. Var.). Für die Wertgrenze der 1. Var. kommt es nur auf den Hauptsachewert ohne Zinsen, Kosten (einschließlich Prozesskosten) und andere Nebenansprüche an.[170] Fälle der 2. Var., bei denen nur die Kostenentscheidung vollstreckbar ist, sind insbesondere Feststellungs- und Gestaltungsurteile sowie klageabweisende Urteile.[171]

Berechnungsbeispiel für ein nach streitiger Verhandlung ergehendes klageabweisendes Urteil:

Bei einem Gebührenstreitwert von **8.000 €** kann der Beklagte folgende Anwaltskosten erstattet verlangen:

1,3-Verfahrensgebühr nach VV 3100 zum RVG: 1,3 x 456 €	592,80 €
1,2-Terminsgebühr nach VV 3104 zum RVG: 1,2 x 456 €	547,20 €
Auslagenpauschale nach VV 7002 zum RVG	20,00 €
Zwischensumme	1160,00 €
19% Umsatzsteuer auf 1160 € nach VV 7008 zum RVG	220,40 €
Gesamtsumme	1380,40 €

Daraus ergibt sich, dass das Urteil **ohne Sicherheitsleistung** vorläufig vollstreckbar ist.

Bei einem Gebührenstreitwert von **9.000 €** fallen bei dieser Fallkonstellation demgegenüber über 1.500 € liegende Anwaltskosten auf Beklagtenseite an, sodass das Urteil nach § 709 S. 1 ZPO nur **gegen Sicherheitsleistung** vorläufig vollstreckbar ist:

1,3-Verfahrensgebühr nach VV 3100 zum RVG: 1,3 x 507 €	659,10 €
1,2-Terminsgebühr nach VV 3104 zum RVG: 1,2 x 507 €	608,40 €
Auslagenpauschale nach VV 7002 zum RVG	20,00 €
Zwischensumme	1287,50 €
19% Umsatzsteuer auf 1287,50 € nach VV 7008 zum RVG	244,63 €
Gesamtsumme	1532,13 €

> **Merke:** Bei einem nach streitiger Verhandlung ergehenden klageabweisenden Urteil, bei dem der Beklagte nur seine Anwaltskosten gegen den Kläger vollstrecken kann, wird die **Wertgrenze bei einem Gebührenstreitwert von 8.000 €** noch unterschritten, ab einem Gebührenstreitwert von 9.000 € aber überschritten.

bb) Mit Sicherheitsleistung

114 Liegt kein Fall des § 708 ZPO vor, ist das Urteil nach § 709 S. 1 ZPO nur **gegen** Sicherheitsleistung für vorläufig vollstreckbar zu erklären. Die **Art** der Sicherheitsleistung ist (grundsätzlich)[172] nicht festzulegen, sie ergibt sich aus § 108 Abs. 1 S. 2 ZPO. Danach kann der Schuldner zwischen einer Prozessbürgschaft und der Hinterlegung von Geld (oder Wertpapieren) wählen.

115 Die **Höhe** der Sicherheitsleistung orientiert sich an ihrem Zweck, einen möglichen Anspruch aus § 717 Abs. 2 ZPO auf Ersatz des Vollstreckungsschadens abzusi-

---

167 Thomas/Putzo/Seiler Vorbem. §§ 708–720 ZPO Rn. 7.

168 Siehe dazu Dölling, Die Vollstreckbarerklärung der Kostenentscheidung im Zivilurteil, NJW 2014, 2468.

169 Für den Sonderfall eines Anerkenntnisurteils siehe § 708 Nr. 1 ZPO, für den eines Versäumnisurteils siehe § 708 Nr. 2 ZPO.

170 Thomas/Putzo/Seiler § 708 ZPO Rn. 13.

171 Thomas/Putzo/Seiler § 708 ZPO Rn. 14.

172 Auf Antrag kann das Gericht nach § 108 Abs. 1 S. 1 ZPO eine andere Art von Sicherheit zulassen (z.B. ausländisches Geld).

chern.[173] Dessen Höhe (immer in Geld) bestimmt das Gericht nach freiem Ermessen und orientiert sich dabei am **aufzurundenden Wert** des vollstreckbaren Hauptsacheanspruchs zzgl. der **Nebenforderungen**, dazu gehören Zinsen und bereits durch einen Kostenfestsetzungsbeschluss (vgl. § 794 Abs. 1 Nr. 2 ZPO) titulierte Kosten.[174] Üblich ist eine Rundung in 50- oder 100-€-Schritten.

Soweit wegen einer Geldforderung vollstreckt wird, genügt nach § 709 S. 2 ZPO eine **verhältnismäßige Sicherheit**. Dies erleichtert Teilvollstreckungen (§ 752 ZPO), indem die Höhe der Sicherheit im Verhältnis zum Teilvollstreckungsbetrag bestimmt wird; praxisüblich sind 110 (bis 120%).[175]

> *Das Urteil ist gegen Sicherheitsleistung in Höhe von 110% des jeweils zu vollstreckenden Betrages vorläufig vollstreckbar.*

c) Abwendungsbefugnis

(Nur) in den Fällen der Nr. 4 bis 11 des § 708 ZPO ist dem Schuldner von Amts wegen[176] im Tenor eine **Befugnis zur Abwehr der Vollstreckung** des Gläubigers einzuräumen. Dies gilt **nicht**, wenn das Urteil **keinem Rechtsmittel** unterliegt (§ 713 ZPO). Ob dies der Fall ist, hat das Gericht danach zu beurteilen, ob aus seiner Sicht die Berufungssumme von mehr als 600 € (§ 511 Abs. 2 Nr. 1 ZPO) nicht erreicht ist und auch keine Zulassung der Berufung (§ 511 Abs. 2 Nr. 2 ZPO) in Betracht kommt.[177]   **116**

Die Abwendungsbefugnis nach § 711 S. 1 ZPO ist in einer bestimmten Geldsumme festzulegen, die **Höhe** dieses Geldbetrages bestimmt sich nach denselben Grundsätzen, die für die Bemessung der Sicherheitsleistung gelten.[178]   **117**

Bei einer (kontradiktorischen) Verurteilung zur Herausgabe einer Sache im Wert von 1.000 € ist zu formulieren:[179]

> *Das Urteil ist vorläufig vollstreckbar. Der Beklagte kann die Vollstreckung durch Sicherheitsleistung in Höhe von 1.500 € abwenden, wenn nicht der Kläger vor der Vollstreckung Sicherheit in gleicher Höhe leistet.*

Die Höhe der Sicherheitsleistung ergibt sich aus dem Hauptsachewert zzgl. gut 400 € vollstreckbare Kosten (159 € Gerichtsgebühren sowie 261,80 € Anwaltsgebühren).

Geht es um die Abwendung einer Zahlungsvollstreckung, gilt nach § 711 S. 2 ZPO die Regelung des § 709 S. 2 ZPO mit der Maßgabe entsprechend, dass der Schuldner den aus dem Urteil vollstreckbaren Betrag, d.h. den **gesamten Sicherheitsbetrag** zur Abwendung der Vollstreckung leisten muss, während der Gläubiger nur 110% des jeweils zu vollstreckenden Betrages als Sicherheit zu erbringen hat. Die Privilegierung des Gläubigers resultiert daraus, dass er teilvollstrecken kann, während der Schuldner den Gläubiger für die Vollstreckung des Gesamtbetrages sichern muss.[180]   **118**

---

173 Thomas/Putzo/Seiler Vorbem. §§ 708–720 ZPO Rn. 10.

174 BGH, Beschl. v. 13.11.2014 – VII ZB 16/13, in: RÜ2 2015, 36; Thomas/Putzo/Seiler Vorbem. §§ 708–720 ZPO Rn. 10.

175 Thomas/Putzo/Seiler § 709 ZPO Rn. 4.

176 Thomas/Putzo/Seiler § 711 ZPO Rn. 1.

177 Thomas/Putzo/Seiler § 713 ZPO Rn. 3.

178 Thomas/Putzo/Seiler § 711 ZPO Rn. 3a.

179 Vgl. Thomas/Putzo/Seiler § 711 ZPO Rn. 3a.

180 Thomas/Putzo/Seiler § 711 ZPO Rn. 3b.

Bei einer (kontradiktorischen) Verurteilung zur Zahlung von 1.000 € ist zu formulieren: [181]

> *Das Urteil ist vorläufig vollstreckbar. Der Beklagte kann die Vollstreckung durch Sicherheitsleistung in Höhe von 110% des vollstreckbaren Betrages abwenden, wenn nicht der Kläger vor der Vollstreckung Sicherheit in Höhe von 110% des jeweils zu vollstreckenden Betrages leistet.*

IV. Tatbestand

119 Hinter dem Tenor folgt im Urteil die mit **„Tatbestand"** (§ 313 Abs. 1 Nr. 5 ZPO) zu überschreibende geordnete und objektive Schilderung des Sachverhaltes, den das Gericht seinem Urteil zugrunde gelegt hat. Der Leser soll durch den neutralen Bericht über den von den Parteien unterbreiteten Sachverhalt wertungsfrei unterrichtet werden. Der Inhalt des Tatbestandes liefert nach § 314 S. 1 ZPO Beweis für den Parteivortrag.

Für die Reihenfolge der Darstellung ist die **Verständlichkeit** das überragende Prinzip.[182] Es geht darum, insbesondere die zentralen Streitpunkte des jeweiligen Prozesses in den Mittelpunkt der Darstellung zu rücken und dadurch den **Schwerpunkt** der Klausur **in tatsächlicher Hinsicht** zutreffend zu schildern.

120 Der Tatbestand besteht nach § 313 Abs. 2 S. 1 ZPO aus einer knappen Darstellung der erhobenen Ansprüche und der dazu vorgebrachten **Angriffs- und Verteidigungsmittel** i.S.d. § 282 Abs. 1 ZPO unter Hervorhebung der gestellten **Anträge**. Es ist also nicht der gesamte bei der Arbeit am Sachverhalt[183] erarbeitete Akteninhalt in den Tatbestand aufzunehmen. Der Kern des Tatsachenvortrages **muss** in den Tatbestand aufgenommen werden, Rechtsansichten **können** ihn zum besseren Verständnis abrunden. Auf das Randgeschehen und die Details ist eine Bezugnahme durch Verweis zulässig (§ 313 Abs. 2 S. 2 ZPO).

121 Nach § 313 Abs. 2 S. 2 ZPO sind im Tatbestand der **Sach- und Streitstand** zu trennen, d.h. der unstreitige Parteivortrag (Sachstand) ist vom streitigen (Streitstand) zu unterscheiden. **Streitige Tatsachen** sind von **Rechtsansichten** abzugrenzen, deren Mitteilung im Tatbestand nur erfolgt, wenn es die Verständlichkeit (ausnahmsweise) erfordert.[184]

> **Merke:** Tatsachen sind der Beweisaufnahme zugängliche innere oder äußere Lebensvorgänge, Rechtsansichten demgegenüber stellen eine rechtliche Bewertung eines Geschehens durch die jeweilige Prozesspartei dar.

122 Einen Sonderfall bilden sogenannte **Rechtstatsachen**.

> **Merke:** Rechtstatsachen sind Rechtsbegriffe des täglichen Sprachgebrauchs, von denen die Parteien ein übereinstimmendes Rechtsverständnis haben.

Rechtstatsachen sind wie Tatsachen zu behandeln. Es ist deshalb unbedenklich, bei der Schilderung eines Rechtsgeschäftes, bei dem sich die Parteien darüber einig sind, Geld für den Eigentumserwerb zu entrichten, dieses Warenumsatzgeschäft im Tatbestand beispielsweise wie folgt zu schildern:

---

181 Vgl. Thomas/Putzo/Seiler § 711 ZPO Rn. 3b.
182 Thomas/Putzo/Reichold § 313 ZPO Rn. 15.
183 Vgl. dazu Rn. 27 ff.
184 Thomas/Putzo/Reichold § 313 ZPO Rn. 18.

*Der Kläger schloss am 13.05.2016 mit dem Beklagten einen **Kaufvertrag** über ein gebrauchtes Mobiltelefon.*

Im Tatbestand ist nur der Sachverhalt zu schildern, den die Parteien im **Zeitpunkt der letzten mündlichen Verhandlung** (noch) vortragen.[185] Aufgegebenes Vorbringen (sogenannter **überholter Vortrag**) wird prinzipiell nicht geschildert. Anders ist dies nur, wenn der überholte Vortrag noch Entscheidungsrelevanz hat (beispielsweise bei der Beurteilung der Zulässigkeit einer Klageänderung[186] oder im Hinblick auf § 96 ZPO für die Kostengrundentscheidung).

Für den **Regelfall** hat sich folgender **Aufbau** bewährt, von dem nur abgewichen werden sollte, wenn es ansonsten zu Verständlichkeitsproblemen kommt:　**123**

1. Einleitungssatz

Es gibt unterschiedliche Empfehlungen zu der Frage, ob ein **Einleitungssatz** voranzustellen ist, der in den Prozessgegenstand einführt. Teilweise wird dies generell als überflüssig abgelehnt, teilweise befürwortet, vermittelnd ist die Ansicht, es vom Umfang des Sach- und Streitstandes abhängig zu machen.[187] Dieser Meinungsverschiedenheit sollte keine größere Bedeutung beigemessen werden. Im Gesetz fehlt eine Vorgabe, deshalb sind verschiedene Standpunkte zumindest vertretbar und können nicht als falsch beanstandet werden. Unter Verständlichkeitsaspekten empfiehlt sich folgende **Differenzierung**:

Ist die **Klage erfolgreich**, ergibt sich das Klagebegehren bereits aus dem Hauptsachetenor. Wird dort der Beklagte beispielsweise zur Herausgabe eines Pkw verurteilt, ist ohne einen Einleitungssatz eindeutig, dass die Parteien um diesen Herausgabeanspruch streiten. In diesem Fall bedarf es keines zusätzlichen Einleitungssatzes.　**124**

Anders sieht dies im Falle der **Klageabweisung** aus. Dann ergibt sich aus dem Hauptsachetenor lediglich das Scheitern des Klagebegehrens, nicht aber dieses selbst. Deshalb erscheint es sachgerecht, den Leser in der gebotenen Kürze im Indikativ Präsens mit dem Prozessgegenstand vertraut zu machen.　**125**

Der Kläger macht gegen die Beklagte einen Anspruch auf Grundbuchberichtigung geltend.

Die vorgenannte Empfehlung, den Tatbestand mit einem kurzen und prägnanten Einleitungssatz zu beginnen, beschränkt sich aber nicht auf Fälle der Klageabweisung, sondern gilt auch für erfolgreiche Klagen, wenn es um **Zahlungsbegehren** geht. Aus der Tenorierung einer Geldforderung ergibt sich noch nichts über deren Grund.　**126**

Die Parteien streiten um die Vergütung für eine Autoreparatur.

2. Unstreitiger Sachverhalt

Der **Sachstand** ist grundsätzlich **chronologisch** darzustellen. Aus Verständlichkeitsgründen[188] können aber insbesondere bei umfangreichen Sachverhaltskonstellationen mehrere Geschehenskomplexe gebildet werden, die getrennt voneinander dar-　**127**

185　Thomas/Putzo/Reichold § 313 ZPO Rn. 17.
186　Siehe dazu Rn. 355 ff.
187　So Thomas/Putzo/Hüßtege § 313 ZPO Rn. 12.
188　Vgl. dazu Thomas/Putzo/Reichold § 313 ZPO Rn. 12.

gestellt und nur komplexweise chronologisch strukturiert werden. Nimmt beispielsweise der Kläger den Beklagten in einem Prozess aus drei verschiedenen Werkverträgen auf Zahlung in Anspruch, kann der unstreitige Sachverhalt zu jedem Einzelvertrag jeweils getrennt in der historischen Reihenfolge geschildert werden, auch wenn dadurch von der Gesamtchronologie abgewichen wird.

128   **Tempus** des Sachstandes ist regelmäßig das **Imperfekt**. Aktuelle Geschehnisse demgegenüber sind im Präsens darzustellen. Bei Abweichungen von der Chronologie in der Weise, dass frühere Geschehensabläufe erst später in die Sachverhaltsschilderung eingebunden sind, ist Plusquamperfekt zu verwenden. **Modus** ist der **Indikativ**, d.h. der unstreitige Teil der Geschichtserzählung erfolgt in **direkter Rede**.

> *Der Kläger, der die Sachherrschaft über das streitgegenständliche Fahrrad **ausübt**, **einigte** sich am 17.02.2016 mit dem Beklagten über den Erwerb des gebrauchten Fahrrades des Beklagten zum Preis von 250 €. Am 24.02.2016 **überwies** der Kläger diesen Betrag auf das Girokonto DE 54 4765 0110 0007 6058 11 bei der Sparkasse Neubrandenburg. Diese Kontoverbindung **hatte** der Beklagte dem Kläger am 10.02.2016 anlässlich eines Klassentreffens **genannt**. Die Gutschrift dieses Geldes **erfolgte** am 25.02.2016.*

129   Wie bereits erörtert,[189] sind alle Tatsachen unstreitig, die die Parteien übereinstimmend schildern, und solche, die auf gegnerischen Vortrag ausdrücklich oder konkludent zugestanden worden sind.[190] Nach § 138 Abs. 3 ZPO führt auch die Nichtäußerung als Verstoß gegen die Erklärungspflicht des § 138 Abs. 2 ZPO zur Annahme einer unstreitigen Tatsache. Deshalb sind Tatsachen, zu denen sich der Gegner **überhaupt nicht geäußert** hat, in den **Sach**stand aufzunehmen.[191] Hat der Gegner eine Tatsache demgegenüber **unsubstantiiert bestritten**, handelte er mit dem Willen zum Bestreiten und es handelt sich um eine als streitig darzustellende Tatsache, die erst in den Entscheidungsgründen des Urteils mit entsprechender Begründung als unstreitig zu werten ist.[192]

130   Dasselbe gilt für Tatsachen, die der Beklagte unzulässig **mit Nichtwissen** (§ 138 Abs. 4 ZPO) **bestritten** hat. Auch sie sind im Tatbestand **als streitig darzustellen**, weil hier ebenfalls ein Bestreitenswille zum Ausdruck gekommen ist und es sich um eine Rechtsfrage und damit um eine erst in den Entscheidungsgründen vorzunehmende juristische Wertung handelt, dass der Beklagte gegen § 138 Abs. 4 ZPO verstoßen hat.[193]

131   Streitige Tatsachen bleiben grundsätzlich auch **nach** einer **Beweisaufnahme** streitig, da die Parteien im Zweifel unabhängig vom Ergebnis einer Beweisaufnahme bei ihrem ursprünglichen Sachvortrag bleiben. Anders ist dies nur, wenn zu dem Beweisergebnis eine eindeutige Parteierklärung des Inhaltes erfolgt, die bisherige Behauptung oder das bisherige Bestreiten aufzugeben.[194] In diesem Fall ist aus Verständlichkeitsgründen ausnahmsweise mitzuteilen, dass sich der Parteivortrag geändert hat. Andernfalls bliebe unverständlich, weshalb zu der letztlich unstreitigen Tatsache

---

189 Siehe Rn. 35

190 Thomas/Putzo/Reichold § 313 ZPO Rn. 16.

191 Missverständlich Thomas/Putzo/Reichold § 313 ZPO Rn. 16 a.E. unter „Der unstreitige Sachverhalt": Bei Nichterklärung des Gegners sei der Vortrag „als Behauptung" in den Tatbestand aufzunehmen.

192 Dies ergibt sich aus der Wertungsfreiheit des Tatbestands. Bewertungen gehören in die juristische Begründung der Entscheidung.

193 Wohl a.A. Thomas/Putzo/Reichold § 313 ZPO Rn. 18, wonach die **zulässig** mit Nichtwissen bestrittenen Behauptungen zum streitigen Klägervortrag gehören, ohne dass sich bei der Kommentierung des unstreitigen Sachverhaltsteils (Rn. 16, 17) ausdrückliche Ausführungen zur Darstellung von unzulässigem Bestreiten mit Nichtwissen finden.

194 Thomas/Putzo/Reichold § 313 ZPO Rn. 17.

überhaupt eine Beweisaufnahme stattgefunden hat und dadurch Kosten entstanden sind.

> *Die Feuchtigkeit in den Mieträumen basiert, wie nach einem dazu eingeholten Sachverständigengutachten unstreitig geworden ist, auf einem unzureichenden Lüften seitens des Beklagten.*

3. Streitstand

An den Sachstand schließt sich die Darstellung des **Streit**standes mit strikter Trennung zwischen **streitigen Tatsachen** und **Rechtsansichten** an, außerdem sind die gestellten **Anträge** mitzuteilen (§ 313 Abs. 2 S. 1 ZPO).   **132**

Der Übergang vom Sachstand in den Streitstand wird sprachlich durch einen Moduswechsel in den **Konjunktiv** verdeutlicht, d.h. der streitige Parteivortrag ist in **indirekter Rede** darzustellen.

Tempus der Darstellung des streitigen Parteivorbringens ist für zurückliegendes Geschehen das **Perfekt**, für aktuelles das **Präsens**. Als **Modus** ist der Indikativ zu benutzen, während die streitige Tatsache im Konjunktiv mitzuteilen ist.

a) Streitiger Klägervortrag

Aufbaumäßig wird zunächst der streitige Klägervortrag mitgeteilt, bevor (hinter den Anträgen) der Beklagtenvortrag folgt.[195]

aa) Unterscheidung Behauptung und Rechtsansicht

Die Darstellung einer streitigen **Tatsache** ist mit „Der Kläger **behauptet**, …" einzuleiten, eine **Rechtsansicht** demgegenüber mit „Der Kläger **meint**,…" oder einer vergleichbaren Formulierung (z.B. „Der Kläger **vertritt die Auffassung / ist der Ansicht**, …".   **133**

> *Der Kläger **behauptet**, die Beklagte **habe** ihm in einem Telefonat am ersten Weihnachtsfeiertag 2015 das Betreten ihrer Grundstückszufahrt **erlaubt**.*

Die Formulierung „Der Kläger trägt vor, …" sollte vermieden werden, da der Begriff des Vortragens als Oberbegriff sowohl Tatsachen als auch Rechtsansichten umfasst und es deshalb an der notwendiger Differenzierung zwischen einer streitigen Tatsache und einer Rechtsansicht fehlt.

Die **Verwechslung** einer Tatsachenbehauptung mit einer Rechtsansicht (z.B. „Der Kläger **behauptet**, der Beklagte sei ihm aus Gefährdungshaftung schadensersatzpflichtig.") ist unbedingt zu vermeiden. Sie wird in einer Klausur beanstandet und führt zum Punktabzug. Auch die **Vermischung** von streitigen Tatsachen und Rechtsansichten ist fehlerhaft. Es darf deshalb zum Beispiel nicht formuliert werden: „Der Kläger **behauptet**, der Unfall sei für ihn wegen eines Rotlichtverstoßes des Beklagten ein **unabwendbares Ereignis** gewesen." Richtig ist vielmehr, diesen Parteivortrag in eine Tatsachenbehauptung und die zugehörige Rechtsauffassung zu trennen und wie folgt darzustellen: „Der Kläger **meint**, der Unfall sei für ihn ein unabwendbares Ereignis gewesen, **und behauptet dazu**, der Beklagte sei bei Rotlicht in die Ampelkreuzung hineingefahren."

---

195 Vgl. Thomas/Putzo/Reichold § 313 ZPO Rn. 18, 20.

bb) Reihenfolge der Darstellung des streitigen Klägervortrages

134 Die (grundsätzlich ebenfalls chronologische) Darstellung des klägerischen Vorbringens beginnt mit den streitigen **anspruchsbegründenden Tatsachen (Schlüssigkeitstatsachen)**, für die er die Darlegungs- und Beweislast hat.[196] Im Tatbestand ist wegen seiner Wertungsfreiheit ohne jede Relevanz, wie wahrscheinlich der klägerische Sachvortrag ist und ob er auf eigenem Wissen oder Fremdinformationen beruht. Kommen mehrere Anspruchsgrundlagen in Betracht, ist der streitige Klagevortrag möglichst nach den Anspruchsnormen zu trennen, um höchstmögliche Verständlichkeit zu erzielen. Außerdem ist zwischen streitigem Vorbringen zum Anspruchsgrund einerseits und zur Anspruchshöhe andererseits sowie zur Hauptforderung und zu einem Nebenanspruch (z.B. Mahnkosten oder Zinsen) zu differenzieren.

135 An die Mitteilung der streitigen anspruchsbegründenden Tatsachen kann sich sogleich **anspruchserhaltender Vortrag** des Klägers anschließen. Dies ist aber nur der Fall, wenn die Voraussetzungen von anspruchshindernden, anspruchsvernichtenden oder anspruchshemmenden Tatsachen unstreitig sind. Der klägerische Vortrag ist dann nur schlüssig, wenn er eine Ausnahme zur Gegennorm darzustellen vermag. Sind beispielsweise bei einem Anspruch aus Kaufvertrag die Einigung über Ware und Preis sowie das Einverständnis der Eltern des Beklagten mit dem Vertragsabschluss streitig, die Minderjährigkeit des Beklagten aber unstreitig, so ist wie folgt zu formulieren:

> *Der Kläger **behauptet**, sich mit der 16-jährigen Beklagten über den Ankauf ihres gebrauchten PC zum Preis von 200 € geeinigt zu haben. Die Eltern der Beklagten seien mit dem Verkauf des PC zu diesem Preis einverstanden gewesen.*

136 Ist demgegenüber zusätzlich die Minderjährigkeit streitig, was von der Beklagten als anspruchshindernder Umstand darzutun und zu beweisen ist, wird das vom Kläger behauptete Einverständnis ihrer Eltern erst in einer klägerischen **Replik** dargestellt.

137 Auch (möglicherweise) **verspäteter Vortrag** ist wertungsfrei mitzuteilen.[197] Ob dieser Vortrag überhaupt prozessual verwertbar und damit Gegenstand der Entscheidungsfindung ist, stellt wiederum eine in den Entscheidungsgründen zu erörternde Rechtsfrage dar, die im Tatbestand nichts zu suchen hat.

138 Von dem geschilderten **Regelaufbau** (Streitstand erst nach dem Sachstand) kann aus Gründen der Verständlichkeit **ausnahmsweise abgewichen** werden, d.h. unstreitige und streitige Tatsachen können miteinander verbunden werden, sofern eindeutig klargestellt wird, welche Tatsachen unstreitig und welche streitig sind.

---

196 Vgl. Thomas/Putzo/Reichold Vorbem. § 253 ZPO Rn. 38, 40.
197 Zur Darstellung im Tatbestand siehe Rn. 698.

> *Der Kläger ist der nichteheliche Sohn des verstorbenen Peter Heinemann, die Beklagte die eheliche Tochter des Erblassers und zugleich Halbschwester des Klägers. Der verwitwete Erblasser errichtete am 12.07.2013 ein eigenhändig geschriebenes Testament, in dem er die Beklagte als Alleinerbin einsetzte. Von diesem Testament informierte er nur die Beklagte und gab es beim Amtsgericht Gütersloh in amtliche Verwahrung. Der Kläger erfuhr davon erst nach dem Tod des Erblassers, der am 22.12.2015 eintrat.*
>
> *Er **behauptet**, sein Vater habe im Zeitpunkt der Testamentserrichtung an tiefgreifender seniler Demenz gelitten. Deshalb **meint** der Kläger, sein Vater sei testierunfähig gewesen. **Unstreitig** stand der Erblasser seit Mai 2013 bis zu seinem Tode unter rechtlicher Betreuung in dem Verfahren 2 XVII 314/13 S AG Gütersloh. Grund für die Betreuereinsetzung war, dass der Erblasser am 29.04.2013 einen Schlaganfall erlitten hatte. In dem seinerzeit eingeholten Arztgutachten ...*

Überholte Behauptungen sind nur dann in den Tatbestand aufzunehmen, wenn sie für die Entscheidung noch von Bedeutung sind. Hat der Kläger beispielsweise in seiner Klageschrift die Behauptung aufgestellt, die von der Beklagten gelieferte Ware sei Diebesgut gewesen, seine Behauptung aber nach einer für ihn erfolglosen Beweisaufnahme fallen gelassen und dennoch den Rechtsstreit gewonnen, wird die überholte Behauptung des Klägers zur Begründung der Kostengrundentscheidung benötigt, den obsiegenden Kläger nach § 96 ZPO (nur) mit den Beweiskosten zu belasten.   **139**

b) Anträge

An die Mitteilung des streitigen Klägervortrags schließen sich die gestellten Anträge an, die nach § 313 Abs. 2 S. 1 ZPO im Tatbestand hervorzuheben sind. Dies geschieht in der Praxis durch **Einrücken**[198] der im **Wortlaut** übernommenen Anträge zur **Hauptsache**, wobei eine Formulierung im Infinitiv praxisüblich ist.   **140**

> *Der Kläger beantragt,*
> *die Beklagte zu verurteilen, an ihn 3.000 € zu zahlen.*
>
> *Die Beklagte beantragt,*
> *die Klage abzuweisen.*

Ist ein Antrag nur schriftsätzlich angekündigt worden, aber in der mündlichen Verhandlung nicht verlesen worden, wird dies sprachlich mit der Formulierung „Der Kläger hat **angekündigt zu beantragen** ..." verdeutlicht.

Da über die **Kosten** nach § 308 Abs. 2 ZPO ohne Antrag von Amts wegen zu entscheiden ist, bedarf es keiner Wiedergabe von Kostenanträgen der Parteien. Auch Entscheidungen über die **vorläufige Vollstreckbarkeit** (§§ 708, 709, 711, 713 ZPO) ergehen grundsätzlich ohne Antrag. Nur bei den in § 714 ZPO genannten Fällen ist ein Antrag erforderlich. Falls eine Partei einen solchen in der Praxis seltenen Antrag gestellt hat, ist dieser im Tatbestand hinter dem jeweiligen Hauptsacheantrag der Partei mitzuteilen.   **141**

---

198 Thomas/Putzo/Reichold § 313 ZPO Rn. 19.

142 In den Tatbestand gehören prinzipiell nur die in der mündlichen Verhandlung **zuletzt** gestellten Anträge.[199] Überholte Anträge sind nur aufzunehmen, soweit sie (noch) Entscheidungsrelevanz haben. Ist zum Beispiel zunächst ein Versäumnisurteil im schriftlichen Vorverfahren[200] (§ 331 Abs. 3 S. 1 ZPO) ergangen, gegen das Einspruch eingelegt worden ist, ist im Tatbestand des Einspruchsurteils aufzunehmen, dass die Klageschrift den nach § 331 Abs. 3 S. 2 ZPO bereits dort möglichen Antrag beinhaltete. Sind bei einer Klagehäufung mehrere Anträge gestellt worden, sind **alle** im Tatbestand darzustellen, auch Hilfsanträge, und zwar unabhängig davon, ob eine Entscheidung über die Hilfsanträge erfolgt ist oder nicht.[201]

Überholte Anträge werden im Tatbestand (ohne Einrücken) nur aufgeführt, wenn sie für die zu treffende Entscheidung noch von Bedeutung sind.[202] Das ist z.B. bei einer Klageänderung der Fall.[203]

143 Ist die Antragsformulierung **unklar oder fehlerhaft**, bleibt es im Tatbestand bei der wörtlichen Wiedergabe. Eine Auslegung[204] (analog § 133 BGB) nicht eindeutiger Anträge erfolgt erst in den Entscheidungsgründen. Hat beispielsweise der Kläger, der von einer gegen eine andere Person gerichteten Vollstreckung betroffen ist, unter Darlegung seines Eigentums beantragt, einen vom Gerichtsvollzieher gepfändeten Gegenstand „freizugeben", ist diese Antragsformulierung im Tatbestand unverändert zu übernehmen. In den Entscheidungsgründen ist dieser vom Wortlaut auf die Abgabe einer Willenserklärung gerichtete Klageantrag in einen Antrag auf Unzulässigerklärung der Zwangsvollstreckung in den gepfändeten Gegenstand auszulegen.[205]

c) Streitiger Beklagtenvortrag

144 Nach den Anträgen ist im Tatbestand das streitige Beklagtenvorbringen mitzuteilen, ebenso wie beim Kläger getrennt nach streitigem Tatsachenvortrag und Rechtsansichten. Die Darstellung gliedert sich (in dieser Reihenfolge) in **Rügen zur Zulässigkeit der Klage**, das **Bestreiten** anspruchsbegründender (und ggf. anspruchserhaltender) Tatsachen sowie das **Behaupten anspruchshindernder, anspruchsvernichtender** und/oder **anspruchshemmender** Tatsachen.[206]

aa) Rügen zur Zulässigkeit

145 Zulässigkeitsrügen betreffen zumeist die sachliche oder örtliche Zuständigkeit des angerufenen Gerichts, bisweilen auch die funktionelle Zuständigkeit (z.B. bei der erfolgten oder unterbliebenen Anrufung der Kammer für Handelssachen (vgl. §§ 93 ff. GVG). Um zu vermeiden, dass ein unzuständiges Gericht nach § 39 S. 1 ZPO durch rügeloses Verhandeln zuständig wird, bedarf es der Geltendmachung der Unzuständigkeit **vor der mündlichen Verhandlung zur Hauptsache** (§ 282 Abs. 3 S. 1 ZPO). Ist dem Beklagten vor der mündlichen Verhandlung eine Frist zur Klageerwiderung gesetzt worden, sind Zulässigkeitsrügen schon innerhalb dieser Frist anzubringen (§ 282 Abs. 3 S. 2 ZPO).

*Der Beklagte **rügt** die sachliche Unzuständigkeit des angerufenen Gerichts. Er **meint**, für das Klageverfahren sei streitwertunabhängig das Amtsgericht zuständig.*

---

199 Thomas/Putzo/Reichold § 313 ZPO Rn. 19.

200 Zu Einzelheiten des Säumnisrechts siehe Rn. 581 ff.

201 Zur Eventualklagehäufung siehe Rn. 338 ff.

202 Thomas/Putzo/Reichold § 313 ZPO Rn. 19.

203 Zu Einzelheiten siehe Rn. 365.

204 Vgl. dazu Thomas/Putzo/Reichold Einl. II Rn. 16a.

205 Vgl. Thomas/Putzo/Seiler § 771 ZPO Rn. 7.

206 Thomas/Putzo/Reichold § 313 ZPO Rn. 20.

bb) Unselbstständige Verteidigung

Bei der Darstellung des Bestreitens des Beklagten ist zwischen den drei **Bestreitens-** **146** **formen** im Rahmen dieser **unselbstständigen Verteidigung** (sogenanntes **Klage- leugnen**) zu unterscheiden:

Einfaches Bestreiten wird beim Beklagtenvortrag überhaupt nicht aufgeführt, da die in Rede stehende Tatsache bereits im Klägervortrag als streitig angegeben ist („der Kläger behauptet, …").

Demgegenüber ist **substantiiertes Bestreiten** des Beklagten mitzuteilen. Nur so kann in den Entscheidungsgründen beurteilt werden, ob das Bestreiten hinreichend substantiiert ist; dies gilt wegen der **Sekundärbehauptungslast**[207] insbesondere bei **negativen Anspruchsvoraussetzungen**.[208]

> *Der Beklagte **bestreitet**, mit dem Kläger keine Vereinbarung über die Vergütungshöhe getroffen zu haben. Er **behauptet** dazu, er habe sich mit dem Kläger am 07.01.2016 in dessen Werkstatt auf einen Festpreis von 750 € für die gesamten Reparaturarbeiten einschließlich Materialkosten geeinigt.*

Oder:

> *Der Beklagte **bestreitet** die vom Kläger **behauptete** fehlende Vergütungsabrede **damit**, er habe sich mit dem Kläger am 07.01.2016 in dessen Werkstatt auf einen Festpreis von 750 € für die gesamten Reparaturarbeiten einschließlich Materialkosten geeinigt.*

Aus dieser Formulierung („bestreitet … damit, dass …") wird sogleich die beim Kläger liegende Darlegungs- und Beweislastverteilung für das **negative Anspruchsmerk- mal** des § 632 Abs. 2 BGB („Ist die Höhe der Vergütung nicht bestimmt …") deutlich.

Bestreitet der Beklagte klägerisches Tatsachenvorbringen mit **Nichtwissen**, ist dies **147** ebenfalls in den Tatbestand aufzunehmen, um in den Entscheidungsgründen klären zu können, ob die Voraussetzungen des § 138 Abs. 4 ZPO für ein prozessual zulässi- ges Bestreiten erfüllt sind.

> *Die Beklagte **bestreitet** die von der Klägerin **behauptete** Höhe der Maklercourtage **mit Nichtwissen**.*

cc) Selbstständige Verteidigung

Die Darstellung der **Einwendungen**[209] des Beklagten, d.h. seine Behauptungen zu **148** **anspruchshindernden**, **anspruchsvernichtenden** und **anspruchshemmenden** Tatsachen (in dieser Reihenfolge) ist nach denselben Grundsätzen vorzunehmen, die beim streitigen Klägervortrag bereits erläutert worden sind.[210] Zudem sind seine **Einreden**,[211] auf die er sich zur Begründung seines Klageabweisungsantrages beruft, im Tatbestand zu nennen.

---

207 Siehe dazu Rn. 37.
208 Vgl. das Formulierungsbeispiel Rn. 20.
209 Vgl. zum Begriff Thomas/Putzo/Reichold Vorbem. § 253 ZPO Rn. 48, 49.
210 Siehe Rn. 134 ff.
211 Thomas/Putzo/Reichold § 313 ZPO Rn. 49.

> *Außerdem **behauptet** die Beklagte, sich mit der Klägerin von Anfang an einig gewesen zu sein, dass die Übertragung des Eigentums an dem streitgegenständlichen Teppich nicht ernstlich gewollt sei. Zudem **beruft** sie sich auf Verjährung und **behauptet** dazu, …*

d) Replik des Klägers

149 Eine Erwiderung des Klägers auf das streitige Beklagtenvorbringen ist in den Tatbestand aufzunehmen, wenn es sich dabei um ein **substantiiertes Bestreiten** anspruchshindernder, anspruchsvernichtender oder anspruchshemmender Tatsachen handelt **oder** der Kläger streitige **anspruchserhaltende Tatsachen behauptet.**[212] Einfaches Bestreiten des Klägers bedarf somit in der Replik keiner Erwähnung.

e) Duplik des Beklagten

150 Anlass zur Aufnahme der Duplik des Beklagten in den Tatbestand ist nur vorhanden, wenn der Beklagte streitige anspruchserhaltende Tatsachen **substantiiert bestreitet**.

Bei einer Hemmung der Verjährung als Anspruchserhaltung ist zu formulieren:

> *Der Kläger **behauptet**, …*
>
> *Er **beantragt**, …*
>
> *Die Beklagte **beantragt**, …*
>
> *Sie **beruft sich** auf Verjährung.*
>
> *Der Kläger hält die Klageforderung nicht für verjährt. Er **behauptet**, in der Zeit vom 02.03. bis 28.04.2015 Vergleichsverhandlungen mit dem Beklagten geführt zu haben. Deswegen **meint** der Kläger, in diesem Zeitraum sei die Verjährung gehemmt worden.*
>
> *Die Beklagte **bestreitet** Vergleichsgespräche **damit**, der Kläger habe solche angeboten, sie sei darauf aber zu keinem Zeitpunkt eingegangen, sondern habe dem Kläger immer unmissverständlich erklärt, jegliches Nachgeben kategorisch abzulehnen.*

4. Prozessgeschichte

151 **Regelmäßig**[213] am Ende des Tatbestandes ist als **Prozessgeschichte** das für die Entscheidung (noch) bedeutsame und deshalb in den Entscheidungsgründen abzuhandelnde prozessuale Geschehen mitzuteilen.[214] Diese Darstellung erfolgt im **Indikativ Perfekt**.

Mitteilungspflichtig ist beispielsweise das **Datum der Klagezustellung**, wenn der Kläger Rechtshängigkeitszinsen aus § 291 S. 1 BGB verlangt. Ebenso gehört eine erfolgte **Verweisung des Rechtsstreits** in die Prozessgeschichte des erstinstanzlichen Endurteils.

> *Die Klage ist dem Beklagten am 14.10.2015 zugestellt worden. Mit Beschluss vom 04.01.2016 hat sich das zunächst angerufene Amtsgericht Bonn für örtlich unzuständig erklärt und den Rechtsstreit auf Antrag des Klägers an das Amtsgericht Wuppertal verwiesen.*

---

212 Thomas/Putzo/Reichold § 313 ZPO Rn. 21.

213 Zu Ausnahmen siehe Rn. 154.

214 Thomas/Putzo/Reichold § 313 ZPO Rn. 22.

Des Weiteren sind in die Prozessgeschichte **Antragsänderungen** (Teilrücknahme, **152**
Klageermäßigung, Klageerhöhung), ergangene **Entscheidungen** (z.B. Grundurteil,
Teilurteil, Versäumnisurteil) und auf jeden Fall eine erfolgte **Beweisaufnahme** aufzunehmen. Dabei genügt es, das Beweisthema kurz zu beschreiben und die benutzten
förmlichen Beweismittel zu benennen; das Ergebnis der Beweisaufnahme ist in der
Prozessgeschichte nicht darzustellen.[215] Hinsichtlich des Beweisergebnisses kann
auf den konkreten Akteninhalt Bezug genommen werden.

Das Gericht hat zum Unfallhergang Beweis erhoben durch Einholung eines schriftli-
chen Sachverständigengutachtens des Diplomingenieurs Peter Macke und durch un-
eidliche Vernehmungen der Zeugen Meier, Müller und Schulze. Wegen des Ergebnisses
der Beweisaufnahme wird Bezug genommen auf das schriftliche Sachverständigen-
gutachten vom 09.02.2016 sowie auf die Sitzungsniederschrift vom 13.05.2016 (Bl. 66,
67 d.A.).

Nicht in die Prozessgeschichte demgegenüber gehören beispielsweise das vorpro- **153**
zessuale Verhalten der Prozessbevollmächtigten, die Daten der gewechselten
Schriftsätze sowie die erfolgte Bewilligung von Prozesskostenhilfe (§§ 114 ff. ZPO).
Anders ist dies nur, wenn derartige prozessuale Geschehnisse von Entscheidungsrelevanz für das Urteil sind. So kann beispielsweise das Datum des Einganges des Prozesskostenhilfebewilligungsantrages des Klägers nach § 204 Abs. 1 Nr. 14 BGB verjährungshemmende Wirkung[216] haben. In einem solchen Fall ist in die Prozessgeschichte folgende beispielhafte Formulierung aufzunehmen:

Dem Kläger ist auf seinen am 03.02.2016 eingegangenen Antrag mit Beschluss vom
29.03.2016 Prozesskostenhilfe bewilligt worden.

Aus **Verständlichkeitsgründen** ist bisweilen abweichend vom Regelfall (Darstellung **154**
der Prozessgeschichte erst am Ende des Tatbestandes) eine **vorgezogene Prozess-**
geschichte in den Tatbestand aufzunehmen. Beispielsweise ist dies in einem Einspruchsurteil nach vorangegangenem Versäumnisurteil der Fall, da andernfalls die
im Einspruchsverfahren gestellten Anträge (vgl. § 343 ZPO) unverständlich blie-
ben.[217]

Der Tatbestand **endet** mit der nach § 313 Abs. 2 S. 2 zulässigen **Bezugnahme** auf den **155**
übrigen, nicht detailliert dargestellten Akteninhalt, die in der Praxis üblich ist.

Wegen der Einzelheiten des Sach- und Streitstandes wird auf die gewechselten Schrift-
sätze verwiesen.

---

215 Thomas/Putzo/Reichold § 313 ZPO Rn. 22.

216 Siehe zur missbräuchlichen Einleitung eines Güteverfahren zwecks Verjährungshemmung (§ 204 Abs. 1 Nr. 4 BGB)
 BGH, Urt. v. 28.10.2015 – IV ZR 526/14, in: RÜ2 2016, 49, 50.

217 Siehe dazu das Formulierungsbeispiel in Rn. 616 bei der Darstellung des Säumnisrechts.

5. Zusammenfassung

156 Zusammenfassend ergibt sich folgender **Regelaufbau des Tatbestandes**:

- Einleitungssatz

- Sachstand

- Streitiger Klägervortrag

- Antrag/Anträge des Klägers

- Gegenantrag/Gegenanträge des Beklagten

- Streitiger Beklagtenvortrag

- ggf. Replik des Klägers

- ggf. Duplik des Beklagten

- Prozessgeschichte

Die Parteien streiten um einen Schadensersatzanspruch für den Verlust eines Mantels.

Die Beklagte betreibt in der Huberstraße 22 in Greifswald die Diskothek „Nachtlicht". Am Abend des 22.12.2015 besuchte der Kläger diese Diskothek. Im Eingangsbereich musste er an der dort befindlichen Garderobe seinen Mantel gegen eine zusätzlich zum Eintritt zu entrichtende „Garderobengebühr" von 1,50 € abgeben. Die diensthabende Garderobenfrau händigte dem Kläger eine Garderobenmarke aus. Ohne die Abgabe seines Mantels hätte der Kläger keinen Einlass in die Diskothek bekommen.

Als der Kläger etwa drei Stunden später die Diskothek verließ, war sein Mantel an der bewachten Garderobe nicht mehr auffindbar. Es stellte sich heraus, dass die Garderobenfrau den Mantel versehentlich einem anderen unbekannten Gast ausgehändigt hatte. Die hinzugezogene Beklagte bat den Kläger, einige Tage abzuwarten, ob sein Mantel von dem Unbekannten zurückgebracht wird. In der Folgezeit fragte der Kläger mehrfach erfolglos bei der Beklagten nach dem Verbleib des Mantels. Mit Anwaltsschreiben vom 03.02.2016 forderte der Kläger die Beklagte vergeblich zur Zahlung von 299 € Schadensersatz bis zum 14.02.2016 auf.

Der Kläger behauptet, er habe den verloren gegangenen Mantel eine Woche vor dem Schadensfall vom 22.12.2015 zum Neupreis von 299 € gekauft.

Er beantragt,
die Beklagte zu verurteilen, an ihn 299 € nebst Zinsen in Höhe von 5 Prozentpunkten über dem Basiszinssatz seit dem 15.02.2016 zu zahlen.

Die Beklagte beantragt,
die Klage abzuweisen.

Sie ist der Ansicht, mangels eigenen Verschuldens nicht für den Verlust des Mantels einstehen zu müssen, und bestreitet den Vortrag des Klägers zur Schadenshöhe mit Nichtwissen.

Das Gericht hat zur Schadenshöhe Beweis erhoben durch uneidliche Vernehmung der Zeugin Jasmin Hollmann, der Lebensgefährtin des Klägers. Wegen des Ergebnisses der Beweisaufnahme wird Bezug genommen auf das Sitzungsprotokoll vom 04.05. 2016.

V. Entscheidungsgründe

Die (mit einer entsprechenden Überschrift zu versehenden) **Entscheidungsgründe** **157**
(§ 313 Abs. 1 Nr. 6 ZPO) haben nach § 313 Abs. 3 ZPO eine kurze Zusammenfassung
der Erwägungen des Gerichts, auf denen das Urteil in tatsächlicher und rechtlicher
Hinsicht beruht, zu enthalten. Die Aufgabe dieses **Kernstücks des Urteils** besteht
darin, eine **überzeugende Begründung** des (vor dem Tatbestand bereits mitgeteilten) Urteilstenors zu liefern.[218] Kurze Zusammenfassung der gerichtlichen Erwägungen ist nicht dahingehend falsch zu verstehen, dass einzelne Punkte übergangen
werden dürfen, vielmehr sind alle entscheidungsrelevanten Rechtsfragen abzuhandeln.

> **Beachte:** Die Kunst der überzeugenden Abfassung von Entscheidungsgründen
> liegt in der richtigen **Gewichtung** zwischen unproblematischen Punkten und den
> Kernproblemen des jeweiligen Einzelfalles.

Die Darstellung der Entscheidungsgründe hat im sauberen **Urteilsstil** zu erfolgen. **158**
Das bedeutet, dass zwischen die einzelnen Sätze der Begründung jeweils ein (nicht
geschriebenes) „denn" gesetzt werden kann. Das Ergebnis ist (für jeden Begrün-
dungsabschnitt) als These voranzustellen und nachfolgend **normenbezogen** zu begründen. Soweit sich die Lösung unmittelbar aus dem **Gesetz** ergibt, ist dieses genau
(unter Nennung der einschlägigen Paragraphen, Absätze, Sätze, Nummern, Buchsta-
ben und Alternativen) zu **zitieren**. Beispielsweise ist nicht zu formulieren: „Der Klageanspruch ergibt sich aus § 812 BGB." Richtig ist vielmehr: „Die Klageforderung ist aus
§ 812 Abs. 1 S. 1 Var. 2 BGB begründet."

Bedarf es der Gesetzesauslegung unter Benutzung eines Kommentars, ist die dort er-
örterte **Lösung nebst Begründung unter Angabe der exakten Fundstelle** zu übernehmen. Auf **Fremdzitate** ist zu verzichten, zumindest sind sie besonders kenntlich
zu machen, um dem Anschein zu begegnen, der Verfasser der Klausur habe ein unzulässiges Hilfsmittel benutzt.

> **Beachte:** Das bloße Zitat einer Kommentarstelle ersetzt die stets notwendige Be-
> gründung eines rechtlichen Standpunktes nicht.

Es stellt einen **groben Fehler** dar, im Urteil **Gutachtenstil** anzuwenden. Von daher **159**
dürfen Formulierungen wie „Der Anspruch könnte sich aus § 433 Abs. 2 BGB ergeben." oder „Das erfordert einen Vertragsabschluss zwischen den Parteien." auf keinen
Fall in den Entscheidungsgründen vorkommen.

Notwendige **Definitionen** sind in den Urteilsstil einzubinden, ohne auf den Gutach- **160**
tenstil auszuweichen. Daher sollte beispielsweise folgende Formulierung unterbleiben, auch wenn sie in der Praxis anzutreffen ist: „Der zwischen den Parteien geschlossene Bürgschaftsvertrag ist wegen Sittenwidrigkeit nach § 138 Abs. 1 BGB unwirksam. Sittenwidrig ist ein Verhalten, das gegen das Anstandsgefühl aller billig und ge-
recht Denkenden verstößt. Einen anerkannten Anwendungsfall stellt die krasse Über-
forderung eines einkommens- und vermögenslosen nahen Angehörigen beim Abschluss eines Bürgschaftsvertrages dar. Diese Voraussetzungen sind beim zwischen
den Parteien geschlossenen Bürgschaftsvertrag zu bejahen. Die Einkommens- und
Vermögenslage des Beklagten ermöglicht ihm wegen seiner langjährigen Arbeitslo-
sigkeit nicht einmal, für die laufenden Kreditzinsen aufzukommen."

---

218 Thomas/Putzo/Reichold § 313 ZPO Rn. 27.

161 Stilistisch überzeugend ist folgende Formulierung:

> *Der zwischen den Parteien geschlossene Bürgschaftsvertrag ist wegen Sittenwidrigkeit nach § 138 Abs. 1 BGB unwirksam. Er verstößt gegen das Anstandsgefühl aller billig und gerecht Denkenden. Es ist sittlich anstößig, einen einkommens- und vermögenslosen nahen Angehörigen krass zu überfordern. Der Beklagte ist aufgrund seiner langjährigen Arbeitslosigkeit in einer Einkommens- und Vermögenslage, die es ihm nicht einmal ermöglicht, für die laufenden Kreditzinsen aufzukommen.*

162 Zu achten ist auf eine **laienverständliche Sprache** (keine „Bandwurmsätze") mit **klarer und übersichtlicher Gedankenführung**. Dabei sind die **Schwerpunkte** auf die Kernprobleme des Prozessstoffes zu konzentrieren. Bei der Verwendung der **juristischen Fachsprache** sind den Parteien zumeist unbekannte Termini (z.B. GoA) möglichst zu vermeiden, da sonst die Überzeugungskraft des Urteils leidet.

> **Merke:** Es kommt maßgeblich darauf an, die unterlegene Partei zu überzeugen.

163 Um Überzeugung herbeizuführen, müssen sich die Entscheidungsgründe mit dem **gesamten tatsächlichen und rechtlichen Vorbringen** insbesondere der unterlegenen Partei auseinandersetzen. Sonst droht von vornherein fehlende Akzeptanz des Urteils, weil der Eindruck entsteht, das Gericht habe vorschnell geurteilt, ohne alle Argumente zu prüfen und zu berücksichtigen.

164 Es ist unbedingt darauf zu achten, dass die Entscheidungsgründe **nur tragende Erwägungen** beinhalten.[219] Alle sonstigen Streitpunkte können dahingestellt bleiben, **„zwar-aber-Formulierungen"** sind möglichst zu vermeiden, sofern nicht klausurtaktische Gründe ein knappes „Zwar" mit einem nachfolgenden ausführlichen „Aber" sachgerecht erscheinen lassen.

> **Merke:** Ausführungen, die für die im Tenor zum Ausdruck gebrachte Lösung des Streitfalles ohne jede Relevanz sind, sind überflüssig und deshalb verfehlt. Sie verkennen den Sinn der Entscheidungsgründe und nehmen ihnen die erforderliche klare Linie.[220]

165 Ein weit verbreiteter Irrtum besteht in der Annahme, die Überzeugungskraft eines Urteils steige mit dem **Umfang** seiner Entscheidungsgründe. Vielfach beinhalten besonders lange Entscheidungsgründe einen erheblichen Teil an überflüssigen Ausführungen, auf die es zur Rechtfertigung des Urteilstenors gar nicht ankommt (sogenannte **obiter dictum**).

166 Am Ende der Entscheidungsgründe sind die **prozessualen Nebenentscheidungen** (Kosten, vorläufige Vollstreckbarkeit) abzuhandeln.

> **Beachte:** Auch die Entscheidung über die Kosten und die vorläufige Vollstreckbarkeit) bedarf einer (regelmäßig knappen) Begründung. Diese beschränkt sich zumeist auf das Zitat der angewandten Rechtsnormen.

> *Die Kostenentscheidung beruht auf § 91 Abs. 1 S. 1 ZPO, die Entscheidung über die vorläufige Vollstreckbarkeit auf § 709 S. 1, 2 ZPO.*

---

219 Thomas/Putzo/Reichold § 313 ZPO Rn. 27.
220 Thomas/Putzo/Reichold § 313 ZPO Rn. 27.

1. Zulässigkeit der Klage

Ausführungen zur **Zulässigkeit der Klage** sind nur angezeigt, wenn die Klage (ausnahmsweise) **unzulässig** ist, wenn die Parteien **über Zulässigkeitsfragen streiten** und wenn **ernstliche Bedenken** bestehen.[221] **167**

Besteht Anlass zur **Auslegung des Klageantrages**, ist diese Auslegung noch vor den Zulässigkeitsausführungen vorzunehmen, soweit das **Hauptbegehren** betroffen ist. Stellt der Kläger beispielsweise bei einer Drittwiderspruchsklage nach § 771 ZPO einen Antrag auf „Freigabe" der (genau bezeichneten) Pfandsache, ist dieses Begehren in einen Antrag auf Unzulässigerklärung der Zwangsvollstreckung in die (genau bezeichnete) Pfandsache auszulegen.[222]

Ist demgegenüber ein **Zinsanspruch auslegungsbedürftig**, ist es regelmäßig sachgerecht, die Auslegung dieses **Nebenbegehrens** erst im Rahmen der Begründetheitserwägungen vorzunehmen. Beantragt der Kläger beispielsweise Zinsen (in bestimmter Höhe) **„ab Rechtshängigkeit",**[223] stellt sich die Frage, ob er wirklich Prozesszinsen ab dem Tag der Zustellung verlangt oder (wie es wegen des analog anzuwendenden § 187 Abs. 1 BGB richtig ist)[224] erst ab dem der Zustellung folgenden Tag. Wird der Antrag wortlautkonform verstanden, ist die Zinsforderung für den Zustellungstag auf jeden Fall unbegründet und insoweit abzuweisen. Deshalb liegt es nahe, die vom Kläger gewählte Formulierung „ab Rechtshängigkeit" dahingehend zu werten, dass er bei verständiger Auslegung den der Zustellung folgenden Tag meint, um nicht eine von vornherein teilerfolglose Klage zu erheben. **168**

In Examensklausuren ist die Klage regelmäßig zulässig. Andernfalls ist ein **Prozessurteil** zu erlassen und die Bearbeitung der Klausur schnell abgeschlossen. Dies entspricht sicher nicht den Vorstellungen des Prüfungsamtes, auch wenn bei dieser Konstellation nach den einschlägigen Bearbeitervermerken ein Hilfsgutachten anzufertigen ist. Von daher sollte der Referendar seinen Lösungsvorschlag, ein Prozessurteil zu erlassen, aus klausurtaktischen Erwägungen unbedingt noch einmal sorgfältig auf Fehler überprüfen. **169**

> **Merke:** In einem Prozessurteil stellen (hilfsweise) Ausführungen zur Begründetheit der Klage wegen des **zwingenden prozessualen Vorranges** der Zulässigkeitsbejahung vor der Prüfung der Begründetheit einen groben Fehler dar.

Ist die Klage **unproblematisch zulässig** und gibt es keinen Streit der Parteien über Zulässigkeitsfragen, ist dies nur ganz knapp **ohne weitere Begründung** zum Ausdruck zu bringen. Der Referendar zeigt damit, dass er praxisgerecht arbeitet. **170**

*Die **zulässige** Klage ist begründet.*

Oder:

*Die **zulässige** Klage ist unbegründet.*

Es wirkt anfängerhaft, wenn unproblematische Zulässigkeitspunkte schulmäßig angesprochen und bejaht werden. **Keinesfalls** sollte deshalb bei einer von keiner Partei angezweifelten unproblematisch zulässigen Frage wie folgt formuliert werden: „Die **171**

---

221 Vgl. Thomas/Putzo/Reichold § 313 ZPO Rn. 30.
222 Vgl. Thomas/Putzo/Seiler § 771 ZPO Rn. 7.
223 Siehe dazu Rn. 73.
224 Siehe dazu Rn. 71.

Klage ist zulässig. Die deutsche Gerichtsbarkeit ist gegeben. Der Zivilrechtsweg ist eröffnet …"

172 Dennoch ist es in einer **Referendarklausur** nicht zu beanstanden, in den Entscheidungsgründen die Zuständigkeit des angerufenen Gerichts in der gebotenen Kürze abzuhandeln, auch wenn der Praktiker (Richter) davon zumeist absieht. Dies gilt insbesondere bei **ausschließlicher Zuständigkeit** (z.B. im Vollstreckungsrecht nach § 802 ZPO), bei der rügeloses Verhandeln die Zuständigkeit nicht zu begründen vermag (§§ 39, 40 Abs. 2 ZPO).

> *Die Klage ist zulässig, insbesondere ist die erhobene Vollstreckungsabwehrklage die statthafte Klageart und das angerufene Gericht nach §§ 767 Abs. 1, 802 ZPO ausschließlich zuständig. Es hat den Titel, dessen Vollstreckung die Klägerin mit dem materiellen Einwand der Erfüllung bekämpft, in erster Instanz erlassen.*

173 Streiten die Parteien über die Zulässigkeit der Klage, muss das Gericht diesen Meinungsstreit in den Entscheidungsgründen behandeln, selbst wenn die Ansicht der Partei, die die Klage für unzulässig hält, abwegig sein sollte. Diese Begründungspflicht ergibt sich aus der Funktion der Entscheidungsgründe, den gesamten Parteivortag rechtlich zu bewerten und die unterlegene Partei zu überzeugen.

> *Der Kläger hat **entgegen der Ansicht der Beklagten** das für seinen Antrag auf Feststellung des Annahmeverzuges der Beklagten nach § 256 Abs. 1 ZPO erforderliche Feststellungsinteresse. Dieses ergibt sich aus §§ 756, 765 ZPO. Bei der Vollstreckung eines Zug-um-Zug-Titels obliegt dem Vollstreckungsgläubiger der Nachweis des Annahmeverzuges des Schuldners durch eine öffentliche oder öffentlich beglaubigte Urkunde. Das vom Kläger angestrebte Feststellungsurteil ist ein solches Nachweismittel.*

174 Falls die Parteien nicht über Zulässigkeitsfragen streiten, ist es eine Frage des Einzelfalles, ob die Zulässigkeit als **ernstlich problematisch** einzuschätzen ist. Mit wachsendem Ausbildungsstand des Referendars ist dies immer weniger der Fall, da im Anfangsstadium der Referendarausbildung noch als schwierig angesehene Zulässigkeitsprobleme vertrauter werden und leichter gelöst werden können. Unzulässige Klagen sind zudem in der gerichtlichen Praxis recht selten.

2. Begründetheit der Klage

175 Aufbau und Inhalt eines **Sachurteils** werden durch das Gesamtergebnis der Klage bestimmt. Wird der Klage **stattgegeben**, unterscheidet sich die Abfassung der Entscheidungsgründe wesentlich von einem **klageabweisenden** Urteil.

a) Stattgebendes Urteil

Ist die Klage nicht nur zulässig, sondern auch (vollständig) begründet, ist nur zu begründen, **weshalb** die Klage **Erfolg** hat. Dies geschieht durch die Nennung der **zweifelsfrei** durchgreifenden **Anspruchsgrundlage**.[225] Nachfolgend sind die Entstehung des Anspruchs, sein fehlender Untergang und seine Durchsetzbarkeit[226] im Urteilsstil abzuhandeln. Dies geschieht durch Ausführungen zur Bejahung der Anspruchsvoraussetzungen und zum Scheitern der Einwendungen und Einreden des

---

225 Thomas/Putzo/Reichold § 313 ZPO Rn. 31.
226 Vgl. Thomas/Putzo/Reichold Vorbem. § 253 ZPO Rn. 42–44.

Beklagten.[227] Die rechtliche Begründung hat sich auch auf geltend gemachte **Nebenforderungen** und **beweisrechtliche Fragen** zu erstrecken.[228]

> *Die Klage ist zulässig und begründet.*
>
> *Der Klägerin steht der geltend gemachte Herausgabeanspruch aus § 861 Abs. 1 BGB zu.*
>
> *Der Beklagte hat der Klägerin ihren Besitz an dem streitgegenständlichen Drucker durch verbotene Eigenmacht (§ 858 Abs. 1 BGB) entzogen und besitzt dadurch den Drucker ihr gegenüber fehlerhaft (§ 858 Abs. 2 S. 1 BGB).*
>
> *Die Klägerin hat bewiesen, dass der Beklagte ihr den Besitz an dem Drucker ohne ihren Willen entzogen hat. Diese Feststellung beruht auf den glaubhaften uneidlichen Bekundungen der Zeugin Dagmar Sötebier. Diese hat als unbeteiligte Dritte ohne Eigeninteresse am Ausgang des Rechtsstreits widerspruchsfrei die Behauptung der Klägerin bestätigt, dem Beklagten ausdrücklich untersagt zu haben, ihren Drucker an sich zu nehmen, da sie abends noch einen Presseartikel verfassen und ausdrucken wollte ...*

176 Zweifelhafte oder abzulehnende Anspruchsgrundlagen sind im stattgebenden Urteil überhaupt nicht anzusprechen, da sie für den Urteilstenor **nicht tragend** sind. Dies gilt selbst dann, wenn der Kläger sich in seiner Klagebegründung auf eine bestimmte Anspruchsnorm berufen hat. Das Gericht ist, auch wenn die Parteien den Streitgegenstand bestimmen und darüber disponieren **(Dispositionsmaxime)**,[229] nicht an die von den Parteien angeführte rechtliche Bewertung gebunden, sondern prüft von Amts wegen, ob der **Tatsachenvortrag** der Parteien den geltend gemachten Anspruch rechtfertigt.[230] Davon zu unterscheiden ist die bestehende Bindung des Gerichts an ein Vorgehen im Wege eines Haupt- und Hilfsantrages sowie an den hilfsweisen Vortrag eines anderen Lebenssachverhaltes.[231]

> **Merke:** In aller Regel ist beim stattgebenden Urteil nur **eine einzige Anspruchsgrundlage** abzuhandeln, nämlich die einzige durchgreifende (oder eine von mehreren durchgreifenden). Dies gilt unabhängig davon, ob der Kläger sein Klagebegehren auf eine andere Anspruchsnorm gestützt hat.

> *Es kann dahinstehen, ob sich der Klageanspruch (auch) aus § 631 Abs. 1 BGB ergibt. Jedenfalls ist der Beklagte dem Kläger aus §§ 812 Abs. 1 S. 1 Var. 1, 818 Abs. 2 BGB zur Zahlung der Klagesumme verpflichtet ...*

177 **Zurückhaltung** ist geboten gegenüber einer **Doppelbegründung**. Darunter leidet häufig die Überzeugungskraft der Entscheidungsgründe. Durch den Rückgriff auf eine weitere Anspruchsnorm kann der Eindruck aufkommen, der Urteilsverfasser sei selbst nicht von dem Durchgreifen der zuerst abgehandelten Anspruchsgrundlage überzeugt. Deshalb sollten die Voraussetzungen einer zusätzlichen Anspruchsnorm allenfalls bejaht werden, wenn sich dies nicht negativ auf die Überzeugungskraft auswirkt, sondern diese noch erhöht.

---

227 Thomas/Putzo/Reichold § 313 ZPO Rn. 32, 34.

228 Vgl. Thomas/Putzo/Reichold § 313 ZPO Rn. 32.

229 Vgl. Thomas/Putzo/Reichold Einl. I ZPO Rn. 5.

230 BGH, Urt. v. 29.09.1958, II ZR 342/56, in: NJW 1958, 1968; vgl. Thomas/Putzo/Reichold Einl. I ZPO Rn. 4.

231 Bei diesen Konstellationen handelt es sich um Fälle der Eventualklagehäufungen. Siehe dazu Rn. 355 ff.

Dies ist beispielsweise der Fall, wenn sich die Entbehrlichkeit einer Mahnung für den Eintritt von Schuldnerzug sowohl auf § 286 Abs. 2 Nr. 1 BGB (kalendermäße Bestimmung der Leistungszeit) als auch auf § 286 Abs. 2 Nr. 3 BGB (ernsthafte und endgültige Erfüllungsverweigerung) stützen lässt. Oder wenn bei einem Verkehrsunfall ein Verschulden des beklagten Fahrers des gegnerischen Kraftfahrzeuges zweifelsfrei vorliegt, ist es unbedenklich, die Schadensersatzhaftung sowohl auf die Fahrerhaftung aus § 18 Abs. 1 S. 1 StVG als auch auf die Deliktshaftung aus § 823 Abs. 1 BGB zu stützen.

b) Abweisendes Urteil

178   Ist die zulässige Klage unbegründet, müssen in den Entscheidungsgründen **alle** ernstlich in Betracht zu ziehenden **Anspruchsgrundlagen verneint** werden.[232] Bei der Erörterung der Anspruchsnormen ist die **übliche Prüfungsreihenfolge** (vertragliche, vertragsähnliche, dingliche, deliktische, bereicherungsrechtliche, sonstige Ansprüche) einzuhalten.

179   Bei der Verneinung der jeweiligen Anspruchsgrundlage ist darauf zu achten, dass sich diese auf die jeweils **tragende Erwägung** konzentriert. Alle anderen von den Parteien angesprochenen Rechtsfragen können unentschieden bleiben.

> **Merke:** Es ist methodisch fehlerhaft, umfängliche Ausführungen zur Entstehung des Anspruchs zu machen, wenn dieser jedenfalls untergegangen oder nicht durchsetzbar ist.

180   Im klageabweisenden Sachurteil ist bei jeder abzuhandelnden Anspruchsgrundlage grundsätzlich **nur** zu begründen, **weshalb** diese **nicht** durchgreift. Dies kann die **Verneinung einer** anspruchsbegründenden (oder anspruchserhaltenden) Voraussetzung sein, ebenso die **Bejahung einer** anspruchshindernden, anspruchsvernichtenden oder anspruchshemmenden Norm.

> *Die zulässige Klage ist unbegründet.*
>
> *Dem Kläger steht der geltend gemachte Anspruch auf Bewilligung der Löschung der im Grundbuch in Abteilung III unter laufender Nummer 1 zugunsten der Beklagten eingetragenen Buchgrundschuld weder aus § 894 BGB noch aus anderen Anspruchsnormen zu.*
>
> *Die vom Kläger beanstandete Grundschuldeintragung stellt die Rechtslage an seinem Grundstück nicht unrichtig dar. Der Beklagte hat die Buchgrundschuld durch dingliche Einigung und Eintragung (§§ 873 Abs. 1, 1191 Abs. 1 BGB) wirksam erworben. …*
>
> *Der Kläger kann die begehrte Löschungsbewilligung auch nicht aus § 812 Abs. 1 S. 1 Var. 1 BGB oder aus § 1004 Abs. 1 S. 1 BGB verlangen. Ein Bereicherungsanspruch scheitert daran, dass der Beklagte nicht rechtsgrundlos Inhaber der Grundschuld ist. § 1004 Abs. 1 S. 1 BGB findet von vornherein keine Anwendung auf Grundbuchberichtigungsansprüche; er wird durch die Sonderregelung des § 894 BGB verdrängt.*

181   Ein logischer Vor- oder Nachrang in der Prüfungsreihenfolge besteht (prinzipiell) nicht, sodass beispielsweise sowohl die Anspruchsentstehung als auch ihr Untergang dahin gestellt bleiben können, wenn jedenfalls die Verjährungseinrede des Beklagten erfolgreich ist. Dies gilt auch dann, wenn der Beklagte sich nur „hilfsweise" auf Verjährung beruft. Das Gericht ist wegen der Amtsprüfung der Begründetheit der

---

232   Thomas/Putzo/Reichold § 313 ZPO Rn. 33.

Klage (grundsätzlich) **nicht** an die Reihenfolge der vom Beklagten vorgetragenen Einwendungen und Einreden **gebunden**. Einzige **Ausnahme** ist wegen § 322 Abs. 2 ZPO die Verteidigung des Beklagten im Wege der **Hilfsaufrechnung**, die **zwingend** als letztes Verteidigungsmittel und nur beim feststehenden Scheitern aller anderen zu erörtern ist. [233]

c) Teilerfolg der Klage

Ist die Klage nur **teilweise begründet**, sind die Entscheidungsgründe in einer Mischform aus einem stattgebenden und abweisenden Urteil abzufassen. Im Regelfall wird **zunächst der begründete Teil** des Klagebegehrens abgehandelt, **danach der unbegründete**.   **182**

Bei einer teilweise erfolgreichen Aufwendungsersatzklage ist zu formulieren:

> *Die insgesamt zulässige Klage ist nur in Höhe von 650 € begründet.*
>
> *Der Beklagte ist der Klägerin aus §§ 683 S. 1, 670, 677 BGB zum Aufwendungsersatz verpflichtet. Entgegen seiner Auffassung …*
>
> *Der Ersatzanspruch besteht nur in Höhe von 650 €. Nur in diesem Umfang handelte es sich um Aufwendungen, die die Klägerin den Umständen nach für erforderlich halten durfte …*
>
> *Demgegenüber kann die Klägerin keinen Ersatz für die von ihr aufgewandten Kosten der unerlaubten Rechtsberatung in Höhe von 120 € verlangen. Aufwendungen für von der Rechtsordnung missbilligte Vorgänge sind nicht erstattungsfähig. Die Klägerin hätte nach sorgfältiger Prüfung erkennen müssen, dass diese Kosten nicht sachgerecht waren, um die angestrebten Kenntnisse zu erlangen …*

Ein **abweichender Aufbau** ist bei einer **Eventualklagehäufung** erforderlich. Wegen des **prozessualen Vorranges** der Hauptklage vor der Hilfsklage[234] ist **zwingend** zunächst das erfolglose Hauptbegehren abzuhandeln und danach erst das (zumindest teilweise) erfolgreiche Hilfsbegehren.

> *Die insgesamt zulässige Klage ist nur im Umfang des Hilfsantrages begründet.*
>
> *Dem Kläger steht der geltend gemachte Kaufpreisanspruch aus § 433 Abs. 2 BGB nicht zu. Der zwischen den Parteien geschlossene Kaufvertrag vom 15.10.2016 ist wegen vorübergehender Geschäftsunfähigkeit des Beklagten nach § 105 Abs. 2 BGB unwirksam. Der Beklagte hat bewiesen, dass er sich im Zustand der alkoholbedingten hochgradigen Bewusstseinsbeeinträchtigung über den Ankauf der gebrauchten Einbauküche zum Preis von 3.000 € einigte …*
>
> *Der Hilfsantrag des Klägers auf Rückgabe und Rückübereignung der Einbauküche ist aus § 812 Abs. 1 S. 1 Var. 1 BGB begründet. Der Beklagte hat den Besitz und das Eigentum an der Einbauküche durch eine Leistung des Beklagten ohne Rechtsgrund erlangt …*

VI. Rechtsbehelfsbelehrung

Aufgrund des § 232 S. 1 ZPO muss jede anfechtbare gerichtliche Entscheidung eine   **183**
Belehrung über den statthaften Rechtsbehelf sowie über das Gericht, bei dem der

---

233 Siehe dazu Rn. 489.
234 Siehe Rn. 339.

Rechtsbehelf einzulegen ist, über den Sitz des Gerichts und über die einzuhaltende Form und Frist zu enthalten. Dies gilt **nicht für Anwaltsprozesse** (§ 232 S. 2 ZPO), d.h. insbesondere nicht für erstinstanzliche Klageverfahren vor dem Landgericht (§ 78 Abs. 1 S. 1 ZPO), außer es bedarf der Belehrung über einen Einspruch oder Widerspruch.

184   Ist ein Urteil wegen Nichterreichens der Berufungssumme des § 511 Abs. 2 Nr. 1 ZPO zweifelsfrei für keine Partei anfechtbar und ist auch keine Zulassung der Berufung erfolgt, bedarf es keiner Rechtsbehelfsbelehrung.[235]

Keiner Belehrung bedarf es nach dem Wortlaut des Gesetzes über die Form und Frist einer Rechtsbehelfsbegründung,[236] wenngleich dies nicht unzulässig und in der Praxis verbreitet ist.

185   Da nach dem Wortlaut der Vorschrift die gerichtliche Entscheidung die Belehrung enthalten muss, ist zu folgern, dass sie **Bestandteil** der schriftlichen gerichtlichen Entscheidung ist.[237] Aus Gründen der Übersichtlichkeit empfiehlt sich, die Rechtsbehelfsbelehrung an den Schluss des Urteils **vor die Unterschriften** der mitwirkenden Richter zu setzen.[238] Dies hat auch in der Referendarklausur zu erfolgen, soweit die Rechtsbehelfsbelehrung nicht durch den **Bearbeitervermerk** erlassen ist.

> *Rechtsbehelfsbelehrung:*
>
> *Gegen dieses Urteil ist das Rechtsmittel der Berufung für jeden zulässig, der durch dieses Urteil in seinen Rechten benachteiligt ist,*
>
> *a) wenn der Wert des Beschwerdegegenstandes 600 € übersteigt oder*
>
> *b) wenn die Berufung in dem Urteil durch das Amtsgericht Kiel zugelassen worden ist.*
>
> *Der Wert des Beschwerdegegenstandes ist glaubhaft zu machen; eine Versicherung an Eides statt ist nicht zulässig.*
>
> *Die Berufung muss binnen einer Notfrist von einem Monat nach Zustellung dieses Urteils schriftlich beim Landgericht Kiel, Schützenwall 31–35, 24114 Kiel eingegangen sein. Die Berufungsschrift muss die Bezeichnung des Urteils, gegen das die Berufung gerichtet wird, sowie die Erklärung, dass gegen dieses Urteil Berufung eingelegt werde, enthalten.*
>
> *Die Parteien müssen sich vor dem Landgericht Kiel durch einen Rechtsanwalt vertreten lassen, insbesondere müssen die Berufungs- und die Berufungsbegründungsschrift von einem solchen unterzeichnet sein.*
>
> *Mit der Berufungsschrift soll eine Ausfertigung oder beglaubigte Abschrift des angefochtenen Urteils vorgelegt werden.*

VII. Unterschriften

186   Das Urteil endet mit den Unterschriften der Richter, die bei der Entscheidung mitgewirkt haben (§ 315 Abs. 1 S. 1 ZPO). In einer Klausur genügt es, ans Ende des Urteils „Unterschriften der Richter" zu setzen. Dadurch zeigt der Referendar, dass ihm die Regelung des § 315 Abs. 1 S. 1 ZPO bekannt ist. Eine namentliche Nennung der mitwirkenden Richter ist nicht erforderlich, aber möglich.

---

235 Thomas/Putzo/Hüßtege § 232 ZPO Rn. 4.

236 Thomas/Putzo/Hüßtege § 232 ZPO Rn. 6.

237 Thomas/Putzo/Hüßtege § 232 ZPO Rn. 6.

238 Thomas/Putzo/Hüßtege § 232 ZPO Rn. 7.

VIII. Zusammenfassung

Zusammenfassend ergibt sich folgender **Regelaufbau** für die **Entscheidungsgründe**:

- Gesamtergebnis
- Ggf. Auslegung des Antrages / der Anträge
- Zulässigkeit der Klage
- Begründetheit der Klage
- Prozessuale Nebenentscheidungen
- Rechtsbehelfsbelehrung
- Unterschrift(en)

IX. Musterurteil

Nachfolgend als Formulierungsbeispiel ein **Musterurteil** in einem nur teilweise erfolgreichen Wohnraummietrechtsstreit, gegen das keine Berufung statthaft ist: **187**

6 C 34/16

Amtsgericht Weimar
Im Namen des Volkes
Urteil

In dem Rechtsstreit

der Frau Jennifer Hüttemann, Heidestr. 3, 99084 Erfurt,

Klägerin,

– Prozessbevollmächtigte: Rechtsanwältin Weber, Schlossweg 7, 99084 Erfurt –

gegen

Herrn Sebastian Schütte, Hauptstr. 210, 99423 Weimar,

Beklagten,

wegen Ansprüchen aus Wohnraummiete

hat das Amtsgericht Weimar durch den Richter am Amtsgericht Adam in der mündlichen Verhandlung vom 30.05.2016

für Recht erkannt:

Der Beklagte wird verurteilt, an die Klägerin 505 € nebst Zinsen in Höhe von 5 Prozentpunkten über dem jeweiligen Basiszinssatz ab dem 05.03.2016 zu zahlen. Im Übrigen wird die Klage abgewiesen.

Die Kosten des Rechtsstreits trägt zu einem Siebtel die Klägerin, zu sechs Siebteln der Beklagte.

Das Urteil ist vorläufig vollstreckbar.

Tatbestand:

Die Klägerin verlangt von dem Beklagten Miete für den Monat Oktober 2015 und eine Betriebskostennachzahlung für 2015.

Mit schriftlichem Vertrag vom 15.06.2012 vermietete die Klägerin ihre Eigentumswohnung Saaleweg 22 in Weimar ab dem 01.08.2012 auf unbestimmte Zeit an den Beklagten. Die monatliche Kaltmiete belief sich auf 505 €. Zusätzlich sah der Mietvertrag eine vom Beklagten zu entrichtende monatliche Betriebskostenpauschale von 120 € vor. Dieser Betrag entsprach der vom Vormieter bezahlten Pauschale, die über einen längeren Zeitraum kostendeckend war.

Ende Juni 2015 beschwerte sich ein Wohnungsnachbar des Beklagten bei der Klägerin über ruhestörenden Lärm. Daraufhin kam es zum Streit zwischen den Parteien. Mit Schreiben vom 03.07.2015, einem Freitag, erklärte der Beklagte auf farbigem Briefpapier die Kündigung des Mietverhältnisses zum 30.09.2015. Den Eingang der Kündigung bestätigte die Klägerin mit Schreiben vom 09.07.2015 und teilte als Beendigungszeitpunkt des Mietverhältnisses den 31.10.2015 mit. Ende September 2015 zog der Beklagte aus und gab der Klägerin die Wohnungsschlüssel zurück. Für Oktober 2015 entrichtete er keine Miete mehr.

Ende Februar 2016 stellte der Wohnungsverwalter der Klägerin für das Jahr 2015 eine Betriebskostennachzahlung von 137,23 € in Rechnung, die die Klägerin beglich. Der überwiegende Teil der Nachzahlung beruhte auf einem erhöhten Energieverbrauch (Strom und Wasser) in der vom Beklagten genutzten Wohnung. Rechnerisch betrug der Mieteranteil an dem Nachzahlungsbetrag 117,74 €.

Die Klägerin forderte den Beklagten vorgerichtlich erfolglos zur Zahlung der Oktobermiete und zur Erstattungen des Mieteranteils an der Betriebskostennachzahlung auf.

Sie beantragt,
> *den Beklagten zu verurteilen, an sie 622,74 € nebst Zinsen in Höhe von 5 Prozentpunkten über dem jeweiligen Basiszinssatz seit dem der Rechtshängigkeit folgenden Tag zu zahlen.*

Der Beklagte beantragt,
> *die Klage abzuweisen.*

Der Beklagte behauptet, er habe seine Kündigungserklärung vom 03.07.2015 am selben Tag gegen 09.00 Uhr in den Hausbriefkasten der Klägerin eingeworfen. Unstreitig erfolgt die Postzustellung bei der Klägerin üblicherweise nicht vor 12.00 Uhr.

Die Klage ist dem Beklagten am 07.04.2016 zugestellt worden. Das Gericht hat Beweis erhoben über den Zeitpunkt des Einwurfes der Kündigungserklärung durch uneidliche Vernehmung der Zeugin Kruppke. Wegen des Ergebnisses der Beweisaufnahme wird Bezug genommen auf die Sitzungsniederschrift vom 30.05.2016.

Entscheidungsgründe:

Die Klage ist insgesamt zulässig, aber nur wegen der Oktobermiete 2015 begründet.

Das Amtsgericht Weimar ist für die Wohnraummietstreitigkeit sachlich und örtlich ausschließlich zuständig. Die sachliche Zuständigkeit basiert auf § 23 Nr. 2 a) GVG, die örtliche auf § 29 a Abs. 1 ZPO.

Der Anspruch der Klägerin auf die Oktobermiete 2015 in Höhe von 505 € ergibt sich aus § 535 Abs. 2 BGB.

Das Mietverhältnis der Parteien endete aufgrund der Kündigung des Beklagten vom 03.07.2015 erst am 31.10.2015. Der Beklagte hat nicht bewiesen, dass sein Kündigungsschreiben vom 03.07.2015 der Klägerin noch am selben Tag zugegangen ist. Da eine Kündigung nach § 573 c Abs. 1 S. 1 BGB spätestens am dritten Werktag eines Kalendermonates zugehen muss, war die Kündigung zum 30.09.2015 unwirksam und wirkte erst zum 31.10.2015.

Der Beklagte ist für den von ihm zu beweisenden rechtzeitigen Zugang seiner Kündigung vom 03.07.2015 beweisfällig geblieben. Die Aussage der von ihm benannten Zeugin Kruppke, der Haushälterin der Klägerin, war unergiebig. Die Zeugin hat nicht bestätigt, dass sie das Kündigungsschreiben bereits am 03.07.2015 bei der Leerung des Hausbriefkastens der Klägerin vorgefunden hat. Die Zeugin hat ausgesagt, keine konkrete Erinnerung an den Tag, an dem der orangene Brief des Beklagten im Postkasten gelegen habe, zu haben. Für sie seien farbige Briefumschläge nichts Ungewöhnliches, die Klägerin erhalte oft farbige Briefsendungen. Ergänzend hat die Zeugin bekundet, sich lediglich noch zu erinnern, dass ihr die Klägerin seinerzeit von der Kündigung berichtet habe und geäußert habe, der Beklagte habe zu spät gekündigt.

Der geltend gemachte Zinsanspruch auf die Oktobermiete 2015 stützt sich auf §§ 291, 288 Abs. 1 S. 2 BGB.

Soweit die Klägerin darüber hinaus die von ihr bezahlten 117,74 € Mieteranteil an der Betriebskostennachzahlung für 2015 verlangt, ist die Klage unbegründet. Die vom Beklagten während der Mietzeit monatlich entrichteten 120 € waren keine nach § 556 Abs. 3 S. 1 BGB jährlich abzurechnende Vorauszahlung, sondern eine Pauschale. Bei einer nach § 556 Abs. 2 S. 1 BGB zulässigen Pauschalierung bestehen keine wechselseitigen Ausgleichsansprüche, wenn die tatsächlichen Kosten den Pauschalbetrag über- oder unterschreiten.

Die Kostenentscheidung ergibt sich aus § 92 Abs. 1 ZPO; die Entscheidung über die vorläufige Vollstreckbarkeit beruht auf §§ 708 Nr. 11, 711, 713 ZPO.

Rechtsbehelfsbelehrung:

Gegen dieses Urteil ist das Rechtsmittel der Berufung für jeden zulässig, der durch dieses Urteil in seinen Rechten benachteiligt ist,

a) wenn der Wert des Beschwerdegegenstandes 600 € übersteigt oder

b) wenn die Berufung in dem Urteil durch das Amtsgericht Weimar zugelassen worden ist.

Der Wert des Beschwerdegegenstandes ist glaubhaft zu machen; eine Versicherung an Eides statt ist nicht zulässig.

Die Berufung muss binnen einer Notfrist von einem Monat nach Zustellung dieses Urteils schriftlich beim Landgericht Erfurt, Domplatz 37, 99096 Erfurt, eingegangen sein. Die Berufungsschrift muss die Bezeichnung des Urteils, gegen das die Berufung gerichtet wird, sowie die Erklärung, dass gegen dieses Urteil Berufung eingelegt werde, enthalten.

Die Parteien müssen sich vor dem Landgericht Erfurt durch einen Rechtsanwalt vertreten lassen, insbesondere müssen die Berufungs- und die Berufungsbegründungsschrift von einem solchen unterzeichnet sein.

Mit der Berufungsschrift soll eine Ausfertigung oder beglaubigte Abschrift des angefochtenen Urteils vorgelegt werden.

Unterschrift des Richters

B. Beschluss

188 Für Beschlüsse fehlt im Gesetz eine dem § 313 ZPO entsprechende Norm. Insbesondere verweist § 329 ZPO nicht auf § 313 ZPO. Auch sonst fehlen gesetzliche Aufbauregeln.

I. Aufbau und Inhalt

Es besteht Einigkeit, dass auf die eine Instanz abschließenden Beschlüsse und auf solche, aus denen die Zwangsvollstreckung stattfindet, § 313 Abs. 1 Nr. 1 und 4 ZPO **analoge** Anwendung finden.[239] Daneben ist eine **Begründung** des Beschlusses vorzunehmen, falls sie gesetzlich vorgeschrieben ist oder die Rechtsstaatlichkeit sie im Einzelfall erfordert. Letzteres ist insbesondere der Fall, wenn ein Antrag scheitert oder ein Rechtsbehelf gegeben ist.[240]

189 In der **Überschrift** wird üblicherweise das **Aktenzeichen**, das **Gericht** und die **Entscheidungsform („Beschluss")** angegeben. Beschlüsse ergehen nicht „Im Namen des Volkes".

Nur die anfechtbaren und die eine Instanz abschließenden Beschlüsse haben (wie ein Urteil) ein **vollständiges Rubrum**.[241] Daran schließen sich die **Bezeichnung des Gerichts** (beim Kollegialgericht des **Spruchkörpers**), die **Namen der beteiligten Richter** und das **Entscheidungsdatum** an.

Der **Tenor** besteht regelmäßig aus einer **Hauptsache**- und einer **Kosten**entscheidung. Eine Entscheidung über die **vorläufige Vollstreckbarkeit** unterbleibt. Beschlüsse sind nach §§ 794 Abs. 1 Nr. 3, 567 Abs. 1, 128 Abs. 4 ZPO kraft Gesetzes ohne Ausspruch der vorläufigen Vollstreckbarkeit vollstreckbar.

Anders als Urteile haben (zu begründende) Beschlüsse **keinen Tatbestand** und **keine Entscheidungsgründe**, sondern nur (einheitliche) **„Gründe"**. In ihnen ist **ohne Zwischenüberschrift** unter „I." oder „1." nach den beim Aufbau eines Tatbestandes geltenden Regeln der Sachverhalt zu schildern. Ebenfalls ohne Zwischenüberschrift folgt unter „II." oder „2." die rechtliche Begründung im **Beschlussstil**, der dem Urteilsstil entspricht.

190 II. Musterbeschluss

Nachfolgend als Formulierungsbeispiel ein **Musterbeschluss**[242] bei einer erfolgreichen Schuldnervollstreckungserinnerung (§ 766 Abs. 1 ZPO), die wegen der Regelungen der §§ 775 Nr. 1 Var. 3, 776 S. 1 ZPO auf Unzulässigerklärung[243] der Zwangsvollstreckung gerichtet ist:

---

239 BGH, Beschl. v. 24.01.2001 – XII ZB 75/00, in: NJW 2001, 1653, 1654; Beschl. v. 27.06.2003 – IXa ZB 72/03, in: NJW 2003, 3136, 3167; Thomas/Putzo/Reichold § 329 ZPO Rn. 10.

240 Thomas/Putzo/Reichold § 329 ZPO Rn. 10.

241 Bei anderen Beschlüssen ist in der Praxis die Kurzformel „In Sachen Müller gegen Meier" (sogenanntes **einfaches Rubrum**) üblich.

242 Vgl. auch AS-Skript Vollstreckungsrecht in der Assessorklausur (2015), Rn. 218-221.

243 Thomas/Putzo/Seiler § 766 ZPO Rn. 11.

31 M 98/16

Amtsgericht Bremen
Beschluss

In der Zwangsvollstreckungssache

des Herrn Frank Klausmeier, Schweriner Str. 45, 18146 Rostock,

Gläubigers und Erinnerungsgegners,

– Verfahrensbevollmächtigter: Rechtsanwalt Schwitte, Kühlungsborner Allee 1, 18147 Rostock –

gegen

Frau Silke Obermann, Deichweg 4, 28309 Bremen,

Schuldnerin und Erinnerungsführerin,

hat das Amtsgericht Bremen durch Richterin Ebert am 12.05.2016

beschlossen:

> *Die am 01.04.2016 erfolgte Pfändung des Laptops der Marke PC-Power 2015 mit der Geräte-Nr. 987654 (DR II 45/16 des Obergerichtsvollziehers Zimmermann) wird für unzulässig erklärt.*

> *Die Entscheidung ergeht gerichtsgebührenfrei. Die außergerichtlichen Kosten der Schuldnerin trägt der Gläubiger.*

Gründe:

I. Der Gläubiger vollstreckt im Wege der Sachpfändung sein zugestelltes rechtskräftiges Zahlungsurteil des Amtsgerichts Bremen 8 C 542/15 vom 27.11.2015 in Höhe von 863,15 € nebst Zinsen in Höhe von 5 Prozentpunkten über dem Basiszinssatz seit dem 24.07.2015 gegen die Beklagte.

Unter Übergabe der vollstreckbaren Urteilsausfertigung erteilte er am 04.02.2016 dem Obergerichtsvollzieher Zimmermann Vollstreckungsauftrag. Dieser pfändete am 01.04.2016 den streitgegenständlichen Laptop in der Privatwohnung der Schuldnerin.

Die Schuldnerin ist der Ansicht, ihr Laptop sei als unpfändbare Sache gegen jeden Vollstreckungszugriff geschützt.

Sie beantragt,
> *die am 01.04.2016 erfolgte Pfändung des Laptops der Marke PC-Power 2015 mit der Geräte-Nr. 987654 (DR II 45/16 des Obergerichtsvollziehers Zimmermann) für unzulässig zu erklären.*

Der Gläubiger beantragt,
> *die Vollstreckungserinnerung zurückzuweisen.*

> *Er hält den Laptop für einen pfändbaren Luxusgegenstand.*

II. Die Vollstreckungserinnerung der Schuldnerin ist zulässig und begründet.

Die von der Schuldnerin eingelegte Vollstreckungserinnerung ist nach § 766 Abs. 1 ZPO der statthafte Rechtsbehelf gegen die Sachvollstreckung des Gerichtsvollziehers vom 01.04.2016. Das Amtsgericht Bremen ist nach §§ 764 Abs. 1, 2, 802 ZPO zur Entscheidung über die Erinnerung ausschließlich zuständig. Die übrigen Zulässigkeitsvoraussetzungen sind erfüllt.

Die Vollstreckungserinnerung der Schuldnerin ist auch begründet. Die Pfändung des Laptops vom 01.04.2016 ist verfahrensfehlerhaft erfolgt und verletzt die Schuldnerin in ihren Rechten. Der Laptop ist nach § 811 Abs. 1 Nr. 1 ZPO nicht der Pfändung unterworfen. Informationstechnische Systeme wie Personalcomputer und Laptops sind nach den gewandelten Anschauungen der modernen Kommunikationsgesellschaft als Gegenstände der bescheidenen Lebensführung keine Luxusgüter mehr, sondern sind heutzutage für die Alltagsbewältigung von zentraler Bedeutung.

Die Kostenentscheidung beruht auf § 91 Abs. 1 S. 1 ZPO.

Rechtsbehelfsbelehrung:

Gegen den Beschluss ist das Rechtsmittel der sofortigen Beschwerde für jeden zulässig, der durch diesen Beschluss in seinen Rechten benachteiligt ist.

Die sofortige Beschwerde muss binnen einer Notfrist von einem Monat nach Zustellung dieses Beschlusses schriftlich oder durch Erklärung zu Protokoll der Geschäftsstelle beim Amtsgericht Bremen, Ostertorstraße 25–31, 28195 Bremen, eingegangen sein. Die Beschwerdeschrift ist zu unterzeichnen. Die Einlegung beim Landgericht Bremen, Domsheide 16, 28195 Bremen, wahrt die Frist.

Die Erklärung über die sofortige Beschwerde kann auch zu Protokoll der Geschäftsstelle eines jeden anderen Amtsgerichts abgegeben werden, wobei die Beschwerdefrist nur dann als gewahrt gilt, wenn die Erklärung rechtzeitig bei dem Amtsgericht Bremen oder dem Landgericht Bremen eingeht.

Die Beschwerdeschrift muss die Bezeichnung der Entscheidung, gegen die die Beschwerde gerichtet wird, sowie die Erklärung, dass gegen diese Entscheidung Beschwerde eingelegt werde, enthalten.

Unterschrift der Richterin

3. Teil: Anwaltsaufgaben

Es sind **drei Aufgabenstellungen** zu unterscheiden: Das **Angriffsmandat**, das **Verteidigungsmandat** und die **kautelarjuristische Aufgabenstellung**. Bei allen drei Klausurtypen liegt der **Schwerpunkt** der Bearbeitung auf der rechtlichen Beurteilung. Sehr häufig ist die Darstellung des Sachverhaltes in der Klausuraufgabe erlassen. Sollte sie verlangt sein, ist der **Sachbericht** nach den bereits geschilderten Regeln des Aufbaus eines Tatbestandes zu formulieren.

191

A. Angriffsmandat

Die **examenshäufigste** anwaltliche Aufgabenstellung besteht in der Bearbeitung eines **Angriffsmandates**. Dieses ist darauf gerichtet, das Begehren des Mandanten **aktiv** durchzusetzen, sei es durch eine außergerichtliche Tätigkeit oder ein gerichtliches Vorgehen. Methodisch geschieht dies durch die Erstellung eines im Gutachtenstil abzufassenden **Gutachtens** (zur materiellen und prozessualen Rechtslage) mit nachfolgendem **Praxisentwurf**.

192

Die Bearbeitung eines **Angriffsmandates** ist dadurch geprägt, dass der beauftragte Rechtsanwalt zunächst prüft, **ob** das von dem Mandanten vorgegebene Ziel überhaupt materiell-rechtlich erreicht werden kann. Nur wenn dies aussichtsreich erscheint, stellt sich die Anschlussfrage, **wie** sachgerecht vorzugehen ist. Deshalb ist es **methodisch fehlerhaft**, wie bei einer Entscheidungsklausur zunächst eine Zulässigkeitsprüfung anzustellen, bevor die Begründetheit geprüft wird. Vernünftigerweise wird kein Rechtsanwalt sich Gedanken zur Zulässigkeit und Zweckmäßigkeit eines gerichtlichen Verfahrens machen, wenn ein solches von vornherein aus materiellen Gründen aussichtslos ist.

193

> **Merke:** Beim Angreifermandat erst das **Ob**, dann das **Wie**.

I. Grundlagen der Arbeitstechnik

Zunächst ist das im **Bearbeitervermerk** der Klausur vorgegebene **Mandantenbegehren** zu erfassen, insbesondere sind die **Hauptziele** des Mandanten herauszuarbeiten. Die Sachverhaltsgrundlage ist im Regelfall durch einen **Aktenvermerk** nach einem **Mandantengespräch** vorgegeben. Diesem Aktenvermerk sind **Anlagen** beigefügt, die Bestandteil der anwaltlichen Aufgabenstellung sind. Die **Tatsachengrundlage** beinhaltet fast immer streitige und unstreitige Tatsachen, teilweise ergibt sich dies bereits aus der anwaltlichen Gesprächsnotiz über den Inhalt des Mandates, andernfalls aus den Anlagen zu der Gesprächsnotiz.

194

Da im Rahmen der Klausurlösung keine Rückfrage bei dem Mandanten möglich ist, ist nach den Bearbeitervermerken von der Abgeschlossenheit des Sachverhaltes auszugehen. Beinhaltet der Bearbeitervermerk **Rechtsbegriffe**, kann davon ausgegangen werden, dass diese dem Mandanten in ihrer richtigen juristischen Bedeutung vertraut sind.

Schon bei der **Erfassung** des Sachverhaltes gilt das **Prinzip des sichersten Weges**. Dies bedeutet, dass der Rechtsanwalt bei streitigen Tatsachen **alle** Eventualitäten in seine Erwägungen einbeziehen muss. Er darf also nicht nur die für den Mandanten günstigste Sachverhaltsversion begutachten, sondern hat auch alle nachteiligen Tatsachen zu berücksichtigen.

195

II. Materiell-rechtliches Gutachten

196 Ausgangspunkt der Beurteilung der materiellen Rechtslage ist das gesamte **Rechtsziel** des Mandanten. Dieses besteht in erster Linie aus seinem Hauptbegehren, regelmäßig kommen Nebenansprüche hinzu.

> **Beachte:** Im Gutachtenteil darf die Prüfung von Zins- und Kostenerstattungsforderungen nicht vergessen werden.

Bei der Beurteilung der Rechtslage hat sich der Praktiker an der **gefestigten höchstrichterlichen Rspr.** zu orientieren. Dies bedeutet nicht, dass dadurch eine **Begründung** der Lösung entbehrlich wird. Besteht ein noch nicht höchstrichterlich entschiedener Meinungsstreit, sind die zu der Streitfrage vertretenen Ansichten alternativ zu Grunde zu legen.

197 Die rechtliche Begutachtung hat **sämtliche ernstlich** in Betracht kommenden **Anspruchsgrundlagen** zu umfassen. Für jede einzelne Anspruchsgrundlage ist herauszuarbeiten, für welche Normmerkmale überhaupt **Tatsachenvortrag**[244] des Mandanten erforderlich ist und wer dafür jeweils die **Darlegungs- und Beweislast** trägt. Der **methodische Aufbau** erfolgt, soweit nicht der Bearbeitervermerk ausnahmsweise etwas anderes vorgibt, **einspurig**.[245] Diese Arbeitsmethodik ist dem Referendar aus seiner universitären Ausbildung bestens vertraut.

198 Im Wege eines **Perspektivwechsels** sind alle bereits geltend gemachten und prognostisch zu erwartenden **Verteidigungsmittel** der Gegenseite in die Begutachtung einzubeziehen. Dies kann ein **Bestreiten anspruchsbegründender** (und/oder **anspruchserhaltender**) Tatsachen in den drei bereits erörterten **Bestreitensformen**[246] (**einfaches Bestreiten, substantiiertes, Bestreiten mit Nichtwissen**) sein, ebenso ein **Behaupten anspruchshindernder**, **anspruchsvernichtender** und/oder **anspruchshemmender** Tatsachen. Bei streitigen Tatsachen ist zudem eine **Beweisprognose** unter Berücksichtigung der **Beweislastverteilung** anzustellen.

> *Anspruchsgrundlage für das Mandantenbegehren könnte § 433 Abs. 2 BGB sein. Dies setzt eine Einigung zwischen dem Mandanten und dem verstorbenen Ehemann der Anspruchsgegnerin über den Kaufgegenstand und den dafür zu entrichtenden Preis voraus.*
>
> *Diese Einigung ist am 04.03.2016 erfolgt. Allerdings macht die Anspruchsgegnerin geltend, die Einigung habe unter dem Vorbehalt gestanden, dass es ihrem Ehemann gelinge, zur Kaufpreisfinanzierung einen Kredit bei ihrer Hausbank zu erhalten, der unstreitig nicht gewährt wurde. Einen solchen Vorbehalt stellt der Mandant in Abrede, sodass es einer Beweisprognose unter Berücksichtigung der Beweislastverteilung bedarf.*
>
> *Fraglich ist, ob der Mandant zu beweisen hat, dass kein Vorbehalt gemacht wurde, oder die Gegenseite, dass ein Vorbehalt vereinbart war. Der im Streit stehende Finanzierungsvorbehalt stellt ein künftiges ungewisses Ereignis, von dem das Zustandekommen des Vertrages abhängt, und damit eine aufschiebende Bedingung i.S.d. § 158 Abs. 1 BGB dar. Nach der herrschenden Leugnungstheorie des Bundesgerichtshofes*

---

244 Greift beispielsweise eine **Vermutung** ein, ist das nicht nur eine Erleichterung für die Beweisführung, sondern verkürzt auch die Darlegungslast. Einzelheiten zu Vermutungen siehe Rn. 682 ff.

245 Siehe dazu Rn. 9.

246 Siehe Rn. 36 ff.

hat nicht der Anspruchsgegner die Beweislast für die Vereinbarung einer aufschiebenden Bedingung, sondern der Anspruchsteller die Beweislast für das Fehlen einer aufschiebenden Bedingung, somit für den unbedingten Vertragsabschluss.

*Dabei handelt es sich um ein **negatives Anspruchsmerkmal**, sodass der Anspruchsgegnerin eine **Sekundärbehauptungslast** obliegt. Ihr Bestreiten der unbedingten Einigung ist prozessual nur zulässig, wenn sie substantiiert Ort, Zeit und Inhalt des Vorbehaltes nennt. Dies ist mit dem Vortrag der Anspruchsgegnerin, der Vorbehalt sei am Tage des Vertragsabschlusses in den Geschäftsräumen des Klägers unter Hinweis auf die laufenden Kreditverhandlungen mit der X-Bank erfolgt, geschehen.*

Mithin ist es Sache des Mandanten, den Beweis zu führen, dass dieser konkrete Finanzierungsvorbehalt nicht Bestandteil der Einigung vom 04.03.2016 war. Dazu beruft sich der Mandant auf das Zeugnis seines bei den Vertragsverhandlungen anwesenden Mitarbeiters Herbert Gröne. Dieser hat dem Mandanten gegenüber bereits schriftlich bestätigt, dass die laufenden Kreditgespräche des einen Monat nach dem Vertragsschluss verstorbenen Ehemannes der Anspruchsgegnerin mit seiner Bank bei den Vertragsverhandlungen erwähnt worden seien, der Ehemann der Anspruchsgegnerin aber mit keinem Wort zu erkennen gegeben habe, vom Erfolg dieser Gespräche den Vertragsabschluss abhängig zu machen. Vielmehr habe er geäußert, notfalls gebe es ja auch noch andere Geldinstitute.

Diese Zeugenangaben sind günstig für den Mandanten. Sie bestätigen die Behauptung einer unbedingten Einigung. Gegenbeweismittel hat die Anspruchsgegnerin nicht. Für die vorzunehmende Beweisprognose kommt es mithin einzig darauf an, ob Bedenken gegen die Glaubhaftigkeit der zu erwartenden Zeugenaussage oder gegen die Glaubwürdigkeit des Zeugen bestehen. Diese könnten allenfalls daraus herrühren, dass der Zeuge Gröne als Mitarbeiter des Mandanten in dessen Lager steht. Dies alleine reicht aber nicht aus, eine ungünstige Beweisprognose anzustellen. Vielmehr hängt die Überzeugungskraft der Zeugenangaben von zahlreichen Faktoren ab, die sich erst im Anschluss an die zu beantragende Vernehmung des Zeugen bewerten lassen. Erst einmal ist mangels entgegenstehender Erkenntnisse davon auszugehen, dass dem Mandanten der ihm obliegende Beweis einer unbedingten Einigung gelingen kann.

III. Prozessuales Gutachten

Im Anschluss an das materiell-rechtliche Gutachten ist die **prozessuale Lage** zur anwaltlichen Vorgehensweise zu begutachten. Ist das Mandantenbegehren materiell-rechtlich **erfolgversprechend**, sind die (prozessualen) Möglichkeiten zu seiner Durchsetzung herauszuarbeiten. Zu unterscheiden ist zwischen einer **außergerichtlichen** und einer **gerichtlichen Vorgehensweise**.[247]

199

So kann es **landesrechtlich** nach § 15 a Abs. 1 S. 1 EGZPO erforderlich sein, vor der Klageerhebung ein **außergerichtliches Schlichtungsverfahren** vor einer von der Landesjustizverwaltung eingerichteten Gütestelle vorzunehmen. Landesrechtliche Schlichtungsgesetze bestehen derzeit in Bayern, Brandenburg, Hessen, Mecklenburg-Vorpommern, Niedersachsen, Nordrhein-Westfalen, Rheinland-Pfalz, Saarland, Sachsen-Anhalt und Schleswig-Holstein;[248] das Land Baden-Württemberg hat sein Schlichtungsgesetz im Jahre 2013 wieder aufgehoben.

200

---

247 Besteht keine Erfolgsaussicht, entfällt das prozessuale Gutachten.

248 Nachweise bei Thomas/Putzo/Hüßtege § 15 a EGZPO Rn. 9.

201 Die Prüfung der Einleitung eines **gerichtlichen** Verfahrens hat stets Erwägungen zur **Klageart**[249] sowie zur **sachlichen und örtlichen Zuständigkeit**[250] zu umfassen, außerdem zu **besonderen Zulässigkeitsvoraussetzungen** der im Einzelfall zu wählenden Klageart (z.B. zum Feststellungsinteresse bei der Feststellungsklage).[251] Darüber hinaus besteht Anlass zur Erörterung der **sonstigen Zulässigkeitsvoraussetzungen**[252] nur, wenn diese problematisch sind.

IV. Zweckmäßigkeitserwägungen

202 An das prozessuale Gutachten schließen sich als letzter Teil des Gutachtens die **Zweckmäßigkeitserwägungen** an. Diese hängen maßgeblich vom Ergebnis der im Gutachtenteil erarbeiteten Beurteilung der Erfolgsaussichten des Mandantenbegehrens ab.

1. Fehlende Erfolgsaussicht

203 Erweist sich das vom Mandanten angestrebte Ziel als **nicht erreichbar**, sei es aus Rechtsgründen oder wegen einer ungünstigen Beweislage, hat der Rechtsanwalt seinen Mandanten von einem (weiteren) Vorgehen **abzuraten**. Zumindest muss er seinen Mandanten auf die schlechten Erfolgsaussichten und das damit verbundene **Kostenrisiko** eindringlich hinweisen, um von vornherein kein **Regressrisiko** einzugehen. Dieser Hinweis sollte im geeigneten Einzelfall zusätzlich beinhalten, dass sich **günstigstenfalls** durch den Abschluss eines **Vergleiches** noch ein (kleiner) Teilerfolg erzielen lassen könnte. Aus **Beweisgründen** erfolgen derartige Hinweise in der anwaltlichen Praxis stets schriftlich mit laienverständlichem Inhalt. Wenn der Mandant nach Erhalt dieser Belehrung dennoch weiter gegen die Gegenseite vorgehen möchte, geschieht dies auf seine eigene **Kostengefahr**.

204 Hat der Mandant vor der Auftragserteilung bereits selbst Schriftverkehr mit der Gegenseite geführt und sich darin eines Anspruchs **berühmt**, dessen Durchsetzung Gegenstand des Mandates ist, sollte bedacht werden, dass das Risiko einer von der Gegenseite zu erhebenden **negativen Feststellungsklage** besteht. Bei Aussichtslosigkeit kann das Feststellungsinteresse dadurch beseitigt werden, dass dem Gegner (durch den Mandanten selbst) mitgeteilt wird, den Anspruch nicht länger zu verfolgen.

205 Ist die Mandatserteilung erst **nach Einleitung eines gerichtlichen Verfahrens** (durch den Mandanten selber) erfolgt und erweist sich das Vorgehen als aussichtslos, hat der beauftragte Rechtsanwalt zu prüfen, ob eine **Klageänderung** nach §§ 263 ff. ZPO erfolgversprechend ist. Ist dies nicht der Fall, hat der Rechtsanwalt den **kostengünstigsten** Weg der Verfahrensbeendigung anzuraten. Dies wird in der Regel die **Klagerücknahme** (durch den Mandanten selber) sein.[253] Sofern der Gegner nach bereits erfolgter mündlicher Verhandlung seine Einwilligung zur Klagerücknahme verweigert, ist diese nicht zulässig (§ 269 Abs. 1 ZPO). Dann bleibt noch die Möglichkeit eines **Klageverzichts** (§ 306 ZPO), bei dem ebenfalls lediglich eine 1,0-Gerichtsgebühr anfällt (KV 1211 zum GKG). Demgegenüber reduziert eine klägerische **Säumnis** (§ 330 ZPO) die 3,0-Gebühr nach KV 1210 zum GKG nicht, sodass von dieser Verfahrensweise abzuraten ist.

---

249 Siehe dazu Rn. 308 ff.

250 Siehe dazu Rn. 469 ff.

251 Siehe dazu Rn. 315 ff.

252 Siehe dazu Rn. 301.

253 Im erstinstanzlichen Klageverfahren reduziert sich die 3,0-Gerichtsgebühr (KV 1210 zum GKG) dann zumeist auf eine 1,0-Gebühr (KV 1211 zum GKG).

2. Erfolgsaussicht

Wenn die Verfolgung des Mandantenbegehrens **(zumindest teilweise)** erfolgver- **206**
sprechend ist, ist im **Prozessgutachten** herauszuarbeiten, welche (prozessualen)
Möglichkeiten für die Durchsetzung des erfolgversprechenden Mandantenbegehrens bestehen und (beim Vorhandensein mehrerer Möglichkeiten), **wie** unter Beachtung des **Grundsatzes des sichersten Weges** zweckmäßig zu verfahren ist. Zu unterscheiden sind ein **außergerichtliches und ein gerichtliches** Vorgehen.

a) Außergerichtliches Vorgehen

Eine **außergerichtliche** Vorgehensweise ist zunächst dann **zweckmäßig**, wenn der **207**
Mandant mit der Gegenseite noch gar **nicht korrespondiert** hat, sich der Gegner
insbesondere noch **nicht in Verzug** befindet. In dieser Situation sollte dem Gegner
aus kostenrechtlichen Erwägungen im Regelfall eine **außergerichtliche Frist** unter
Androhung eines Klageverfahrens zur Erfüllung des Mandantenanspruchs gesetzt
werden, um das **Kostenrisiko des § 93 ZPO** auszuschalten. Andernfalls droht, wenn
verfrüht ein gerichtliches Verfahren eingeleitet wird, dass der Mandant trotz Klageer-
folges mit den Prozesskosten belastet wird. Dies ist nach § 93 ZPO der Fall, wenn die
Gegenseite sofort anerkennt und keinen Anlass zur Klage gegeben hat. Anlass zur
Klage gibt insbesondere derjenige, der sich im Verzug befindet.[254]

Daneben kann die Fristsetzung aus materiell-rechtlichen Gründen erforderlich sein
(vgl. z.B. §§ 281 Abs. 1 S. 1, 323 Abs. 1 BGB).

Schließlich ist es zudem nicht selten geboten, **außergerichtliche Gestaltungserklä-** **208**
rungen abzugeben, um damit bislang noch nicht erfüllte Anspruchsvoraussetzungen zu schaffen (z.B. Anfechtung, Kündigung, Rücktritt oder Widerruf).

> **Beachte:** Eine Gestaltungserklärung kann sich auch negativ auf das Mandanten-
> begehren auswirken, indem bestehende Anspruchsgrundlagen entfallen, sodass
> das Für und Wider einer Gestaltungserklärung sorgsam gegeneinander **abzuwä-**
> **gen** sind. Erfolgt beispielsweise im Falle einer arglistigen Täuschung eine erfolgrei-
> che Anfechtung nach § 123 Abs. 1 BGB, entfällt damit ein Vertragsanspruch.

Ebenso kann es zweckmäßig sein, dass der Mandant zur Vorbereitung eines Klageverfahrens seinen **Anspruch an einen Dritten abtritt** und dieser (als Neugläubiger)
Klage erhebt. Durch diesen **juristischen Kunstgriff** wird erreicht, dass der Mandant
in dem Rechtsstreit des Neugläubigers gegen den Gegner **Zeuge** sein kann und damit die **Beweischancen** erhöht werden, wenngleich die Glaubhaftigkeit der Zeugenaussage des Mandanten aufgrund seines Eigeninteresses am Ausgang des Rechtsstreites besonderer Würdigung seitens des Gerichts bedarf.

Auf jeden Fall sollte der Anwalt stets **kostenbewusst** arbeiten, indem er das Kosten- **209**
risiko des Mandanten auf ein Minimum absenkt. So kann es beispielsweise ratsam
sein, der Gegenseite möglichst frühzeitig ein **außergerichtliches Vergleichsange-**
bot einschließlich einer Kostenregelung[255] zu unterbreiten, wenn die Erfolgsaussichten des Mandanten dennoch nicht unerhebliche Risiken in sich bergen (beispielsweise bei einer höchstrichterlich noch nicht entschiedenen Rechtsfrage oder bei einer
unsicheren Beweislage).

Soweit der Bearbeitervermerk dahingehende Hinweise beinhaltet, ist zur **Vermei-** **210**
dung einer versicherungsvertragsrechtlichen Obliegenheitsverletzung an die

---

254 Thomas/Putzo/Hüßtege § 93 ZPO Rn. 7.
255 Im gerichtlichen Verfahren regelt § 98 ZPO die Kostenfolgen eines Prozessvergleiches.

(frühzeitige) Einschaltung des **Rechtsschutzversicherers** des Mandanten zu denken, um vor weiteren kostenauslösenden Maßnahmen zu klären, ob und in welchem Umfang dieser Kosten übernimmt und welche **Selbstbeteiligung** ggf. auf den Mandanten zukommt.

211 Ist der Mandant **nicht rechtschutzversichert**, aber nach seinen persönlichen und wirtschaftlichen Verhältnissen ganz oder teilweise nicht in der Lage, die Kosten der Rechtsverfolgung aufzubringen, sind die Möglichkeiten der Inanspruchnahme von außergerichtlicher **Beratungshilfe** nach dem **Beratungshilfegesetz** sowie die Beantragung von **Prozesskostenhilfe**[256] (§§ 114 ff. ZPO) zu klären.

b) Gerichtliches Vorgehen

212 Im Falle einer **gerichtlichen** Vorgehensweise hat der Rechtsanwalt **umfassende prozessuale und Zweckmäßigkeitserwägungen** anzustellen.

aa) Klage und einstweiliger Rechtsschutz

Diese Erwägungen beginnen mit der Überlegung, ob die Einleitung eines **Hauptsachverfahrens** oder wegen **Eilbedürftigkeit** die Beantragung **einstweiligen Rechtsschutzes**[257] dem Mandanteninteresse sachgerecht nachkommt. Ggf. kann es auch erforderlich sein, beide Verfahrensweisen miteinander zu **kombinieren**.

213 Bei der Einleitung von Eilverfahren ist zwischen dem allgemeinen einstweiligen Rechtsschutz (Arreste und einstweilige Verfügungen)[258] und speziellen einstweiligen Anordnungen zu unterscheiden. Letztere kommen insbesondere im Vollstreckungsrecht zur Anwendung. So ist beispielsweise bei Bestehen einer **vollstreckungsrechtlichen Interventionslage** regelmäßig neben der Erhebung einer Drittwiderspruchsklage nach § 771 ZPO zusätzlich ein Antrag auf Erlass einer **einstweiligen Anordnung** nach §§ 771 Abs. 3 S. 1, 769 Abs. 1 ZPO zu stellen. Grund dafür ist, dass die Erhebung einer Drittwiderspruchsklage keine Auswirkung auf die Vollstreckungsberechtigung des Titelgläubigers hat; erst ein einstweiliger Einstellungsbeschluss führt nach § 775 Nr. 2 ZPO zu einem Vollstreckungsverfahrenshindernis. Ohne den Eilantrag nach §§ 771 Abs. 3 S. 1, 769 Abs. 1 ZPO droht die höchst unerfreuliche Situation, dass die erfolgversprechende **Drittwiderspruchsklage** im Falle der Beendigung der Vollstreckung während des laufenden Klageverfahrens zum Wegfall des Rechtsschutzinteresses führt.[259] Dem Mandaten bliebe dann lediglich noch eine Klageumstellung oder eine Klageänderung in einen bereicherungsrechtlichen Anspruch auf **Herausgabe des Nettovollstreckungserlöses**, was seinem Begehren, die Vollstreckung zu verhindern, nicht genügt und zum Regressrisiko für den Rechtsanwalt wird.

---

256 Siehe dazu Rn. 629 ff.

257 Neben dem allgemeinen einstweiligen Rechtsschutz im Wege des Arrestes (§§ 916 ff. ZPO) oder der einstweiligen Verfügung (§§ 935 ff. ZPO) sieht die ZPO an zahlreichen Stellen zusätzliche besondere Eilentscheidungen vor. Examenswichtige Fälle sind z.B. §§ 707 Abs. 1, 719 Abs. 1, 732 Abs. 2, 766 Abs. 1 S. 2, 769 Abs. 1 und 2, 771 Abs. 3 S. 1, 805 Abs. 4 ZPO.

258 Siehe dazu Rn. 831 ff.

259 Vgl. Thomas/Putzo/Seiler § 771 ZPO Rn. 11.

Bei einer Vollstreckungsabwehrklage nach § 767 ZPO ist zu formulieren:

> ... *erhebe ich Klage und **beantrage**,*
>> *die Zwangsvollstreckung aus dem Urteil des Amtsgerichts Saarbrücken 3 C 77/15 vom 15.10.2015 für unzulässig zu erklären.*
>
> *Zudem **beantrage** ich, vorab im Wege der einstweiligen Anordnung,*
>> *die Zwangsvollstreckung aus dem Urteil des Amtsgerichts Saarbrücken 3 C 77/15 vom 15.10.2015 **einstweilen** ohne Sicherheitsleistung, hilfsweise gegen Sicherheitsleistung **einzustellen**.*

Ein solcher **Eilantrag** ist zudem ein bedeutsames **Taktikmittel** der anwaltlichen Arbeitsweise, da der Rechtsanwalt durch den richterlichen Eilbeschluss eine **vorläufige Bewertung der Erfolgsaussichten** der Klage erhält. Das Gericht hat über den Eilantrag nach Ermessen zu entscheiden, für die **Ermessensausübung** sind die Zulässigkeit und die Begründetheit der Klage die bestimmenden Kriterien.[260]   **214**

Bei einem gerichtlichen Vorgehen sind die Fragen des **Rechtsweges**[261] und der sachlichen und örtlichen **Zuständigkeit**[262] von zentraler Bedeutung. Ist für die Klage das **Landgericht sachlich** zuständig, ist vom Rechtsanwalt (bei gegebenem Anlass) zu überlegen, ob der Rechtsstreit eine **Handelssache** i.S.v. § 95 GVG ist. Wenn dies der Fall ist, bedarf es schon in der Klageschrift des **Antrages** auf Verhandlung vor der Kammer für Handelssachen (§ 96 Abs. 1 GVG), falls dort verhandelt und entschieden werden soll. Die Kammer für Handelssachen ist der Zivilkammer **gleichgeordnet**.[263] Sie unterscheidet sich in ihrer **Besetzung** dadurch von der Zivilkammer, dass nur ein Berufsrichter sowie **zwei ehrenamtliche** Richter (**Handelsrichter**) mitwirken (§ 105 Abs. 1 GVG). Die nach § 108 GVG von der Industrie- und Handelskammer vorgeschlagenen Handelsrichter verkörpern die **kaufmännische Sachkunde** bei der Entscheidungsfindung (vgl. § 114 GVG). Ist eine solche für den Rechtsstreit geboten, ist es sachgerecht, den Prozess vor der Kammer für Handelssachen anhängig zu machen. Dazu genügt die **Adressierung der Klageschrift** an die Kammer für Handelssachen aus.[264] Unterbleibt die rechtzeitige Antragstellung, kann nur noch auf Antrag des Beklagten nach § 98 Abs. 1 S. 1 GVG eine **Verweisung** von der Zivilkammer an die Handelskammer erfolgen.   **215**

> **Beachte:** Es gibt nach § 100 GVG auch **zweitinstanzliche** Kammern für Handelssachen. Diese sind (auf Antrag) im **Berufungsverfahren** zuständig, wenn der erstinstanzlich beim Amtsgericht ausgetragene Rechtsstreit Handelssache i.S.v. § 95 GVG ist, z.B. bei Klagen unter Kaufleuten aus einem beiderseitigen Handelsgeschäft.

Bei einer Klageerhebung zum **Landgericht** ist wegen des dort geltenden **Einzelrichterprinzips** ggf. nach § 348 Abs. 3 S. 1 Nr. 3 ZPO Antrag auf **Übernahme durch die Kammer** zu stellen. Außerdem soll die Klageschrift zum Landgericht nach § 253 Abs. 3 Nr. ZPO eine Äußerung dazu beinhalten, ob der Entscheidung durch den Einzelrichter Gründe entgegenstehen.   **216**

Bei der **örtlichen Zuständigkeit** hat nach § 35 ZPO der Kläger das **Wahlrecht** zwischen dem allgemeinen (§ 12 ZPO) und etwaigen besonderen Gerichtsständen   **217**

---

260 Vgl. Thomas/Putzo/Reichold § 269 ZPO Rn. 8.
261 Siehe dazu Rn. 302 ff.
262 Siehe dazu Rn. 468 ff.
263 Thomas/Putzo/Hüßtege Vorbem. § 93 GVG Rn. 1.
264 Thomas/Putzo/Hüßtege § 96 GVG Rn. 1.

(§§ 20 ff. ZPO), sofern nicht ein ausschließlicher Gerichtsstand gegeben ist. Von zentraler Bedeutung ist dabei im Vollstreckungsrecht § 802 ZPO, wonach alle im 8. Buch der ZPO geregelten Gerichtsstände ausschließlich sind.

bb) Mahnverfahren

218   Ist der aussichtsreiche Anspruch des Mandanten **auf Zahlung** gerichtet, ist statt einer Klageerhebung die Durchführung eines **gerichtlichen Mahnverfahrens** (§§ 688 ff. ZPO) zu überlegen. Voraussetzung dafür ist allerdings, dass der erhobene Anspruch nicht von einer noch zu erbringenden Gegenleistung abhängt (§ 688 Abs. 2 Nr. 2 ZPO).

219   Das gerichtliche Mahnverfahren hat in der Praxis eine große Bedeutung, da die Chance besteht, mit **geringerem Arbeits-**[265] **und Kostenaufwand**[266] als bei einer Klageerhebung schnell einen Vollstreckungstitel, den **Vollstreckungsbescheid** (§§ 700 Abs. 1, 794 Abs. 1 Nr. 4 ZPO), zu erlangen. Obwohl das gerichtliche Mahnverfahren einen einfacheren und billigeren Weg zur Erlangung eines Vollstreckungstitels darstellt, hat der Rechtsanwalt dennoch die **freie Wahl** zwischen einer Klage und einem Mahnverfahren.[267] Dies hängt mit den Unwägbarkeiten des Verfahrensablaufes zusammen, der maßgeblich vom Verhalten des Anspruchsgegners bestimmt wird.

220   Wehrt sich der Gegner im Wege des **Widerspruchs** (§ 694 Abs. 1 S. 1 ZPO) gegen den ihm zugestellten Mahnbescheid, beginnt (**nach Abgabe des Verfahrens** an das **Streitgericht**, vgl. § 696 Abs. 1 S. 1 ZPO) erst jetzt das streitige Urteilsverfahren, sodass das gesamte Verfahren sich um die Dauer des vorgeschalteten Mahnverfahrens verlängert. Ein Vorgehen im Mahnverfahren macht deshalb **nur Sinn**, wenn prognostisch zu erwarten ist, dass sich der **Gegner** gegen den ihm zugestellten Mahnbescheid **nicht verteidigt**.[268]

221   Mit der Einleitung eines gerichtlichen Mahnverfahrens lässt sich ein nach § 15 a EGZPO i.V.m. dem jeweiligen Landesgesetz zur Entlastung der Gerichte eingeführtes **obligatorisches Schlichtungsverfahren umgehen**, da die Durchführung des streitigen Verfahrens nach einem vorausgegangenem Mahnverfahren nicht schlichtungspflichtig ist (§ 15 a Abs. 2 S. 1 Nr. 5 EGZPO). Ohne vorherigen obligatorischen außergerichtlichen Schlichtungsversuch ist die Klageerhebung unzulässig, eine **Nachholung** im Klageverfahren ist **nicht möglich**.[269]

Aktuell sieht aber kein Landesschlichtungsgesetz mehr in den Fällen des § 15 a Abs. 1 S. 1 Nr. 1 EGZPO einen zwingenden außergerichtlichen Einigungsversuch vor Klageerhebung vor; zuletzt ist dies in Baden-Württemberg mit der zum 01.05.2013 erfolgten Aufhebung des Landesschlichtungsgesetzes abgeschafft worden.

cc) Urkundenklage und Urkundenmahnverfahren

222   Die **schnelle Titulierung** eines Zahlungsanspruchs lässt sich auch durch ein **Urkundenklageverfahren**[270] nach §§ 592 ff. ZPO erreichen, dessen Einleitung nach § 703 a Abs. 1 ZPO ebenso durch einen Antrag auf Erlass eines **Urkundenmahnbescheides** möglich ist. Die Prozessbeschleunigung aufgrund der im **Vorverfahren** für beide

---

265 Es bedarf keiner Erstellung einer Klageschrift, nur des Ausfüllens des nach § 703 c Abs. 2 ZPO zwingend zu benutzenden Antragsformulars.

266 Für den Mahnbescheid entsteht nach KV 1100 zum GKG nur eine 0,5-Gerichtsgebühr.

267 Thomas/Putzo/Hüßtege Vorbem. § 688 ZPO Rn. 1.

268 Vgl. Thomas/Putzo/Hüßtege Vorbem. § 688 ZPO Rn. 1.

269 Thomas/Putzo/Hüßtege § 15 a EGZPO Rn. 2.

270 Siehe dazu Rn. 642 ff.

Parteien geltenden grundsätzlichen[271] **Beweismittelbeschränkung** auf Urkunden (§§ 595 Abs. 2, 598 ZPO) ermöglicht eine sofortige Beweisaufnahme und Entscheidung im Wege eines **Vorbehaltsurteils** (§ 599 Abs. 1 ZPO), aus dem unabhängig von der Höhe der Verurteilung ohne Sicherheitsleistung vorläufig vollstreckt werden kann (§ 708 Nr. 4 ZPO). Verfügt der Kläger über die erforderlichen Urkundenbeweismittel, ist ein Vorgehen im Urkundenprozess zweckmäßig.

dd) Prozesskostenhilfeverfahren

Ähnlich verhält es sich beim Angriffsmandat mit dem **Taktikmittel** eines dem Klageverfahren **vorgeschalteten Prozesskostenhilfeantrags**.[272] Ein solcher Antrag ist ein **gerichtskostenfreier Versuchsballon**, um die Rechtsansicht des Gerichts zum (noch nicht eingeleiteten) Klageverfahren zu testen. Im Rahmen der Entscheidung des Prozesskostenhilfeantrages muss das Gericht die **Erfolgsaussichten der beabsichtigten Klage** einer **summarischen Prüfung**[273] unterziehen (§ 114 Abs. 1 ZPO). Zudem hat bereits die Einreichung des Prozesskostenhilfebewilligungsantrages (bei **demnächstiger**[274] Bekanntgabe) verjährungshemmende Wirkung (§ 204 Abs. 1 Nr. 14 BGB). Das Merkmal demnächst (vgl. § 167 ZPO) ist nur erfüllt, wenn sich die der **Partei zurechenbaren Verzögerungen** in einem hinnehmbaren Rahmen halten.[275]

ee) Teilklage

Bei einem **teilbaren Streitgegenstand** (z.B. einer Geldforderung) kann es zudem bei unsicherer Sach- oder Beweislage zweckmäßig sein, nicht von Anfang an den gesamten Anspruch des Mandanten anhängig zu machen, sondern nur eine **Teilforderung**. Dies geschieht im Wege einer **Teilklage**, durch die sich das Kostenrisiko beträchtlich reduzieren lässt. Bahnt sich im Rechtsstreit ein Erfolg der Teilklage an, kann diese nach § 264 Nr. 2 Var. 1 ZPO auch gegen den Willen des Gegners auf den vollen Anspruch erweitert werden. Allerdings kann es bei dieser Konstellation, wenn die Teilklage beim Amtsgericht erhoben worden ist, nach entsprechendem Hinweis des Gerichts (§ 504 ZPO) auf Antrag des Gegners zu einer **Verweisung** an das Landgericht kommen (§ 506 Abs. 1 ZPO). Insofern besteht das Risiko einer abweichenden Beurteilung durch das nunmehr sachlich erstinstanzlich zuständige Landgericht. Die Klageerweiterung sollte deswegen möglichst nur in einem Umfang erfolgen, der keinen Zuständigkeitswechsel nach sich führen kann.

Eine **Teilklage** bietet zudem den **prozessualen Vorteil**, dass im Falle der rechtskräftigen Klageabweisung die **Rechtskraft nur den rechtshängig gemachten Teilbetrag** erfasst,[276] sodass der Differenzbetrag erneut (ggf. bei einem anderen Gericht) zulässigerweise rechtshängig gemacht werden kann. Andererseits ist zu berücksichtigen, dass der nicht eingeklagte Teil des Gesamtanspruchs im Falle des rechtskräftigen Obsiegens mit der Teilklage keiner positiven Rechtskrafterstreckung für den nicht eingeklagten Differenzbetrag unterliegt. Zudem muss der Rechtsanwalt stets das **Fortlaufen der Verjährungsfrist** für die Restforderung im Auge behalten. Eine Verjährungshemmung durch Rechtshängigkeit nach § 204 Abs. 1 Nr. 1 BGB tritt bei

223

224

225

---

271 Für die Echtheit von Urkunden und andere als in § 592 ZPO genannte Tatsachen ist zudem eine Parteivernehmung zulässig (§ 595 Abs. 2 ZPO).

272 Siehe dazu Rn. 629 ff.

273 Thomas/Putzo/Seiler § 114 ZPO Rn. 3.

274 Vgl. dazu Palandt/Ellenberger § 204 BGB Rn. 7, 32; Thomas/Putzo/Hüßtege § 167 ZPO Rn. 10–12.

275 BGH, Urt. v. 10.07.2015 – V Zr 154/14, in: RÜ2 2016, 55; vgl. zum Begriff allgemein Thomas/Putzo/Hüßtege § 167 ZPO Rn. 10.

276 Thomas/Putzo/Reichold § 322 ZPO Rn. 22.

einer Teilklage nur hinsichtlich des eingeklagten Teilbetrages ein, auch wenn im Klageverfahren der Gesamtanspruch begründet wird und die Geltendmachung der Restforderung vorbehalten wird.[277]

ff) Stufenklage

226 Kann der Rechtsanwalt die im Klageverfahren erforderliche **Bezifferung** eines Zahlungsanspruchs (§ 253 Abs. 2 Nr. 2 ZPO) erst nach einer Auskunftserteilung durch den Gegner vornehmen, bietet sich ein Vorgehen im Wege der **Stufenklage** (§ 254 ZPO) an. Bei diesem **Sonderfall einer objektiven Klagehäufung**[278] wird in der ersten Stufe ein Antrag auf **Auskunftserteilung** (§ 260 Abs. 1 BGB) oder Rechnungslegung (§ 259 Abs. 1 BGB) gestellt.[279] In der zweiten Stufe folgt ein Antrag auf **Abgabe einer eidesstattlichen Versicherung** (z.B. §§ 259 Abs. 2, 260 Abs. 2 BGB) und in der dritten Stufe (in der Regel) ein **Zahlungsantrag**,[280] der bis zur Auskunftserteilung ausnahmsweise unbestimmt sein kann.

Ist die Stufenklage zulässig und erweist sich das Auskunftsbegehren als begründet, ergeht darüber nach § 301 Abs. 1 S. 1 ZPO ein **Teilurteil** (ohne Kostenentscheidung[281]).

227 Mit der **Rechtshängigkeit der Stufenklage** wird die **Verjährung** des (noch nicht bezifferten) Zahlungsanspruchs (im Umfang der späteren Bezifferung)[282] von Anfang an mitgehemmt, auch wenn im Klageverfahren zunächst nur der Auskunftsantrag gestellt wird.[283] Anders ist dies (was prozessual ebenfalls möglich kostengünstiger ist), wenn nicht im Wege einer Stufenklage, sondern einer **vorgeschalteten Auskunftsklage** vorgegangen wird.[284] Bei dieser prozessualen Verfahrensweise wird der Zahlungsanspruch nicht durch die Rechtshängigkeit der Auskunftsklage mitgehemmt, da er nicht streitgegenständlich ist. Wählt der Rechtsanwalt daher den Weg einer vorgeschalteten Auskunftsklage muss er die drohende Verjährung des Zahlungsanspruchs auf andere geeignete Weise hemmen.

gg) Haupt- und Hilfsklage

228 Wenn die prozessuale Durchsetzung des Hauptbegehrens des Mandanten zwar erfolgversprechend ist, aber erkennbaren Risiken unterliegt, ist ein anwaltliches Vorgehen im Wege einer **Eventualklagehäufung**[285] zu erwägen. Zweckmäßig ist dies bei der **echten Eventualklage**,[286] wenn im Falle des Scheiterns der Hauptklage zumindest ein anderer Anspruch besteht und prozessual durchsetzbar erscheint, der im Wege einer Hilfsklage verfolgt wird.

229 Eine Hilfsklage wird **regelmäßig zusammen** mit der Hauptklage in derselben Klageschrift erhoben, kann aber (unter Beachtung der Klageänderungsregeln der §§ 263 ff. ZPO) auch **nachträglich** schriftsätzlich oder in der mündlichen Verhandlung rechtshängig gemacht werden (§ 261 Abs. 2 ZPO). Ihr **finanzieller Vorteil** besteht darin, dass nach **§ 45 Abs. 1 S. 2 GKG** Kosten erst entstehen, wenn die Hauptklage schei-

---

277 Palandt/Ellenberger § 204 BGB Rn. 16.

278 Thomas/Putzo/Reichold § 254 ZPO Rn. 1.

279 Vgl. Thomas/Putzo/Reichold § 254 ZPO Rn. 2.

280 Thomas/Putzo/Reichold § 254 ZPO Rn. 4.

281 Siehe dazu Rn. 86.

282 BGH, Urt. v. 24.05.2012 – IX ZR 168/11, in: NJW 2012, 2180, 2181.

283 BGH, Urt. v. 14.05.1975 – IV ZR 19/74, in: NJW 1975, 1409, 1410; Palandt/Ellenberger § 204 BGB Rn. 2.

284 BAG, Urt. v. 26.09.2007 – 10 AZR 511/06, in: NJW 2008, 392; Palandt/Ellenberger § 204 BGB Rn. 13.

285 Siehe dazu Rn. 338 ff.

286 Zur **unechten** Eventualklagehäufung siehe Rn. 352 ff.

tert. Da der Hilfsantrag unabhängig davon, ob überhaupt über ihn entschieden wird oder nicht, sofort rechtshängig wird, hemmt er nach § 204 Abs. 1 Nr. 1 BGB ab seiner Rechtshängigkeit die **Verjährung**. Zwar entfällt die Rechtshängigkeit des Hilfsstreitgegenstandes im Falle des Erfolges der Hauptklage mit Eintritt der Rechtskraft rückwirkend,[287] dies führt aber nicht zugleich zu einem rückwirkenden Wegfall der Verjährungshemmung. Vielmehr endet die Verjährungshemmung nach § 204 Abs. 2 S. 1 BGB erst sechs Monate nach der Rechtskraft des Urteils über die Hauptklage.[288]

hh) Feststellungsklage

Als **Mittel der Verjährungshemmung** eignet sich auch die Erhebung einer **(positiven) Feststellungsklage**.[289] Bei ihr tritt, selbst wenn sie unzulässig ist,[290] ebenso wie bei einer Leistungsklage nach § 204 Abs. 1 Nr. 1 BGB mit Rechtshängigkeit Verjährungshemmung ein.[291]   **230**

ii) Beweissicherungsverfahren

Droht ein **Beweismittelverlust** oder eine Erschwerung der Beweisführung, kann schon vor oder während eines Klageverfahrens **vorsorgliche Beweissicherung** im Rahmen eines **selbstständigen Beweisverfahrens** nach §§ 485 ff. ZPO betrieben werden. Dieses Verfahren hat zum Inhalt, den Zustand einer Person oder Sache, deren Wert, die Schadens- oder Sachmangelursache und den Aufwand zur Beseitigung eines Schadens oder Sachmangels zu ermitteln und im ZPO-Beweisverfahren festzustellen.[292] Ist beispielsweise in einer mietrechtlichen Angelegenheit streitig, ob auftretende Schimmelbildung auf unzureichendes Lüftungsverhalten des Mieters zurückzuführen ist, kann der Vermieter dazu ein selbstständiges Beweissicherungsverfahren einleiten.[293]   **231**

jj) Streitverkündung

Aus anwaltlicher Vorsorge kann in **rechtlichen Dreiecksbeziehungen** für den unerwarteten **Fall einer Prozessniederlage** im Wege einer **Streitverkündung**[294] (§§ 72 ff. ZPO) ein **Dritter**, gegen den (aus der subjektiven Mandantensicht) ein Anspruch auf Gewährleistung oder Schadloshaltung bestehen kann, an den Ausgang des Klageverfahrens **gebunden** werden (§§ 74 Abs. 3, 68 ZPO). Von dieser prozessualen Möglichkeit sollte der Rechtsanwalt bei **unsicherer Erfolgsprognose** schon mit der Klageeinreichung Gebrauch machen. Spätestens wenn sich der Prozessverlauf wider Erwarten ungünstig entwickelt, ist von diesem wichtigen **Taktikmittel** unbedingt Gebrauch zu machen.   **232**

V. Praxisentwurf

Bei der Bearbeitung eines **Angriffsmandates** endet die Klausur mit dem **Entwurf eines Praxisschreibens** durch den Referendar. Dieser besteht im Falle **fehlender Erfolgsaussichten** in einem **Informationsschreiben** an den Mandanten (**Mandan-**   **233**

---

287 Thomas/Putzo/Reichold § 260 ZPO Rn. 17.

288 Vgl. Palandt/Ellenberger § 204 BGB Rn. 34.

289 Siehe dazu Rn. 315 ff.

290 BGH, Urt. v. 09.12.2010 – III ZR 56/10, in: NJW 2011, 2193, 2194; Palandt/Ellenberger § 202 BGB Rn. 5.

291 BGH, Urt. v. 23.04.1998 – III ZR 7/97, in: BGH NJW 1998, 2274, 2276; Palandt/Ellenberger § 204 BGB Rn. 2.

292 Thomas/Putzo/Reichold Vorbem. § 485 Rn. 2.

293 Zur mietrechtlichen Gewährleistung für Schimmel und zur Beweislastverteilung siehe Palandt/Weidenkaff § 536 BGB Rn. 21.

294 Siehe dazu Rn. 442 ff.

tenbrief). Besteht **Erfolgsaussicht, ist** entweder (selten) ein **außergerichtliches Anwaltsschreiben** an die Gegenseite, bisweilen kombiniert mit einem **Begleitschreiben** an den Mandanten, oder (im Regelfall) ein **gerichtlicher Schriftsatz** zu entwerfen. Ob zusätzlich zum Schriftsatz ein Begleitschreiben an den Mandanten zu entwerfen ist, hängt vom **konkreten Bearbeitervermerk** ab. Dieser kann auch Verweise im Anwaltsschreiben auf das Gutachten zulassen. Bei **teilweiser Erfolgsaussicht** sind die Bearbeitervermerke unterschiedlich ausgestaltet. Zumeist sind ein gerichtlicher Schriftsatz und ein (kurzes) ergänzendes Mandantenschreiben verlangt. Außerdem kommen je nach Aufgabenstellung gegebenenfalls noch weitere Schriftstücke (wie beispielsweise die Einholung einer **Kostendeckungszusage beim Rechtsschutzversicherer** des Mandanten) in Betracht.

234 Alle zu fertigenden anwaltlichen Schreiben sollten sich wie ein richterliches Urteil durch eine **klare und verständliche Gedankenführung** auszeichnen. Dem Laien unverständliche **juristische Fachtermini** sollten nur zum Einsatz kommen, wenn der Mandant selbst Jurist ist oder zumindest über rechtliches Fachwissen verfügt. Andernfalls droht die Gefahr, dass der Rechtsberater des Mandanten an diesem vorbeiredet und Missverständnisse entstehen.

1. Fehlende Erfolgsaussicht

235 Die **Ausführlichkeit** des zu entwerfenden **Mandantenbriefes** hängt davon ab, wie umfänglich die sonstigen Aufgabenstellungen der Klausur sind.

Dr. Jürgen Kohlmeier   *Dresden, den 23.05.2016*
Rechtsanwalt
(…)

An die
Fa. Sotter Metallbau GmbH
(….)

Angelegenheit gegen die Fa. Martens Eisenhandels GmbH & Co. KG

Sehr geehrter Herr Sotter,

in vorbezeichneter Angelegenheit beziehe ich mich auf unser Gespräch vom 20.05.2016 in meinen Kanzleiräumen und bedanke mich noch einmal für das mir erteilte Mandat.

Ich habe die Rechtslage auf der Grundlage der mir von Ihnen erteilten Informationen und der mir freundlicherweise überlassenen Unterlagen umfassend überprüft. Leider muss ich Ihnen mitteilen, dass Ihnen trotz der zu geringen Liefermenge von 42 Eisenträgern (12% der bestellten Gesamtmenge) kein Nachlieferungsanspruch gegen die Fa. Martens Eisenhandels GmbH zusteht, ebenso kein Anspruch auf teilweise Erstattung des bereits gezahlten Kaufpreises.

*Ich **rate** deshalb von der Einleitung eines gerichtlichen Verfahrens ab. Aufgrund der kompromisslosen Haltung Ihrer Lieferantin, die sich aus der bisher geführten Korrespondenz ergibt, sehe ich auch keine realistische Chance, im Wege eines Vergleiches eine teilweise Nachlieferung der fehlenden Ware oder aber einen nachträglichen Preisnachlass erwirken zu können.*

An sich hat Ihr Unternehmen als Käuferin wegen der Mengenabweichung zweifelsfrei einen kaufrechtlichen Gewährleistungsanspruch gegen Ihre Vertragspartnerin. Da Ihr Prokurist die durch einfaches Nachzählen unschwer feststellbare Fehlmenge erst 19 Tage nach der Anlieferung reklamiert hat, gilt die Mengenabweichung als genehmigt.

Bei dem Materialkauf handelte es sich um ein beiderseitiges Handelsgeschäft, bei dem besondere Prüfungs- und Rügeobliegenheiten des Käufers bestehen. Vertragswidrige Ware ist unverzüglich, d.h. ohne schuldhaftes Zögern, zu beanstanden. Ein Zeitraum von knapp drei Wochen ist deutlich zu lang.

Eine andere rechtliche Beurteilung ergäbe sich nur, wenn es sich um eine bewusste Teilleistung gehandelt oder sich die Lieferantin arglistig verhalten hätte. Der Lieferschein wies die geschuldete Gesamtmenge von 350 Eisenträgern zutreffend aus, sodass keine offen deklarierte Mengenabweichung vorliegt. Für Arglist der Lieferantin fehlt jeglicher Ansatz.

Für etwaige Rückfragen stehe ich Ihnen gerne zur Verfügung.

Mit freundlichem Gruß

(...)
Rechtsanwalt

2. Erfolgsaussicht

Zu unterscheiden sind die **außergerichtliche** Korrespondenz mit dem **Gegner** nebst **236** **Begleitschreiben** an den Mandanten sowie der **gerichtliche Schriftsatz** mit einem **Begleitschreiben** an den Mandanten

a) Außergerichtliches Vorgehen

aa) Schriftverkehr mit dem Gegner

Die Korrespondenz mit dem Gegner sollte **stets sachlich** sein, selbst wenn sich dieser **237** bereits einmal im Ton vergriffen haben sollte. Auf ein solches Niveau sollte sich der Rechtsanwalt als unabhängiges **Organ der Rechtspflege** (§ 1 BRAO) nicht begeben; für (mehr oder weniger stark ausgeprägte) Emotionen ist in Anwaltsbriefen kein Raum.

> **Beachte:** Überspitzte oder unbedachte anwaltliche Formulierungen können schnell das Klima der juristischen Auseinandersetzung vergiften und dadurch jegliche Basis für eine einvernehmliche Beilegung des Konfliktes durch einen Vergleich zerstören.

Der beauftragte Rechtsanwalt als **Berater und Vertreter** des Mandanten (§ 3 Abs. 1 **238** BRAO) hat die Aufgabe, das Mandanteninteresse bestmöglich nach dem **Prinzip des sichersten Weges** durchzusetzen. Dies erfordert ein **engagiertes Eintreten** für die Mandanteninteressen, was auch durch die **Diktion und Wortwahl** im Schriftverkehr mit dem Gegner zum Ausdruck kommen darf.

Dr. Jessica Krämer   Stuttgart, den 04.04.2016
Rechtsanwältin
(…)

Herrn
Uwe Lauströer
(…)

Darlehensrückzahlungsanspruch der Frau Anja Busch

Sehr geehrter Herr Lauströer,

Ihre ehemalige Lebensgefährtin Anja Busch, Sogemeierstr. 4, 55127 Mainz, hat mich mit der Wahrnehmung ihrer rechtlichen Interessen Ihnen gegenüber beauftragt. Eine mich legitimierende Vollmacht füge ich in beglaubigter Kopie bei.

Meine Mandantin hat Ihnen am 15.10.2014 ein zinsloses Darlehen in Höhe von 4.500 € zur Anschaffung eines gebrauchten Pkw gewährt. Den Erhalt dieses Betrages haben Sie einen Tag später quittiert.

Sie hatten bei der Auszahlung des Kredites fest versprochen, das Geld bis zum 31.12.2015 zurückzuzahlen. Diese Zusage haben Sie nicht eingehalten, vielmehr meine Mandantin wiederholt mit fragwürdigen Erklärungen vertröstet. Auch die beiden schriftlichen Zahlungsaufforderungen meiner Mandantin vom 02.02. und 03.03.2016 haben Sie unbeachtet gelassen.

Sie befinden sich seit geraumer Zeit im Schuldnerverzug. Es ist an der Zeit, unverzüglich Ihrer Rückzahlungspflicht nachzukommen. Dies gilt umso mehr seit der Beendigung der Lebensgemeinschaft Ende Januar 2016.

Ich setzte Ihnen hiermit eine <u>letzte</u> außergerichtliche Zahlungsfrist bis zum 12.04.2016. Überweisungen haben ausschließlich auf mein unten genanntes Geschäftskonto zu erfolgen. Wie Sie der anliegenden Vollmacht entnehmen können, habe ich Geldempfangsvollmacht.

Der Versuch einer Kontaktaufnahme zu meiner Mandantin zwecks Verschiebung des Zahlungszeitpunktes ist zwecklos. Meine Mandantin wünscht keinen weiteren Kontakt zu Ihnen. Ratenzahlungen lehnt sie ab. Sie hat mich beauftragt, im Falle des Fristablaufes ohne weitere Vorankündigung gerichtlich gegen Sie vorzugehen. Die dadurch entstehenden weiteren Kosten gingen selbstverständlich zu Ihren Lasten.

Für meine bisherige Tätigkeit sind folgende Kosten entstanden, für deren Ausgleich obige Frist ebenfalls gilt. Sie sind meiner Mandantin aus dem Gesichtspunkt des Schuldnerverzuges zur Kostenerstattung verpflichtet.

<u>Kostenrechnung:</u> (Wert 4.500 €)

Geschäftsgebühr (1,3) nach VV 2300 zum RVG	393,90 €
Auslagenpauschale nach VV 7002 zum RVG	20,00 €
19% Umsatzsteuer auf 413,90 € nach VV 7008 zum RVG	78,64 €
Summe	492,54 €

Die Gesamtforderung meiner Mandantin beläuft sich somit auf 4.992,54 €.

Mit freundlichem Gruß

(….)
Rechtsanwältin

bb) Begleitschreiben an den Mandanten

Das stets **höflich und beratungsorientiert** zu formulierende **Begleitschreiben** an 239
den Mandanten (soweit dies nach dem Bearbeitervermerk verlangt ist) dient der **Unterrichtung** des Mandanten über die Korrespondenz mit dem Gegner und erläutert die rechtliche Vorgehensweise **laienverständlich**. Soweit dies im Einzelfall angezeigt ist, beinhaltete es auch **Hinweise auf Risiken**, bei denen es von der Entscheidung des Mandanten abhängt, ob und wie weiter verfahren wird. Dies gilt insbesondere unter Kostengesichtspunkten. Für den Rechtsanwalt ist auch hier das **Prinzip des sichersten Weges** beherrschende Leitlinie seines Handelns.

Merke: Bei der Ausübung anwaltlicher Tätigkeit gilt der Grundsatz „Sicherheit vor Mehrkosten".

Dr. Jessica Krämer   *Stuttgart, 04.04.20146*
Rechtsanwältin
(…)

Frau
Anja Busch
(…)

Ihre Forderungsangelegenheit gegen Herrn Lauströer

Sehr geehrte Frau Busch,

in vorbezeichneter Angelegenheit nehme ich Bezug auf unsere heutige Besprechung in meiner Kanzlei und bestätige Ihnen noch einmal schriftlich die Übernahme des mir übertragenen Mandates.

In der Anlage übersende ich Ihnen Abschrift meines heutigen Schreibens an die Gegenseite zu Ihrer gefälligen Kenntnisnahme. Wie Sie meinem Schreiben entnehmen können, habe ich auch die für meine Tätigkeit bislang entstandenen Gebühren ebenfalls geltend gemacht. Unabhängig davon habe ich Ihre Rechtsschutzversicherung informiert und um eine umfassende Kostendeckungszusage gebeten. Nach Einsicht in die mir überlassenen Versicherungsbedingungen habe ich festgestellt, dass auf Sie eine Selbstbeteiligung von 150 € an den Gesamtkosten entfällt. Dies ist selbstverständlich nur der Fall, wenn Sie Ihre Versicherung tatsächlich in Anspruch nehmen. Zunächst einmal werde ich selbstverständlich alles daran setzen, auch die Anwaltskosten gegen Herrn Lauströer durchzusetzen.

Über den Fortgang der Angelegenheit werde ich Sie unaufgefordert unterrichten. Für etwaige Rückfragen stehe ich Ihnen jederzeit gerne zur Verfügung.

Mit freundlichem Gruß

(…)
Rechtsanwältin

b) Gerichtliches Vorgehen

aa) Klageschrift

240   Bei der **Erhebung einer Klage** sind insbesondere die **Formalien** des § 253 ZPO zu beachten. Es ist sachgerecht, wenn auch gesetzlich nicht vorgeschrieben, die Klageschrift (ähnlich wie ein richterliches Urteil), in einen **tatsächlichen und einen rechtlichen Teil**[295] **zu untergliedern**. In der Praxis finden sich allerdings höchst unterschiedliche Aufbauvarianten. Entscheidend ist ohnehin vor allem der **Inhalt** der Klageschrift und nicht so sehr die Form. Allerdings darf nicht übersehen werden, dass die Klageschrift gewissermaßen die **Visitenkarte des Rechtsanwaltes** ist. Durch sie bekommt das Gericht einen ersten Eindruck von der Qualität der anwaltlichen Arbeitsweise.

241   Das Gericht soll durch den **Inhalt** der Klageschrift von der Berechtigung des Klagebegehrens **überzeugt** werden. Nebenansprüche, insbesondere **Zinsen**, dürfen im **Klageantrag** nicht vergessen werden. Insofern ist nochmals darauf hinzuweisen, dass Prozesszinsen (§ 291 S. 1 BGB) nicht bereits ab dem Tag der Klagezustellung, sondern erst ab dem Folgetag verlangt werden können.[296]

Der Rechtsanwalt des Klägers hat darauf zu achten, dass er für sämtliche anspruchsbegründenden Merkmale **schlüssig vorträgt** und **ordnungsgemäß Beweis anbietet**. Beim **Beweisantritt** sind die prozessrechtlichen Vorgaben der §§ 371, 373 und 402 ZPO zu beachten.[297]

242   Für das Gericht muss deutlich sein, aus welchem **Rechtsverhältnis** (Lebenssachverhalt) der Mandant sein Klagebegehren ableitet. Dazu gehört, ob der Mandant aus eigenem oder abgetretenem Recht vorgeht, selbst Anspruchsinhaber ist oder für einen Dritten im Wege der **Prozessstandschaft** tätig wird und ob der Gegner für eigenes oder fremdes Verhalten zur Verantwortung gezogen wird.

Die vorzutragenden **anspruchsbegründenden** Tatsachen nebst **Beweisantritten** sind nach der jeweiligen Anspruchsgrundlage zu ordnen und in einer **logischen Reihenfolge** (zum Beispiel bei Werkvertrag: Vertragsabschluss, Erbringung der Werkleistung, Abnahme) vorzutragen. Dabei dürfen die **Nebenforderungen** (Zinsen und außergerichtliche Kosten) nicht vergessen werden.

243   Da der Vortrag **sämtlicher** anspruchsbegründenden Tatsachen zur Schlüssigkeit ausreicht, ist es eine Frage des Einzelfalles, ob im gerichtlichen Schriftsatz auch sogleich vom Gegner vorprozessual vorgebrachte und deshalb auch im Prozess zu erwartende **Einwendungen und Einreden** einschließlich **Gegenbeweisantritten**, bei der die Formulierung „Beweis unter Protest gegen die Beweislast" üblich ist, mit abgehandelt werden. Sofern der Bearbeitervermerk dazu keine Vorgaben macht, sollte sich der Rechtsanwalt und damit der Referendar als Verfasser des Schriftsatzentwurfes immer bewusst sein, dass der Vortrag anspruchshindernder, vernichtender und -hemmender Tatsachen durch den Angreifer das **Risiko** in sich birgt, den eigenen Klagevortrag unschlüssig zu machen. Dies ist der Fall, wenn die vom Anspruchsteller selbst vorgetragenen **Einwendungs- und Einredetatsachen** des Gegners nicht gleichzeitig vom Mandanten prozessordnungsgemäß bestritten werden und auch keine anspruchserhaltenden Tatsachen schlüssig behauptet werden. Von daher ist Zurückhaltung geboten und in jedem Einzelfall abzuwägen, ob nicht besser erst einmal **ab-**

---

295   Bei entsprechender Aufgabenstellung kann die rechtliche Würdigung auch in einem Begleitschreiben an den Mandanten verlangt sein und damit im Klageentwurf entfallen oder ganz knapp ausfallen.

296   Siehe Rn. 71.

297   Zum Beweisrecht siehe Rn. 669 ff.

gewartet werden soll, ob der Gegner in seiner Klageerwiderung überhaupt seine vorgerichtliche Verteidigung beibehält oder diese ändert. In einer **Replik auf die Klageerwiderung** besteht ausreichend Gelegenheit, sich mit dem gegnerischen Vortrag in der Klageerwiderung umfassend auseinanderzusetzen. Zwar dauert der Rechtsstreit durch die Notwendigkeit einer Replik etwas länger, dieser Aspekt kann aber angesichts der ohnehin schon beträchtlichen Prozessdauer in den Hintergrund treten. In diesem Fall sollte dem Mandanten in einem Begleitschreiben (sofern gefordert) verdeutlicht werden, dass eine Auseinandersetzung mit den bisherigen gegnerischen Einwendungen und Einreden in der Klageschrift nicht vergessen worden ist, sondern aus **taktischen Überlegungen** unterblieben ist.

Die **rechtliche Würdigung** des Rechtsanwaltes sollte in einer **geschlossenen Darstellung im Urteilsstil** mit **Konzentration auf das Problematische und Wesentliche** erfolgen. Die vertretenen Rechtsansichten haben sich an der **höchstrichterlichen Rspr.** zu orientieren. Ist eine Rechtsfrage noch unentschieden, sollte der Rechtsanwalt die herrschende Auffassung in Lit. und Judikatur zugrunde legen. In einem Begleitschreiben ist der Mandant auf diesen Umstand hinzuweisen, um jedes **Regressrisiko** zu vermeiden.   244

Angesichts § 80 ZPO sollte tunlichst mit der Klageeinreichung eine **schriftliche Prozessvollmacht** zu den Akten gereicht werden. Ihr Fehlen wird bei einer **anwaltlichen** Vertretung allerdings **nicht von Amts wegen** berücksichtigt (§ 88 Abs. 2 ZPO), sondern nur auf **gegnerische Rüge** (§ 88 Abs. 1 ZPO). Beinhaltet die Klageschrift **Gestaltungserklärungen**, droht bei fehlender Vollmachtvorlage, dass der Gegner die Gestaltungserklärung nach § 174 S. 1 BGB zurückweist.   245

Außerdem ist es zur **Vermeidung von Zustellungsverzögerungen** sachgerecht, den **Kostenvorschuss** nach § 12 Abs. 1 S. 1 GKG i.V.m. KV 1210 zum RVG (3,0-Gerichtsgebühren) bereits mit der Klageerhebung einzuzahlen. Dies geschieht (seit der Abschaffung der **Gerichtskostenmarken** in Form von Klebemarken)[298] in der anwaltlichen Praxis entweder **unbar** durch **Vorabüberweisung** oder **Gerichtskostenfreistempler**. Im Land Nordrhein-Westfalen gibt es zudem die Möglichkeit, im Internet **elektronische Kostenmarken** zu erwerben.   246

Nach § 253 Abs. 5 S. 1 ZPO ist der Klageschrift die für die Zustellung erforderliche Anzahl von **Abschriften** beizufügen. Zuzustellende Schriftstücke werden nach § 169 Abs. 2 S. 1 ZPO von der Geschäftsstelle beglaubigt. Die **Beglaubigungsbefugnis** hat aber auch der Rechtsanwalt für von ihm eingereichte zuzustellende Schriftstücke (§ 169 Abs. 2 S. 2 ZPO). Deshalb ist es üblich, der Klageschrift und auch allen weiteren Schriftsätzen (vgl. § 133 Abs. 1 S. 1 ZPO) für jeden Prozessgegner eine **beglaubigte Abschrift** (für den gegnerischen Anwalt) und zusätzlich eine **einfache Abschrift** (für die gegnerische Partei) beizufügen.

---

298 Als letztes Bundesland in NRW zum 31.12.2010.

Carsten Sommer   Kaiserslautern, den 17.05.2016
Rechtsanwalt
(…)

An das
Amtsgericht
Bahnhofstr. 24
67655 Kaiserslautern

Klage

der Studentin Svenja Wauritz, Dompfaffweg 17, 67655 Kaiserslautern,

Klägerin,

– Prozessbevollmächtigter: Rechtsanwalt Carsten Sommer, Gerichtstr. 3, 67655 Kaiserslautern –

gegen

1. den Kaufmann Jens Korte, Am Hang 8, 22111 Hamburg,

Beklagte zu 1),

2. den Landwirtschaftlichen Versicherungsverein a.G., vertreten durch den Vorstand, dieser vertreten durch den Vorstandsvorsitzenden Axel Brunner, Kolde-Ring 21, 48126 Münster,

Beklagter zu 2).

Namens und mit Vollmacht der Klägerin erhebe ich hiermit **Klage** gegen die Beklagten und werde folgenden **Antrag** stellen:

Die Beklagten werden als Gesamtschuldner verurteilt, an die Klägerin 3.361,15 € nebst Zinsen in Höhe von 5 Prozentpunkten über dem jeweiligen Basiszinssatz seit dem 27.02.2016 zu zahlen.

Ich stelle den Antrag nach § 331 Abs. 3 S. 1, 2 ZPO.

Begründung:

Die Klägerin macht Schadensersatzansprüche aus einem Verkehrsunfall geltend, der sich am 31.12.2013 um 20.05 Uhr innerorts auf der Fritz-Walter-Str. in Kaiserslautern ereignete. Mediationsversuche sind nicht erfolgt und nicht erfolgversprechend.

I.

Die Klägerin war Fahrerin des an dem Unfall beteiligten Pkw Fiat Panda mit dem amtlichen Kennzeichen KL – SM 88, der ihr gehört. Unfallgegner war der Beklagte zu 1) als Fahrer und Halter des Seat Ibiza mit dem amtlichen Kennzeichen HH – JK 70. Der Beklagte zu 2) ist der Haftpflichtversicherer des Beklagten zu 1).

Die Klägerin befand sich auf dem Weg zu einer Silvesterparty auf der Fritz-Walter-Str. stadtauswärts auf der rechten der beiden dort befindlichen Fahrspuren mit einer Geschwindigkeit von etwa 50 km/h. Plötzlich fuhr ihr in Höhe des Gebäudes mit der Hausnummer 88 der Beklagte zu 1) ins Heck des klägerischen Fahrzeuges.

Beweis: Zeugnis

     1. der Frau Marlies Veltmeier, Am Stadion 9, 67655 Kaiserslautern,

     2. des Herrn Tom Strähle, Dompfaffweg 17, 67655 Kaiserslautern.

Bei der Zeugin Veltmeier handelt es sich um eine Passantin, die den Unfallhergang beobachtet hat, der Zeuge Strähle saß auf dem Beifahrersitz des Fahrzeuges der Klägerin.

Eine polizeiliche Unfallaufnahme erfolgte nicht, da die Unfallbeteiligten wegen der ihnen von der Polizei telefonisch mitgeteilten Wartezeit von mindestens einer Stunde am Silvesterabend nicht so lange warten wollten.

Die Klägerin ließ ihren Unfallschaden am 02.01.2016 von einem öffentlich bestellten und vereidigten Kraftfahrzeugsachverständigen begutachten und danach in einer Fachwerkstatt reparieren. Durch den Unfall sind der nicht vorsteuerabzugsberechtigten Klägerin folgende Kosten entstanden, die sie sämtlich verauslagt hat:

a) Reparaturkosten: 2.650,43 € brutto

Beweis: Reparaturrechnung der Fa. Höllerrieth KG vom 07.01.2016, Anlage K 1

b) Mietwagenkosten für drei Tage: 271,50 € brutto

Beweis: Rechnung der Fa. Kunze Autovermietung GmbH vom 08.01.2016, Anlage K 2

c) Kosten des außergerichtlichen Schadensgutachtens: 409,22 € brutto

Beweis: Rechnung der DEKRA vom 02.01.2016, Anlage K 3

d) Kostenpauschale (Telefon, Porto etc.): 30 €

Die vier aufgeführten Einzelpositionen ergeben die Klagehauptforderung.

Der Beklagte zu 2) hat auf die außergerichtliche Zahlungsaufforderung des Unterzeichners vom 15.02.2016 mit einem am 26.02.2016 eingegangenem Schreiben vom 25.02.2016 jegliche Ersatzleistung abgelehnt. Daher ist Klage geboten.

II.

Die örtliche Zuständigkeit des angerufenen Gerichts folgt aus §§ 20 StVG, 32 ZPO.

Die Beklagten haben der Klägerin aus §§ 7 Abs. 1, 18 Abs. 1 StVG, 823 BGB, 115 Abs. 1 VVG für den ihr bei dem Auffahrunfall vom 31.12.2015 entstandenen Schaden gesamtschuldnerisch zu 100% einzustehen.

Der Unfall beruhte ausschließlich auf einer Unaufmerksamkeit des Beklagten zu 1), deren Grund der Klägerin naturgemäß nicht bekannt ist. Gegen den Beklagten zu 1) als Auffahrenden spricht der Beweis des ersten Anscheins. Die Betriebsgefahr des vorausfahrenden Fahrzeuges tritt bei einem Auffahrunfall im Rahmen der Haftungsabwägung nach § 17 Abs. 1, 2 StVG vollständig zurück.

Die Höhe des Unfallschadens war vorgerichtlich nicht im Streit. Vorsorglich hat ihn die Klägerin durch die aufgeführten Beweismittel unter Beweisantritt gestellt.

Der Zinsanspruch ergibt sich aus Schuldnerverzug. Durch den Zugang der ernsthaften und endgültigen Erfüllungsverweigerung des Beklagten zu 2) vom 26.02.2016 sind die beiden Beklagten nach § 286 Abs. 2 Nr. 3 BGB in Verzug geraten. Der Beklagte zu 1) hat sich dieses Verhalten seines Versicherers nach § 10 V der Allgemeinen Bedingungen für die Kraftfahrtversicherung (AKB) zurechnen zu lassen. Danach gilt der Versicherer als bevollmächtigt, Ansprüche abzuwehren und Erklärungen für die versicherte Person abzugeben.

Der Gerichtskostenvorschuss in Höhe von 381 € ist überwiesen.

Zwei beglaubigte und zwei einfache Abschriften anbei.

(...)
Rechtsanwalt

bb) Begleitschreiben an den Mandanten

247 Das **Begleitschreiben** an den Mandanten (soweit nach dem Bearbeitervermerk verlangt) dient der **Information** des Mandanten über den Inhalt der Klageschrift und erläutert **beratungsorientiert** die juristische Vorgehensweise unter Einschluss von **Taktikerwägungen und Prozessrisiken**.

Carsten Sommer   Kaiserslautern, den 17.05.2016
Rechtsanwalt
(...)

Frau
Svenja Wauritz
(...)

Ihre Unfallsache gegen Korte u. LVM

Sehr geehrte Frau Wauritz,

in der Anlage übersende ich Ihnen eine Abschrift meiner heutigen Klageschrift, mit der ich Ihren Schaden in voller Höhe eingeklagt habe.

Auch wenn die gegnerische Versicherung letztlich den Ihnen entstandenen Schaden begleichen soll und ich deswegen vorgerichtlich nur mit ihr korrespondiert habe, habe ich Ihren Unfallgegner mitverklagt, um ihn als Zeugen auszuschalten. Sie selbst als Geschädigte können im Prozess ebenfalls nicht Zeugin sein, sondern nur Ihr Lebensgefährte und die unbeteiligte Frau Veltmeier.

Ich bin in der Klageschrift bewusst auf den vorgerichtlich von der gegnerischen Versicherung erhobenen Einwand, sie hätten vor der Kollision einen Spurwechselfehler begangen, nicht eingegangen. Es ist erst einmal abzuwarten, wie die Gegenseite nach Zustellung der Klageschrift reagiert. Anschließend erhalte ich auf jeden Fall noch ausreichend Gelegenheit zur Erwiderung.

Das Gericht wird nun erst einmal entscheiden, ob es einen frühen ersten Termin anberaumt oder das schriftliche Vorverfahren anordnet. Sobald mir dies bekannt ist, werde ich Sie selbstverständlich unaufgefordert unterrichten. Für etwaige zwischenzeitliche Rückfragen stehe ich Ihnen selbstverständlich gerne zur Verfügung.

Den aus eigenen Mitteln verauslagten Gerichtskostenvorschuss habe ich mit gleicher Post von Ihrer Rechtsschutzversicherung angefordert.

Mit freundlichem Gruß

(...)
Rechtsanwalt

B. Verteidigungsmandat

248 Das **Verteidigungsmandat** ist darauf gerichtet, ein gegen den Mandanten gerichtetes Begehren **abzuwenden**. Der Mandant befindet sich in einer **passiven** außergerichtlichen oder gerichtlichen Ausgangslage.

I. Grundlagen der Arbeitstechnik

Methodisch ist (nach den Bearbeitervermerken) beim Verteidigungsmandat (ebenso wie beim Angriffsmandat) zunächst ein **einspuriges Gutachten** zu erstellen und das Ergebnis anschließend in einen **Praxisentwurf** umzusetzen. **249**

In den Examensklausuren erfolgt die Mandatierung des Rechtsanwaltes regelmäßig erst in einem bereits laufenden **gerichtlichen** Verfahren, die Bearbeitung eines außergerichtlichen Verteidigungsmandates ist als Examensaufgabe eher selten. Die **Methodik** beim Verteidigungsmandat ist dadurch geprägt, dass der beauftragte Rechtsanwalt zunächst in einem **prozessualen Gutachten** die **Zulässigkeit** des gegnerischen Vorgehens prüft und danach ein **materiell-rechtliches Gutachten** zur Begründetheit erstellt. **250**

Ergibt das Gutachten **Erfolgsaussichten** für die Verteidigung des Mandanten, ist abschließend zu erörtern, **wie** nun (unter Einbeziehung **taktischer Mittel**) zweckmäßig vorzugehen ist.

Das **konkrete Mandatsziel** ist (wie beim Angriffsmandat) im **Bearbeitervermerk** der Klausur vorgegeben. Das **Mandantenbegehren** ist sorgfältig zu erfassen, es geht beim **gerichtlichen** Verteidigungsmandat in aller Regel auf Klageabweisung oder Zurückweisung des gegnerischen Antrages. **251**

Sachverhaltsgrundlage ist wiederum ein **Aktenvermerk** nach einem **Mandantengespräch**. Diesem Aktenvermerk sind ebenfalls **Anlagen** beigefügt, insbesondere die gegnerische Klage- oder Antragsschrift, zu der sich der Mandant im Aktenvermerk möglichst umfassend erklärt. Die **Tatsachengrundlage** beinhaltet auch fast immer sowohl **streitige** als auch **unstreitige Tatsachen**. **252**

Auch beim **Verteidigungsmandat** gilt das **Prinzip des sichersten Weges**. Dies bedeutet, dass der Rechtsanwalt erneut bei streitigen Tatsachen **alle** Eventualitäten in seine Erwägungen einbeziehen muss. Er darf also auch hier nicht nur die für den Mandanten günstigste Sachverhaltsversion begutachten, sondern hat auch alle für den Mandanten nachteiligen Tatsachen einzubeziehen. **253**

II. Prozessuales Gutachten

Im **prozessualen Gutachten** wird geklärt, **ob** die gegnerische Verfahrensweise **prozessual zulässig** ist. **254**

> **Merke:** Der **Vorrang** der Zulässigkeits- vor der Begründetheitsprüfung findet bei anwaltlichen Verteidigungsmandaten Anwendung.

Dazu bedarf es zunächst **schlüssigen** gegnerischen Vortrages **zur Zulässigkeit** (der Klage oder des Antrages). Nur wenn **Schlüssigkeit** zu bejahen ist, besteht überhaupt **Anlass zu einer Verteidigung** seitens des Mandanten.[299] **255**

> **Beachte:** Sprachlich ist nicht der Anspruch oder die Klage schlüssig, sondern das Anspruchs- oder Klagevorbringen.

Im Falle von Schlüssigkeit des gegnerischen Vortrages ist bei jedem einzelnen Zulässigkeitsmerkmal (z.B. der örtlichen Zuständigkeit) zu klären, ob dagegen eine **erhebliche** Verteidigung durch eigenen **Tatsachenvortrag** des Mandanten vorliegt. Eine **256**

---

299 Selbst bei Säumnis des Mandanten drohte nicht einmal ein Versäumnisurteil gegen den Mandanten, vielmehr wäre die gegnerische Klage nach § 331 Abs. 2 Hs. 2 ZPO durch unechtes Versäumnisurteil abzuweisen. Siehe dazu Rn. 589.

solche Verteidigung kann durch das **Bestreiten** von Zulässigkeits**voraussetzungen** (z.B. der vom Gegner behaupteten Vereinbarung eines Gerichtsstandes) und durch das **Behaupten** von Zulässigkeits**hindernissen**[300] geschehen. Ggf. bedarf es bei **erheblicher** Verteidigung gegen die Zulässigkeit anschließend einer **Beweisprognose**.

> **Beachte:** Bei Verneinung der Zulässigkeit des gegnerischen Vorgehens in der Klausur besteht unbedingt Anlass zur nochmaligen Überprüfung der Klausurlösung. In einem Examensfall ist **klausurtaktisch** zu erwarten, dass die gegnerische Vorgehensweise prozessual zulässig ist. Bei Unzulässigkeit ist nach den Bearbeitervermerken regelmäßig ein Hilfsgutachten verlangt.

III. Materiell-rechtliches Gutachten

257 Im Anschluss an das prozessuale **Gutachten** folgt das **materiell-rechtliche**. In diesem Teil der Klausur liegt fast immer der **Schwerpunkt**. **Methodisch** erfolgt diese Prüfung nach demselben Schema wie die Zulässigkeit, nämlich **einspurig**. Auf der Grundlage des aus der universitären Ausbildung vertrauten dreistufigen Aufbaus (Entstehung des Anspruchs, Untergang und Durchsetzbarkeit) ist die Begründetheit des gegnerischen Begehrens zu klären. Dies geschieht durch die Prüfung der Schlüssigkeit des gegnerischen Sachvortrages, die Erheblichkeit der Verteidigung des Mandanten **bei jedem einzelnen Normmerkmal**, also **aufbaumäßig anders als bei einer Relation**. Dort ist zunächst die Schlüssigkeit des **gesamten** Klägervorbringens **(Klägerstation)** zu prüfen, sodann die Erheblichkeit der **gesamten** Verteidigung **(Beklagtenstation)**, bevor es in einer **Beweisstation** um die Feststellung streitiger entscheidungserheblicher Tatsachen[301] geht.

> *Das Vorbringen der Gegenseite **für den Zugang der Kündigungserklärung** vom 23.01.2016 durch Einwurf in den Hausbriefkasten des Mandanten am 25.01.2016 ist **schlüssig**.*
>
> *Fraglich ist, ob es **erheblich** ist, dass der Mandant behauptet, er habe im Zeitpunkt des Einwurfes des Kündigungsbriefes bereits seit einer Woche (von insgesamt vier Wochen) mit einer komplizierten Trümmerfraktur im Krankenhaus gelegen und der Gegner habe dies gewusst. Für den Zugang (§ 130 Abs. 1 S. 1 BGB) einer Willenserklärung kommt es auf die Möglichkeit der Kenntnisnahme unter gewöhnlichen Verhältnissen an. Auf Verhinderungen aus seinem Bereich kann sich der Empfänger nicht berufen, da er diesen durch geeignete Maßnahme begegnen kann und muss. Deshalb hindert es den Zugang nicht, dass der Empfänger ortsabwesend ist. Auch die Kenntnis des Absenders von der Ortsabwesenheit des Empfängers ändert daran nichts. Folglich ist die von der Gegenseite bestrittene Behauptung des Mandanten, er sei beim Einwurf des Briefes in der Klinik gewesen und der Gegner habe Kenntnis davon gehabt, für den Zugang des Briefes **unerheblich**.*

258 Der Rechtsanwalt hat beim Verteidigungsmandat **sämtlichen Verteidigungslinien** nachzugehen. Er kann noch nicht wissen, welche **inhaltlichen Veränderungen** an der Tatsachengrundlage die Prozessdynamik noch mit sich bringt. Zudem muss er damit rechnen, dass das Gericht die Rechtslage zumindest in Einzelpunkten **abweichend beurteilt**. Die Klärung der Rechtslage beinhaltet bei streitigen entscheidungserheblichen Tatsachen auch eine **Beweisprognose**.

---

300 Siehe dazu Rn. 297, 299, 301.

301 Siehe dazu Rn. 669.

*Mithin ist der gegnerische Tatsachenvortrag **für die anspruchsbegründende Voraussetzung einer Bevollmächtigung schlüssig**, das substantiierte Bestreiten des Mandanten **erheblich**.*

*Die **Beweislast** für anspruchsbegründende Tatsachen liegt beim Gegner als Anspruchsteller. Als **Beweismittel** bietet der Gegner Zeugenbeweis durch Vernehmung seiner Ehefrau an. Vermutlich wird diese die gegnerische Behauptung bestätigen. Dafür spricht ihr vom Gegner bereits vorgelegter Notizzettel. Der Mandant demgegenüber beruft sich **gegenbeweislich** auf das Zeugnis seines Nachbarn Volker Herbst, der das maßgebliche Gespräch aus nächster Nähe mitverfolgt habe und bestätigen könne, dass der Mandant keine Vollmacht erteilt habe. Sollte dieser Gegenzeuge, der **unbeteiligter Dritter ohne eigenes Interesse** am Ausgang des Rechtsstreits ist, den Vortrag des Mandanten bestätigen, wird die Gegenseite den Beweis nicht führen können. Es ist zumindest ein **offenes Beweisergebnis** zu erwarten, das zulasten der Gegenseite geht.*

Ein häufig anzutreffendes **selbstständiges** Verteidigungsmittel ist die **(Prozess-)Aufrechnung**.[302] Bei ihr sind die **Primäraufrechnung** und die **Eventualaufrechnung (Hilfsaufrechnung)** zu unterscheiden. Durch das Verteidigungsmittel der Aufrechnung kann unter den in § 215 BGB genannten Voraussetzungen die **Verjährungseinrede** gegenüber der Gegenforderung des Mandanten **unterlaufen** werden. Nach § 215 BGB darf trotz Verjährung aufgerechnet werden, wenn der Anspruch in dem Zeitpunkt noch nicht verjährt war, in dem erstmals hätte aufgerechnet werden können.   **259**

IV. Zweckmäßigkeit

Letzter Teil des zu erstellenden Rechtsgutachtens ist die Erörterung der **Zweckmäßigkeit** des Vorgehens des Rechtsanwaltes. Diese hängt maßgeblich von den **Erfolgsaussichten der Verteidigung** des Mandanten ab.   **260**

> **Merke:** Neben einem soliden materiell-rechtlichen Wissensstand erfordert die sachgerechte Verteidigung des Mandanten die Kenntnis der prozessualen Taktikmittel, um den Mandanten zweckmäßig verteidigen zu können.

Von besonderer Examensrelevanz ist die **Widerklage**[303] **als anwaltliches Taktikmittel**:   **261**

Kann wegen **Ungleichartigkeit einer Gegenforderung** des Mandanten nach § 387 BGB **nicht aufgerechnet** werden, bedarf es der Erhebung einer **Widerklage**. Bei **Gleichartigkeit** der Gegenforderung (insbesondere bei Geldforderungen), kann die Aufrechnung dennoch an einem **Aufrechnungsverbot** (z.B. nach § 393 BGB gegenüber einem Anspruch aus vorsätzlich unerlaubter Handlung) scheitern. Durch eine Widerklage kann ein **Aufrechnungsverbot umgangen** werden, ebenso ein Einwendungsausschluss (**„Flucht in die Widerklage"**). Ist zweifelhaft, ob ein Aufrechnungsverbot oder ein Einwendungsausschluss eingreift, bietet sich eine **Eventualwiderklage (Hilfswiderklage)**[304] an.

---

302 Siehe dazu Rn. 487 ff.

303 Zu Einzelheiten siehe Rn. 505 ff.

304 Siehe dazu Rn. 505.

262 Hat der Gegner nur **Teilklage** erhoben, so kann im Wege **der negativen Feststellungswiderklage** der gesamte im Streit stehende Anspruch rechtshängig gemacht werden. Mit diesem **Taktikmittel** kann der Mandant der beschränkten Rechtskraftwirkung eines Urteils nur über die von der Gegenseite eingeklagte Teilforderung verhindern.

263 Bei der Verteidigung gegen einen **possessorischen Besitzschutzanspruch** nach §§ 861 Abs. 1, 862 Abs. 1 BGB ermöglicht die Erhebung einer **petitorischen Widerklage** unter analoger Anwendung des § 864 Abs. 2 BGB die Berücksichtigung eines an sich nach § 863 BGB ausgeschlossenen **petitorischen Anspruchs**, sofern **Klage und Widerklage gleichzeitig entscheidungsreif** sind.[305]

264 Eine **Drittwiderklage**, bei der eine **streitgenössische** von einer **isolierten** zu unterscheiden ist, kann als **Taktikmittel** zur **Ausschaltung von Zeugen** eingesetzt werden. Hat beispielsweise der (ursprüngliche) Anspruchsinhaber seine Forderung an einen Dritten abgetreten und klagt dieser als Neugläubiger unter Benennung des früheren Anspruchsinhabers als Zeugen gegen den Mandanten, ist vom Rechtsanwalt zu überprüfen, ob dieser taktischen Vorgehensweise der Gegenseite durch die Erhebung einer **isolierten Drittwiderklage** gegen den Zeugen begegnet werden kann. Dadurch wird der Dritte Partei des Rechtsstreits und kann nicht mehr Zeuge der Gegenseite sein.

265 Neben einer Widerklageerhebung ist die **„Flucht in die Säumnis"** ein wichtiges **anwaltliches Taktikmittel**: Selbst wenn dem Mandanten erfolgversprechende materiell-rechtliche **Einwendungen oder Einreden** gegen den von der Gegenseite erhobenen Anspruch zustehen, kann es aus **prozessualen Gründen** zur **Vermeidung der Präklusion**[306] (nach § 296 ZPO) geboten sein, im Wege der Beklagtensäumnis (§ 331 ZPO) zunächst eine Verurteilung des Mandanten durch ein Versäumnisurteil[307] hinzunehmen. Mit diesem Vorgehen kann (durch Einlegung eines zulässigen Einspruchs gegen das Versäumnisurteil) im Einspruchsverfahren die drohende fortbestehende **Präklusion umgangen** werden. Im nach § 341 a ZPO anzuberaumenden **Einspruchstermin** sind bislang präkludierte Verteidigungsmittel des Mandanten doch noch zu berücksichtigen.[308]

266 Schließlich ist im **Erledigungsrecht** zu berücksichtigen, dass einer von der Gegenseite abgegebenen **Erledigungserklärung** binnen einer **zweiwöchigen Notfrist**, d.h. vom Gericht nicht abänderbaren Frist,[309] nach § 91 a Abs. 1 S. 2 ZPO **widersprochen** werden muss, wenn eine übereinstimmende Erledigungssituation verhindert werden soll.

> **Merke:** Prozessualem Schweigen kommt im Erledigungsrecht Erklärungscharakter zu (Einwilligungsfiktion des § 91 a Abs. 1 S. 2 ZPO).

---

305 BGH, Urt. v. 21.02.1979 – VIII ZR 124/78 , in: NJW 1979, 1358; Palandt/Bassenge § 863 BGB Rn. 3.

306 Siehe dazu Rn. 699, 700.

307 Siehe dazu Rn. 582 ff.

308 Vgl. Thomas/Putzo/Reichold § 340 ZPO Rn. 9.

309 Thomas/Putzo/Hüßtege § 224 ZPO Rn. 2.

Zusammenfassende Übersicht zur **Widerklage als anwaltliches Taktikmittel**:   267

- **Flucht in die Widerklage** zur Vermeidung eines Einwendungsausschlusses

- **Erhebung einer Feststellungswiderklage gegen eine Teilklage** zur Rechtshängigmachung des Gesamtanspruchs

- Erhebung einer petitorischen Widerklage zur Ermöglichung eines petitorischen Einwandes gegenüber einem possessorischen Anspruch

- **Erhebung einer Hilfswiderklage** bei einem drohenden Aufrechnungsausschluss

- **Erhebung einer Drittwiderklage** zur Ausschaltung von Zeugen

V. Praxisteil

Auch bei der Bearbeitung eines **Verteidigungsmandates** endet die Klausur mit dem   268
Entwurf eines Praxisschreibens durch den Referendar. Dieser besteht im Falle **fehlender Erfolgsaussichten** ebenfalls in einem **Informationsschreiben** an den Mandanten **(Mandantenbrief)**. Besteht **Erfolgsaussicht, ist wie beim Angriffsmandat** entweder ein **außergerichtliches Anwaltsschreiben** an die Gegenseite (selten), je nach Aufgabenstellung kombiniert mit einem **Begleitschreiben** an den Mandanten, oder (im Regelfall) ein **gerichtlicher Schriftsatz** zu entwerfen. Ob zusätzlich zum Schriftsatz ein Begleitschreiben an den Mandanten zu fertigen ist, hängt vom **konkreten Bearbeitervermerk** ab. Bei **teilweiser Erfolgsaussicht** sind die Bearbeitervermerke unterschiedlich ausgestaltet. Zumeist sind ein gerichtlicher Schriftsatz und ein (kurzes) ergänzendes Mandantenschreiben verlangt.

1. Fehlende Erfolgsaussicht

Kommt der Rechtsanwalt zu dem Ergebnis, dass eine Verteidigung gegen die Klage   269
aussichtslos ist, hat er dem Mandanten von einer Verteidigung **abzuraten**. Allenfalls kommt unter deutlichem Hinweis auf das mit einem Misserfolg verbundene Kostenrisiko in Betracht, den **Versuch eines Vergleichsabschlusses** anzuregen, um zumindest einen Teilerfolg zu erreichen.

Frederike Kleine   *Regensburg, 15.02.20146*
Rechtsanwältin
(…)

Frau
Juliane Dohrmann
(…)

Autokaufangelegenheit mit Herrn Xaver Kohlgrosser

Sehr geehrte Frau Dohrmann,

in vorbezeichneter Angelegenheit nehme ich Bezug auf unsere heutige Besprechung in meinen Kanzleiräumen und bestätige Ihnen dankend die Übernahme des mir übertragenen Mandates.

*Ich habe die Sach- und Rechtslage auf der Grundlage der mir von Ihnen erteilten Informationen und der mir überlassenen Unterlagen zwischenzeitlich geprüft. Leider muss ich Ihnen mitteilen, dass mir eine Verteidigung gegen den von der Gegenseite geltend gemachten Zahlungsanspruch **aussichtslos** erscheint.*

Die aufgetretene Undichtigkeit des Zylinderkopfes an dem Gebrauchtwagen, den Sie am 29.01.2016 von Herrn Kohlgrosser gekauft haben, führt bedauerlicherweise nicht zu einem Gewährleistungsanspruch gegen den Verkäufer. Dies gilt unabhängig davon, ob die Undichtigkeit des Zylinderkopfes bei einem sieben Jahre alten Gebrauchtfahrzeug überhaupt einen Sachmangel begründet. Selbst wenn man dies annimmt, entfällt eine Eintrittspflicht des Herrn Kohlgrosser aufgrund der im Kaufvertrag vom 29.01.2016 wirksam ausgeschlossenen Sachmängelgewährleistung. Die in dem Vertragstext enthaltene Formulierung „gekauft wie besichtigt unter Ausschluss jeder Haftung" ist bei einem Kaufgeschäft unter Privatleuten rechtlich zulässig. Anders wäre dies bei einem Verbrauchsgüterkauf, d.h. bei einem Kauf von einem Unternehmer.

Der vereinbarte Haftungsausschluss wäre nur dann unwirksam, wenn eine Beschaffenheitsgarantie vereinbart worden wäre oder Herr Kohlgrosser die Undichtigkeit der Zylinderkopfdichtung arglistig verschwiegen hätte. Wie Ihnen bekannt ist, stellt er jegliche Kenntnis der Undichtigkeit im Zeitpunkt des Vertragsabschlusses entschieden in Abrede. Ich sehe bislang auch keinerlei Möglichkeit, ihm die für Arglist erforderliche Kenntnis nachzuweisen. Die Beweislast liegt bei Ihnen als Käuferin.

Ich kann Ihnen nach alledem nur raten, den von Herrn Kohlgrosser erhobenen Anspruch auf den Ihre Anzahlung übersteigenden Restbetrag umgehend zu erfüllen. Bislang sehe ich leider auch keine Möglichkeit, im Wege eines Vergleiches eine Beteiligung der Gegenseite an den auf Sie zukommenden Reparaturkosten zu erreichen. Dafür ist die Rechtslage zu eindeutig. Allenfalls aus Kulanz lässt sich vielleicht etwas erreichen. Dies sollten Sie, da Sie keine Rechtsschutzversicherung haben, aus Kostengründen selbst versuchen. Sollten Sie meine Beteiligung wünschen, bin ich dazu gerne bereit.

Bitte halten Sie mich in den nächsten Tagen unterrichtet, wie in dieser Sache weiter verfahren werden soll. Für etwaige Rückfragen stehe ich Ihnen selbstverständlich jederzeit gerne zur Verfügung.

Mit freundlichem Gruß

(…)
Rechtsanwältin

270   Läuft bereits ein Rechtsstreit gegen den Mandanten, muss der Rechtsanwalt sich bei aussichtsloser Verteidigungsmöglichkeit den **kostengünstigsten Weg der Prozessbeendigung** überlegen. Dies wird regelmäßig ein **Anerkenntnis** (§ 307 S. 1 ZPO) sein. Dieses ist gerichtsgebührenrechtlich kostengünstiger als eine Säumnis des beklagten Mandanten, da bei einem Anerkenntnisurteil nach KV 1211 zum GKG nur eine 1,0-Gerichtsgebühr anfällt. Handelt es sich um ein **sofortiges Anerkenntnis** und hat der Mandant **keinen Anlass zur Klage** gegeben[310], verliert der Mandant zwar den Rechtsstreit in der Hautsache, nach § 93 ZPO werden aber dem obsiegenden Gegner die Prozesskosten auferlegt.

---

310 Beispielsfälle bei Thomas/Putzo/Hüßtege § 93 ZPO Rn. 6a ff.

2. Erfolgsaussicht

Hat eine **Verteidigung** gegen das gegnerische Begehren **Aussicht auf Erfolg**, ist 271
zwischen einem **außergerichtlichen Vorgehen** und der schriftsätzlichen **Erwiderung in einem laufenden Rechtsstreit** zu unterscheiden.

a) Außergerichtliches Vorgehen

aa) Schriftverkehr mit dem Gegner

In einem **außergerichtlichen** Schreiben an die Gegenseite hat der Rechtsanwalt das 272
gegnerische Verlangen **sachlich, aber bestimmt** zurückzuweisen. Ziel dieser außergerichtlichen Korrespondenz ist, den Gegner von der Aussichtslosigkeit eines weiteren Vorgehens zu **überzeugen** und dem Mandanten dadurch einen Prozess zu erspa-
ren.

Für den **Inhalt** dieser **außergerichtlichen** Korrespondenz gelten die beim Angriffs- 273
mandat geschilderten Grundsätze entsprechend. Es ist eine Frage des Einzelfalls, ob
in außergerichtlichen Schreiben bereits **sämtliche Einwendungen und Einreden**
offengelegt werden. Die Vielzahl der Argumente soll möglichst keinen Zweifel an
dem Erfolg der Verteidigung des Mandanten aufkommen lassen. Ebenso kann es
sachgerecht sein, das Vorgehen zunächst auf die **Hauptverteidigung zu beschränken** und **Hilfsverteidigungsmittel** aus **taktischen Gründen** zurückzuhalten, um
noch einen Trumpf in der Hinterhand zu haben.

Sven Jennicke   *Koblenz, den 18.03.2016*
Rechtsanwalt
(...)

Frau
Laura Tauber
Rebenweg 14
56068 Koblenz

Schönheitsreparaturkostenforderung gegen Herrn Tobias Laumann

Sehr geehrte Frau Tauber,

*in vorbezeichneter Angelegenheit zeige ich die Vertretung des Herrn Tobias Laumann,
Oberer Postweg 56, 56130 Bad Ems, unter Vorlage einer mich legitimierenden Vollmacht an.*

*Herr Laumann hat mir Ihr Aufforderungsschreiben vom 11.03.2016 zur Beantwortung
vorgelegt. Nach Überprüfung der Sach- und Rechtslage* **weise** *ich den geltend gemachten Anspruch als unbegründet* **zurück** *und* **fordere** *Sie* **auf**, *mir gegenüber bis
zum 29.03.2016 verbindlich zu erklären, die erhobene Forderung nicht weiter zu verfolgen.*

*Ihnen steht kein Anspruch auf Erstattung der von Ihnen aufgewendeten Renovie-
rungskosten für die bis zum 31.01.2016 von meinem Mandanten gemietete Wohnung
im Rebenweg 14 in Koblenz zu. Nach § 535 Abs. 1 S. 2 BGB ist es Vermietersache, das*

Mietobjekt im gebrauchsfähigen Zustand zu erhalten. Darunter fallen auch die Schönheitsreparaturen während und am Ende der Mietzeit. Diese gesetzliche Regelung kann zwar unter bestimmten Voraussetzungen vertraglich abgeändert werden. Durch den zwischen meinem Mandanten und Ihnen abgeschlossene Formularmietvertrag vom 24.11.2010 ist dies aber nicht wirksam geschehen. Vielmehr stellt die darin in § 12 enthaltene **Endrenovierungsklausel** *eine unangemessene Benachteiligung meines Mandanten dar und ist deshalb in vollem Umfang nichtig. Es handelt sich um eine sogenannte starre Fristenklausel, die von der höchstrichterlichen Rspr. seit Jahren als unwirksam angesehen wird.*

Angesichts dieser klaren Rechtslage wird sich mein Mandant an den von Ihnen aufgewandten Schönheitsreparaturen auf keinen Fall beteiligen. Weitere außergerichtliche Korrespondenz ist zwecklos. Sollten Sie sich dennoch wider Erwarten zur Einleitung eines gerichtlichen Klageverfahrens entschließen, führen Sie mich bitte als Prozessbevollmächtigten meines Mandanten auf, damit mir die Klageschrift unmittelbar zugestellt wird. Wie Sie der anliegenden Vollmacht entnehmen können, habe ich vorsorglich bereits ein Prozessmandat.

Mit freundlichem Gruß

(…)
Rechtsanwalt

bb) Begleitschreiben an den Mandanten

Sven Jennicke   *Koblenz, den 18.03.2016*
Rechtsanwalt
(…)

Herrn
Tobias Laumann
(…)

Schönheitsreparaturkostenforderung der Frau Laura Tauber

Sehr geehrter Herr Laumann,

in vorbezeichneter Angelegenheit beziehe ich mich auf unser gestriges Gespräch in meiner Kanzlei und bestätige die Übernahme des mir anvertrauten Mandates.

In der Anlage übersende ich Ihnen Abschrift meines heutigen Schreibens an die Gegenseite zur Kenntnisnahme. Wie Sie diesem Schreiben entnehmen können, habe ich das gegnerische Zahlungsverlangen nicht nur zurückgewiesen, sondern zugleich eine Abstandnahmeerklärung angefordert. Sollte diese nicht fristgerecht erfolgen, haben Sie die Möglichkeit, sich im Wege einer negativen Feststellungsklage gerichtlich bescheinigen zu lassen, für die verlangten Renovierungskosten nicht aufkommen zu müssen. Ob Sie davon Gebrauch machen möchten, können wir zu einem späteren Zeitpunkt erörtern. Ich habe das Abstandnahmeverlangen mit kurzer Frist primär aus taktischen Gründen in mein Schreiben aufgenommen, um Druck auf die Gegenseite auszuüben.

Meine Überprüfung der Sach- und Rechtslage hat ergeben, dass meine rechtliche Argumentation zur Unwirksamkeit der Endrenovierungsklausel durch die st.Rspr. des Bundesgerichtshofes abgesichert ist. Deshalb können Sie einer etwaigen Klageerhebung durch die Gegenseite gelassen entgegensehen.

Mit gleicher Post habe ich Ihren Rechtsschutzversicherer angeschrieben und über den Sachverhalt informiert. Sobald mir eine Rückantwort vorliegt, komme ich unaufgefordert auf die Angelegenheit zurück. Für zwischenzeitliche Rückfragen stehe ich Ihnen gerne zur Verfügung.

Mit freundlichem Gruß

(…)
Rechtsanwalt

b) Gerichtliches Vorgehen

Den Inhalt einer **Klageerwiderung** regelt § 277 Abs. 1 ZPO. Danach hat der Beklagte **274** seine Verteidigungsmittel anzugeben, soweit es nach der Prozesslage einer sorgfältigen und auf Verfahrensförderung bedachten Prozessführung entspricht. Damit soll sukzessives Verteidigungsvorbringen zum Zwecke der Prozessverzögerung ausgeschlossen und aus Nachlässigkeit lückenhaftes Verteidigungsvorbringen verhindert werden.[311] Deshalb gehören in die Klageerwiderungsschrift **sämtliche** unselbstständigen und selbstständigen **Verteidigungstatsachen** nebst **Beweisantritten**.[312]

aa) Klageerwiderung

Mit der **Klageerwiderungsschrift** meldet sich der Rechtsanwalt erstmals zu den Prozessakten und zeigt die anwaltliche Vertretung des Beklagten unter Vorlage einer **Prozessvollmacht** an. Am **Anfang** seines Schriftsatzes formuliert er den **Antrag** des Mandanten, der regelmäßig auf **Klageabweisung** lautet. Ein **Kostenantrag** ist wegen § 308 Abs. 2 ZPO auch hier nicht erforderlich, wird dennoch häufig im Prozess gestellt. Bisweilen schließt sich an den Sachantrag auf Klageabweisung ein **vorsorglicher Vollstreckungsschutzantrag** nach § 712 ZPO an.

Aufbaumäßig gliedert sich eine Klageerwiderung wie eine Klageschrift zweckmäßigerweise in einen **tatsächlichen und einen rechtlichen Teil**. Sie beginnt mit dem **Tatsachenvortrag** des Mandanten, an den sich im **Urteilsstil** eine **rechtliche Bewertung** anschließt. In der Praxis ist häufig vor den Tatsachenvortrag eine **knappe Zusammenfassung der Verteidigungslinie** dargestellt.

275

276

---

311 Thomas/Putzo/Reichold § 277 ZPO Rn. 5.
312 Thomas/Putzo/Reichold § 277 ZPO Rn. 6.

Silke Franzen   Köln, den 11.04.2016
Rechtsanwältin
(…)

An das
Amtsgericht Köln
Luxemburger Straße 101
50939 Köln

In dem Rechtsstreit Senger ./. Grabowski

16 C 25/16

melde ich mich für die Beklagte und überreiche Prozessvollmacht.

Ich beantrage,
   die Klage abzuweisen.

Begründung:

Die Klage ist unbegründet. Dem Kläger steht die Klageforderung nicht zu. Die Beklagte ist dem Kläger nicht aus § 652 Abs. 1 S. 1 BGB zur Entrichtung einer Maklercourtage verpflichtet. Dieser Anspruch scheitert bereits an der wirksamen Anfechtung des von der Beklagten geschlossenen Kaufvertrages über die vom Kläger nachgewiesene Eigentumswohnung. Zum anderen fehlt es wegen der erheblichen Abweichung des Kaufpreises von der in der Internetannonce des Klägers genannten Kaufsumme an der erforderlichen inhaltlichen Kongruenz. Schließlich beruft sich die Beklagte auf Verwirkung eines etwaigen Courtageanspruchs des Klägers.

I.

Es trifft zu, dass die Beklagte auf die mit notariellem Vertrag vom 30.12.2015 von Herrn Pascal Zander als Kapitalanlageobjekt gekaufte Eigentumswohnung durch die im Internet geschaltete Annonce des Klägers aufmerksam wurde. Auch ist richtig, dass der Kläger der Beklagten kurz nach der telefonischen Kontaktaufnahme sein Exposé vom 14.10.2015 übersandte und die Beklagte daraufhin in Verkaufsverhandlungen mit dem Wohnungsverkäufer eintrat.

Der Kläger hat in seiner Klageschrift vom 31.03.2016 allerdings verschwiegen, dass die Beklagte schon kurze Zeit nach der Besitzübergabe vom 15.01.2016 feststellen musste, dass das zur Vermietung gekaufte Appartement faktisch unvermietbar ist. In der aus acht Wohnungen bestehenden Eigentumswohnungsanlage wohnen drei Langzeitalkoholiker, die insbesondere durch Lärm während der Nachtstunden in Erscheinung treten. Immer wieder kommt es dadurch zu nächtlichen Polizeieinsätzen, weil die Ruhestörer die Nacht zum Tag machen, in ihren Wohnungen und auf den Fluren herumgrölen und auf der Suche nach Alkohol an den Türen ihrer Mitbewohner klingeln. Aufgrund dieser unzumutbaren Beeinträchtigungen haben im Jahre 2013 bereits mindestens zwei Mieter des Verkäufers nach kurzer Zeit ihre jeweiligen Mietverträge gekündigt und sind frustriert ausgezogen.

Beweis: Zeugnis des Hausmeisters Erwin Krause, Rosengartenweg 6, 50939 Köln

Die Beklagte ist bemüht, noch die Namen und ladungsfähigen Anschriften dieser Mieter des Wohnungsverkäufers ausfindig zu machen, um sie als Zeugen zu benennen.

Dem Verkäufer war also von Anfang an bekannt, dass sich seine Eigentumswohnung nicht zur Vermietung und damit nicht als Kapitalanlageobjekt eignet. Dies hat er der Beklagten in den mit ihr geführten Vertragsgesprächen bewusst verschwiegen, um den Ankauf seiner Wohnung nicht zu gefährden. Ihm ist deshalb arglistiges Verschweigen vorzuwerfen. Als Konsequenz hat die Beklagte ihm gegenüber mit Anwaltsschreiben vom 11.02.2016 die Anfechtung ihrer Willenserklärung wegen arglistiger Täuschung erklärt. Diese Anfechtungserklärung ist dem Kläger ausweislich des Rückscheines am 13.02.2016 per Einschreiben zugegangen.

Beweis: Vorlage des Rückscheins (Kopie für das Gericht anbei)

Selbstverständlich hat die Beklagte in der Folgezeit den restlichen Kaufpreis nicht an den Kläger überwiesen, sondern ihre Anzahlung in Höhe von 6.000 € zurückverlangt. Diesem Ansinnen ist der Wohnungsverkäufer bislang nicht gefolgt, sodass die Beklagte deswegen voraussichtlich einen weiteren Prozess führen muss.

Der eingeklagte Courtageanspruch scheitert nicht nur an der Anfechtung des Wohnungskaufvertrages vom 30.12.2015 sondern auch daran, dass der mit dem Wohnungsverkäufer ausgehandelte Kaufpreis um 9.000 € unter dem in der Internetanzeige des Klägers genannten Betrag lag. Die Anzeige nannte einen Kaufpreis von 55.000 €.

Beweis: Expose vom 14.10.2015 (Kopie für das Gericht anbei)

Den vereinbarten Kaufpreis von 46.000 € hat der Kläger in seiner Klageschrift selbst vorgetragen.

Schließlich ist dem Kläger vorzuhalten, dass er ebenfalls von Anfang an Kenntnis von den ruhestörenden Mitbewohnern in der Eigentumswohnungsanlage hatte. Die Beklagte hat am 08.02.2016 bei einem Gespräch mit dem Zeugen Krause erfahren, dass der Kläger nicht nur den Wohnungsverkauf vom 30.12.2015 vermakelt hat, sondern auch den Abschluss der beiden nach kurzer Zeit von den jeweiligen Mietern wieder gekündigten Mietverträge. Nach der Kündigung des ersten Vertrages hat sich der Kläger bei dem Zeugen erkundigt, ob die nächtlichen Ruhestörungen wirklich so massiv sind, dass die Nachtruhe massiv gestört wird. Dies hat der Zeuge dem Kläger bestätigt, woraufhin dieser sinngemäß äußerte, dann werde es ja schwierig, die in dem Objekt befindlichen Wohnungen künftig „an die Frau oder den Mann zu bringen".

Beweis: Zeugnis des Herrn Krause, bereits benannt

II.

Der eingeklagte Courtageanspruch aus § 651 Abs.1 S. 1 BGB scheitert an der täuschungsbedingten Anfechtung der von der Beklagten abgegebenen Willenserklärung. Aufgrund der nach § 142 Abs. 1 BGB eintretenden rückwirkenden Nichtigkeit der auf den Abschluss des Wohnungskaufvertrages gerichteten Willenserklärung ist die Provisionsforderung des Klägers entfallen. Der Honoraranspruch eines Maklers steht und fällt mit dem von ihm nachgewiesenen oder vermittelten Hauptvertrag. Bei rückwirkendem Wegfall des Hauptvertrages bleibt für einen Zahlungsanspruch kein Raum.

Überdies fehlt es an der inhaltlichen Kongruenz des nachgewiesenen mit dem abgeschlossenen Kaufvertrag. Ein Anspruch auf Maklercourtage setzt voraus, dass sich der abgeschlossene Hauptvertrag inhaltlich mit dem beabsichtigten weitestgehend deckt. Lediglich geringfügige Abweichungen im Rahmen des regelmäßig bestehenden Verhandlungsspielraumes lassen die Zahlungspflicht des Maklerkunden unberührt.

Nach der st.Rspr. ist bei einem Preisunterschied von mehr als 15% keine inhaltliche Kongruenz mehr gegeben.

Letztlich steht dem Zahlungsverlangen des Klägers Verwirkung analog § 654 BGB entgegen. Er hat ebenso wie der Wohnungsverkäufer arglistig die Unvermietbarkeit des Kaufobjektes verschwiegen und sich damit grob treuwidrig verhalten, um eigennützig einen Courtageanspruch zu erschleichen.

Beglaubigte und einfache Abschrift anbei.

(…)
Rechtsanwältin

bb) Begleitschreiben an den Mandanten

277   Das **Begleitschreiben** des Rechtsanwaltes zum gerichtlichen Schriftsatz dient zum einen der **Information über den Inhalt der Klageverteidigung**, zum anderen erläutert der Rechtsanwalt darin sein **taktisches Vorgehen** und weist den Mandanten auf im Einzelfall etwaige bestehende **Prozessrisiken** hin. Das Begleitschreiben ist **beratungsorientiert** abzufassen.

Silke Franzen   *Köln, den 11.04.2016*
Rechtsanwältin
(…)

Frau
Melanie Grabowski
(…)

Klageverfahren gegen Herrn Tobias Senger

Sehr geehrte Frau Grabowski,

in der Anlage übersende ich Abschrift meiner heutigen fristgerechten Klageerwiderung zu Ihrer Kenntnisnahme.

In meinem Schriftsatz habe ich alle drei juristischen Gesichtspunkte, die gegen den eingeklagten Maklerhonoraranspruch eingewendet werden können, unter Beweisantritt vorgetragen. Es bleibt nun abzuwarten, wie die Gegenseite reagiert, insbesondere ob sie die von mir vorgetragenen Einwendungstatsachen bestreitet und es auf eine Beweisaufnahme ankommen lässt.

Selbstverständlich werde ich Sie über den Fortgang der Angelegenheit unaufgefordert unterrichten.

Von der in unserem letzten Gespräch angedachten Strafanzeige wegen Betrugsverdachtes habe ich vorläufig noch abgesehen. Diese Anzeige eilt nicht und kann selbst nach Abschluss des zivilrechtlichen Klageverfahrens noch erfolgen. Verjährung droht vorläufig nicht. Eine Strafanzeige im jetzigen Zeitpunkt würde das Prozessklima belas-

ten und zudem eine Verfahrensverzögerung mit sich bringen, da die Staatsanwaltschaft die Prozessakten zwecks Auswertung anfordern würde. Die Akten ständen dem Gericht dann für einige Zeit nicht zur eigenen Bearbeitung zur Verfügung.

Für etwaige Rückfragen stehe ich Ihnen selbstverständlich jederzeit gerne zur Verfügung.

Mit freundlichem Gruß

(...)
Rechtsanwältin

C. Kautelarjuristisches Mandat

Die **Vertragsgestaltung** ist ein immer bedeutsamer werdender Bestandteil anwaltlicher Aufgabenstellungen. Der **Kautelarjurist** betreibt **vorsorgende Rechtspflege** im Wege der Festlegung von Rechten und Pflichten zur **Veränderung der Güterzuordnung** sowie zur **Risikovorsorge und Streitvermeidung**.   **278**

Der **Anlass** für die Erteilung eines kautelarjuristischen Mandates kann vielfältig sein. Zumeist geht es um das **Fehlen gesetzlicher Regelungen** (z.B. im Arbeitsrecht) oder die Anwendung der (dispositiven) gesetzlichen Regelungen führt ohne eine vertragliche Änderung der Rechtslage zu einem für den Mandanten **nicht gewünschten Ergebnis** (z.B. beim Eingreifen des gesetzlichen Güterstands bei einer Unternehmerehe im Falle der Scheidung). Auch kann es sein, dass sich die gewollte Rechtsfolge nur durch einen Vertragsschluss herbeiführen lässt (z.B. beim Güteraustausch). Schließlich geht es um **Konfliktvermeidung** oder **Streitschlichtung** (z.B. bei einem **Vergleich**, der sich nach § 779 BGB durch gegenseitiges Nachgeben auszeichnet).

I. Blickrichtung des Vertragsgestalters

Der **Dezisionsjurist** (z.B. Richter) urteilt über einen in der **Vergangenheit** liegenden abgeschlossenen Vorgang. Er beurteilt **nachträglich** die Rechtslage und fällt aus dieser Perspektive sein Urteil.   **279**

Demgegenüber geht die Blickrichtung des Kautelarjuristen in die **Zukunft**. Er muss die **Interessen** seines Mandanten **ermitteln**, einen **rechtlichen gangbaren Weg** dafür finden (umsetzen) sowie mögliche **Probleme und Gefahren (Risiken) erkennen und vermeiden**.   **280**

Der Vertragsgestalter muss somit die spätere Überprüfung seiner Lösung durch den Richter befürchten und ggf. für Fehler haften. Deshalb muss er richterliches Denken und vor allem die höchstrichterliche Rspr. berücksichtigen und sich hieran ausrichten.

II. Planungsvorgang

Beim Planungsvorgang des Kautelarjuristen sind die **Erfüllungsplanung** und die **Risikoplanung** zu unterscheiden: **281**

Die **Erfüllungsplanung** ist unmittelbar auf die **Verwirklichung der Sachziele** des Mandanten gerichtet, z.B. die Festlegung primärer Leistungspflichten.

Die **Risikoplanung** beinhaltet eine **Vorsorge für Störfälle**, also Regelungen für Leistungsstörungen (z.B. Verzug, Nichterfüllung trotz Fälligkeit (Sicherheiten)).

282 **Methodisch** gilt für die Risikoplanung grundsätzlich dasselbe wie für die Erfüllungs-planung. So stellt sich etwa die Frage, ob das Gewährleistungsrecht des gewählten Vertragstyps die Interessen des Sachgläubigers ausreichend schützt (Normalstatut entspricht dem Regelungsinteresse) oder modifiziert oder ergänzt werden muss **(Gestaltungsbedarf)**.

Die zu klärenden Fragestellungen sind **je nach Mandatsverhältnis** von Gläubiger- oder Schuldnerseite zu beleuchten (**anders der Notar:** von beiden Seiten).

III. Ablauf der Gestaltung

283 Bei der Bearbeitung eines kautelarjuristischen Mandates besteht folgende grundsätzliche Prüfungsreihenfolge:

1. Erarbeitung der Sachziele

284 Zunächst ist das **Sachziel** des Mandanten zu erfassen. Beispielsweise kann es darum gehen, ein Unternehmen zu betreiben. Dies ist durch Kommunikation zu ermitteln, indem der Mandant eingehend befragt wird. In einer kautelarjuristischen Klausur ist das Sachziel durch den **Bearbeitervermerk** vorgegeben. Dabei dürfen die im **Nebensatz** formulierten Vorstellungen und die sich im konkreten Fall ergebende **Interessenlage** nicht übersehen werden.

2. Ermittlung der Rechtsziele

285 Im nächsten Schritt geht es um das **Rechtsziel** des Mandanten. Beispielsweise möchte er sein Unternehmen in einer gesellschaftsrechtlichen Form betreiben, wobei sowohl eine Personengesellschaft als auch eine juristische Person als Unternehmensträger in Betracht kommt. Da der **Mandant** regelmäßig **juristischer Laie** ist, hat der Kautelarjurist zu ermitteln, in welchen juristischen Gebieten Ansätze zu finden sind, um die definierten Sachziele verfolgen und ggf. erreichen zu können. Dies ist naturgemäß bei **gesetzlich normierten Vertragstypen** einfacher als bei **nicht geregelten atypischen Verträgen**.

3. Ermittlung der bestehenden Sach- und Rechtslage

286 Nunmehr ist herauszuarbeiten, welche **Rechtsfolge ohne Planung und Steuerung** eintritt. Dazu bedarf es der **Filterung der relevanten Tatsachen** aus dem mitgeteilten Sachverhalt, z.B. die persönlichen Verhältnisse, vermögensrechtliche Verhältnisse, rechtliche Vorverhältnisse (z.B. bestehende Verträge oder andere rechtliche Vereinbarungen). Auf der relevanten Tatsachengrundlage ist sodann die dazu bestehende Rechtslage herauszuarbeiten.

4. Ermittlung des Gestaltungsbedarfs

287 Der **Gestaltungsbedarf** ist dadurch zu ermitteln, dass die Frage beantwortet wird, ob die ohne Planung und Steuerung eintretende **Rechtsfolge** dem Ansinnen des Mandanten in **Gegenwart und Zukunft** entspricht.

Ein Gestaltungsbedarf ist gegeben, wenn und soweit **die bestehende Rechtslage nicht den Sachzielen** des Mandanten entspricht. Wenn kein Bedarf besteht, ist von einer Gestaltung abzusehen und allenfalls eine Klarstellung vorzunehmen. Eine **Zweifelsregel** im Gesetz (z.B. § 154 Abs. 1 BGB) ist immer Anlass, eine präzise Regelung vorzunehmen.

Es ist zwischen den **essentialia negotii** und den **accidentalia negotii** zu unterscheiden. Essentialia negotii sind die **Wirksamkeitsvoraussetzungen** (z.B. bei einem Kaufvertrag: Person des Verkäufers, Person des Käufers, Ware und Preis), accidentalia negotii demgegenüber Nebenabreden (z.B. Verzugsregelungen, die nicht Wirksamkeitsvoraussetzung sind).   **288**

5. Ermittlung und Abwägung der Gestaltungsmöglichkeiten

Bei bestehendem **Gestaltungsbedarf** sind die unterschiedlichen **Gestaltungsmöglichkeiten** zu ermitteln. Der Kautelarjurist bedient sich dabei in der Praxis der Hilfe von **Formularbüchern**, die dem Referendar in der Klausursituation nicht zur Verfügung stehen. So sind bei einer Unternehmensgründung die verschiedenen rechtlichen Möglichkeiten darzustellen und gegeneinander abzuwägen. Daraus resultiert die im konkreten Einzelfall am besten passende Unternehmensform.   **289**

Im Detail vollzieht sich dieser Arbeitsschritt wie folgt:

a) Dispositivität der Rechtslage

Nur wenn eine dispositive Rechtslage besteht, kann überhaupt durch Gestaltung von ihr abgewichen werden. Es gilt der Grundsatz, dass das **Schuldrecht dispositiv** ist, das **Sachenrecht zwingend**. Aber auch im Schuldrecht gibt es einige aus Schutzgesichtspunkten nicht abdingbare Vorschriften (z.B. §§ 475, 651m BGB).   **290**

b) Allgemeine Gestaltungsgrenzen

Bisweilen stehen einer vom Gesetz abweichenden Regelung **allgemeine Gestaltungsgrenzen** entgegen, insbesondere die §§ 134, 138 BGB. Die dazu vorhandene Kasuistik ist in aller Regel nur aus der **Kommentarliteratur** ersichtlich.   **291**

c) Vor- und Nachteile der Gestaltungsmöglichkeiten

In diesem Prüfungsschritt ist zu klären, ob es unter Berücksichtigung einer realistischen Zukunftsentwicklung mehrere **Möglichkeiten** gibt und welche **Vor- und Nachteile** diese beinhalten. Anschließend sind ungeeignete Varianten auszuschließen. Unter den verbliebenen ist die **beste** herauszufinden. Dabei gilt das **Gebot des sichersten Weges**. Ist z.B. eine Variante mit einer unsicheren Rechtsprechungslage verbunden, wohingegen eine andere höchstrichterlich geklärt ist, muss die letztgenannte gewählt werden. In die Überlegungen und die Abwägung sind auch **wirtschaftliche Folgen** einzubeziehen (z.B. die Kosten des Vertragsabschlusses und seiner Durchführung, die Kosten etwaiger Vertragsänderungen sowie sonstige Kosten).   **292**

6. Formulierung der Gestaltung

Zum Schluss bedarf es der **Ausformulierung** der gewählten Gestaltungsvariante. Bei ihrer Umsetzung sind vor allem folgende Punkte zu bedenken: Formbedürftigkeit und Zustimmungsbedürftigkeit.   **293**

Es ist eine **klare, allgemeinverständliche und eindeutige Sprache** zu wählen. Die Wortwahl hat präzise zu sein und sich am Gesetzeswortlaut zu orientieren.

Anzustreben ist die **Vollkommenheit des Regelungswerkes**. Dazu ist eine Neben- und Rückwirkungskontrolle auf andere Regelungspunkte vorzunehmen, insbesondere um Widersprüche zu vermeiden. Schließlich ist der Vollzugsvorgang (z.B. die Notwendigkeit einer Registereintragung) zu bedenken.

7. Regelaufbau

294 Für den **Regelfall** bietet sich folgender **Aufbau** des kautelarjuristischen Werkes an:

- Überschrift/Präambel
- Bezeichnung der Parteien
- (Vertragstypische) Leistung und Gegenleistung (schuldrechtliches Geschäft)
- Vertragsdauer bei Dauerschuldverhältnissen
- Fälligkeit, Gefahr-, Lastenübergang
- Vorkehrung für Leistungsstörungen, Sicherungsrechte
- Vollzugsgeschäfte (z.B. Auflassung bei Grundstückskauf)
- Vereinbarung zur Konfliktlösung und gerichtlichen Geltendmachung (z.B. Gerichtsstand)
- Salvatorische Klausel/Anpassungsklauseln

4. Teil: Examenstypische Klausurprobleme

Auch wenn der **Schwerpunkt** der zivilrechtlichen Klausuren im Assessorexamen im **materiellen Recht** angesiedelt ist, werden nur selten Aufgaben ohne **prozessuale Probleme** gestellt. Eine Ausnahme gilt lediglich für kautelarjuristische Aufgaben. Hier sind nur vereinzelt prozessrechtliche Fragestellungen (z.B. der Entwurf einer Gerichtsstandklausel in Allgemeinen Geschäftsbedingungen) zu bearbeiten.

295

A. Allgemeines zu prozessualen Fragestellungen

Im **Mittelpunkt** prozessualer Probleme stehen im Assessorexamen die **Prozessvoraussetzungen und -hindernisse einer Klage**. Diese sind bei der Prüfung der Zulässigkeit zu erörtern.

296

> **Merke:** Im Gutachten und im Praxisentwurf ist nicht (schulmäßig) auf alle Prozessvoraussetzungen und -hindernisse einzugehen, sondern auf die im Einzelfall problematischen.

Die Zulässigkeit der Klage ist **von Amts wegen** zu prüfen.[313] Dies gilt für sämtliche, nicht nur für die in § 56 Abs. 1 ZPO genannten **Prozessvoraussetzungen**.[314] **Prozesshindernisse** demgegenüber sind nur **auf Einrede** des Beklagten aufzugreifen.[315]

297

> **Beachte:** Es gilt der **Vorrang der Zulässigkeits- vor der Begründetheitsprüfung**.

Dies bedeutet, dass die Zulässigkeit einer Klage **nicht dahingestellt bleiben darf** und in der Sache entschieden wird.[316] Der Erlass eines Sachurteils setzt eine zulässige Klage voraus; der Rechtskraftumfang eines Prozessurteils ist ein anderer als der eines Sachurteils.[317]

Aus dem **Vorrang der Zulässigkeitsprüfung** folgt, dass ggf. vor einem Eintritt in die Begründetheitsprüfung eine Tatsachenfeststellung im Wege der Beweisaufnahme zu erfolgen hat. Eine Amtsprüfung der Zulässigkeitsvoraussetzungen bedeutet **keine Amtsermittlung** der Tatsachen; vielmehr gilt wie bei der Sachprüfung (Begründetheit) der **Beibringungsgrundsatz**.[318] Für die **Beweiserhebung**[319] gilt nicht der **Strengbeweis**[320] mit den förmlichen Beweismitteln der §§ 355 ff. ZPO, sondern der **Freibeweis**, bei dem das Verfahren und die Beweismittel im Ermessen des Gerichts stehen.[321]

298

Die **Beweislast** für die Prozessvoraussetzungen liegt beim Angreifer, d.h. demjenigen, der ein für ihn günstiges Sachurteil anstrebt, somit beim Kläger (oder Widerkläger).[322] Die **Beweislast** für die Prozesshindernisse trägt der Beklagte[323] (oder Widerbeklagte).

299

---

313 Thomas/Putzo/Reichold Vorbem. § 253 ZPO Rn. 10.

314 Thomas/Putzo/Hüßtege § 56 ZPO Rn. 1.

315 Thomas/Putzo/Reichold Vorbem. § 253 ZPO Rn. 10.

316 BGH, Urt. v. 19.06.2000 – II ZR 319/98, in: NJW 2000, 3718; Thomas/Putzo/Reichold Vorbem. § 253 ZPO Rn. 8.

317 Siehe dazu Rn. 783.

318 Thomas/Putzo/Reichold Vorbem. § 253 ZPO Rn. 12.

319 Siehe dazu Rn. 702 ff.

320 Vgl. dazu Thomas/Putzo/Reichold Vorbem. § 284 ZPO Rn. 4.

321 Thomas/Putzo/Reichold Vorbem. § 253 ZPO Rn. 12, Vorbem. § 284 ZPO Rn. 6.

322 Thomas/Putzo/Reichold Vorbem. § 253 ZPO Rn. 13.

323 Thomas/Putzo/Reichold Vorbem. § 253 ZPO Rn. 13.

300 Ein Sonderproblem stellen sogenannte **doppelrelevante Zulässigkeitstatsachen** dar.

> **Merke: Doppelrelevante Tatsachen** sind solche, die sowohl für die Zulässigkeit als auch die Begründetheit von Bedeutung sind (qualifizierte Prozessvoraussetzungen).

Beispielsweise stellt § 32 ZPO einen solchen Fall dar. Nach dieser Vorschrift ist für Klagen aus unerlaubten Handlungen das Gericht zuständig, in dessen Bezirk die Handlung begangen worden ist. An sich ist diese Zuständigkeit erst zu bejahen, wenn unstreitig oder bewiesen ist, dass es sich bei dem vorgetragenen Verhalten um eine unerlaubte Handlung im Sinne der §§ 823 ff. BGB handelte. Da das Vorliegen einer **unerlaubten Handlung** aber **zugleich Voraussetzung der Begründetheit** des angeklagten Anspruchs ist, genügt bei dieser Konstellation **ausnahmsweise schlüssiger Vortrag** für eine unerlaubte Handlung.[324] Grund für diese abweichende Handhabung ist, dass damit eine inzidente Begründetheitsprüfung in der Zulässigkeitsprüfung vermieden wird. Der Beklagte erleidet dadurch keinen Nachteil, da im Falle der erst in der Begründetheitsprüfung festgestellten Beweisfälligkeit des Klägers ein Sachurteil mit der im Vergleich zu einem Prozessurteil günstigeren Rechtskraftwirkung ergeht.

> **Merke:** Ergibt sich bei der im Rahmen der Begründetheitsprüfung vorzunehmenden Beweisaufnahme zu einer doppelrelevanten Tatsache, dass diese nicht bewiesen werden kann, hat dies keine Auswirkungen auf die Zulässigkeit der Klage. Diese bleibt allein aufgrund des schlüssigen Klagevortrages zulässig.

301 Als **Prüfungsreihenfolge** für die Zulässigkeitsvoraussetzungen und -hindernisse ist folgender Aufbau üblich:[325]

> **Prozessvoraussetzungen:**
> - Deutsche Gerichtsbarkeit
> - Zivilrechtsweg
> - Partei- und Prozessfähigkeit
> - Postulationsfähigkeit
> - Prozessführungsbefugnis
> - Zuständigkeit des Gerichts
> - Ordnungsgemäße Klageerhebung
> - Keine anderweitige Rechtshängigkeit
> - Keine entgegenstehende Rechtskraft
> - Zulässigkeit der Klageänderung
> - Rechtsschutzinteresse
> - Besondere Sachurteilsvoraussetzungen
>
> **Prozesshindernisse:**
> - Einrede des Schiedsvertrages
> - Einrede der fehlenden Sicherheit für Prozesskosten
> - Einrede der fehlenden Kostenerstattung

---

324 BGH, Urt. v. 02.03.2010 – VI ZR 23/09, in: NJW 2010, 1752; Thomas/Putzo/Hüßtege § 32 ZPO Rn. 1, 8.
325 Vgl. auch Thomas/Putzo/Reichold Vorbem. § 253 ZPO Rn. 14 ff.

Nachfolgend sind die **examenstypischen prozessualen Probleme** näher erörtert.

B. Zivilrechtsweg

Der **Zivilrechtsweg** ist für **bürgerliche Rechtsstreitigkeiten** eröffnet (§ 13 GVG). **302**
Eine solche ist gegeben, wenn der Streitgegenstand,[326] der sich nach dem
zweigliedrigen Streitgegenstandsbegriff aus dem vorgetragenen Sachverhalt
und dem Antrag ergibt,[327] im Zivilrecht wurzelt, d.h. eine unmittelbare Rechtsfolge
des Zivilrechts ist.[328] Demgegenüber handelt es sich um eine **öffentlich-rechtliche
Streitigkeit** im Sinne des § 40 Abs. 1 VwGO, wenn der Streitgegenstand eine unmittelbare Rechtsfolge des öffentlichen Rechts ist.[329]

Innerhalb des Zivilrechtsweges ist zwischen der **streitigen, der Familiengerichts-** **303**
barkeit und der freiwilligen Gerichtsbarkeit zu unterscheiden. Während die streitige Zivilgerichtsbarkeit nach der ZPO verhandelt und entscheidet, haben die Familiengerichtsbarkeit und die freiwillige Gerichtsbarkeit eigene Verfahrensordnungen
(insbesondere das FamFG und die GBO). Die streitige Zivilgerichtsbarkeit ist von der
Arbeitsgerichtsbarkeit abzugrenzen, die nach § 2 ArbGG von den Arbeitsgerichten
ausgeübt wird.[330]

Soweit es an einer ausdrücklichen **Rechtswegzuweisung** fehlt (wie zum Beispiel für **304**
Amtshaftungsansprüche nach Art. 34 S. 3 GG), ist die **wahre Rechtsnatur** des Rechtsverhältnisses aus dem der Klageanspruch abgeleitet wird, maßgeblich.[331] Die **Abgrenzung** ist im Einzelfall problematisch und Gegenstand umfangreicher Judikatur.[332]

Jedes Gericht, gleich welcher Gerichtsbarkeit, entscheidet **von Amts wegen** über die **305**
Zulässigkeit des beschrittenen Rechtsweges. Diese wird nach § 17 Abs. 1 S. 1 GVG
durch eine nach Rechtshängigkeit eintretende Veränderung ihrer Umstände nicht
berührt. Dies bedeutet, dass jede Änderung von tatsächlichen Verhältnissen, Rechtsvorschriften und Klageanträgen für die Fortdauer des einmal gegebenen Rechtsweges unbeachtlich ist, wenn sie erst nach Rechtshängigkeit eingetreten ist.[333]

Der Zivilrechtsweg kann auch dadurch **bindend** begründet werden, dass ein Gericht **306**
eines anderen Rechtsweges den Rechtsstreit nach § 17 a Abs. 2 S. 1 GVG rechtskräftig
an das Zivilgericht **verwiesen** hat (§ 17 a Abs. 2 S. 3 GVG). Diese Bindung tritt auch
ein, wenn die Verweisung rechtsfehlerhaft erfolgt ist.[334] Eine **Durchbrechung dieser
Bindungswirkung** ist nur möglich bei extremen Rechtsverstößen, bei denen die Verweisungsentscheidung völlig unverständlich und evident unhaltbar ist.[335]

Beschluss

In Sachen Meier gegen Müller

ist der ordentliche Rechtsweg unzulässig. Der Rechtsstreit wird an das Verwaltungsgericht Gelsenkirchen verwiesen.

326　Vgl. dazu Thomas/Putzo/Reichold Einl. II ZPO, insbesondere Rn. 11 ff.

327　BGH, Urt. v. 26.09.2000 – VI ZR 279/99, in: NJW 2001, 157, 158; Thomas/Putzo/Reichold Einl. II ZPO Rn. 24.

328　Thomas/Putzo/Hüßtege § 13 GVG Rn. 7.

329　Thomas/Putzo/Hüßtege § 13 GVG Rn. 7.

330　Thomas/Putzo/Hüßtege § 13 GVG Rn. 5.

331　Thomas/Putzo/Hüßtege § 13 GVG Rn. 8.

332　Zahlreiche Einzelfälle sind bei Thomas/Putzo/Hüßtege § 13 GVG Rn. 13–18d kommentiert.

333　Thomas/Putzo/Hüßtege § 17 GVG Rn. 3.

334　BGH NJW-RR 2011, 1497; Thomas/Putzo/Hüßtege § 17 a GVG Rn. 5.

335　BGH FamRZ 2013, 1302; Thomas/Putzo/Hüßtege § 17 a GVG Rn. 5.

307 Der **Verweisungsbeschluss** beinhaltet **keine Kostenentscheidung**, da nach § 17 b Abs. 2 S. 1 GVG die durch die Anrufung des Erstgerichts entstandenen Kosten als Kosten, die bei dem Gericht erwachsen, an die der Rechtsstreit verwiesen worden ist, zu behandeln sind. Obsiegt der Kläger bei dem Gericht, an das verwiesen worden ist, in der Hauptsache, sind ihm nach § 17 b Abs. 2 S. 2 GVG die **Mehrkosten** im Urteil aufzuerlegen. Dies ist eine **Ausnahme vom Grundsatz der Kosteneinheit**.[336]

> **Beachte:** Die Bindungswirkung des Verweisungsbeschlusses nach § 17 a Abs. 2 S. 1 GVG erstreckt sich **nur** auf den **Rechtsweg**, nicht aber auf die Zuständigkeit des Gerichtes, an das verwiesen worden ist.

C. Klageinhalte

I. Klagearten

308 Das Rechtschutzbegehren der Klagepartei ist maßgeblich für die **Art** der zu erhebenden Klage. Zu unterscheiden sind **Leistungs-, Gestaltungs- und Feststellungsklagen**.[337] Sie alle werden durch eine **Klageschrift** eingeleitet, die den Anforderungen des § 253 ZPO zu entsprechen hat. Der Eingang der Klageschrift beim Gericht führt zur **Anhängigkeit** der Klage (§ 253 Abs. 1 ZPO), ihre Zustellung an den Prozessgegner zur **Rechtshängigkeit** (§ 261 Abs. 1 ZPO).

309 Die Klageschrift hat nach § 253 Abs. 2 Nr. 2 ZPO einen **bestimmten Klagegrund und** einen **bestimmten Antrag** zu enthalten **(doppeltes Bestimmtheitserfordernis)**. **Klagegrund** ist der **konkrete Lebenssachverhalt**, aus dem der Kläger die mit der Klage begehrte Rechtsfolge ableitet.[338] Dazu gehören alle Tatsachen, die bei natürlicher Betrachtung nach dem klägerischen Vortrag zu dem zur Entscheidung gestellten Tatsachenkomplex gehören.[339] Dieser Lebenssachverhalt und der Klageantrag bilden nach dem herrschenden **zweigliedrigen Streitgegenstandsbegriff** den **Streitgegenstand** des Rechtsstreits.[340] Eine nachträgliche Ergänzung des Sachverhaltes im Wege der Substantiierung oder der Korrektur begründet keinen neuen Klagegrund und stellt deswegen keine Klageänderung dar (§ 264 Nr. 1 ZPO).

1. Leistungsklage

310 Sie dient der **Schaffung eines Vollstreckungstitels** als Grundlage für die notfalls zwangsweise Durchsetzung des titulierten Anspruchs im Wege der Einzelvollstreckung. Der zu titulierende Anspruch kann auf **positives Tun**, **Unterlassung** oder **Duldung** gerichtet sein.[341] Der konkrete Titelinhalt ist von zentraler Bedeutung für die Zwangsvollstreckung (vgl. §§ 802 a ff. ZPO für die Zahlungsvollstreckung; §§ 883–886 ZPO für die Vollstreckung von Herausgabetiteln; §§ 887, 888 ZPO für die Vollstreckung eines Titel auf Vornahme einer vertretbaren oder unvertretbaren Handlung; § 890 ZPO für die Unterlassungs- und Duldungsvollstreckung).

---

336 Siehe dazu Rn. 87–89.

337 Vgl. Thomas/Putzo/Reichold Vorbem. § 253 ZPO Rn. 2–7.

338 Thomas/Putzo/Reichold § 253 ZPO Rn. 10.

339 Thomas/Putzo/Reichold Einl. II ZPO Rn. 30.

340 BGH NJW 2013, 540; vgl. Thomas/Putzo/Reichold Einl. II ZPO Rn. 24.

341 Thomas/Putzo/Reichold Vorbem. § 253 ZPO Rn. 3.

> **Beachte:** Bei einer Klage auf Abgabe einer Willenserklärung (z.B. auf Zustimmung zur Grundbuchberichtigung aus **§ 894 BGB**) erfolgt keine Zwangsvollstreckung. Vielmehr wird die Abgabe der Willenserklärung nach **§ 894 S. 1 ZPO** fingiert, sobald das Urteil rechtskräftig ist.

2. Gestaltungsklage

Gestaltungsklagen ermöglichen die Durchsetzung eines privatrechtlichen **Anspruchs auf Begründung, Änderung oder Aufhebung eines Rechtsverhältnisses.**[342] Ihr Kennzeichen besteht darin, eine bislang nicht vorhandene Rechtsfolge durch **konstitutives Urteil** zu schaffen, die mit der formellen Rechtskraft eintritt; anders als Leistungsurteile können und müssen Gestaltungsurteile daher in der Hauptsache nicht zwangsvollstreckt werden.[343] Gestaltungsklagen sind nur in den gesetzlich vorgesehenen Fällen zulässig.

311

Die Besonderheit eines **rechtskräftigen** Gestaltungsurteils liegt darin, dass die **Gestaltungswirkung** nicht nur zwischen den Parteien des Rechtsstreits, sondern **absolut** (auch) für und gegen Dritte eintritt (z.B. bei der Auflösung einer OHG nach § 133 HGB oder beim Ausschluss eines Gesellschafters nach § 140 HGB).[344]

312

3. Feststellungsklage

Nach § 256 Abs. 1 ZPO kann durch eine **Feststellungsklage** das Bestehen oder Nichtbestehen eines Rechtsverhältnisses prozessual geltend gemacht werden. Das Klageziel beschränkt sich auf eine **rechtsbezeugende Feststellung ohne Leistungsinhalt,**[345] reicht also nicht so weit wie eine Leistungsklage. Ebenso wie Gestaltungsurteile haben Feststellungsurteile keinen vollstreckungsfähigen Inhalt.[346]

313

Es sind **positive und negative Feststellungsklagen** zu unterscheiden. Wegen ihrer geringeren Rechtsschutzintensität im Vergleich zu Leistungs- und Gestaltungsklagen sind sie **subsidiär** und bedürfen als besondere Prozessvoraussetzung eines Feststellungsinteresses (§ 256 Abs. 1 ZPO). Einen Sonderfall stellt die Zwischenfeststellungsklage nach § 256 Abs. 2 ZPO dar.

314

a) Positive Feststellungsklage

Das **Feststellungsinteresse** als spezielle Ausgestaltung des Rechtsschutzinteresses[347] für eine positive Feststellungsklage erfordert ein eigenes **rechtliches** und nicht ausschließlich wirtschaftliches Interesse.[348] Es ist beispielsweise bei einem Schadensersatzanspruch zu bejahen, wenn dieser noch nicht bezifferbar ist und Verjährung droht.[349]

315

> *... wird beantragt*
> *festzustellen, dass der Beklagte der Klägerin zur Erstattung ihres gesamten materiellen und immateriellen Schadens aus dem Verkehrsunfall vom 07.03.2016 um 13.26 Uhr in der Zeitzer Allee 24 in Naumburg verpflichtet ist.*

---

342 Thomas/Putzo/Reichold Vorbem. § 253 ZPO Rn. 5.
343 Thomas/Putzo/Reichold Vorbem. § 253 ZPO Rn. 5.
344 Thomas/Putzo/Reichold Vorbem. § 253 ZPO Rn. 6.
345 Thomas/Putzo/Reichold Vorbem. § 253 ZPO Rn. 4.
346 Thomas/Putzo/Reichold § 256 ZPO Rn. 1.
347 Thomas/Putzo/Reichold § 256 ZPO Rn. 13.
348 Thomas/Putzo/Reichold § 256 ZPO Rn. 13.
349 BGH, Urt. v. 25.02.2010 – VII ZR 187/08, in: NJW-RR 2010, 750, 751; Thomas/Putzo/Reichold § 256 ZPO Rn. 14.

316 Ein weiteres examensrelevantes Beispiel ist das **Feststellungsinteresse** bei einem Zug-um-Zug-Anspruch für die Feststellung von Annahmeverzug[350] (vgl. §§ 756, 765 ZPO).

> ... *wird beantragt,*
>
> *1. die Beklagte zu verurteilen, an den Kläger 2.634 € zu zahlen Zug um Zug gegen Rückgabe und gegen Rückübereignung des Pkw XYZ mit der Fahrzeugidentifikations-Nr. 123456789,*
>
> *2. festzustellen, dass die Beklagte sich im Annahmeverzug befindet.*

317 Wegen der Vorzugsbehandlung von Schadensersatzansprüchen aus vorsätzlicher unerlaubter Handlung in den §§ 393 BGB, 850 f Abs. 2 ZPO, 301 Nr. 2 InsO besteht auch ein Feststellungsinteresse für die Feststellung eines Vorsatzdeliktes.[351]

... *wird beantragt festzustellen, dass der Schadensersatzanspruch .... auf einer vorsätzlichen unerlaubten Handlung beruht.*

Auch die **einseitige Erledigungserklärung**[352] stellt einen Feststellungsantrag dar.[353] Im Arbeitsrecht ist die **Kündigungsschutzklage** nach § 4 KSchG ein Fall der Feststellungsklage.

318 Für die Zulässigkeit der positiven Feststellungsklage genügt der schlüssige Vortrag des festzustellenden Rechtsverhältnisses **(doppelrelevante Tatsache)**;[354] ob das Rechtsverhältnis besteht, ist eine Frage der Begründetheit.[355] Die Beweislastverteilung bei einer positiven Feststellungsklage folgt allgemeinen Regeln.

319 Der **Zuständigkeitsstreitwert** ist nach § 3 ZPO am **wirtschaftlichen Interesse** des Klägers an der begehrten Feststellung zu orientieren, er ist nie höher als der einer entsprechenden Leistungsklage aus dem gesamten Rechtsverhältnis.[356] Die Praxis macht einen Abschlag von 20% von der entsprechenden Leistungsklage,[357] da kein Vollstreckungstitel ergeht.

b) Negative Feststellungsklage

320 Bei der **negativen Feststellungsklage** ist das klägerische Begehren darauf gerichtet festzustellen, dass ein Anspruch oder Rechtsverhältnis, dessen sich der Beklagte **berühmt**, nicht besteht.[358]

> ... *wird beantragt*
>
> *festzustellen, dass dem Beklagten kein Anspruch auf Nebenkostenerstattung aus dem Mietverhältnis über die Erdgeschosswohnung in der Magdeburger Allee 23 in Köthen für das Kalenderjahr 2015 zusteht.*

321 Das **Feststellungsinteresse** (§ 256 Abs. 1 ZPO) ergibt sich daraus, dass dem Kläger nicht zuzumuten ist, auf eine Klageerhebung des Beklagten zu warten. Demzufolge

---

350 Vgl. Thomas/Putzo/Reichold § 256 ZPO Rn. 10; Thomas/Putzo/Seiler § 756 ZPO Rn. 10.

351 BGH, Urt. v. 02.12.2010 – IX ZR 247/09, in: NJW 2011, 1133; Thomas/Putzo/Reichold § 256 ZPO Rn. 14.

352 Siehe dazu Rn. 563 ff.

353 Thomas/Putzo/Hüßtege § 91 a Rn. 32.

354 Siehe dazu Rn. 300.

355 Thomas/Putzo/Reichold § 256 ZPO Rn. 21.

356 Thomas/Putzo/Hüßtege § 3 ZPO Rn. 65.

357 BGH, Beschl. v. 29.10.2008 – XII ZB 75/08, in: NZM 2009, 51; Thomas/Putzo/Hüßtege § 3 ZPO Rn. 65.

358 Thomas/Putzo/Reichold § 256 ZPO Rn 15.

entfällt das Feststellungsinteresse, wenn der Beklagte verbindlich erklärt, seinen bisherigen Rechtsstandpunkt nicht aufrechtzuerhalten.[359] Ein Wegfall des Feststellungsinteresses ist auch dann anzunehmen, wenn der Beklagte seinerseits Leistungsklage (ggf. im Wege der Widerklage) erhebt und diese nicht mehr einseitig zurückgenommen werden kann.[360] Dadurch wird die negative Feststellungsklage nachträglich unzulässig.[361] Aus dieser prozessualen Folge resultiert, dass es zur Vermeidung einer umfangreichen **Inzidentprüfung** sachgerecht ist, aufbaumäßig mit der Prüfung der Widerklage zu beginnen.[362]

Die **Umkehr der Parteirollen** bei einer negativen Feststellungsklage (Kläger ist der **322** Anspruchsgegner, Beklagter der Anspruchsinhaber) ändert an der **Darlegungs- und Beweislast** nichts,[363] da diese sich ausschließlich nach dem materiellen Recht richtet.

Merke: Bei der negativen Feststellungsklage hat der Beklagte als (angeblicher) Anspruchsinhaber anspruchsbegründende (und anspruchserhaltende) Tatsachen vorzutragen, der Kläger als Anspruchsgegner demgegenüber anspruchshindernde, anspruchsvernichtende und anspruchshemmende Tatsachen. Bleibt der Beklagte beispielsweise für die Anspruchsentstehung beweisfällig, ist der Klage stattzugeben.

Der **Zuständigkeitsstreitwert** einer negativen Feststellungsklage ist genauso hoch **323** wie der einer Leistungsklage des Beklagten wäre,[364] da die Rechtskraft eines stattgebenden negativen Feststellungsurteils genau so weit wie die Abweisung einer Leistungsklage reicht.[365]

c) Zwischenfeststellungsklage

Der Zweck einer Zwischenfeststellungsklage nach § 256 Abs. 2 ZPO besteht in einer **324** **Ausdehnung der materiellen Rechtskraft auf präjudizielle Urteilsfeststellungen**.[366] Da bei einem stattgebenden Urteil **nur der Tenor** in Rechtskraft erwächst, erstreckt sich die Rechtskraft nicht auf vorgreifliche Fragestellungen und erfasst die Urteilsbegründung nicht.[367] So kann bei einem Streit um die Rechtsnatur einer ausgesprochenen Kündigung bei Vorgreiflichkeit für die mit der Klage verfolgten Ansprüche eine Zwischenfeststellungsklage zulässig sein.[368] Der Kläger kann, wenn der Beklagte **nachträglich** ein Rechtsverhältnis streitig stellt, von dem die Entscheidung des Rechtsstreits abhängt, seinen Klageantrag erweitern (oder der Beklagte Feststellungswiderklage erheben). Die **Vorgreiflichkeit** tritt an die Stelle eines Feststellungsinteresses i.S.d. Abs. 1, das somit nicht zusätzlich bestehen muss.[369]

... wird zusätzlich beantragt
  festzustellen, dass der zwischen den Parteien geschlossene Kreditvertrag vom 14.01.2016 nicht wegen Sittenwidrigkeit unwirksam ist.

---

359 Thomas/Putzo/Reichold § 256 ZPO Rn.19.

360 BGH, Urt. v. 02.03.1999 – VI ZR 71/98, in: NJW 1999, 2516, 2717; Thomas/Putzo/Reichold § 256 ZPO Rn. 19.

361 Bei Vorliegen der weiteren Voraussetzungen liegt ein Erledigungsfall vor, siehe dazu Rn. 534 ff.

362 Einzelheiten siehe Rn. 533.

363 Thomas/Putzo/Reichold § 256 ZPO Rn. 21.

364 Thomas/Putzo/Hüßtege § 3 ZPO Rn. 65.

365 Siehe dazu Rn. 784 ff.

366 Thomas/Putzo/Reichold § 256 Rn. 26.

367 Siehe dazu Rn. 791 ff.

368 BGH, Beschl. v. 20.11.2014 –VII ZR 249/13, in: RÜ2 2015, 101, 102.

369 Thomas/Putzo/Reichold § 256 ZPO Rn. 32.

Über die Zwischenfeststellungsklage wird im **Endurteil** über die (bisherige) Klage mit entschieden, es ergeht somit **kein Zwischenurteil** nach § 303 ZPO.[370]

Der **Zuständigkeitsstreitwert** einer Zwischenfeststellungsklage ist ebenso wie der Gebührenstreitwert nach denselben Grundsätzen wie bei einer Feststellungsklage zu ermitteln.[371] Da der Streitgegenstand der Zwischenfeststellungsklage aber nur Vorfragen der (übrigen) Klage betrifft, erfolgt wegen Vollidentität keine Addition mit dem Klagestreitwert.[372]

II. Objektive Klagehäufung

325 Die Mehrheit von Streitgegenständen führt zu einer **(objektiven)**[373] **Klagehäufung**[374] (auch Klagemehrheit genannt), die das Gesetz in § 260 ZPO **Anspruchsmehrheit** nennt. Zu unterscheiden sind die **anfängliche** Klagehäufung und die **nachträgliche**,[375] die eine Klageänderung[376] (§§ 263 ff. ZPO) darstellt.

326 Eine **Klagehäufung** liegt auf der Basis des zweigliedrigen Streitgegenstandsbegriffs zum einen vor, wenn der Kläger entweder **mehrere Anträge** stellt, die er aus einem oder mehreren Lebenssachverhalten ableitet.[377]

> *Der Kläger beantragt, den Beklagten zu verurteilen,*
>
> > *1. den Pkw ... mit der Fahrzeugidentifikations-Nr. ... an den Kläger zurückzugeben,*
> >
> > *2. an den Kläger 850 € zu zahlen.*

327 Zum anderen ist eine Klagehäufung auch dann gegeben, wenn der Kläger nur **einen Antrag** stellt und diesen auf **mehrere Lebenssachverhalte** stützt (sogenannte **versteckte Klagehäufung**).[378]

Formulierungsbeispiel für eine Kaufpreisklage, die auf einen Anspruch aus eigenem Recht und aus abgetretenem Recht (zwei unterschiedliche Lebenssachverhalte) gestützt wird:

> *Der Kläger beantragt,*
>
> > *den Beklagten zu verurteilen, an ihn 3.800 € zu zahlen.*

> **Beachte:** Die Klagehäufung durch Vortrag mehrerer Lebenssachverhalte ist von der **Mehrfachbegründung** eines einzigen Anspruchs zu unterscheiden.

328 Keine Klagehäufung ist gegeben, wenn der Kläger seinen auf einem Lebenssachverhalt beruhenden Antrag auf **mehrere Anspruchsgrundlagen** gründet.[379] Stützt der Kläger seine Klageforderung beispielsweise auf eine vertragliche Grundlage und ersatzweise auf einen Anspruch aus ungerechtfertigter Bereicherung, dann handelt es sich lediglich um eine **Hilfsbegründung** ein und desselben Klagebegehrens aus

---

370 Thomas/Putzo/Reichold § 256 ZPO Rn. 35.

371 Thomas/Putzo/Hüßtege § 3 ZPO, Rn. 65, 189.

372 Thomas/Putzo/Hüßtege § 3 ZPO Rn. 189, § 5 ZPO Rn. 8.

373 In Abgrenzung zur subjektiven Klagehäufung (Streitgenossenschaft); siehe dazu Rn. 397 ff.

374 Vgl. dazu Thomas/Putzo/Reichold § 260 ZPO Rn. 1.

375 Thomas/Putzo/Reichold § 260 ZPO Rn. 4.

376 Siehe dazu Rn. 355 ff.

377 Thomas/Putzo/Reichold § 260 ZPO Rn. 2.

378 Thomas/Putzo/Reichold § 260 ZPO Rn. 3.

379 Thomas/Putzo/Reichold § 260 ZPO Rn. 5.

demselben Sachverhalt.[380] Die Abgrenzung, ob es sich um denselben Lebenssachverhalt oder einen anderen handelt, unterliegt im Einzelfall Schwierigkeiten, die Inhalte umfangreicher Judikatur[381] sind. Beispielsweise begründet eine Klage aus eigenem und aus abgetretenem Recht eine objektive Klagehäufung, da sie auf zwei Lebenssachverhalte gestützt ist.[382]

1. Zulässigkeitsvoraussetzungen

Nach § 260 ZPO ist eine Klagehäufung zulässig, wenn Parteiidentität besteht, der Rechtsstreit in derselben Prozessart geführt wird und das Gericht für alle Ansprüche zuständig ist. Außerdem darf kein Verbindungsverbot (z. B. nach § 578 Abs. 2 ZPO) bestehen.

329

a) Parteiidentität

Parteiidentität meint, dass auf Kläger- und Beklagtenseite jeweils dieselben Parteien bestehen. Dies ist auch in Fällen der Streitgenossenschaft möglich. Dann liegt sowohl eine subjektive als auch eine objektive Klagehäufung vor, sodass zum einen die Voraussetzungen der §§ 59 ff. ZPO und zum anderen die des § 260 ZPO zu prüfen sind.

330

b) Prozessartsidentität

Prozessartsidentität meint, dass für den Verfahrensablauf dieselben Prozessregeln Anwendung finden. Dies ist **nicht** mit **Klageartsidentität** zu verwechseln. Es kann durchaus eine Leistungsklage mit einer Gestaltungs- oder Feststellungsklage verbunden werden. An derselben Prozessart fehlt es beispielsweise bei der Verbindung einer (dem FamFG unterliegenden) Familiensache und einer Nicht-Familiensache, bei der Verbindung einer Urkundenklage[383] (§§ 592 ff. ZPO) mit einer allgemeinen Klage,[384] ebenso bei der Verbindung der Hauptsacheklage mit dem einstweiligen Rechtsschutzverfahren (Arrest oder einstweilige Verfügung).[385]

331

c) Zuständigkeit des Prozessgerichts für alle Einzelansprüche

Bei diesem Erfordernis ist zu beachten, dass sich die **Zuständigkeit** des Prozessgerichts erst durch Addition der Einzelansprüche nach § 5 S. 1 ZPO ergeben kann.[386] Klagt der Kläger beispielsweise einen Zahlungsanspruch im Wert vom 4.000 € und einen Herausgabeanspruch im Wert von 2.000 € (nebeneinander) ein, ist für jeden Einzelanspruch isoliert betrachtet das Amtsgericht sachlich zuständig, durch die Klagehäufung wird aber die Zuständigkeit des Landgerichts insgesamt begründet.

332

2. Arten der Klagehäufung

Zu unterscheiden sind **drei Arten** der Klagehäufung, nämlich die **kumulative**, die **alternative** und die **eventuelle**.[387]

333

---

380 Thomas/Putzo/Reichold § 260 ZPO Rn. 10.

381 Siehe die Fallbeispiele in Thomas/Putzo/Reichold Einl. II ZPO Rn. 31–32.

382 BGH, Urt. v. 27.09.2006 – VIII ZR 19/04, in: NJW 2007, 2414, 2415; Thomas/Putzo/Reichold Einl. II ZPO Rn. 32.

383 Siehe dazu Rn. 642 ff.

384 Thomas/Putzo/Reichold § 260 ZPO Rn. 13.

385 Thomas/Putzo/Reichold § 260 ZPO Rn. 13.

386 Thomas/Putzo/Hüßtege § 5 ZPO Rn. 1.

387 Thomas/Putzo/Reichold § 260 ZPO Rn. 6–8.

a) Kumulative Klagehäufung

334   Bei einer **kumulativen** Klagehäufung macht der Kläger mehrere prozessuale Ansprüche **nebeneinander** geltend.[388] Über alle Streitgegenstände wird **gemeinsam** verhandelt und (regelmäßig)[389] durch **Endurteil** entschieden.

Im **Urteil** sind die Voraussetzungen des § 260 ZPO nur näher zu erörtern, wenn sie problematisch sind. In der Regel wird im **Zulässigkeitsteil** der Entscheidungsgründe nur kurz erwähnt, dass die Voraussetzungen des § 260 ZPO erfüllt sind. Anders ist dies beispielsweise, falls die sachliche Zuständigkeit von einer Streitwertaddition nach § 5 S. 1 ZPO abhängt und der Beklagte die Unzuständigkeit gerügt hat.

335   Der **Gebührenstreitwert** ist wie der Zuständigkeitswert bei der kumulativen Klagehäufung durch **Addition** der Einzelwerte zu ermitteln (§ 39 Abs. 1 GKG).

b) Alternative Klagehäufung

336   Im Falle einer **alternativen** Klagehäufung stellt der Kläger mehrere Streitgegenstände zur Entscheidung, ohne klarzustellen, in welchem Verhältnis sie zu einander stehen. Ein solches Vorgehen verstößt gegen das **Bestimmtheitserfordernis** des § 253 Abs. 2 Nr. 2 ZPO und ist **unzulässig**.[390]

> *Entscheidungsgründe:*
>
> *Die Klage ist unzulässig.*
>
> *Der Antrag des Klägers ist zu unbestimmt. Es handelt sich um einen Fall der unzulässigen alternativen Klagehäufung. Der Kläger hat seine Klageforderung auf einen Anspruch aus dem Kaufvertrag vom 11.10.2015 und das dem Beklagten gewährte Darlehen vom 28.10.2015 gestützt ohne zu verdeutlichen, in welchem Verhältnis diese beiden Streitgegenstände zueinander stehen.*

337   Ein Alternativantrag ist nur bei einer echten **Wahlschuld** (§ 262 BGB) zulässig, bei der nur ein Anspruch mit alternativem Inhalt besteht. Anders ist dies bei einer **Ersetzungsbefugnis**[391] des Beklagten (z.B. nach § 251 Abs. 2 BGB) und bei der gesetzlich nicht geregelten **elektiven Konkurrenz**[392] (z.B. dem Gläubigerwahlrecht nach § 439 Abs. 1 BGB auf Mangelbeseitigung oder Lieferung einer mangelfreien Sache). Bei einer Ersetzungsbefugnis handelt es sich nicht um eine alternative Klagehäufung, da der Kläger nur einen Antrag aus einem Lebenssachverhalt zur Entscheidung stellt,[393] bei der elektiven Konkurrenz handelt es sich um inhaltlich verschiedene Rechte, bei denen sich der Gläubiger zu entscheiden hat, welches er verfolgt.[394]

c) Eventuelle Klagehäufung

338   Eine **eventuelle** Klagehäufung zeichnet sich dadurch aus, dass der Kläger entweder einen Hilfsantrag stellt **oder** einen Antrag auf verschiedene Lebenssachverhalte im **Eventualverhältnis** zueinander stützt.[395] Im letztgenannten Fall handelt es sich um

---

388 Thomas/Putzo/Reichold § 260 ZPO Rn. 6.

389 Es kann nach § 301 ZPO über einen Streitgegenstand durch Teilurteil entschieden werden: Thomas/Putzo/Reichold § 260 ZPO Rn. 16.

390 Thomas/Putzo/Reichold § 260 ZPO Rn. 7.

391 Vgl. dazu Palandt/Grüneberg § 262 BGB Rn. 6–8.

392 Siehe dazu Palandt/Grüneberg § 262 BGB Rn. 5.

393 Thomas/Putzo/Reichold § 260 ZPO Rn. 7.

394 Palandt/Grüneberg § 262 BGB Rn. 5.

395 Thomas/Putzo/Reichold § 260 ZPO Rn. 8.

eine **verdeckte Eventualklagehäufung (Hilfsklagehäufung)**, da aus dem Antrag nicht ersichtlich ist, dass eine Klagehäufung vorliegt.

Der **Hilfsstreitgegenstand** ist mit dem **Hauptstreitgegenstand** über eine innerprozessuale Bedingung verknüpft. Über ihn soll das Gericht nur abhängig vom Ergebnis der Hauptklage eine Entscheidung treffen. Die Begehren können sich widersprechen.[396] Das Gericht ist an die vom Kläger vorgegebene Prüfungsreihenfolge aufgrund der Dispositionsmaxime gebunden.[397] Es kann den Erfolg der Hauptklage nicht dahingestellt lassen. **339**

> **Merke:** Die Prüfung der Hilfsklage setzt die Entscheidungsreife der Hauptklage voraus.

Zu unterscheiden sind die **echte** und die **unechte Eventualklagehäufung**.

aa) Echte Eventualklagehäufung

Die **echte** Eventualklagehäufung stellt den **Regelfall** eines hilfsweisen Vorgehens des Klägers dar. Bei ihr soll über das Hilfsbegehren nur entschieden werden, wenn das **Hauptbegehren erfolglos** bleibt. Beispielsweise beantragt der Kläger, den Beklagten zur Zahlung des Kaufpreises zu verurteilen, hilfsweise zur Rückgabe und Rückübereignung des Kaufgegenstandes. **340**

Der **Zuständigkeitsstreitwert** einer echten Eventualklage ist **nicht** nach § 5 S. 1 ZPO durch Addition der Einzelwerte zu ermitteln; vielmehr ist bei streitwertabhängiger sachlicher Zuständigkeit der **höhere Einzelwert** maßgebend.[398] **341**

Mit der Klagezustellung werden nach § 261 Abs. 1 ZPO sowohl der Haupt- als auch der Hilfsstreitgegenstand **rechtshängig**. Deshalb hemmt die Rechtshängigkeit des Hilfsstreitgegenstandes auch die Verjährung des Hilfsanspruchs.[399] **342**

Die Rechtshängigkeit des Hilfsstreitgegenstandes steht unter der **auflösenden Bedingung des Erfolges der Hauptklage**. Tritt dieser Erfolg ein, wird über das Hilfsbegehren nicht entschieden. Mit der **Rechtskraft** des Urteils über die Hauptklage erlischt die **Rechtshängigkeit des Hilfsstreitgegenstandes rückwirkend**.[400] **343**

> **Merke:** Nur wenn das Hauptbegehren scheitert, sind die Zulässigkeit und Begründetheit des Hilfsbegehrens zu prüfen.

(1) Erfolgreiches Hauptbegehren

Beim **erfolgreichen Hauptbegehren** ergeht **keine Entscheidung** über das Hilfsbegehren. Letzteres taucht im **Urteilstenor** nicht auf. Im **Tatbestand** ist es mitzuteilen, in den **Entscheidungsgründen** bedarf es keiner Erörterung. Allenfalls klarstellend kann darauf hingewiesen werden, dass aufgrund des erfolgreichen Hauptbegehrens die Rechtshängigkeit des Hilfsbegehrens weggefallen ist. **344**

Aufgrund des Erfolges der Hauptklage ist über die Hilfsklage nicht mehr zu entscheiden. Ihre Rechtshängigkeit ist entfallen.

---

396 Thomas/Putzo/Reichold § 260 ZPO Rn. 8.
397 BGH, Urt. v. 20.01.1989 – V ZR 137/87, in: NJW-RR 1989, 650.
398 Thomas/Putzo/Hüßtege § 5 ZPO Rn. 6.
399 BGH, Urt. v. 07.05.1997 – VIII ZR 253/96, in: NJW 1997, 3164, 3165; Palandt/Ellenberger § 204 BGB Rn. 13.
400 Thomas/Putzo/Reichold § 260 ZPO Rn. 17.

> **Merke:** Der Wegfall der Rechtshängigkeit des Hilfsstreitgegenstandes ist eine anderweitige Beendigung des Verfahrens i.S.v. § 204 Abs. 2 S. 1 BGB. Deshalb endet die Hemmung der Verjährung sechs Monate nach Rechtskrafteintritt.

(2) Erfolgloses Hauptbegehren

345 Beim **erfolglosen Hauptbegehren** ist danach zu unterscheiden, ob das **Hilfsbegehren** ebenfalls erfolglos ist oder aber erfolgreich:

(a) Erfolgloses Hilfsbegehren

346 Ist auch das **Hilfsbegehren erfolglos**, ist die Klage im Tenor (insgesamt) **abzuweisen**. Dem Kläger sind die (gesamten) **Kosten** des Rechtsstreits aufzuerlegen. Im Tatbestand sind das Haupt- und das Hilfsbegehren darzustellen. Beide sind in den Entscheidungsgründen **nacheinander** abzuhandeln, **beginnend** mit dem Hauptbegehren, da das Gericht an die Reihenfolge der klägerischen Vorgehensweise gebunden ist.

(b) Erfolgreiches Hilfsbegehren

347 Bei einem **erfolgreichen Hilfsbegehren** ist diesem im Urteilstenor stattzugeben und die Klage im Übrigen abzuweisen.

> *Die Beklagte wird verurteilt, an den Kläger den Pkw Marke XYZ mit der Fahrzeugidentifikations-Nr. 123456789 herauszugeben. **Im Übrigen** wird die Klage abgewiesen.*

> **Beachte:** Ohne Abweisung der Klage im Übrigen ist der Tenor mangels Entscheidung über das Hauptbegehren unvollständig.

348 Eine (nur) **erfolgreiche Hilfsklage** stellt einen Fall des **Teilunterliegens** im Sinne von § 92 ZPO dar.[401] Der für die Ermittlung der Kostenquote maßgebliche **Gebührenstreitwert** ist nach § 45 Abs. 1 S. 2 GKG grundsätzlich durch eine **Addition** der Einzelwerte zu ermitteln. Dies gilt dann nicht, wenn Haupt- und Hilfsstreitbegehren **denselben** Streitgegenstand betreffen; in diesem Fall ist nur der **Wert des höheren Begehrens** maßgeblich (§ 45 Abs. 1 S. 3 ZPO). Die Frage der Streitgegenstandsidentität ist **wirtschaftlich** zu klären.[402] Eine wirtschaftliche Identität ist zu bejahen, wenn sich das Haupt- und Hilfsbegehren logisch ausschließen, d.h. die Zuerkennung des einen die Aberkennung des anderen bedingt.[403]

349 Dies bedeutet, dass bei **fehlender wirtschaftlicher Identität** der (nur) mit seinem Hilfsbegehren obsiegende Kläger den auf den Hauptstreitgegenstand entfallenden Kostenanteil zu tragen hat. Hat der Kläger beispielsweise in der Hauptsache die Herausgabe eines Pkw im Wert von 4.000 € eingeklagt, hilfsweise die Herausgabe eines anderen Pkw im Wert von 3.000 €, beläuft sich der Gebührenstreitwert auf 7.000 €, sodass dem Kläger vier Siebtel der Kosten des Rechtsstreits aufzuerlegen sind.

350 Bei **wirtschaftlicher Identität** von Haupt- und Hilfsstreitgegenstand fallen dem Beklagten die gesamten Kosten des Rechtsstreits zur Last, wenn der Wert der Hilfsklage **höher oder gleich** dem Wert der Hauptklage ist.[404] Ist der Wert des Hauptbegehrens

---

401 Thomas/Putzo/Hüßtege § 92 ZPO Rn. 4.

402 Vgl. Thomas/Putzo/Hüßtege § 6 ZPO Rn. 8.

403 Vgl. BGH, Beschl. v. 30.01.1992 – IX ZR 222/91, in: NJW-RR 1992, 1404.

404 Vgl. Thomas/Putzo/Hüßtege § 92 ZPO Rn. 2.

höher als der Wert des Hilfsbegehrens, trifft den Kläger eine Kostenhaftung im Verhältnis des Differenzbetrages zum höheren Einzelwert. Beispiel: Bei einer erfolglosen Hauptklage mit einem Gebührenstreitwert von 5.000 € und einer erfolgreichen Hilfsklage mit einem Gebührenstreitwert von 4.000 € entfällt auf den Kläger ein Kostenanteil von einem Fünftel.

In den **Entscheidungsgründen** des Urteils bei einer (nur) erfolgreichen Hilfsklage ist (nach einer Kurzbegründung des Gesamtergebnisses) zunächst das erfolglose Hauptbegehren des Klägers (getrennt nach Zulässigkeit und Begründetheit) abzuhandeln. Danach folgen Ausführungen zur Zulässigkeit und Begründetheit der Hilfsklage.   **351**

Entscheidungsgründe:

Die zulässige Hauptklage ist unbegründet, die Hilfsklage zulässig und begründet.

*Der Klägerin steht die mit ihrer **zulässigen** Hauptklage geltend gemachte Kaufpreisforderung nicht zu. Ein Anspruch aus § 433 Abs. 2 BGB scheitert daran, dass der Kaufvertrag vom 08.01.2016 unwirksam ist …*

*Die Hilfsklage ist **zulässig**. Ihrer Zulässigkeit steht nicht entgegen, dass …*

*Die Hilfsklage ist auch **begründet**. Der Beklagte ist der Klägerin aus § 812 Abs. 1 S. 1 Var. 1 BGB zur Rückgabe und Rückübereignung des … verpflichtet …*

---

bb) Unechte Eventualklagehäufung

Bei der **unechten Eventualklagehäufung** stellt der Kläger den Hilfsstreitgegenstand nur zur Entscheidung, wenn das **Hauptbegehren erfolgreich** ist.[405] Wie bei der echten Eventualklagehäufung werden der Haupt- und der Hilfsstreitgegenstand beide mit der Klagezustellung **rechtshängig** (§ 261 Abs. 1 ZPO). Die **Rechtshängigkeit** des Hilfsstreitgegenstandes **entfällt** rückwirkend, wenn die Hauptklage rechtskräftig abgewiesen wird. In diesem Fall taucht die Hilfsklage weder im **Tenor** noch in den **Entscheidungsgründen** des Urteils auf, lediglich im **Tatbestand** ist (zusätzlich) das Hilfsbegehren mitzuteilen.   **352**

Da **keine wirtschaftliche Identität** der Streitgegenstände vorliegt und der Kläger beide Begehren durchsetzen möchte, sind zur Ermittlung des **Zuständigkeitsstreitwertes** die Einzelwerte nach § 5 S. 1 ZPO zu addieren.[406] Wird nicht über die Hilfsklage entschieden, erhöht sie den **Gebührenstreitwert** nicht (§ 45 Abs. 1 S. 2 GKG).

Ein Beispiel für eine unechte Eventualklage liegt vor, wenn der Kläger beantragt, den Beklagten zu einer Leistung **Zug-um-Zug** gegen eine Gegenleistung zu verurteilen, außerdem (im Falle des Erfolges der Hauptklage) den **Annahmeverzug** des Beklagten hinsichtlich der Gegenleistung des Klägers festzustellen (vgl. §§ 756, 765 ZPO). Der Feststellungsantrag des Klägers macht nur Sinn, wenn der Beklagte zur Zug-um-Zug-Leistung verpflichtet ist. Ist dies nicht der Fall, wird im Tenor des Urteils **die Klage** abgewiesen, im Tatbestand sind beide Anträge aufzuführen. Die Entscheidungsgründe behandeln aber **nur** den erfolglosen Hauptantrag. Zur **Klarstellung** empfiehlt sich der Zusatz, dass über den Hilfsantrag keine Entscheidung zu ergehen hat.

---

405 Vgl. BGH, Urt. v. 21.12.2000 – V ZR 254/99, in: NJW 2001, 1285, 1286; Thomas/Putzo/Reichold § 260 ZPO Rn. 8.
406 Vgl. Thomas/Putzo/Hüßtege § 5 ZPO Rn. 4.

> *Über den vom Kläger gestellten Hilfsantrag bedarf es keiner Entscheidung. Er steht als unechter Hilfsantrag unter der Bedingung, dass der Hauptantrag Erfolg hat, was aber nicht der Fall ist.*

353   Bei **erfolgreicher Hauptklage** hat der **Urteilstenor** zusätzlich über die Hilfsklage zu entscheiden. Sie ist im **Tatbestand** darzustellen und in den **Entscheidungsgründen** zu behandeln. Der für die Kostenquote bedeutsame Gebührenstreitwert ist durch Addition der Einzelwerte zu bestimmen (§ 45 Abs. 1 S. 2 GKG).

354   Einen weiteren Anwendungsfall einer unechten Eventualklage bildet der sogenannte **Unvermögensfall**. Bei ihm begehrt der Kläger primär die Herausgabe einer Sache. Ist zu erwarten, dass der Beklagte die Unmöglichkeit der Herausgabe einwendet, der Kläger dies aber anzweifelt, kann er nach §§ 255 Abs. 1, 259 ZPO zusätzlich beantragen, dem Beklagten eine in das Ermessen gestellte Frist zur Herausgabe zu setzen und diesen für den Fall des Fristablaufes zum Schadensersatz (aus § 281 Abs. 1 S. 1 BGB in konkret zu beantragender Höhe) zu verurteilen.[407] Dieses prozessuale Vorgehen ist möglich, da der Erfüllungs- und der Schadensersatzanspruch bei dieser Konstellation zunächst in **elektiver Konkurrenz** nebeneinander bestehen.[408]

> *... wird beantragt,*
>
> *1. den Beklagten zu verurteilen, an den Kläger den Pkw Seat Ibiza mit der Fahrzeugidentifikations-Nr. 123456789 herauszugeben,*
>
> *2. dem Beklagten eine in das Ermessen des Gerichts gestellte Frist ab Rechtskraft des Urteils zur Herausgabe des in Nr. 1 genannten Pkw zu setzen,*
>
> *3. den Beklagten für den Fall, dass er den Pkw nicht fristgerecht an den Kläger herausgibt, zur Zahlung von 3.500 € zu verurteilen.*

III. Klageänderung

355   Eine Klageänderung (§ 263 ZPO) liegt bei einer **Änderung des Streitgegenstandes** vor, d.h. anstelle des rechtshängigen Klagebegehrens wird ein anderes erhoben oder ein zusätzliches.[409] Im letztgenannten Fall handelt es sich um eine **nachträgliche Klagehäufung** (§ 260 ZPO), sodass die Voraussetzungen der §§ 263 ff. ZPO und des § 260 ZPO zu beachten sind.

1. Zulässigkeitsvoraussetzungen

356   Die prozessuale **Zulässigkeit** einer Klageänderung beurteilt sich nach §§ 263, 264, 267 ZPO.

a) Begriff der Klageänderung

357   **Begrifflich** ist eine Änderung des (zweigliedrigen) Streitgegenstandes gegeben, wenn sich der Klageantrag oder der zugrunde liegende Lebenssachverhalt ändert. Selbstverständlich liegt auch bei der Änderung sowohl des Antrags als auch des Klagegrundes eine Antragsänderung vor. Eine Klageänderung ist **nicht gegeben**, wenn der Kläger seinen Klageantrag ohne Änderung seines Inhaltes lediglich präzisiert (vgl. § 264 Nr. 1 ZPO) oder auf eine andere materiell-rechtliche Anspruchsgrundlage stellt.[410]

---

407   Palandt/Grüneberg § 281 BGB Rn. 49; vgl. auch Thomas/Putzo/Reichold § 255 ZPO Rn. 5.

408   OLG Stuttgart, Urt. v. 03.07.2012 – 10 U 33/12, in: NZM 2013, 36, 38; Palandt/Grüneberg § 281 BGB Rn. 49.

409   Thomas/Putzo/Reichold § 263 ZPO Rn. 1.

410   Thomas/Putzo/Reichold § 263 ZPO Rn. 4.

b) Privilegierte Klageänderung

358 Nach § 264 ZPO ist es trotz Vorliegens einer **begrifflichen** Klageänderung nicht als Klageänderung anzusehen, wenn der Kläger **ohne Änderung seines Klagegrundes** den Klageantrag erweitert oder beschränkt (§ 264 Nr. 2 ZPO) oder anstelle des bisher geforderten Gegenstandes wegen einer späteren Veränderung einen anderen Gegenstand oder das Interesse fordert (§ 264 Nr. 3 ZPO). Der Lebenssachverhalt muss in diesen Fällen jeweils gleich bleiben; es handelt sich um **privilegierte Klageänderungen**.[411] Erweitert der Kläger sein bisheriges Begehren um ein zusätzliches (aus einem anderen Lebenssachverhalt), ist diese Form der **Klageänderung** nach § 263 ZPO zu beurteilen.

359 Eine **Klageerweiterung** liegt bei einer **quantitativen** Erhöhung des Klagebegehrens vor, eine **Klagebeschränkung** bei seiner Ermäßigung.[412] Beispielsweise stellt der Übergang von einer Feststellungs- zur Leistungsklage[413] eine nach § 264 Nr. 2 ZPO privilegierte Klageerweiterung dar, ebenso der Wechsel von einer Klage auf eine Zug-um-Zug-Leistung zu einer Klage auf unbedingte Leistung.[414] Das **erweiterte Klagebegehren** wird nach § 261 Abs. 2 ZPO mit seiner Geltendmachung in der mündlichen Verhandlung oder mit der Zustellung eines Schriftsatzes **rechtshängig**. Eine privilegierte Klageermäßigung ist beispielsweise bei einer Teilrücknahme, einem Teilverzicht oder einer teilweisen Erledigungserklärung anzunehmen.[415]

> **Merke:** Bei einer **Teilrücknahme** findet neben § 264 Nr. 2 ZPO die Regelung des § 269 Abs. 1 ZPO Anwendung. Die Teilrücknahme bedarf deshalb nach mündlicher Verhandlung zu ihrer Wirksamkeit **der Einwilligung** des Beklagten. Bei fehlender Einwilligung bleibt das gesamte Klagebegehren rechtshängig.

360 Ein **privilegierter Surrogatfall** (§ 264 Nr. 3 ZPO) ist nicht nur bei einer **nachträglichen objektiven Veränderung** gegeben, sondern auch, wenn die verändernden Umstände dem Kläger erst nach Rechtshängigkeit subjektiv **bekannt geworden** sind.[416] Beispielsweise sind die Voraussetzungen des § 264 Nr. 3 ZPO erfüllt, wenn der Kläger bei einer Herausgabeklage im Falle des **nach Rechtshängigkeit** erfolgenden Untergangs der herausverlangten Sache zu einem Schadensersatzanspruch übergeht, nicht aber, wenn der Schadensersatzanspruch schon vor Rechtshängigkeit bestand.[417]

c) Einwilligung des Beklagten

361 Als **Prozesshandlung** des Beklagten ist die Einwilligung in mündlicher Verhandlung oder schriftsätzlich zu erklären.[418] Diese Einwilligung wird nach § 267 ZPO **unwiderlegbar vermutet**,[419] wenn der Beklagte sich widerspruchslos in einer mündlichen Verhandlung auf die geänderte Klage eingelassen hat. Dabei spielt es keine Rolle, ob er sich der Rechtswirkung seines Verhaltens bewusst ist oder nicht.[420]

---

411 Thomas/Putzo/Reichold § 264 ZPO Rn. 1.

412 Thomas/Putzo/Reichold § 264 ZPO Rn. 3.

413 BGH, Urt. v. 16.05.2001 – XII ZR 199/98, in: NJW-RR 2002, 283; Thomas/Putzo/Reichold § 264 ZPO Rn. 4.

414 BGH, Urt. v. 27.02.2007 – XI ZR 56/06, in: NJW 2007, 3127, 3129; Thomas/Putzo/Reichold § 264 ZPO Rn. 4.

415 Thomas/Putzo/Reichold § 264 ZPO Rn. 6.

416 Thomas/Putzo/Reichold § 264 ZPO Rn. 7.

417 Thomas/Putzo/Reichold § 264 ZPO Rn. 8.

418 BGH, Urt. v. 27.02.1992 – I ZR 35/90, in: NJW 1992, 2235, 2236; Thomas/Putzo/Reichold § 263 ZPO Rn. 7.

419 Thomas/Putzo/Reichold § 267 ZPO Rn. 1.

420 Thomas/Putzo/Reichold § 267 ZPO Rn. 1.

d) Sachdienlichkeit

362   **Verweigert** der Beklagte seine Einwilligung zur Klageänderung kann diese durch die Bejahung der **Sachdienlichkeit** des klägerischen Vorgehens überwunden werden. Die nach **Ermessen des Gerichts** vorzunehmende Beurteilung der Sachdienlichkeit knüpft an die **objektive** Prozesswirtschaftlichkeit an.[421] Sachdienlich ist die Klageänderung, wenn der bisherige Prozessstoff eine **verwertbare** Entscheidungsgrundlage bleibt (Fruchterhaltungsgedanke) und die Zulassung der Klageänderung die endgültige Beilegung des Streites zwischen den Parteien **fördert** und dadurch einen neuen Prozess vermeidet.[422] Dies ist beispielsweise zu **verneinen**, wenn der Kläger sein Klagebegehren auf einen neuen Klagegrund stützt und das bisherige Ergebnis des Rechtsstreits unverwertbar wird.[423]

2. Auswirkungen auf den Rechtsstreit

363   Bei einer **Klageänderung** wird der neue Streitgegenstand unabhängig davon **rechtshängig**, ob die Klageänderung zulässig ist oder nicht.[424] Im Falle einer zulässigen Klageänderung **endet** die Rechtshängigkeit des **alten** Streitgegenstandes.[425] Bei unzulässiger Klageänderung besteht die Rechtshängigkeit des alten Begehrens **fort**.[426]

a) Zulässige Klageänderung

364   Bei einer zulässigen Klageänderung hat das Gericht nur noch über das neue Klagebegehren zu entscheiden,[427] da die Rechtshängigkeit der Ursprungsklage entfallen ist. Obsiegt der Kläger, hat er etwaige durch die ursprüngliche Klage verursachte Mehrkosten zu tragen, die ihm unter Beachtung des Grundsatzes der Kosteneinheit[428] nach § 92 Abs. 1 ZPO anteilig aufzuerlegen sind.

365   Im **Tatbestand** ist das alte Klagebegehren als **vorgezogene Prozessgeschichte** vor dem neuen darzustellen. Es ergibt sich folgender **Regelaufbau**:

■ **Einleitungssatz (fakultativ)**: Nach Umstellung der Klage fordert der Kläger ...

■ **Sachstand**

■ **Streitiger Vortrag des Klägers zum neuen Streitgegenstand**

■ **Prozessgeschichte zur Klageänderung**

Der Kläger hat zunächst vor dem Hintergrund ... beantragt, ...

Wegen der Einzelheiten wird verwiesen auf ...

Der Beklagte hat Klageabweisung beantragt.

Mit Schriftsatz vom ..., dem Beklagten zugestellt am ..., hat der Kläger seine Klage auf ... umgestellt. Der Beklagte hat dem widersprochen ...

---

421   BGH, Urt. v. 27.09.2006 – VIII ZR 19/04, in: NJW 2007, 2414, 2415; Thomas/Putzo/Reichold § 263 ZPO Rn. 8.

422   BGH, Urt. v. 30.11.1999 – VI ZR 219/98, in: NJW 2000, 800, 803; Thomas/Putzo/Reichold § 263 ZPO Rn. 8.

423   BGH, Urt. v. 10.01.1985 – III ZR 93/83, in: NJW 1985, 1841, 1842; Thomas/Putzo/Reichold § 263 ZPO Rn. 9.

424   Thomas/Putzo/Reichold § 264 ZPO Rn. 14.

425   BGH, Urt. v. 01.06.1990 – V ZR 48/89, in: NJW 1990, 2682; Thomas/Putzo/Reichold § 264 ZPO Rn. 14.

426   BGH, Urt. v. 24.09.1987 – VII ZR 187/86, in: NJW 1988, 128; Thomas/Putzo/Reichold § 264 ZPO Rn. 14.

427   Thomas/Putzo/Reichold § 264 ZPO Rn. 16.

428   Vgl. dazu Thomas/Putzo/Hüßtege § 91 ZPO Rn. 5.

- **Aktuelle Anträge:**

  Der Kläger beantragt nunmehr,
  den Beklagten zu verurteilen …

  Der Beklagte beantragt,
  die Klage abzuweisen.

- **Streitiger Vortrag des Beklagten zum neuen Streitgegenstand**

- **(Weitere) Prozessgeschichte**

In den **Entscheidungsgründen** ergibt sich folgender **Aufbau:**   **366**

- **Einleitungssatz:** Die Klage ist nach erfolgter Klagänderung zulässig und begründet.

- **Zulässigkeit der Klageänderung** (in der Klausur häufig Sachdienlichkeit)

- **Zulässigkeit der Klage** nur noch hinsichtlich des neuen Anspruchs

- **Begründetheit der Klage** nur noch hinsichtlich des neuen Anspruchs

- **Prozessuale Nebenentscheidungen**

- **Rechtsbehelfsbelehrung**

- **Unterschrift(en)**

Tatbestand:

*Die Klägerin **hat** zunächst Herausgabe **verlangt**, nunmehr Schadensersatz.*

Die Parteien sind seit vielen Jahren miteinander befreundet. Am 13.09.2015 überließ die Klägerin ihr Cabrio der Marke XYZ für fünf Wochen unentgeltlich dem Beklagten. Er wollte damit in den Urlaub fahren. Die Klägerin ging davon aus, dass der Beklagte mit ihrem Auto wie im Vorjahr an die deutsche Nordseeküste fahren wollte.

Am 16.09.2015 erfuhr die Klägerin zufällig, dass der Beklagte eine Urlaubsfahrt ins außereuropäische Ausland plante. Damit war die Beklagte nicht einverstanden, da ihr Pkw im Zielland nicht kaskoversichert war. Sie untersagte deshalb am 17.09.2015 dem Beklagten, ihr Cabrio zu nutzen und verlangte es sofort zurück. Dieser Aufforderung kam der Beklagte nicht nach und stellte sich auf den Standpunkt, das Fahrzeug fünf Wochen beliebig nutzen zu dürfen.

Am 02.10.2015 war der Beklagte mit dem Cabrio der Klägerin in einen Verkehrsunfall verwickelt, bei dem an dem Cabrio Totalschaden entstand. Unfallursache der Kollision im beampelten Kreuzungsbereich war ein Rotlichtverstoß des Unfallgegners des Beklagten.

*Die Klägerin **behauptet**, mit dem Beklagten sei abgesprochen gewesen, das Cabrio nur im Inland zu fahren. Ihr Cabrio habe im Unfallzeitpunkt einen Zeitwert von mindestens 10.000 € gehabt. Sie **meint**, der Beklagte müsse ihr trotz fehlenden Unfallverschuldens Schadensersatz leisten.*

*In ihrer Klageschrift vom 21.09.2015, dem Beklagten am 26.09.2015 zugestellt, **hat** die Klägerin den **Antrag angekündigt**, den Beklagten zu verurteilen, das Cabrio Marke XYZ mit der Fahrzeugidentifikations-Nr. 987654321 an sie herauszugeben.*

*Der Beklagte **hat angekündigt zu beantragen**, die Klage abzuweisen.*

*Die Klägerin hat mit dem Beklagten am 21.10.2015 zugestelltem Schriftsatz vom 18.10.2015 ihren **Klageantrag geändert** und **beantragt** nunmehr,*

> *den Beklagten zu verurteilen, an sie 10.000 € nebst Zinsen in Höhe von 5 Prozentpunkten über dem jeweiligen Basiszinssatz seit dem 22.10.2015 zu zahlen.*

*Der Beklagte **beantragt**,*
> *die Klage abzuweisen.*

*Er **rügt**, der Antragswechsel der Klägerin sei gegen seinen Willen prozessual unzulässig. Er **behauptet**, die Klägerin sei mit der Fahrzeugnutzung im außereuropäischen Ausland einverstanden gewesen. Zudem ist er der **Ansicht**, den Totalschaden nicht zu vertreten zu haben. Der Schaden sei zu einem Zeitpunkt eingetreten, in dem er das Cabrio berechtigt genutzt habe.*

*Das Gericht **hat Beweis erhoben** durch ...*

b) Unzulässige Klageänderung

367 Bei einer **unzulässigen Klageänderung** ist wegen der fortbestehenden Rechtshängigkeit des ursprünglichen Streitgegenstandes **über das alte und das neue Klagebegehren** zu entscheiden. Da die Klageänderung unzulässig ist, ergeht über den **neuen** Streitgegenstand ein **Prozessurteil**.[429] Da der Kläger sein altes Klagebegehren ändern wollte, aber nicht kann, macht es für ihn keinen Sinn, dieses aufrecht zu erhalten. Wegen der drohenden Erfolglosigkeit des alten Begehrens ist die günstigste Kostenlösung anzustreben. Bei unwirksamer Klagerücknahme ist dies ein Klageverzicht (§ 306 ZPO), bei dem nach KV 1211 zum GKG lediglich eine 1,0-Gerichtsgebühr entsteht. Ggf. ist das Verhalten des Klägers auszulegen. Wenn er zum alten Streitgegenstand keinen Antrag mehr stellt, ist die alte Klage durch Teilversäumnisurteil abzuweisen.

368 Der **Aufbau des Tatbestandes** entspricht dem bei einer zulässigen Klageänderung, sodass auch hier die Klageänderung als **vorgezogene Prozessgeschichte** vor den aktuellen Anträgen darzustellen ist.

369 In den **Entscheidungsgründen** ist zunächst die **Unzulässigkeit der Klageänderung** einschließlich des **Fortbestandes der Rechtshängigkeit des alten Streitgegenstandes** zu begründen. Danach folgen Ausführungen zu Zulässigkeit und Begründetheit des **alten** Klagebegehrens.

Entscheidungsgründe:

Die Klage auf Zahlung des Kaufpreises für die Lieferung der 650 Katalysatoren ist unzulässig, die ursprüngliche Klage auf Ausgleich der Rechnung für die gelieferten 400 Auspuffrohre des Klägers ist nach § 330 ZPO durch Versäumnisurteil abzuweisen.

Der gegen den Willen des Beklagten erfolgte Übergang von der Kaufpreisklage für die Auspuffrohre zur Kaufpreisklage für die Katalysatoren stellt eine unzulässige Klageänderung (§ 263 ZPO) dar. Der Kläger hat mit dieser Klage den Streitgegenstand des Rechtsstreits in unzulässiger Weise geändert. Diese erst nach abgeschlossener Beweisaufnahme erfolgte Klageänderung ist nicht sachdienlich, da der entscheidungsreife

---

429 Thomas/Putzo/Reichold § 264 ZPO Rn. 17.

Streitstoff zur ursprünglichen Klage für den neuen Streitgegenstand nicht verwertbar ist. Es ist nicht prozessökonomisch, gegen den Willen des Beklagten den Rechtsstreit über den neuen Streitgegenstand von vorne zu beginnen.

Aufgrund der Unzulässigkeit der Klageänderung besteht die Rechtshängigkeit der ursprünglichen Klage fort und bedarf einer Sachentscheidung zum Klageabweisungsantrag des Beklagten, der in eine Rücknahme dieser Klage nicht eingewilligt hat. Da der Kläger zum alten Streitgegenstand keinen Antrag mehr gestellt hat, ist er nach § 333 ZPO säumig.

…

D. Prozessbeteiligte

I. Parteibegriff, Partei-, Prozess- und Postulationsfähigkeit

1. Parteibegriff

Die Parteien eines Rechtsstreits werden nach dem **formellen Parteibegriff** bestimmt.[430] Parteien sind danach diejenigen, die in der den Rechtsstreit einleitenden Prozesshandlung (in der Regel Klageschrift) namentlich bezeichnet sind.[431] Die Bestimmung der Parteien ist **objektiv** vom Standpunkt des Gerichts und des Prozessgegners vorzunehmen, sodass bei mehrdeutiger Parteibezeichnung der erkennbar Gemeinte Partei ist.[432] Eine falsche, ungenaue oder unvollständige Parteibezeichnung kann, sofern die Identität der Partei gewahrt bleibt, jederzeit berichtigt werden.[433] Es handelt sich dann um eine **Rubrumsberichtigung**,[434] die von einer **Parteiänderung**[435] abzugrenzen ist. Klagt eine Partei unter ihrer Firma (§ 17 HGB) oder wird unter ihrer Firma verklagt, ist der Unternehmensinhaber Partei des Rechtsstreits.[436]

370

2. Parteifähigkeit

Vom Parteibegriff zu unterscheiden ist die **Parteifähigkeit**.[437] Nach § 50 Abs. 1 ZPO ist **parteifähig, wer rechtsfähig** ist. Dies trifft auf **natürliche Personen** ab Vollendung ihrer Geburt (§ 1 BGB) bis zu ihrem Tod zu.[438] **Juristische Personen** des öffentlichen und privaten Rechts sind vom Erwerb ihrer Rechtsfähigkeit bis zu deren Verlust parteifähig. Auch die **Vor-GmbH** in Gründung wird als aktiv und passiv parteifähig angesehen.[439] Ebenso sind **Personengesellschaften** parteifähig. Für die **Offene Handelsgesellschaft** ergibt sich dies aus § 124 Abs. 1 HGB, für die **Kommanditgesellschaft** aus §§ 124 Abs. 1, 161 Abs. 2 HGB, für die **Partnerschaftsgesellschaft** aus §§ 7 Abs. 2 PartGG, 124 Abs. 1 HGB, für die **Gesellschaft bürgerlichen Rechts**[440] aus § 124 Abs. 1 HGB analog. **Nicht rechtsfähige Vereine** (§ 54 BGB) sind nach § 50 Abs. 2 ZPO parteifähig und haben in einem Rechtsstreit die Stellung eines rechtsfähigen

371

---

430 Thomas/Putzo/Hüßtege Vorbem. § 50 ZPO Rn. 3 ff.

431 Thomas/Putzo/Hüßtege Vorbem. § 50 ZPO Rn. 4.

432 BGH, Urt. v. 27.11.2007 – X ZR 144/06, in: NJW-RR 2008, 582; Thomas/Putzo/Hüßtege Vorbem. § 50 ZPO Rn. 4.

433 Thomas/Putzo/Hüßtege Vorbem. § 50 ZPO Rn. 4.

434 Vgl. BGH, Urt. v. 14.09.2005 – VIII ZR 117/04, in: NJW-RR 2006, 42; Thomas/Putzo/Hüßtege Vorbem. § 50 ZPO Rn. 6.

435 Vgl. dazu Rn. 455 ff.

436 Thomas/Putzo/Hüßtege Vorbem. § 50 ZPO Rn. 7

437 Thomas/Putzo/Hüßtege Vorbem. § 50 ZPO Rn. 2.

438 Thomas/Putzo/Hüßtege § 50 ZPO Rn. 2.

439 BGH, Urt. v. 28.11.1997 – V ZR 178–96, in: NJW 1998, 1079; Thomas/Putzo/Hüßtege § 50 ZPO Rn. 3.

440 BGH, Urt. v. 29.01.2001 – II ZR 331/00, in: NJW 2001, 1056; Thomas/Putzo/Hüßtege § 50 ZPO Rn. 4.

Vereins. Die Parteifähigkeit der **Wohnungseigentümergemeinschaft** ergibt sich aus § 10 Abs. 6 S. 5 WEG.

372 **Nicht parteifähig** ist die **Bruchteilsgemeinschaft**[441] (§§ 741 ff. BGB), ebenso nicht die auf Auseinandersetzung angelegte **Erbengemeinschaft**[442] (§§ 2032 ff. BGB). Eine gegen die Gemeinschaft selbst und nicht gegen ihre einzelnen Mitglieder gerichtete Klage ist unzulässig.

3. Prozessfähigkeit

373 Die Prozessfähigkeit ist die Fähigkeit, **Prozesshandlungen selbst** oder durch **selbst bestellte Vertreter** wirksam vornehmen und entgegennehmen zu können.[443] **Prozessunfähige Personen** werden durch ihre **gesetzlichen Vertreter** vertreten.[444] Der gesetzliche Vertreter wird sowohl für natürliche und juristische Personen sowie für die übrigen parteifähigen Parteien nach dem bürgerlichen Recht bestimmt.[445]

374 **Minderjährige** werden nach § 1629 Abs. 1 S. 1 BGB durch ihre Eltern vertreten,[446] bei Gefahr im Verzuge auch durch einen Elternteil alleine (§ 1629 Abs. 1 S. 4 BGB), (minderjährige) **Halbwaisen** durch den überlebenden Elternteil (§ 1680 Abs. 1 BGB), (minderjährige) Vollwaisen durch den **Vormund** (§ 1773 Abs. 1 BGB). Soweit ein **Vertretungsausschluss** eingreift (z.B. nach § 1795 BGB, der nach § 1629 Abs. 2 S. 1 BGB auch für Eltern gilt), bedarf es nach § 1909 Abs. 1 S. 1 BGB der Bestellung eines **Ergänzungspflegers**.

375 **Volljährige** Personen, die unter **rechtlicher Betreuung** (§ 1896 BGB) stehen, werden nach § 1902 BGB außergerichtlich und gerichtlich durch ihren Betreuer gesetzlich vertreten. Gleiches gilt nach der Regelung des § 51 Abs. 3 ZPO für **Vorsorgebevollmächtigte**. Die Vertretungsbefugnis des Betreuers oder Bevollmächtigten beschränkt sich auf den jeweiligen **Aufgabenbereich**[447] der Betreuung/des Vollmachtsverhältnisses. Ist die betreute Person nicht so schwer krank, dass sie sich in einem ihre freie Willensbildung dauerhaft ausschließenden Zustand befindet (vgl. § 104 Nr. 2 BGB), bleibt sie trotz der Betreuerbestellung geschäftsfähig[448] und deshalb nach § 52 ZPO an sich prozessfähig. Allerdings stellt § 53 ZPO sie im Rahmen der Prozessführung durch den dazu berechtigten Betreuer einer prozessunfähigen Person gleich.[449]

376 Der **Vorstand** vertritt den rechtsfähigen Verein (§ 26 Abs. 2 BGB), die Stiftung (§ 86 BGB), die Aktiengesellschaft (§ 78 Abs. 1 AktG) und die Genossenschaft (§ 24 GenG).

377 Vorbehaltlich einer abweichenden Regelung im Gesellschaftsvertrag obliegt die Vertretung einer Offenen Handelsgesellschaft jedem **Gesellschafter** (§ 125 Abs. 1 HGB). Für die Kommanditgesellschaft gilt diese Regelung ebenfalls, allerdings ist der **Kommanditist** nach § 170 HGB von der Vertretung der Gesellschaft ausgeschlossen. Bei der BGB-Gesellschaft sieht das Gesetz in § 714 BGB die Vertretung der Gesellschaft durch den **geschäftsführenden Gesellschafter** vor.

---

441 Thomas/Putzo/Hüßtege § 50 ZPO Rn. 9.

442 Thomas/Putzo/Hüßtege § 50 ZPO Rn. 6a.

443 Thomas/Putzo/Hüßtege § 51 ZPO Rn. 2.

444 Thomas/Putzo/Hüßtege § 51 ZPO Rn. 3.

445 Thomas/Putzo/Hüßtege § 51 ZPO Rn. 4.

446 Formulierungsbeispiel siehe Rn. 53.

447 Vgl. dazu Palandt/Götz § 1896 BGB Rn. 14 ff.; § 1902 BGB Rn. 3.

448 Palandt/Götz § 1902 BGB Rn. 5.

449 Vgl. dazu Thomas/Putzo/Hüßtege § 53 ZPO Rn. 3.

4. Postulationsfähigkeit

Postulationsfähigkeit ist die Fähigkeit, in einem Rechtstreit **wirksam handeln** zu   **378**
können.[450] Zu unterscheiden sind die Postulationsfähigkeit im **Anwaltsprozess**
(§ 78 ZPO) und im **Parteiprozess** (§ 79 ZPO).

Vor den Landgerichten, den Oberlandesgerichten und dem Bundesgerichtshof besteht **Anwaltszwang** (§ 78 Abs. 1 ZPO). Die Postulationsfähigkeit setzt eine Zulassung des Rechtsanwaltes im Zeitpunkt der Prozesshandlung voraus.[451] In Familiensachen ist der Anwaltszwang in § 114 FamFG geregelt.

Nach § 78 Abs. 3 ZPO unterliegen Prozesshandlungen, die vor dem **Urkundsbeam-**   **379**
ten der Geschäftsstelle vorgenommen werden können (vgl. z.B. § 91 a Abs. 1 S. 1
ZPO), generell nicht dem Anwaltszwang, können also von der Partei selbst erfolgen.
So kann beispielsweise eine nicht anwaltlich vertretene Partei nach §§ 117 Abs. 1 S. 1,
78 Abs. 3 ZPO beim Landgericht selbst einen Antrag auf Bewilligung von Prozesskostenhilfe stellen oder einen Arrest oder eine einstweilige Verfügung beantragen
(§§ 920 Abs. 3, 78 Abs. 3 ZPO).

Nach § 78 Abs. 4 ZPO besteht ein **Selbstvertretungsrecht** des Rechtsanwaltes, wenn   **380**
er selbst Partei eines Rechtsstreites ist.

Soweit **kein Anwaltszwang** besteht, können die **Parteien** den Rechtsstreit nach § 79
Abs. 1 S. 1 ZPO selbst führen, sind aber zur Bestellung eines Rechtsanwaltes als Bevollmächtigten berechtigt (§ 79 Abs. 2 S. 1 ZPO). In § 79 Abs. 2 S. 2 ZPO ist geregelt,
wer außer Anwälten als **Bevollmächtigter** vertretungsbefugt sein kann. Dazu gehören nach Nr. 2 dieser Vorschrift insbesondere volljährige **Familienangehörige**.

II. Prozessstandschaft

Die **Prozessstandschaft** ist die Befugnis, im eigenen Namen einen Rechtsstreit über   **381**
ein fremdes Recht zu führen.[452] Sie ist damit ein **Unterfall der Prozessführungsbe-**
fugnis, d.h. der Berechtigung, einen Prozess als richtige Partei im eigenen Namen zu
führen.[453]

Merke: Die Prozessführungsbefugnis ist von der **Sachbefugnis**, die auch Aktiv-
oder Passivlegitimation genannt wird, streng zu trennen. Fehlt die Prozessführungsbefugnis, ist die Klage unzulässig. Fehlt die Sachbefugnis, ist die Klage unbegründet.

Zu unterscheiden sind die **gesetzliche** und die **gewillkürte Prozessstandschaft**.   **382**

1. Gesetzliche Prozessstandschaft

Eine **gesetzliche Prozessstandschaft** beruht unmittelbar auf dem Gesetz.[454] Diese   **383**
gesetzliche Ermächtigung kann sich aus dem **materiellen Recht** und aus dem **Pro-**
zessrecht ergeben. Es gibt **vier anerkannte Fallgruppen sowie eine umstrittene.**

---

450 Thomas/Putzo/Hüßtege Vorbem. § 78 ZPO Rn. 6.
451 Thomas/Putzo/Hüßtege § 78 ZPO Rn. 2.
452 Thomas/Putzo/Hüßtege § 51 ZPO Rn. 21.
453 Thomas/Putzo/Hüßtege § 51 ZPO Rn. 20.
454 Thomas/Putzo/Hüßtege § 51 ZPO Rn. 24.

a) Anerkannte Fallgruppen

aa) Parteien kraft Amtes

384 **Parteien kraft Amtes** (oder **Amtswalter**) sind der Insolvenzverwalter[455] (§ 80 Abs. 1 InsO), der Zwangsverwalter (§ 152 Abs. 1 ZVG), der Nachlassverwalter (§ 1985 Abs. 1 BGB) und der Testamentsvollstrecker (§§ 2212, 2213 BGB).

bb) Teilhaberfälle

385 Zu dieser Fallgruppe gehören die Klage eines Miteigentümers nach § 1011 BGB gegen einen Dritten auf Herausgabe an alle Miteigentümer[456] und eines Erben einer ungeteilten Erbengemeinschaft nach § 2039 S. 1 BGB auf Leistung an alle Miterben[457] sowie die gesetzlich nicht geregelte **actio pro socio**,[458] bei der ein einzelner Gesellschafter einen Anspruch der Gesellschaft auf Leistung an die Gesellschaft gerichtlich verfolgt.

> ... wird beantragt,
> die Beklagte zu verurteilen, den Farbfernseher Marke ABC mit der Geräte-Nr. 987654321 an die Klägerin und an ihren Ehemann Rolf Schmitz, Düsseldorfer Landstraße 422 in Solingen, herauszugeben.

cc) Familienrechtliche Fälle

386 Im Bereich des **Familienrechts** normiert § 1629 Abs. 3 S. 1 BGB eine gesetzliche **Prozessstandschaft**. Danach kann ein getrennt lebender Elternteil **Unterhaltsansprüche** seines minderjährigen Kindes gegen den anderen Elternteil nur im eigenen Namen geltend machen.[459] Außerdem regeln im **Ehegüterrecht** die §§ 1368, 1369 BGB[460] Fälle der gesetzlichen Prozessstandschaft.

dd) Veräußerung der streitbefangenen Sache

387 Eine examenswichtige **prozessuale** Regelung ist § 265 Abs. 2 S. 1 ZPO. Danach hat die **Veräußerung der streitbefangenen Sache** oder die **Abtretung des eingeklagten Anspruchs** keinen Einfluss auf den Prozess, sodass dieser zwischen den bisherigen Parteien unverändert fortzuführen ist.[461]

Im Falle der **Rechtsnachfolge auf Klägerseite** führt der Rechtsvorgänger den Rechtsstreit im eigenen Namen als gesetzlicher Prozessstandschafter des Rechtsnachfolgers weiter; dem Rechtsnachfolger fehlt trotz des Rechtsübergangs auf ihn die Prozessführungsbefugnis.[462] Allerdings hat der Kläger seinen bisherigen Klageantrag auf Leistung an sich selbst nicht aufrechtzuerhalten, sondern auf **Leistung an den Rechtsnachfolger** umzustellen[463] (**Relevanztheorie**). Sinn des § 265 Abs. 2 S. 1 ZPO ist nämlich nur, den Klagegegner vor prozessualen Nachteilen zu schützen, nicht

---

455 Formulierungsbeispiel in Rn. 54.

456 Palandt/Bassenge § 1011 BGB Rn. 4.

457 Palandt/Weidlich § 2039 BGB Rn. 6.

458 Vgl. dazu Palandt/Sprau § 714 BGB Rn. 9.

459 Palandt/Götz § 1629 BGB Rn. 27.

460 Vgl. dazu Palandt/Brudermüller § 1368 BGB Rn. 4, § 1369 BGB Rn. 10.

461 Thomas/Putzo/Reichold § 265 ZPO Rn. 12.

462 Thomas/Putzo/Reichold § 265 ZPO Rn. 12.

463 Thomas/Putzo/Reichold § 265 ZPO Rn. 13.

aber zu einem in der Sache unrichtigen Urteil zu führen.[464] Unterbleibt die Umstellung des Klageantrages, ist die Klage als unbegründet abzuweisen.[465]

> *… wird der **Klageantrag** dahingehend abgeändert,*
>
> *dass der Beklagte verurteilt wird, 3.244 € nebst Zinsen in Höhe von 5 Prozentpunkten über dem jeweiligen Basiszinssatz ab dem 15.03.2016 **an** Frau Angela Böttcher, Sonnenallee 8 in Leipzig, zu zahlen.*

Ausnahmen von der Fortsetzung des Rechtsstreits durch den Veräußerer als Prozessstandschafter des Erwerbers sehen §§ 265 Abs. 3, 266 ZPO vor. Examensrelevant ist vor allem die **Gutglaubensschutzregelung** des § 265 Abs. 3 ZPO. Danach kann der Beklagte, wenn auf **Klägerseite** eine Rechtsnachfolge eintritt, den Einwand erheben, dass das Urteil nach § 325 Abs. 2 ZPO nicht gegen den Rechtsnachfolger wirkt.[466] Dies ist der Fall, wenn der Erwerber beim Erwerb vom Berechtigten hinsichtlich der **fehlenden Rechtshängigkeit** und beim Erwerb vom Nichtberechtigten **doppelt gutgläubig**[467] ist, d.h. hinsichtlich der Rechtshängigkeit und der Berechtigung. **388**

Veräußert demgegenüber der **Beklagte** nach Rechtshängigkeit an einen Gutgläubigen, findet § 265 Abs. 3 ZPO keine Anwendung.[468] Der Kläger kann entweder nach § 265 Abs. 2 S. 1 ZPO seinen Antrag unverändert lassen und später im Vollstreckungsverfahren eine Klauselumschreibung nach § 727 Abs. 1 ZPO beantragen oder seinen Antrag im laufenden Klageverfahren nach § 264 Nr. 3 ZPO auf eine Surrogatforderung umstellen.[469] So kann er beispielsweise statt Herausgabe der Sache aus § 985 BGB nunmehr Herausgabe des Erlangten aus § 816 Abs. 1 S. 1 BGB verlangen. Eine Beteiligung des Rechtsnachfolgers auf Beklagtenseite am laufenden Rechtsstreit ist nicht möglich. **389**

b) Forderungseinzugsklage als umstrittene Fallkonstellation

Umstritten ist, ob auch die **Forderungseinzugsklage** des Überweisungsgläubigers eines Pfändungs- und Überweisungsbeschlusses (§§ 829, 835, 836 Abs. 1 ZPO) einen Anwendungsfall der gesetzlichen Prozessstandschaft darstellt. Bei dieser Klagekonstellation klagt der Vollstreckungsgläubiger, der einen Anspruch des Vollstreckungsschuldners gegen dessen Schuldner (sogenannter Drittschuldner) gepfändet und sich nach § 835 Abs. 1 Var. 1 ZPO **zum Einzug** hat überweisen lassen,[470] die gepfändete und überwiesene Forderung gegen den Drittschuldner im eigenen Namen ein. Da der Vollstreckungsschuldner Inhaber des gepfändeten und überwiesenen Anspruchs geblieben ist, lässt sich eine Forderungseinzugsklage als Fall der gesetzlichen Prozessstandschaft ansehen. Ebenso kann auf die Geltendmachung des **Einzugsrechts** als eigener Rechtsposition abgestellt werden, sodass der Vollstreckungsgläubiger eine eigene Rechtsposition einklagt.[471] **390**

---

464 Thomas/Putzo/Reichold § 265 ZPO Rn. 13.

465 BGH, Urt. v. 12.03.1986 – VIII ZR 64/85, in: NJW 1986, 3206, 3207; Thomas/Putzo/Reichold § 265 ZPO Rn. 13.

466 Siehe dazu Rn. 797, 798.

467 Thomas/Putzo/Reichold § 265 ZPO Rn. 19, § 325 ZPO Rn. 8.

468 Thomas/Putzo/Reichold § 265 ZPO Rn. 20.

469 Thomas/Putzo/Reichold § 265 ZPO Rn. 14.

470 Wählt der Vollstreckungsgläubiger eine Überweisung an Zahlungs statt (§ 835 Abs. 1 Var. 2 ZPO), wird er Gläubiger des gepfändeten und überwiesenen Anspruchs und klagt deshalb auf jeden Fall einen eigenen (übergegangenen) Anspruch im eigenen Namen ein.

471 Zu Einzelheiten dieser vollstreckungsrechtlichen Problematik und daraus resultierenden Aufbaukonsequenzen AS-Skript Vollstreckungsrecht im Assessorexamen (2015), Rn. 328.

2. Gewillkürte Prozessstandschaft

391 Eine **gewillkürte Prozessstandschaft** liegt vor, wenn der Rechtsinhaber seine Prozessführungsbefugnis (nicht: den Anspruch) **durch ein Rechtsgeschäft** auf einen anderen überträgt, der aufgrund einer Einzugsermächtigung nach § 185 Abs. 1 BGB den Anspruch einklagt.[472] Ob der Klageantrag auf Leistung an den Prozessstandschafter oder auf Leistung an den Rechtsträger zu richten ist, hängt von der Regelung der §§ 362 Abs. 2, 185 BGB ab.[473] Maßgeblich ist, ob der Klagegegner an den Prozessstandschafter schuldbefreiend leisten kann oder nicht.[474]

Im Einzelnen bestehen folgende **Voraussetzungen** für eine zulässige gewillkürte Prozessstandschaft:

a) Ermächtigung

392 Analog § 185 Abs. 1 BGB bedarf es der **Ermächtigung** des Klägers seitens des Rechtsträgers zur Prozessführung. Diese Ermächtigung kann bis zum Schluss der letzten mündlichen Verhandlung nachgeholt werden.[475]

b) Offenlegung

393 Sofern die Ermächtigung seitens des Rechtsträgers nicht für alle Verfahrensbeteiligten offensichtlich ist, bedarf es ihrer **Offenlegung**, damit der Klagegegner Gelegenheit zum Bestreiten hat.[476]

c) Übertragbarkeit der Rechtsposition

394 Das im Wege der Prozessstandschaft verfolgte Recht darf **nicht höchstpersönlicher Art** sein (z.B. der Urlaubsanspruch)[477], sondern muss **übertragbar** sein, zumindest muss die Ausübung einem Dritten überlassen werden können.[478] Dies ist beispielsweise beim Herausgabeanspruch aus § 985 BGB der Fall, der nicht isoliert abtretbar ist, bei dem aber ein Dritter wirksam zur Geltendmachung im eigenen Namen ermächtigt werden kann.[479]

d) Eigenes Rechtsinteresse

395 Der Prozessstandschafter muss ein **eigenes schutzwürdiges Interesse** an der klageweisen Geltendmachung des fremden Rechts haben.[480] Ein solches liegt vor, wenn die gerichtliche Entscheidung die **eigene Rechtslage** des Prozessstandschafters **beeinflusst**. Anerkannt ist das Bestehen eines eigenen rechtlichen Interesses beispielsweise[481] für den Verkäufer einer Forderung nach Abtretung an den Käufer (wegen seiner Einstandspflicht für mindestens[482] das Bestehen der Forderung).[483]

---

472 Thomas/Putzo/Hüßtege § 51 ZPO Rn. 31.

473 Thomas/Putzo/Hüßtege § 51 ZPO Rn. 39.

474 Vgl. zur Einzugsermächtigung Palandt/Grüneberg § 398 BGB Rn. 34.

475 Thomas/Putzo/Hüßtege § 51 ZPO Rn. 33.

476 Thomas/Putzo/Hüßtege § 51 ZPO Rn. 31.

477 Vgl. Palandt/Grüneberg § 399 BGB Rn. 6.

478 BGH, Urt. v. 16.09.1964 – V ZR 132/62, in: NJW 1964, 2296, 2297; Thomas/Putzo/Hüßtege § 51 ZPO Rn. 36.

479 Palandt/Bassenge § 985 BGB Rn. 1.

480 Thomas/Putzo/Hüßtege § 51 ZPO Rn. 34.

481 Zu weiteren Beispielsfällen siehe Thomas/Putzo/Hüßtege § 51 ZPO Rn. 35, 35a.

482 Zur differenzierten Factoringhaftung vgl. Palandt/Grüneberg § 398 BGB Rn. 38–40.

483 BGH, Urt. v. 03.11.1978 – I ZR 150/76, in: NJW 1979, 924, 925; Thomas/Putzo/Hüßtege § 51 ZPO Rn. 35.

e) Keine unzumutbare Benachteiligung

Die prozessuale Möglichkeit einer gewillkürten Prozessstandschaft steht unter dem **396** Vorbehalt, dass **kein treuwidriges Verhalten** (§ 242 BGB) vorliegt.[484] Für den Beklagten muss letztlich egal sein, wer ihn verklagt. Eine treuwidrige **unangemessene Benachteiligung des Klagegegners** ist beispielsweise zu bejahen, wenn durch die Vermögenslosigkeit des Prozessstandschafters der prozessuale Kostenerstattungsanspruch des Beklagten (im Falle der Klageabweisung) gefährdet wird.[485]

> *Die Klage ist **zulässig**. Insbesondere ist die Klägerin trotz der schon vor Rechtshängigkeit erfolgten Sicherungsabtretung des eingeklagten Werklohnanspruchs an ihre Mutter **prozessführungsbefugt**.*
>
> *Die Prozessführungsbefugnis der Klägerin ergibt sich aus ihrer Stellung als **gewillkürter Prozessstandschafterin**. Die Mutter der Klägerin als Sicherungsgläubigerin hat die Klägerin zur Klageerhebung ermächtigt, diese Ermächtigung ist offen gelegt, die eingeklagte Geldforderung ist übertragbar, die Klägerin hat ein eigenes rechtliches Interesse an der Titulierung des ihrer Mutter abgetretenen Anspruchs und die Rechtsverteidigung des Beklagten wird nicht unzumutbar beeinträchtigt. Das von dem Beklagten in Abrede gestellte eigene rechtliche Interesse der Klägerin resultiert aus ihrem **Interesse als Sicherungsgeberin**, dass die gestellte Sicherheit realisierbar ist. ...*

III. Streitgenossenschaft

Eine **Streitgenossenschaft** (§§ 59 ff. ZPO) ist gegeben, wenn in einem Verfahren auf **397** Kläger- und/oder Beklagtenseite **mehr als eine Partei** vorhanden ist.[486] Die Streitgenossenschaft wird auch **subjektive Klagehäufung** genannt. Es bestehen **mehrere Prozessrechtsverhältnisse**, die in einem Verfahren zu gemeinsamer Verhandlung, Beweisaufnahme und Entscheidung verbunden sind. Diese Verbindung kann bei der Einleitung des Klageverfahrens oder nachträglich im Wege der Parteierweiterung erfolgen.[487]

Zu unterscheiden sind die **einfache** (§§ 59–61 ZPO) und die **notwendige** (§ 62 ZPO) **398** **Streitgenossenschaft**.

> **Merke:** Besteht auf Kläger- und/oder Beklagtenseite eine Streitgenossenschaft i.S.d. §§ 59 ff. ZPO, werden die Streitgenossen im Klage- und Urteilsrubrum unabhängig davon, ob sie einfache oder notwendige sind, als „Kläger zu 1)", „Kläger zu 2)", „Beklagter zu 1)", „Beklagter zu 2)" usw. bezeichnet.

1. Einfache Streitgenossenschaft

Eine **einfache Streitgenossenschaft** ist die Zusammenfassung mehrerer Prozess- **399** rechtsverhältnisse aus **Zweckmäßigkeitserwägungen**.[488] Sie ist möglich bei einer **Rechtsgemeinschaft** (§ 59 Var. 1 ZPO), z.B. einer Gesamtschuld,[489] bei einer **Identität des Klagegrundes** (§ 59 Var. 2 ZPO), z.B. aus derselben unerlaubten Handlung,[490] und bei einer **Gleichartigkeit** der tatsächlichen oder rechtlichen Gründe für die ein-

---

484 Thomas/Putzo/Hüßtege § 51 ZPO Rn. 34.

485 BGH, Urt. v. 24.10.1985 – VII ZR 337/84, in: NJW 1986, 850, 851; Thomas/Putzo/Hüßtege § 51 ZPO Rn. 34.

486 Thomas/Putzo/Hüßtege Vorbem. § 59 ZPO Rn. 1.

487 Thomas/Putzo/Hüßtege Vorbem. § 59 ZPO Rn. 1.

488 BGH, Beschl. v. 07.01.2014 – X ARZ 578/13, in: NJW-RR 2014, 248, 249; Thomas/Putzo/Hüßtege § 60 ZPO Rn. 1.

489 Thomas/Putzo/Hüßtege § 60 ZPO Rn. 2.

490 Thomas/Putzo/Hüßtege § 60 ZPO Rn. 3.

geklagten Ansprüche (§ 60 ZPO), z.B. bei der Klage des Vermieters gegen mehrere Mieter desselben Hauses aus demselben Anlass.[491]

400 Sonstige Voraussetzungen der einfachen Streitgenossenschaft sind, dass die Klagen in **derselben Prozessart** erhoben sind und **kein Verbindungsverbot** besteht.[492] Eine eventuelle oder alternative Streitgenossenschaft ist unzulässig.[493]

401 Für den **Zuständigkeitsstreitwert** sieht § 5 ZPO eine Zusammenrechnung der geltend gemachten Ansprüche vor. Diese Regelung erfasst prinzipiell auch Streitgenossenschaftsfälle,[494] bei **wirtschaftlicher Vollidentität** der Ansprüche (z.B. Gesamtgläubiger- oder Gesamtschuldnerschaft) unterbleibt aber eine Addition.[495] Deshalb beläuft sich der Zuständigkeitsstreitwert einer Gesamtschuldklage gegen mehrere Streitgenossen nur auf den einfachen Forderungsbetrag.

402 Die **Zulässigkeit einer Streitgenossenschaft** ist von Amts wegen und nicht nur auf Rüge zu prüfen.[496] Anlass zu näherer Prüfung besteht beim möglichen Eingreifen der Vertretungsfiktion des § 62 Abs. 1 ZPO regelmäßig nur bei notwendigen Streitgenossen. Eine **unzulässige** Streitgenossenschaft führt **nicht zu einem Prozessurteil**. Vielmehr sind die Prozessrechtsverhältnisse im **Beschlusswege** zu trennen (§ 145 Abs. 1 ZPO).[497]

403 Bei einer einfachen Streitgenossenschaft erfolgt die Prüfung der einzelnen Prozessrechtsverhältnisse nach dem **Trennungsprinzip** (vgl. § 61 ZPO),[498] d.h. Zulässigkeit und Begründetheit der Klage sind **für jeden Streitgenossen gesondert** zu prüfen. Es handelt sich um zu unterscheidende Prozessrechtsverhältnisse, die lediglich zur Arbeitsvereinfachung in einem Rechtsstreit zusammengefasst worden sind.

404 Ist die Klage eines einzelnen Streitgenossen oder gegen einen einzelnen Streitgenossen unzulässig, so ist sie nach § 301 Abs. 1 S. 1 ZPO durch **Teilurteil** abzuweisen.[499] Ebenso kann bei Unbegründetheit der Klage gegen einen einzelnen Streitgenossen verfahren werden, wenn die Klage gegen den oder die anderen (einfachen) Streitgenossen noch nicht entscheidungsreif ist, es insbesondere noch einer Beweisaufnahme bedarf, bevor eine abschließende Beurteilung möglich ist.

405 **Prozesshandlungen** (z.B. Anerkenntnis, Klagerücknahme oder Klageverzicht) einfacher Streitgenossen haben nur **Einzelwirkung**.[500] Das Anerkenntnis eines Streitgenossen kann deshalb nur gegen ihn zu einem Anerkenntnisurteil nach § 307 S. 1 ZPO führen.[501]

406 Jeder Streitgenosse ist in seinem **Tatsachenvortrag** von dem der anderen Streitgenossen unabhängig, sodass sowohl gemeinsamer Tatsachenvortrag als auch abweichender prozessual möglich ist.[502]

407 Als **Prozessbevollmächtigter** kann ein gemeinsamer bestellt werden, ebenso kann jeder Streitgenosse einen eigenen Prozessbevollmächtigten bestellen.[503]

---

491 Thomas/Putzo/Hüßtege § 60 ZPO Rn. 4.
492 Thomas/Putzo/Hüßtege § 60 ZPO Rn. 6.
493 Thomas/Putzo/Hüßtege § 60 ZPO Rn. 5.
494 Thomas/Putzo/Hüßtege § 5 ZPO Rn. 1.
495 BGH, Beschl. v. 25.11.2003 – VI ZR 418/02, in: NJW-RR 2004, 638, 639; Thomas/Putzo/Hüßtege § 5 ZPO Rn. 8.
496 Thomas/Putzo/Hüßtege § 60 ZPO Rn. 61.
497 Thomas/Putzo/Hüßtege § 60 ZPO Rn. 7.
498 Thomas/Putzo/Hüßtege § 60 ZPO Rn. 7.
499 BGH, Urt. v. 13.07.2010 – VI ZR 111/09, in: NJW-RR 2010, 1725; Thomas/Putzo/Hüßtege § 60 ZPO Rn. 7.
500 Thomas/Putzo/Hüßtege § 61 ZPO Rn. 2.
501 Thomas/Putzo/Hüßtege § 61 ZPO Rn. 7.
502 Thomas/Putzo/Hüßtege § 61 ZPO Rn. 11.
503 Thomas/Putzo/Hüßtege § 61 ZPO Rn. 8.

Bei einem **gemeinsamen** Prozessbevollmächtigten von Streitgenossen auf Klägerseite heißt es:

In dem Rechtsstreit

1. der Frau Daniela Stock, Lemgoer Str. 33, 32756 Detmold,

Klägerin zu 1),

2. der Frau Kathleen Kugler, Herforder Tor 3, 33611 Bielefeld,

Klägerin zu 2),

*– Prozessbevollmächtigter **beider Klägerinnen:** Rechtsanwalt Dr. Martin Bruns,
Waldstraße 22, 33609 Bielefeld –*

gegen

...

Bei **unterschiedlichen** Prozessbevollmächtigten von Streitgenossen auf Klägerseite
heißt es:

In dem Rechtsstreit

1. der Frau Daniela Stock, Lemgoer Str. 33, 32756 Detmold,

Klägerin zu 1),

*– Prozessbevollmächtigte: Rechtsanwältin Bianca Kramer, Unter den Eichen 6, 32756
Detmold –*

2. der Frau Kathleen Kugler, Herforder Tor 3, 33611 Bielefeld,

Klägerin zu 2),

*– Prozessbevollmächtigter: Rechtsanwalt Siegfried Brummermann, An der Sparren-
burg 4–6, 33602 Bielefeld –*

gegen

...

408 Auch wenn jeder Streitgenosse **Partei** des Rechtsstreits ist, kann er in den Prozess-
rechtsverhältnissen der anderen Streitgenossen **grundsätzlich Zeuge** sein. Seine
Zeugenstellung muss sich aber nach h.M. auf Tatsachen beschränken, die nicht seinen eigenen Prozess, sondern ausschließlich den der anderen Streitgenossen betreffen.[504] Ansonsten ist nur eine Parteivernehmung nach §§ 445 ff. ZPO möglich.

409 Regelmäßig ergeht die Entscheidung des Gerichts in einem **einheitlichen Urteil**.[505]
Inhaltlich können die **Ergebnisse** der einzelnen Prozessrechtsverhältnisse **unterschiedlich** ausfallen, d.h. beispielsweise kann die Klage gegen einen Streitgenossen
abgewiesen werden, während der andere verurteilt wird.

410 Für die **Kostenentscheidung** gilt die **Sonderregelung des § 100 ZPO**. Grundsätzlich haften unterliegende Streitgenossen für die Kosten nach **Kopfteilen** (§ 100
Abs. 1 S. 1 ZPO).

Bei einer nicht gesamtschuldnerischen Verurteilung von drei Streitgenossen ist zu
formulieren:[506]

504　BGH, Urt. v. 27.04.1983 – VIII ZR 24/82, in: NJW 1983, 2508; Thomas/Putzo/Hüßtege § 61 ZPO Rn. 7.

505　Thomas/Putzo/Hüßtege § 61 ZPO Rn. 14.

506　Vgl. Thomas/Putzo/Hüßtege § 100 ZPO Rn. 8.

Die Kosten des Rechtsstreits tragen die Beklagten zu je einem Drittel.

411 Erfolgt in der Hauptsache eine **gesamtschuldnerische** Verurteilung von Streitgenossen, so haften sie auch für die **Kosten als Gesamtschuldner** (§ 100 Abs. 4 S. 1 ZPO). Dies braucht im Kostentenor nicht gesondert zum Ausdruck gebracht zu werden, da sich die Gesamtschuldhaftung für die Kosten unmittelbar aus dem Gesetz ergibt.[507]

412 Nicht geregelt in § 100 ZPO ist der Fall des Obsiegens **aller** Streitgenossen gegen eine einzelne Partei. Die Kostengrundentscheidung ergeht in diesem Fall nach den §§ 91, 92 oder 93 ZPO.[508] Jeder Streitgenosse kann dann als **Einzelgläubiger** die ihm erwachsenen Prozesskosten vom kostenpflichtigen Gegner ersetzt verlangen.[509]

413 Beim **(Teil-)Unterliegen einzelner und (Teil-)Obsiegen anderer Streitgenossen** ist die Kostengrundentscheidung nach der **Baumbach'schen Kostenformel**[510] zu treffen und es ist zwischen den Gerichtskosten und den außergerichtlichen Kosten der Parteien zu unterscheiden.

414 Die zu treffende Kostenverteilung basiert auf folgenden **Grundsätzen**:[511] Da zwischen den Streitgenossen kein Prozessrechtsverhältnis besteht, hat der unterlegene Streitgenosse nicht für die außergerichtlichen Kosten des obsiegenden aufzukommen. Diese sind nach dem Grad des Obsiegens und Unterliegens zwischen dem Prozessgegner und dem anderen Streitgenossen zu verteilen. Ein obsiegender Streitgenosse ist nie kostenpflichtig. Die Gerichtskosten und außergerichtlichen Kosten des Prozessgegners sind auf der Grundlage eines **Mehrfachangriffs** des Prozessgegners, der teilweise erfolgreich und teilweise erfolglos ist, zu quoteln. Für die Berechnung der Quote ist ein **Fiktiv(gebühren)streitwert** zu bilden, der sich aus der Multiplikation des (tatsächlichen) Gebührenstreitwertes mit der Zahl der Streitgenossen ergibt.

415 Formulierungsbeispiel für eine Gesamtschuldklage in Höhe von 8.000 € gegen zwei Beklagte, die der Kläger gegen den Beklagten zu 1) gewinnt und gegen den Beklagten zu 2) vollständig verliert:[512]

Der tatsächliche Gebührenstreitwert beträgt 8.000 €, der Fiktivstreitwert bei zwei Beklagten 2 x 8.000 €, somit 16.000 €. Da der Beklagte zu 1) voll unterliegt, muss er für seine außergerichtlichen Kosten selbst aufkommen. Der Beklagte zu 2) obsiegt in vollem Umfang, daher ist der Kläger für die außergerichtlichen Kosten des Beklagten zu 2) in vollem Umfang einstandspflichtig. Bei den Gerichtskosten und den außergerichtlichen Kosten des Klägers ist zu berücksichtigen, dass der Kläger den Rechtsstreit insgesamt nur zur Hälfte (nämlich in Höhe von 1 x 8.000 € von insgesamt 16.000 €) gewinnt, sodass er die Hälfte der Gerichtskosten und seiner außergerichtlichen Kosten zu zahlen hat. Für die andere Hälfte muss der unterlegene Beklagte zu 1) einstehen. Daraus ergibt sich folgender Kostentenor:[513]

---

507 Thomas/Putzo/Hüßtege § 100 ZPO Rn. 11.

508 Thomas/Putzo/Hüßtege § 100 ZPO Rn. 13.

509 Thomas/Putzo/Hüßtege § 100 ZPO Rn. 13.

510 Vgl. Thomas/Putzo/Hüßtege § 100 ZPO Rn. 15, 19.

511 Da im Assessorexamen kein Taschenrechner eingesetzt werden darf, ist die Berechnung der Kostenanteile im Falle der Anwendung der Baumbach'schen Kostenformel regelmäßig durch den Bearbeitervermerk der Klausur erlassen. Nur wenn die Quotenermittlung bei einfachen Fallkonstellationen im Kopf möglich ist, wird sie bisweilen verlangt.

512 Thomas/Putzo/Hüßtege § 100 ZPO Rn. 19.

513 Der letzte Satz des Kostentenors dient nur der Klarstellung und ist entbehrlich: Thomas/Putzo/Hüßtege § 100 ZPO Rn. 19.

*Die **Gerichtskosten** tragen der Kläger und der Beklagte zu 1) jeweils zur Hälfte, die **außergerichtlichen Kosten des Klägers** trägt der Beklagte zu 1) zur Hälfte, die **außergerichtlichen Kosten des Beklagten zu 2)** trägt der Kläger. **Im Übrigen** trägt jede Partei ihre außergerichtlichen Kosten selbst.*

Die Entscheidung über die **vorläufige Vollstreckbarkeit** ist für jeden Streitgenossen **416** gesondert zu treffen,[514] die Gesamtsumme ist wegen des Vorliegens zu trennender Prozessrechtsverhältnisse ohne Bedeutung.[515] Bei obsiegenden Streitgenossen (gleich ob Kläger oder Beklagter) kommt es darauf an, ob der für den einzelnen obsiegenden Streitgenossen in der Hauptsache vollstreckbare Betrag 1.250 € oder bei der Kostenvollstreckung 1.500 € übersteigt.[516] Auch hier gilt wiederum, dass die maßgebliche Grenze bei einem Gebührenstreitwert von 8.000 € noch nicht überschritten wird.[517]

Das Urteil ist vorläufig vollstreckbar, für den Kläger jedoch nur gegen Sicherheitsleistung in Höhe von 110% des jeweils zu vollstreckenden Betrages.

Der Kläger darf die Vollstreckung des Beklagten zu 2) gegen Sicherheitsleistung in Höhe von 110% des aufgrund des Urteils vollstreckbaren Betrages abwenden, wenn nicht der Beklagte zu 2) vor der Vollstreckung Sicherheit in Höhe von 110% des jeweils zu vollstreckenden Betrages leistet.

Jeder unterliegende Streitgenosse hat einen eigenen Rechtsbehelf.[518] Die Rechtsbe- **417** helfsfristen laufen für jeden Streitgenossen gesondert und können unterschiedlich beginnen und enden.[519] Dementsprechend tritt formelle Rechtskraft des Urteils nach Ablauf der Rechtsbehelfsfristen für jedes Prozessrechtsverhältnis gesondert ein.[520] Alleine aufgrund der Streitgenossenschaft kommt es nicht zu einer materiellen Rechtskrafterstreckung.[521]

2. Notwendige Streitgenossenschaft

Bei einer **notwendigen** Streitgenossenschaft (§ 62 ZPO) sind die Prozessrechtsver- **418** hältnisse **enger miteinander verbunden** als bei der einfachen.[522] Das liegt daran, dass aus **prozessualen** (Abs. 1 Var. 1) oder **materiellen** (Abs. 1 Var. 2) Gründen eine **einheitliche Entscheidung** ergehen muss.

Eine **prozessual notwendige** Streitgenossenschaft besteht in allen Fällen gesetzlich **419** angeordneter **Rechtskrafterstreckung** (z.B. §§ 326, 327 ZPO).[523] Aus **materiellrechtlichen** Gründen ist eine Streitgenossenschaft notwendig, wenn eine **gemeinsame Prozessführungs- oder Sachbefugnis** vorliegt.[524] Dies ist beispielsweise bei **Gestaltungsklagen** der Fall, wenn das Gestaltungsrecht mehreren gemeinsam zusteht oder sich gegen mehrere richtet (z.B. bei §§ 117, 127, 133, 140 HGB).[525] Bei **Aktivprozessen von Gesamthandsgemeinschaften** ist ebenfalls eine materiell not-

---

514 Thomas/Putzo/Hüßtege § 61 ZPO Rn. 18.
515 Thomas/Putzo/Seiler § 708 ZPO Rn. 15.
516 Thomas/Putzo/Seiler § 708 ZPO Rn. 15.
517 Siehe dazu Rn. 113.
518 Thomas/Putzo/Hüßtege § 61 ZPO Rn. 16.
519 Thomas/Putzo/Hüßtege § 61 ZPO Rn. 15.
520 Thomas/Putzo/Hüßtege § 61 ZPO Rn. 17.
521 Thomas/Putzo/Hüßtege § 61 ZPO Rn. 17.
522 Thomas/Putzo/Hüßtege § 62 ZPO Rn. 1.
523 Thomas/Putzo/Hüßtege § 62 ZPO Rn. 7, 8.
524 Thomas/Putzo/Hüßtege § 62 ZPO Rn. 11.
525 Thomas/Putzo/Hüßtege § 62 ZPO Rn. 12.

wendige Streitgenossenschaft zu bejahen, da alle Mitglieder der Gesamthandsgemeinschaft das Klageverfahren betreiben müssen.[526] Bei **Passivprozessen von Gesamthandsgemeinschaften** ist bei Bestehen einer **Gesamthandsschuld** (z.B. § 2059 Abs. 2 BGB) eine notwendige Streitgenossenschaft gegeben.[527]

420 Demgegenüber ist eine Klage gegen eine Personenhandelsgesellschaft und ihre persönlich haftenden Gesellschafter wegen der Möglichkeit der Gesellschafter, persönliche Einwendungen zu erheben (§ 129 Abs. 1 HGB), **kein Fall** einer notwendigen Streitgenossenschaft.[528] Ebenso liegt **keine notwendige** Streitgenossenschaft bei Klagen gegen den Hauptschuldner eines Darlehens und seinen Bürgen vor, da der Bürge persönliche Einreden aus dem Bürgschaftsvertrag erheben kann.[529] Auch im **Kfz-Haftpflichtprozess** gegen den Halter und seine gesamtschuldnerisch haftende (§ 115 Abs. 1 S. 4 VVG) Pflichtversicherung fehlt es wegen § 425 BGB an der Notwendigkeit einer einheitlichen Sachentscheidung, sodass nur ein Fall der einfachen Streitgenossenschaft vorliegt.

> **Merke:** Eine Abgrenzung der notwendigen zur einfachen Streitgenossenschaft ist überflüssig, wenn die gerichtliche Entscheidung ohnehin für alle Streitgenossen einheitlich ausfällt.

421 Im Ausgangspunkt gilt auch in Fällen einer notwendigen Streitgenossenschaft das **Trennungsprinzip**, d.h. die einzelnen Prozessrechtsverhältnisse sind einzeln zu prüfen. Allerdings ist immer die **Notwendigkeit einer einheitlichen Sachentscheidung** zu berücksichtigen. Gesetzlich ausdrücklich geregelte Folge einer notwendigen Streitgenossenschaft ist die **Vertretungsfiktion** des § 61 Abs. 1 ZPO bei Säumnis einzelner Streitgenossen. Ein **Versäumnisurteil** gegen eine notwendige Streitgenossenschaft kann deshalb nur ergehen, wenn alle Streitgenossen säumig[530] sind. Anerkannt ist darüber hinaus eine Fristwahrungsfiktion, sodass bei einer Fristversäumnis durch einzelne Streitgenossen die Folgen einer Fristversäumnis bei Fristeinhaltung (mindestens) seitens eines Streitgenossen abgewendet werden.[531] Des Weiteren führt eine notwendige Streitgenossenschaft dazu, dass nur alle Streitgenossen gemeinsam über den Streitgegenstand disponieren können. Ein Anerkenntnis (§ 307 S. 1 ZPO) oder ein Verzicht (§ 306 ZPO) einzelner Streitgenossen ist unwirksam.[532] Waren notwendige Streitgenossen im Termin zur mündlichen Verhandlung selbst säumig, wurden aber von einem anwesenden Streitgenossen wirksam vertreten, so können sie ein von diesem abgegebenes Anerkenntnis in einer nachfolgenden mündlichen Verhandlung widerrufen.[533]

422 Das notwendig einheitliche **Sachurteil** unterliegt den **allgemeinen** Rechtsbehelfen. Die **Rechtsbehelfsfristen** laufen wie bei der einfachen Streitgenossenschaft zwar für jeden Streitgenossen getrennt,[534] wegen der **Fristwahrungsfiktion** können verspätete Rechtsbehelfe eines Streitgenossen aber nicht als unzulässig verworfen werden, wenn ein anderer Streitgenosse die Rechtsbehelfsfrist eingehalten hat.[535] Deshalb

---

526　Thomas/Putzo/Hüßtege § 62 ZPO Rn. 13. Allerdings können einzelne Mitglieder der Gesamthandsgemeinschaft als gesetzliche Prozessstandschafter alleine auf Leistung an alle Gemeinschaftsmitglieder klagen, siehe dazu Rn. 385.

527　Thomas/Putzo/Hüßtege § 62 ZPO Rn. 14.

528　Thomas/Putzo/Hüßtege § 62 ZPO Rn. 8.

529　Thomas/Putzo/Hüßtege § 62 ZPO Rn. 15.

530　Vgl. dazu Rn. 582 ff.

531　Thomas/Putzo/Hüßtege § 62 ZPO Rn. 19.

532　Thomas/Putzo/Hüßtege § 62 ZPO Rn. 17.

533　BGH, Urt. v. 23.10.2015 – V ZR 76/14, in: RÜ2 2016, 97,98.

534　Thomas/Putzo/Hüßtege § 62 ZPO Rn. 23.

535　Thomas/Putzo/Hüßtege § 62 ZPO Rn. 25.

hindert der rechtzeitige Rechtsbehelf eines Streitgenossen den Eintritt der **Rechtskraft** für alle.[536]

IV. Streithilfe und Streitverkündung

Bei der **Streithilfe** (§§ 66 ff. ZPO) und der **Streitverkündung** (§§ 72 ff. ZPO) erfolgt **423** eine **Drittbeteiligung**[537] an einem laufenden Rechtsstreit, **ohne** dass der Dritte **Partei** wird. Es liegt **keine Streitgenossenschaft** vor. Streithilfefälle sind in der Praxis recht selten, wesentlich bedeutsamer ist die Streitverkündung, die bei der Interventionswirkung in § 74 ZPO an das Streithilferecht anknüpft.

1. Streithilfe

Die Streithilfe **(Nebenintervention)** dient der **Unterstützung einer Partei** durch **424** Einflussnahme auf den laufenden Prozess;[538] die **Initiative** hierzu geht **von dem Dritten** aus.

a) Zulässigkeitsvoraussetzungen

Die **Zulässigkeit** einer Streithilfe erfordert **vier Voraussetzungen**, über deren Vorlie- **425** gen nach § 71 Abs. 1 S. 1 ZPO ein durch Zwischenurteil zu entscheidender **Zwischenstreit** geführt werden kann.[539] Im Einzelnen handelt es sich um folgende Voraussetzungen:

aa) Anhängigkeit des Vorprozesses

Es bedarf eines **anhängigen Rechtsstreites** zwischen **anderen** Personen (soge- **426** nannter **Vorprozess**).[540] Der Beitritt des Streithelfers ist möglich, sobald die Klage bei Gericht eingereicht ist. Nach § 66 Abs. 2 ZPO kann die Streithilfe **in jeder Lage** des Rechtsstreits bis zur rechtskräftigen Entscheidung erfolgen.

bb) Rechtliches Interesse des Streithelfers

Nach § 66 Abs. 1 ZPO bedarf es eines **rechtlichen** (nicht ausschließlich wirtschaftli- **427** chen) Interesses, dass die unterstützte Partei den Rechtsstreit gewinnt. Dieses rechtliche Interesse ist gegeben, wenn die **Rechtsstellung des Streithelfers** durch ein der unterstützten Partei ungünstiges Urteil rechtlich **verschlechtert** oder durch ein günstiges Urteil rechtlich **verbessert** wird.[541] In der Praxis am bedeutsamsten ist die Fallkonstellation, dass die unterstützte Partei im Falle ihres Unterliegens einen **Regressanspruch** gegen den Streithelfer hätte.[542]

cc) Beitrittserklärung

Der **Beitritt** des Nebenintervenienten erfolgt durch Einreichung eines Schriftsatzes **428** beim Prozessgericht (§ 70 Abs. 1 S. 1 ZPO). Den Inhalt dieses Schriftsatzes bestimmt § 70 Abs. 1 S. 2 ZPO.

---

536 Thomas/Putzo/Hüßtege § 62 ZPO Rn. 33.
537 Thomas/Putzo/Hüßtege § 66 ZPO Rn. 1.
538 Thomas/Putzo/Hüßtege § 66 ZPO Rn. 1.
539 Dies ist auch bei einer Nebenintervention in einem selbstständigen Beweisverfahren möglich, die Entscheidung ergeht durch Beschluss: BGH, Beschl. v. 18.11.2015 – VII ZB 57/12 und 2/15, in: RÜ2 2016, 100.
540 Thomas/Putzo/Hüßtege § 66 ZPO Rn. 3, 4.
541 Thomas/Putzo/Hüßtege § 66 ZPO Rn. 5.
542 Thomas/Putzo/Hüßtege § 66 ZPO Rn. 5.

dd) Prozesshandlungsvoraussetzungen

429 Der Streithelfer muss, da er aktiv auf die Prozessführung einwirkt, **partei-, prozess- und postulationsfähig** sein; außerdem bedarf es einer wirksamen Prozessvollmacht, falls für ihn ein Prozessbevollmächtigter tätig wird.[543]

Susanne Gärtner   *Kassel, den 03.05.2016*
Rechtsanwältin
(...)

An das
Amtsgericht Kassel
(...)

In dem Rechtsstreit Eheleute Worms ./. Fa. Exklusives Wohnen Stefan Langer e.K.

18 C 288/16

zeige ich unter Vorlage einer Prozessvollmacht die Vertretung der

Fa. Teppichboden Heinzmann GmbH, Soester Str. 44, 34414 Warburg, gesetzlich vertreten durch ihren Geschäftsführer Norbert Heinzmann, daselbst,

*an und erkläre deren **Beitritt als Streithelfer** des Beklagten.*

Begründung:

*Das **rechtliche Interesse** des Streithelfers ergibt sich aus seiner Stellung als Lieferant des von dem Beklagten in der klägerischen Wohnung verlegten Teppichs. Sollte der eingeklagte Gewährleistungsanspruch bestehen, droht dem Streithelfer eine Inanspruchnahme seitens des Beklagten. Diese hat ihm der Beklagte in einem Telefonat vom 24.04.2016 angedroht. Dem Streithelfer geht es darum, eine solche Regresshaftung durch Unterstützung des Beklagten und seines Klageabweisungsantrages zu verhindern. ...*

Zwei beglaubigte und zwei einfache Abschriften anbei.

(...)
Rechtsanwältin

---

b) Rechtsfolgen für den Vorprozess

430 Nach § 67 ZPO kann der Streithelfer, der den Rechtsstreit **in der Lage** anzunehmen hat, wie er sich im Beitrittszeitpunkt befindet, **alle Angriffs- und Verteidigungsmittel** geltend machen und **Prozesshandlungen** (einschließlich Rechtsbehelfen) vornehmen, die **nicht im Widerspruch** zu Erklärungen und Handlungen der unterstützten Hauptpartei stehen. Dies bedeutet, dass der Streithelfer Tatsachen behaupten und bestreiten, Beweise antreten, Anträge stellen und seinerseits den Streit verkünden kann.[544]

Da der Streithelfer nicht Partei (des Vorprozesses) wird, kann er Zeuge sein (außer im Fall des § 69 ZPO).[545]

---

543 Thomas/Putzo/Hüßtege § 66 ZPO Rn. 7.

544 Thomas/Putzo/Hüßtege § 67 ZPO Rn. 6.

545 Thomas/Putzo/Hüßtege § 67 ZPO Rn. 5a.

Im **Rubrum** des Urteils im Vorprozess wird der Streithelfer unter der Partei aufge- **431**
führt, die er unterstützt, ebenso sein Prozessbevollmächtigter.

In dem Rechtsstreit

der Fa. Edwin Müller Bau-GmbH & Co. KG, Offenbacher Platz 62, 63075 Frankfurt a.M.,
gesetzlich vertreten durch ihre persönlich haftende Gesellschafterin, die Fa. Edwin
Müller Trockenbau GmbH, geschäftsansässig daselbst, diese gesetzlich vertreten
durch ihren Geschäftsführer Edwin Müller, geschäftsansässig daselbst,

Klägerin,

– Prozessbevollmächtigter: Rechtsanwalt David Rammberger, Südstr. 99, 60311
Frankfurt a.M. –

Streithelferin der Klägerin: *Architektenbüro Schneider & Partner GbR, Zollgasse 67,*
63075 Frankfurt a.M., gesetzlich vertreten durch den geschäftsführenden Gesellschaf-
ter Bruno Schneider, geschäftsansässig ebenda,

– Prozessbevollmächtigte: Rechtsanwältin Silke Brand, Am Osterberg 9, 63075 Frank-
furt a.M. –

gegen

Herrn Axel Saale, An der Obstwiese 3, 63454 Hanau,

Beklagten,

– Prozessbevollmächtigte: Rechtsanwälte Hofmann & Reckstein, Wiesbadener Land-
str. 8, 63450 Hanau –

Die **Kostenentscheidung** im Vorprozess hat auch die **Kosten des Streithelfers** zu **432**
umfassen (§ 101 Abs. 1 ZPO):

Ist der **Gegner** der unterstützten Partei in der Hauptsache **unterlegen**, fallen ihm
auch die Kosten der Streithilfe zur Last (§§ 91 Abs. 1 S. 1, 101 Abs. 1 Hs. 1 ZPO). Diese
sind **gesondert auszutenorieren**, da sie nicht von dem Begriff der Kosten des
Rechtsstreits umfasst werden.[546]

Der Kläger trägt die Kosten des Rechtsstreits und der Streithilfe.

Unterliegt der Streithelfer zusammen mit der unterstützten Partei, trägt er seine Kos- **433**
ten selbst (§ 101 Abs. 1 Hs. 2 ZPO).

Die Kosten des Rechtstreits trägt der Beklagte. Der Streithelfer trägt seine Kosten selbst.

> **Merke:** Die Kosten der Streithilfe dürfen niemals der unterstützten Partei auferlegt
> werden.

Hat der Streithelfer einen Kostenerstattungsanspruch, ist dieser in der Entscheidung **434**
über die **vorläufige Vollstreckbarkeit** zu erwähnen (hinter der vorläufigen Vollstreckbarkeitsentscheidung hinsichtlich des oder der Beklagten).

---

546 Thomas/Putzo/Hüßtege § 101 ZPO Rn. 3.

> *Der Kläger kann die Zwangsvollstreckung des Streithelfers gegen Sicherheitsleistung in Höhe von 110% des aufgrund des Urteils vollstreckbaren Betrages abwenden, wenn nicht der Streithelfer zuvor Sicherheit in Höhe von 110% des jeweils zu vollstreckenden Betrages leistet.*

435 Im **Tatbestand** des Urteils im Vorprozess ist bei der Darstellung des Streitstandes zwischen dem streitigen Vorbringen des Streithelfers und der von ihm unterstützten Partei **zu unterscheiden**, da der Streithelfer eigene Angriffs- und Verteidigungsmittel vorbringen kann (§ 67 ZPO), die **Interventionswirkung** des § 68 ZPO für den Folgeprozess aber davon abhängt, ob der abweichende Vortrag des Streithelfers im Vorprozess prozessual überhaupt zulässig war.

> ...
>
> *Der Beklagte und sein Streithelfer beantragen,*
>   *die Klage abzuweisen.*
>
> *Sie behaupten gemeinsam, die Mutter des Beklagten habe am 21.10.2015 einen Betrag von 1.850 € auf das Girokonto des Klägers bei der Y-Bank überwiesen. Darüber hinaus behauptet der Streithelfer, der Kläger habe nach Erhalt der 1.850 € die Darlehensurkunde zerrissen.*

c) Bindungswirkung für den Folgeprozess

436 Mit dem **rechtskräftigen** Abschluss des Vorprozesses tritt die **Interventionswirkung** des § 68 ZPO zwischen der unterstützten Partei und ihrem Streithelfer ein, soweit im Vorprozess die Zulässigkeitsvoraussetzungen für eine Streithilfe eingehalten worden sind. Diese Interventionswirkung tritt immer **nur zugunsten** der unterstützten Partei ein, niemals zu ihren Lasten.[547] Eine Streithilfe (im Vorprozess) kann der unterstützten Partei somit in einem Folgeprozess (gegen den Streithelfer) nicht schaden, stellt daher kein prozessuales Risiko für die unterstütze Partei, wohl aber für den Streithelfer dar. Gegenstand dieser Interventionswirkung ist die **Richtigkeit der Entscheidung des Vorprozesses**.[548]

Merke: Die Interventionswirkung der Streithilfe geht deutlich über die Rechtskraftwirkung hinaus.

---

437 Alle **tragenden** tatsächlichen und rechtlichen **Feststellungen im Vorprozess** werden von der Interventionswirkung erfasst, d.h. das Urteil im Vorprozess muss auf diesen Feststellungen **beruhen**.[549] Hat das Gericht im Vorprozess verschiedene Möglichkeiten der Urteilsbegründung, erstreckt sich die Interventionswirkung auf die für den beschrittenen Weg erforderlichen Feststellungen.[550] Hat das Gericht beispielsweise in einem Rechtsstreit um einen vertraglichen Leistungsanspruch, bei dem die Einigung, das Handeln im fremden Namen und das Bestehen von Vertretungsmacht streitig waren, nur Beweis zu der Frage erhoben, ob der Handelnde Vertretungsmacht hatte, den Beweis als nicht erbracht angesehen und in seinem klageabweisenden Urteil offen gelassen, ob eine Einigung erfolgt und im fremden Namen gehandelt worden ist, gehört nur das Nichtbewiesensein der Vertretungsmacht zu den tragenden Feststellungen.

---

547 BGHZ 100, 257; Thomas/Putzo/Hüßtege § 68 ZPO Rn. 1.

548 Thomas/Putzo/Hüßtege § 68 ZPO Rn. 1.

549 Thomas/Putzo/Hüßtege § 68 ZPO Rn. 5.

550 OLG Köln, Urt. v. 22.02.1991 – 19 U 159/90, in: NJW-RR 1992, 119; Thomas/Putzo/Hüßtege § 68 ZPO Rn. 5.

d) Ausnahmen von der Bindungswirkung

Nur ausnahmsweise greift **keine Bindungswirkung** ein, d.h. der Streithelfer kann im Folgeprozess geltend machen, der Vorprozess sei falsch entschieden. Die Regelung des § 68 ZPO normiert **drei Ausnahmekonstellationen**: **438**

Zum einen kann der Streithelfer geltend machen, er sei durch die **Lage des Rechtsstreits** zur Zeit seines Beitritts als Streithelfer gehindert gewesen, das Prozessergebnis zugunsten der unterstützen Partei zu beeinflussen (§ 68 Hs. 2 Var. 1 ZPO). Wegen der Bindung des Streithelfers an die Lage des Vorprozesses im Zeitpunkt seines Beitritts kommt eine solche **Vollendungslage** insbesondere bei einem späten Beitritt in Betracht.[551] **439**

Außerdem ist dem Streithelfer nach § 68 Hs. 2 Var. 2 ZPO im Folgeprozess der Einwand eröffnet, er sei durch **Erklärungen oder Handlungen der unterstützten Partei** gehindert gewesen, Angriffs- und Verteidigungsmittel vorzutragen oder Prozesshandlungen vorzunehmen (sogenannte **Verhinderungslage**).[552] **440**

Schließlich kann der Streithelfer der im Vorprozess unterstützten Partei im Folgeprozess nach § 68 Hs. 2 Var. 3 ZPO vorwerfen, diese habe ihm unbekannte Angriffs- und Verteidigungsmittel absichtlich oder grob schuldhaft nicht vorgetragen (sogenannte **Verschuldenslage**). **441**

> **Merke:** Bevor die Schlüssigkeit oder Erheblichkeit des Vortrages des Streithelfers (des Vorprozesses) als Partei des Folgeprozesses geprüft wird, ist vorrangig zu klären, ob seinem Vortrag nicht die Bindungswirkung des im Vorprozess ergangenen Urteils entgegensteht.

2. Streitverkündung

Streitverkündigung ist die **förmliche Benachrichtigung** eines außenstehenden **Dritten** durch eine Partei von einem anhängigen Rechtsstreit (sogenannter Vorprozess),[553] d.h. im Gegensatz zur Streithilfe geht die **Initiative** von einer Prozesspartei aus. Die Partei wird Streitverkünder, der Dritte Streitverkündeter genannt. Der Zweck einer Streitverkündung besteht darin, nach § 74 Abs. 3 ZPO die Interventionswirkung des § 68 ZPO zugunsten der im Vorprozess unterlegenen Partei herbeizuführen.[554] Es ist möglich, dass **beide Parteien** demselben Dritten den Streit verkünden.[555] Die Interventionswirkung des § 68 ZPO beschränkt sich aber auf das Rechtsverhältnis zwischen dem Streitverkündeten und der streitverkündenden Partei, die im Rechtsstreit unterlegen ist. **442**

a) Zulässigkeitsvoraussetzungen

Eine Streitverkündung **hat drei Zulässigkeitsvoraussetzungen**: **443**

aa) Anhängigkeit des Vorprozesses

Um eine wirksame Streitverkündung vornehmen zu können, bedarf es **nicht** der **Rechtshängigkeit** des Vorprozesses, sondern nur seiner **Anhängigkeit**.[556] Deswe- **444**

---

551 Thomas/Putzo/Hüßtege § 67 ZPO Rn. 12.

552 Vgl. dazu Thomas/Putzo/Hüßtege § 67 ZPO Rn. 13.

553 Thomas/Putzo/Hüßtege § 72 ZPO Rn. 1.

554 Thomas/Putzo/Hüßtege § 72 ZPO Rn. 2.

555 BGH, Urt. v. 11.02.2009 – XII ZR 114/06, in: NJW 2009, 1488, 1489; Thomas/Putzo/Hüßtege § 72 ZPO Rn. 5.

556 BGH, Urt. v. 04.10.1984 – VII ZR 342/83, in: NJW 1985, 328; Thomas/Putzo/Hüßtege § 72 ZPO Rn. 5.

gen kann bereits die Klageerhebung mit einer Streitverkündung verbunden werden. Der entsprechende Schriftsatz ist dann mit „Klageschrift und Streitverkündungsschrift" zu überschreiben, ergänzend zum Klagerubrum ist der Streitverkündete mit zustellfähiger Anschrift aufzuführen. Nach § 72 Abs. 1 ZPO kann die Streitverkündung **bis zum rechtskräftigen Abschluss** des Vorprozesses erfolgen.

bb) Streitverkündungsgrund

445   Nach § 72 Abs. 1 ZPO erfordert eine zulässige Streitverkündung einen **Streitverkündungsgrund**. Dieser besteht darin, dass die den Streit verkündende Partei für den Fall des ihr ungünstigen Prozessausganges einen Anspruch auf **Gewährleistung oder Schadloshaltung** gegen den Streitverkündeten erheben zu können glaubt **oder** einen Anspruch des Streitverkündeten besorgt. Der aus der subjektiven Sicht des Streitverkünders bestehende **Regressanspruch** ist der praxishäufigste Fall, dazu gehört auch **eine alternative Schuldnerschaft**.[557] Eine solche ist beispielsweise im Verhältnis des (angeblich) Vertretenen zu seinem (vermeintlichen) Vertreter gegeben, da letzterer bei Fehlen einer Vertretungsmacht nach § 179 Abs. 1 BGB in der Garantiehaftung steht.

cc) Streitverkündungsschrift

446   Formal bedarf eine Streitverkündung eines **Schriftsatzes** an das Prozessgericht, in dem der Grund der Streitverkündung und die Lage des Rechtsstreits darzustellen sind (§ 73 S. 1 ZPO). Mit der **Zustellung** dieses Schriftsatzes durch das Gericht an den Dritten wird die Streitverkündung wirksam (§ 73 S. 3 ZPO). In der Streitverkündungsschrift sind die tatsächlichen Grundlagen des aus der Sicht der den Streit verkündenden Partei bildenden Streitverkündungsgrundes so aufzuführen, dass dem Streitverkündungsempfänger die Prüfung möglich ist, ob er dem Rechtsstreit als Streithelfer beitritt oder nicht.[558] Die **Lage des Rechtsstreits** wird dem Streitverkündeten sinnvollerweise dadurch mitgeteilt, dass ihm Abschriften der Prozessakte, die sich jede Partei nach § 299 Abs. 1 ZPO jederzeit verschaffen kann, überlassen werden.

Bei einer (nachträglichen) Streitverkündungsschrift ist zu formulieren:

Volker Kringe   *Braunschweig, den 26.02.20146*
Rechtsanwalt
(…)

An das
Amtsgericht Braunschweig
(…)

                         Streitverkündungsschrift

In dem Rechtsstreit des Autohauses Rohlfink GmbH & Co. KG ./. Kleikämper

7 C 22/16

verkündet der Kläger

Frau Silke Ziebold, Wolfsburger Str. 33, 38126 Braunschweig,

                                      Streitverkündete,
den Streit mit der Aufforderung, dem Kläger als Streithelferin beizutreten.

---

557   Thomas/Putzo/Hüßtege § 72 ZPO Rn. 7.
558   Thomas/Putzo/Hüßtege § 73 ZPO Rn. 3.

Begründung:

Der Kläger nimmt den Beklagten auf Begleichung einer unbezahlten Rechnung für den Verkauf von vier Winterreifen in Anspruch. Den Kaufvertrag vom 16.10.2015 schloss der Beklagte nicht selbst, sondern die Streitverkündete namens und mit Vollmacht des Beklagten. Zur Zeit des Vertragsabschlusses war die Streitverkündete die Lebensgefährtin des Beklagten. Einzelheiten ergeben sich aus der in Abschrift für die Streitverkündete beigefügten Klageschrift vom 13.01.2016.

In der ebenfalls in Abschrift beigefügten Klageerwiderung vom 08.02.2016 bestreitet der Beklagte, die Streitverkündete zum Reifenkauf bevollmächtigt zu haben und weist auf die Beendigung der Lebensgemeinschaft seit Ende Oktober 2015 hin. Er macht zudem geltend, an den Reifen kein Interesse zu haben.

Sollte der Kläger die Vollmacht der Streitverkündeten, die er als Zeugin benannt hat, nicht beweisen können, wird die Streitverkündete für den Kaufpreis nach § 179 Abs. 1 BGB einzustehen haben. Daraus ergibt sich das Interesse des Klägers an der Streitverkündung.

Termin zur mündlichen Verhandlung ist bislang nicht anberaumt. Weitere Schriftsätze als die Klageschrift und die Klageerwiderung sind bisher nicht erfolgt.

Zwei beglaubigte und zwei einfache Abschriften anbei.

(...)
Rechtsanwalt

Materiell-rechtlich bewirkt die Zustellung der Streitverkündung nach § 204 Abs. 1 Nr. 6 BGB **Hemmung der Verjährung**.[559] Diese Wirkung tritt bei **demnächstiger Zustellung** bereits mit dem Eingang der Streitverkündungsschrift bei Gericht ein (§ 167 ZPO).[560]   **447**

Nur die **zulässige** Streitverkündung bewirkt nach § 204 Abs. 1 Nr. 6 BGB materiell-rechtlich Hemmung der Verjährung.[561] Eine zulässige Streitverkündung ist für die Verjährungshemmung auch dann erforderlich, wenn der Streitverkündete als Streithelfer beigetreten ist.[562]

b) Rechtsfolgen für den Vorprozess

Nach Zustellung der Streitverkündungsschrift steht dem Streitverkündeten eine angemessene (mehrtägige) Frist zur Verfügung, ob er dem Rechtsstreit aufgrund der Streitverkündung auf Seiten des Streitverkünders beitritt oder nicht.[563] Tritt der Dritte dem Streitverkünder bei, erhält er die rechtliche Stellung eines Streithelfers (§ 74 Abs. 1 ZPO). Lehnt er den Beitritt ab oder gibt er keine Erklärung ab, geht der Prozess ohne seine Beteiligung weiter (§ 74 Abs. 2 ZPO).   **448**

> **Beachte:** Rechtlich möglich ist auch, dass der Streitverkündete nicht dem Streitverkünder als Streithelfer beitritt, sondern dem Prozessgegner.

---

559 Zur Hemmung der Verjährung bei einer Streitverkündung zwischen Gesamtschuldnern siehe BGH, Urt. v. 07.05.2015, in: RÜ2 2016, 33.

560 Palandt/Ellenberger § 204 BGB Rn. 21.

561 BGH, Urt. v. 08.12.2011 – IX ZR 204/09, in: NJW 2012, 674; Palandt/Ellenberger § 204 BGB Rn. 21.

562 BGH, Urt. v. 06.12.2007 – IX ZR 143/06, in: NJW 2008, 519, 520; Palandt/Ellenberger § 204 BGB Rn. 21.

563 Thomas/Putzo/Hüßtege § 74 ZPO Rn. 4.

449 Im **Rubrum** des Urteils (im Vorprozess) taucht der Streitverkündete (unter der unterstützten Partei) **nur** auf, wenn er dem Rechtsstreit **als Streithelfer beigetreten** ist.[564] Sein Sachvortrag ist ebenso wie bei der Streithilfe zu behandeln.[565] Da im Falle des **Nichtbeitrittes** die Streitverkündung für den laufenden Rechtsstreit ohne Auswirkungen bleibt, ist die Erwähnung der Streitverkündung im Tatbestand (bei der Prozessgeschichte) entbehrlich, in der Praxis dennoch anzutreffen.

c) Bindungswirkung für den Folgeprozess

450 Unterliegt der Streitverkünder im Vorprozess und führt einen Folgeprozess gegen den Streitverkündeten, greift die **Interventionswirkung** des § 68 ZPO immer **nur zugunsten des Streitverkünders** ein, niemals zu seinen Lasten.[566] Sie setzt voraus, dass die Streitverkündung im Vorprozess zulässig war.[567] Deshalb tritt keine Interventionswirkung ein, wenn auch nur eine der genannten Voraussetzungen für eine Streitverkündung nicht vorgelegen hat.

Ist der Streitverkündete im Vorprozess als Streithelfer beigetreten, tritt die Interventionswirkung unabhängig von der Wirksamkeit der Streitverkündung ein.[568]

451 Ist der Streitverkündete im Vorprozess nicht beigetreten (§ 74 Abs. 2 ZPO), ist für die Beurteilung der Verhinderungslage (§ 68 Hs. 2 Alt. 1 ZPO)[569] der Zeitpunkt des Ablaufes der angemessenen Überlegungsfrist maßgeblich.[570]

> **Merke:** Die Interventionswirkung des § 68 ZPO ist unabhängig von der Reaktion des Streitverkündeten auf die Zustellung der Streitverkündungsschrift (§ 74 Abs. 3 ZPO).

d) Zusammenfassendes Prüfungsschema

452 **Zusammenfassend** erfolgt die **Prüfung der Interventionswirkung im Folgeprozess** auf der Grundlage folgenden Prüfungsschemas:

> - Rechtskräftiger Abschluss des Vorprozesses
>
> - Zulässigkeit der Streitverkündung:
>   (Prüfung entfällt im Beitrittsfall des Streitverkünders)
>   – Anhängiger Vorprozess
>   – Streitverkündungsgrund
>   – Streitverkündungsschrift
>
> - Umfang der Interventionswirkung
>   (alle tragenden tatsächlichen und rechtlichen Feststellungen)
>
> - Kein Ausschluss der Interventionswirkung:
>   – Keine Vollendungslage
>   – Keine Widerspruchlage
>   – Keine Verschuldenslage

---

564 Zur Darstellung siehe Rn. 431.

565 Siehe dazu Rn. 435.

566 Thomas/Putzo/Hüßtege § 74 ZPO Rn. 4.

567 BGH, Urt. v. 06.12.2007 – IX ZR 143/06, in: NJW 2008, 519; Thomas/Putzo/Hüßtege § 74 ZPO Rn. 2.

568 Thomas/Putzo/Hüßtege § 74 ZPO Rn. 3.

569 Siehe dazu Rn. 440.

570 Thomas/Putzo/Hüßtege § 74 ZPO Rn. 4.

e) Tatbestand und Entscheidungsgründe des Urteils im Folgeprozess

Im **Tatbestand** (des Urteils im Folgeprozess) sind Gegenstand und Verlauf des Vor-   **453**
prozesses (in der Regel als Sachstand) darzustellen. Diese Schilderung hat auch die
**Formalien der Streitverkündung im Vorprozess, dessen Prozessgeschichte und
die tragenden Urteilsfeststellungen** zu umfassen.

Tatbestand:

*Der Kläger nahm die Mutter der Beklagten, Frau Isolde Wehmeier, in dem Rechtsstreit
8 C 613/15 Amtsgericht Charlottenburg auf Begleichung einer Hotelrechnung in Höhe
der Klageforderung in Anspruch. Die (jetzige) Beklagte hatte am 18.06.2015 telefonisch im Namen ihrer Mutter ein Einzelzimmer zum Preis von 105 € pro Tag für die Zeit
vom 20. bis 23.06.2015 im Hotel des Klägers gebucht. Die Mutter der Beklagten reiste
nicht an und weigerte sich in der Folgezeit, die Hotelkosten zu begleichen.*

*In der Klageschrift vom 24.08.2015 behauptete der Kläger, die Mutter der Beklagten
habe die jetzige Beklagte zum Abschluss des Hotelaufnahmevertrages bevollmächtigt. Dies bestritt die Mutter der Beklagten in ihrer Klageerwiderung vom 09.09.2015.
Daraufhin verkündete der Kläger der (jetzigen) Beklagten mit Schriftsatz vom 07.10.
2015 den Streit, nannte als Streitverkündungsgrund ihre mögliche Haftung als voll-
machtlose Vertreterin, unterrichtete sie durch Beifügung von Abschriften der Klageschrift und der Klageerwiderung über die Lage des Rechtsstreits und forderte sie auf,
ihm als Streithelferin beizutreten. Die Zustellung der Streitverkündungsschrift an die
(jetzige) Beklagte erfolgte am 15.10.2015. Sie reagierte darauf nicht.*

*In der mündlichen Verhandlung des Vorprozesses vom 04.02.2016 beantragte der Klä-
ger, die Mutter der Beklagten zur Zahlung von 315 € zu verurteilen. Die Mutter der Beklagten beantragte Klageabweisung. Das Amtsgericht Charlottenburg erhob in diesem Termin Beweis zur behaupteten Bevollmächtigung der (jetzigen) Beklagten. Mit
Urteil vom selben Tage wies es die Klage wegen Beweisfälligkeit des Klägers rechtskräftig ab.*

*In der Folgezeit forderte der Kläger die Beklagte vergeblich zum Ausgleich der Über-
nachtungskosten für die Zeit vom 20. bis 23.06.2015 auf. Die Beklagte verweigerte den
Rechnungsausgleich unter Verweis auf ihre (angebliche) Bevollmächtigung.*

*Der Kläger meint, wegen der rechtskräftigen Abweisung seiner Klage im Vorprozess sei
die Beklagte einstandspflichtig und könne sich nicht mehr auf eine Vollmachtserteilung berufen.*

Er beantragt,
  die Beklagte zu verurteilen, an ihn 315 € zu zahlen.

Die Beklagte beantragt,
  die Klage abzuweisen.

*Sie behauptet, ihre Mutter habe sie für den Abschluss des Hotelaufnahmevertrages be-
vollmächtigt. Sie meint, an das Ergebnis der Beweisaufnahme im Vorprozess nicht gebunden zu sein, da sie darauf keinen Einfluss genommen habe.*

*Das Gericht hat die Akte 8 C 613/135 Amtsgericht Charlottenburg beigezogen und mit
den Parteien erörtert.*

454 In den **Entscheidungsgründen** ist die **Interventionswirkung** der §§ 74 Abs. 3, 68 ZPO abzuhandeln.

Entscheidungsgründe:

Die Klage ist zulässig und begründet.

Dem Kläger steht ein Anspruch aus § 179 Abs. 1 BGB auf Zahlung von 315 € gegen die Beklagte zu.

Die Beklagte hat den Hotelaufnahmevertrag vom 18.06.2015 als Vertreterin ohne Vertretungsmacht geschlossen. Sie kann den ihr nach § 179 Abs. 1 BGB obliegenden Beweis nicht führen, von ihrer Mutter Isolde Wehmeier zum Vertragsabschluss bevollmächtigt worden zu sein. Der Beklagten ist es aus prozessualen Gründen nach §§ 74 Abs. 3, 68 ZPO verwehrt, sich auf eine Bevollmächtigung seitens ihrer Mutter zu berufen. Dieser Behauptung der Beklagten steht die Bindungswirkung des rechtskräftigen klageabweisenden Urteils des Amtsgerichts Charlottenburg 8 C 613/15 vom 04.02.2016, entgegen. In diesem Rechtsstreit hatte der Kläger die Mutter der Beklagten auf Begleichung der Hotelrechnung in Anspruch genommen.

Der Kläger hat der Beklagten in dem Vorprozess durch ihren Schriftsatz vom 07.10.2015 wirksam den Streit verkündet, nachdem die Mutter der Beklagten in ihrer Klageerwiderung eine Vollmachtserteilung bestritten hatte. In dem Streitverkündungsschriftsatz hat der Kläger die Alternativhaftung der Beklagten als Streitverkündungsgrund genannt, sie über die Lage des Rechtsstreits unterrichtet und aufgefordert, ihm als Streithelferin beizutreten. Für den Eintritt der Interventionswirkung der §§ 74 Abs. 3, 68 ZPO ist ohne Relevanz, dass die Beklagte dieser Aufforderung zum Beitritt nicht gefolgt ist (§ 74 Abs. 2 ZPO).

Aufgrund der wirksamen Streitverkündung im Vorprozess steht für den laufenden Rechtsstreit bindend fest, dass eine Vollmachtserteilung seitens der Mutter an die Beklagte nicht bewiesen werden kann. Dies war der tragende Grund für das Amtsgericht Charlottenburg, im Vorprozess die Klage abzuweisen. Es hat den Kläger als beweisfällig angesehen, ohne dass es im jetzigen Rechtsstreit darauf ankommt, ob diese Entscheidung zutreffend ist.

Die Beklagte war als Streitverkündete im Vorprozess nicht gehindert, den für den Kläger ungünstigen Prozessausgang positiv zu beeinflussen (§ 68 ZPO). Wäre sie dem Kläger als Streithelferin beigetreten, hätte sie ihre jetzige Behauptung, von ihrer Mutter bevollmächtigt worden zu sein, ohne Verstoß gegen § 67 ZPO vortragen können. Dieses Vorbringen hätte nicht im Widerspruch zu dem des Klägers gestanden, sondern damit übereingestimmt.

...

V. Parteiänderung

455 Die **Parteiänderung** umfasst den **Parteiwechsel** und die **Parteierweiterung**.[571] Beide Fälle haben den Sinn, sachgerecht zu reagieren, wenn sich herausstellt, dass die bisherige Partei nicht, nicht mehr oder nicht alleine die richtige Partei ist.[572]

---

571 Thomas/Putzo/Hüßtege Vorbem. § 50 ZPO Rn. 11.
572 Thomas/Putzo/Hüßtege Vorbem. § 50 ZPO Rn. 13.

> **Merke:** Von der Parteiänderung ist die bloße **Parteiberichtigung** zu unterscheiden, bei der die bisherige Falschbezeichnung einer Partei lediglich richtig gestellt wird.

Bei einem **Parteiwechsel** tritt **anstelle** einer bisherigen Partei eine **neue Partei** in den Rechtsstreit ein.[573] Dies führt dazu, dass im **Urteilsrubrum** die alte Partei nicht mehr auftaucht, der Parteiwechsel ergibt sich lediglich aus seiner Schilderung als Prozessgeschichte im **Tatbestand** des Urteils und der rechtlichen Erörterung seiner Voraussetzungen in den **Entscheidungsgründen**. | 456

Eine **Parteierweiterung** liegt vor, wenn eine **zusätzliche Partei als Streitgenosse** einer der bisherigen Parteien neu in den Rechtsstreit eintritt. Im **Urteilsrubrum** sind die Streitgenossen nach allgemeinen Regeln darzustellen, im **Tatbestand** ist die Parteierweiterung als Prozessgeschichte zu schildern, ihre Zulässigkeit ist in den **Entscheidungsgründen** (regelmäßig knapp) abzuhandeln. | 457

Das Gesetz kennt in den §§ 239 ff. ZPO den gesetzlichen Parteiwechsel und in § 856 Abs. 2 ZPO die gesetzliche Parteierweiterung. Nicht geregelt sind der gewillkürte Parteiwechsel[574] und die gewillkürte Parteierweiterung.[575]

1. Parteiwechsel

a) Gesetzlicher Parteiwechsel

Die beiden in der Praxis wichtigsten gesetzlichen Parteiwechselgründe sind der **Tod einer Partei** (§ 239 ZPO) und die **Eröffnung des Insolvenzverfahrens** über das Vermögen einer Partei (§ 240 ZPO). In beiden Fällen tritt eine **Unterbrechung** des Prozesses ein (§§ 239 Abs. 1, 240 S. 1 ZPO). **Folge** dieser Unterbrechung ist zum einen, dass **Fristen nicht laufen** und nach Beendigung der Unterbrechung die volle Frist von neuem zu laufen beginnt (§ 249 Abs. 1 ZPO). Zum anderen sind während der Unterbrechung vorgenommene Prozesshandlungen dem Klagegegner gegenüber unwirksam (§ 249 Abs. 2 ZPO). Die Unterbrechung dauert beim Tod einer Partei bis zur Aufnahme durch den Rechtsnachfolger an, im Insolvenzfall bis zur Beendigung des Insolvenzverfahrens oder bis zur Aufnahme des Rechtsstreits durch den Insolvenzverwalter. | 458

> **Beachte:** Eine nach Schluss der mündlichen Verhandlung eintretende Unterbrechung hindert nach § 249 Abs. 3 ZPO die Urteilsverkündung nicht.

Bei **anwaltlicher Vertretung** der verstorbenen Partei tritt **keine Unterbrechung** ein, das Gericht kann nach § 246 Abs. 1 ZPO nur auf Antrag eine **Aussetzung** des Verfahrens anordnen. Diese hat dieselben prozessualen Wirkungen wie eine Unterbrechung. | 459

> **Merke:** Eine Unterbrechung ist der Stillstand des Verfahrens kraft Gesetzes, eine Aussetzung der Stillstand des Verfahrens kraft gerichtlicher Anordnung.

---

573 Thomas/Putzo/Hüßtege Vorbem. § 50 ZPO Rn. 12.

574 Vgl. Thomas/Putzo/Hüßtege Vorbem. § 50 ZPO Rn. 20–24.

575 Vgl. Thomas/Putzo/Hüßtege Vorbem. § 50 ZPO Rn. 25–26.

b) Gewillkürter Parteiwechsel

460 Der **gewillkürte Parteiwechsel** ist nach den Regeln der (reduzierenden) **Klageänderung**[576] (§§ 263 ff. ZPO analog, § 269 ZPO analog) zu behandeln.[577] Dies bedeutet, dass er prinzipiell auch gegen den Willen (beachte auch hier § 267 ZPO) des alten und neuen Beklagten möglich ist, sofern das Gericht ihn für sachdienlich erachtet. Es ist zwischen dem gewillkürten Parteiwechsel **auf Klägerseite** und **auf Beklagtenseite** zu differenzieren.

461 Beim **gewillkürten Klägerwechsel** sind **Parteiwechselerklärungen** des alten und des neuen Klägers erforderlich, außerdem die **Einwilligung** des Beklagten (analog § 263 ZPO) oder die Ersetzung der Einwilligung durch eine **Sachdienlichkeitsbejahung** seitens des Gerichts. Sobald mündlich verhandelt wird, bedarf es analog § 269 Abs. 1 ZPO der Einwilligung des Beklagten, der durch den Beginn der mündlichen Verhandlung einen **unentziehbaren Anspruch auf Sachentscheidung** erlangt hat. Es gilt § 267 ZPO analog, sodass die Einwilligung bei fehlendem Widerspruch in der auf den Klägerwechsel folgenden mündlichen Verhandlung unwiderlegbar vermutet wird.[578]

> **Merke:** Ab Beginn der mündlichen Verhandlung reicht Sachdienlichkeit für einen gewillkürten Parteiwechsel gegen den Willen des Prozessgegners nicht mehr aus.

Nur bei **rechtsmissbräuchlichem Verhalten** ist die Einwilligung ausnahmsweise entbehrlich.[579]

462 Ist der gewillkürte Klägerwechsel **unzulässig**, wird der Rechtsstreit zwischen den bisherigen Parteien fortgesetzt.[580] Regelmäßig wird der bisherige Kläger mangels Erfolgsaussicht keinen Sachantrag mehr stellen, sodass seine Klage durch **Versäumnisurteil** abzuweisen ist. Da der neue Kläger nicht wirksam Prozesspartei geworden ist, ergeht insofern ein **Prozessurteil**.

463 Bei einem **zulässigen** gewillkürten Klägerwechsel ist der neue Kläger an die vorgefundene Prozesslage gebunden, bereits erfolgte Beweisaufnahmen bleiben wirksam.[581] Das Urteil ergeht nur zwischen dem neuen Kläger und dem Beklagten; nur insofern ist im Urteil eine **Kostengrundentscheidung** nach §§ 91 ff. ZPO zu treffen.[582] Gegen den alten Kläger kann in analoger Anwendung des § 269 Abs. 3 S. 2 ZPO ein **Kostenbeschluss** auf Erstattung der durch seine Klageerhebung verursachten Mehrkosten ergehen.[583]

464 Ein **gewillkürter Beklagtenwechsel** erfordert eine **Wechselerklärung** des Klägers sowie Sachdienlichkeit, außerdem die **Einwilligung** des **bisherigen** Beklagten, soweit gegen ihn mündlich zur Hauptsache verhandelt worden ist (§ 269 Abs. 1 ZPO analog).[584] Einer Einwilligung des **neuen** Beklagten bedarf es nicht, da niemand verhindern kann, verklagt zu werden.[585]

---

576 Siehe dazu Rn. 359.

577 H.M. und st.Rspr. (vgl. BGH, Urt. v. 27.06.1996 – IX ZR 324/95, in: NJW 1996, 2733); Nachweise zum Meinungsstand bei Thomas/Putzo/Hüßtege Vorbem. § 50 ZPO Rn. 15.

578 Thomas/Putzo/Hüßtege Vorbem. § 50 ZPO Rn. 20.

579 Thomas/Putzo/Hüßtege Vorbem. § 50 ZPO Rn. 20, 21.

580 BGH, Urt. v. 16.12.1997 – VI ZR 279/96, in: NJW 1998, 1496, 1497; Thomas/Putzo/Hüßtege Vorbem. § 50 ZPO Rn. 20.

581 Thomas/Putzo/Hüßtege Vorbem. § 50 ZPO Rn. 21.

582 Thomas/Putzo/Hüßtege Vorbem. § 50 ZPO Rn. 21.

583 OLG Hamm, Beschl. v. 08.08.2007 – 12 W 11/07, in: MDR 2007, 1447; Thomas/Putzo/Hüßtege Vorbem. § 50 ZPO Rn. 21.

584 Thomas/Putzo/Hüßtege Vorbem. § 50 ZPO Rn. 22.

585 Thomas/Putzo/Hüßtege Vorbem. § 50 ZPO Rn. 22.

Willigt der neue Beklagte in den **gewillkürten Beklagtenwechsel** ein, ist er an die **465** bisherigen Prozessergebnisse einschließlich Beweisaufnahmen **gebunden.**[586] Widerspricht der neue Beklagte dem gewillkürten Beklagtenwechsel, wird er zwar dennoch **Partei** des Rechtsstreits, die Prozesshandlungen des bisherigen Beklagten und die bisherigen Prozessergebnisse wirken aber nicht für und gegen ihn, sodass neu zu verhandeln ist.[587] In entsprechender Anwendung des § 269 Abs. 3 S. 2 ZPO sind die Kosten des bisherigen Beklagten durch Beschluss dem Kläger aufzuerlegen.[588]

2. Parteierweiterung

a) Gesetzliche Parteierweiterung

Der einzige **gesetzlich** vorgesehene Parteierweiterungsfall besteht nach § 856 Abs. 2 **466** ZPO bei einer **Mehrfachpfändung** konkurrierender Vollstreckungsgläubiger durch Pfändungs- und Überweisungsbeschlüsse (§§ 829, 835 ZPO). Geht einer der Gläubiger im Wege der **Forderungseinzugsklage** gegen den Vollstreckungsschuldner gerichtlich vor, ist jeder Konkurrenzgläubiger in jeder Lage des Rechtsstreits befugt, sich dem Kläger als Streitgenosse anzuschließen. Es entsteht dann nach § 856 Abs. 4 ZPO eine **notwendige Streitgenossenschaft** (§ 62 ZPO).[589]

b) Gewillkürte Parteierweiterung

Eine **gewillkürte Parteierweiterung** erfordert neben einer **Erweiterungserklä-** **467** **rung** des Klägers das Vorliegen der Voraussetzungen für eine **Streitgenossenschaft** (§§ 59, 60 ZPO). Zudem muss die gewillkürte Parteierweiterung (bei fehlender Einwilligung, auch hier beachte § 267 ZPO) **sachdienlich** i.S.v. § 263 ZPO analog sein.[590] Einer **Einwilligung** der Beklagtenseite bedarf es nicht, bei der gewillkürten Parteierweiterung auf Klägerseite ist die **Einwilligung** des bisherigen Klägers erforderlich.[591]

E. Zuständigkeit

Bei der Zuständigkeit ist zwischen der **sachlichen** und der **örtlichen** Zuständigkeit **468** zu unterscheiden.

I. Sachliche Zuständigkeit

Die sachliche Zuständigkeit ist in §§ 23, 71 GVG geregelt (§ 1 ZPO). **469**

1. Grundsatz der Wertabhängigkeit

Grundsätzlich ist die (erstinstanzliche) sachliche Zuständigkeit nach § 23 Nr. 1 GVG **470** **streitwertabhängig.** Dabei geht es um den **Zuständigkeitsstreitwert** in Abgrenzung zum **Gebührenstreitwert.**[592] Bei einem Zuständigkeitsstreitwert bis einschließlich 5.000 € ist die erstinstanzliche Zuständigkeit des **Amtsgerichts** gegeben. Liegt der nach §§ 2 ff. ZPO zu ermittelnden Zuständigkeitsstreitwert über dieser Wertgrenze, ist nach § 71 Abs. 1 GVG das **Landgericht** erstinstanzlich zuständig.

---

586 Thomas/Putzo/Hüßtege Vorbem. § 50 ZPO Rn. 22.

587 Thomas/Putzo/Hüßtege Vorbem. § 50 ZPO Rn. 22.

588 Thomas/Putzo/Hüßtege Vorbem. § 50 ZPO Rn. 22.

589 Thomas/Putzo/Seiler § 856 ZPO Rn. 1.

590 BGH, Urt. v. 09.05.1989 – VI ZR 223/88, in: NJW 1989, 3225; Thomas/Putzo/Hüßtege Vorbem. § 50 ZPO Rn. 25.

591 Thomas/Putzo/Hüßtege Vorbem. § 50 ZPO Rn. 25.

592 Siehe dazu Rn. 103.

471 Die Bemessung des **Zuständigkeitsstreitwertes** liegt, soweit kein bezifferter Zahlungsantrag gestellt ist, nach § 3 ZPO im **Ermessen des Gerichts**. Dies bedeutet, dass das Gericht bei der Ermittlung des Zuständigkeitsstreitwertes nicht an Parteiangaben gebunden ist, sondern die Werthöhe im Einzelfall durch Schätzung ermittelt.[593] Zum Zuständigkeitsstreitwert gibt es umfangreiche Einzelfallentscheidungen.[594]

472 Maßgeblich ist für die **Wertberechnung** der Zeitpunkt der Klageeinreichung (§ 4 Abs. 1 ZPO). Bei der Wertberechnung bleiben nach § 4 Abs. 1 Hs. 2 ZPO als **Nebenforderungen** geltend gemachte Früchte, Nutzungen, Zinsen und Kosten unberücksichtigt. Nebenforderungen sind solche, die in einem Abhängigkeitsverhältnis zur Hauptforderung stehen.[595] Daran ändert sich auch nichts, wenn eine Nebenforderung ausgerechnet und dem Hauptanspruch ziffernmäßig zugeschlagen wird.[596] Werden beispielsweise **vorgerichtlich entstandene Anwaltskosten** oder aber **Zinsen** (§ 288 BGB) als **Verzugsschaden** geltend gemacht, geht es um eine zuständigkeits**wertneutrale** Nebenforderung.[597]

473 Bei der Geltendmachung von **Herausgabeansprüchen** kommt es für den Zuständigkeitswert nach § 6 S. 1 ZPO auf den **Wert der Sache** an. Dies ist der objektive **Verkehrswert**, der zu schätzen ist.[598] In **Pfandrechtsstreitigkeiten** ist nach § 6 S. 1 ZPO der zugrunde liegende Forderungsbetrag ausschlaggebend. Hat der Gegenstand des Pfandrechts einen geringeren Wert, ist dieser maßgebend (§ 6 S. 2 ZPO). § 6 ZPO kommt in Examensklausuren insbesondere bei **Drittwiderspruchsklagen** nach § 771 ZPO zur Anwendung. Dies bedeutet, dass der Wert des Vollstreckungsobjektes und die Höhe der titulierten Forderung, aus der die Vollstreckung betrieben wird, miteinander zu vergleichen sind, wobei der **geringere Wert** den Ausschlag gibt.[599]

474 Für Miet- und Pachtverhältnisse bildet bei Rechtsstreitigkeiten über das Bestehen oder die Dauer nach § 8 ZPO die auf die gesamte streitige Zeit entfallende Pacht oder Miete den Zuständigkeitsstreitwert, sofern nicht der 25-fache Betrag des Jahresentgeltes geringer ist. Die streitige Zeit beginnt bei Räumungsklagen mit der Klageerhebung und endet bei unbestimmter Vertragsdauer mit dem Tag, auf den gekündigt ist oder hätte gekündigt werden können.[600]

2. Ausnahmen vom Prinzip der Wertabhängigkeit

475 Als **Ausnahmen** vom Grundsatz der Wertabhängigkeit der sachlichen Zuständigkeit sieht das Gesetz in § 71 Abs. 2 ZPO eine **streitwertunabhängige Zuständigkeit** des Landgerichts insbesondere für **Amtshaftungsklagen** vor. Umgekehrt ist das Amtsgericht streitwertunabhängig für die in § 23 Nr. 2 ZPO genannten Fallkonstellationen zuständig. Von besonderer Praxisbedeutung ist die ausschließliche sachliche Zuständigkeit des Amtsgerichts für **Wohnraummietstreitigkeiten** nach § 23 Nr. 2a ZPO.

476 Die sachliche Zuständigkeit kann, soweit nicht eine ausschließliche Zuständigkeit gegeben ist (§ 40 Abs. 2 S. 2 ZPO), auch durch **rügelose Einlassung** der beklagten Partei nach § 39 S. 1 ZPO begründet werden. Dies ist der Fall, wenn der Beklagte, ohne die Unzuständigkeit geltend zu machen, rügelos mündlich zur Hauptsache verhandelt. Im **amtsgerichtlichen Klageverfahren** tritt diese Wirkung nur ein, wenn das Gericht

---

593 Thomas/Putzo/Hüßtege § 3 ZPO Rn. 2.

594 Vgl. die alphabetische Zusammenstellung bei Thomas/Putzo/Hüßtege § 3 ZPO Rn. 5–190.

595 Thomas/Putzo/Hüßtege § 4 ZPO Rn. 8.

596 Thomas/Putzo/Hüßtege § 4 ZPO Rn. 8.

597 BGH, Beschl. v. 26.11.2009 – III ZR 116/09, in: NJW 2010, 681, 682; Thomas/Putzo/Hüßtege § 4 ZPO Rn. 8.

598 Thomas/Putzo/Hüßtege § 6 ZPO Rn. 2.

599 Thomas/Putzo/Seiler § 771 ZPO Rn. 25.

600 Thomas/Putzo/Hüßtege § 8 ZPO Rn. 5.

den Beklagten zuvor nach § 504 ZPO auf die Folgen einer rügelosen Einlassung zur Hauptsache hingewiesen hat. Diese **Hinweispflicht** besteht auch, wenn der Beklagte anwaltlich vertreten ist.[601]

Nach § 38 Abs. 1 ZPO können Kaufleute, juristische Personen des öffentlichen Rechts **477** und öffentlich-rechtliche Sondervermögen, sofern nicht eine ausschließliche Zuständigkeit besteht (§ 40 Abs. 2 S. 2 ZPO), die sachliche Zuständigkeit abweichend vom Gesetz **vereinbaren**. Dies geschieht in der Praxis zumeist durch Allgemeine Geschäftsbedingungen. Für andere Parteien ist nach § 38 Abs. 3 ZPO eine schriftliche und ausdrückliche **Gerichtsstandsvereinbarung** nur nach dem Entstehen der Streitigkeit zulässig.

3. Sonderfälle

Ein **einmal sachlich zuständiges** Gericht bleibt grundsätzlich auch beim Eintreten **478** zuständigkeitsverändernder Umstände zuständig (§ 261 Abs. 3 Nr. 2 ZPO).[602] Dies gilt selbst dann, wenn die verändernden Umstände eine ausschließliche Zuständigkeit begründen würden.[603] **Keine Anwendung** findet § 261 Abs. 3 Nr. 2 ZPO in Fällen der **Klageänderung** durch **Austausch des Streitgegenstandes**, wenn dadurch die Zuständigkeit entfällt.[604]

Für das **amtsgerichtliche Klageverfahren** ist in Fällen der **Klageerweiterung** und **479** der **Widerklageerhebung** die **Sonderregelung des § 506 ZPO** zu beachten. Danach kann jede Partei bei Erweiterung des Klageantrages (§ 264 Nr. 2 ZPO) auf einen Anspruch, der die landgerichtliche Zuständigkeit begründet, **Verweisung** des Rechtsstreits an das Landgericht beantragen. Zuvor bedarf es eines **richterlichen Hinweises** auf die eingetretene sachliche Unzuständigkeit (§ 504 ZPO). Bei der Anwendung des § 506 ZPO sind **drei Fallkonstellationen** zu unterscheiden: Stellt zumindest eine Partei vor weiterer Verhandlung zur Hauptsache Verweisungsantrag, erklärt sich das Amtsgericht für unzuständig und **verweist** den Rechtsstreit an das Landgericht. Wird kein Verweisungsantrag gestellt und rügt der Beklagte die nachträgliche Zuständigkeit des Amtsgerichts nicht, bleibt dieses nach § 39 S. 1 ZPO durch **rügeloses Verhandeln** zur Hauptsache zuständig. Rügt der Beklagte die eingetretene sachliche Unzuständigkeit des Amtsgerichts und stellt der Kläger keinen Verweisungsantrag ergeht **Prozessurteil** gegen den Kläger.

Der Verweisungsbeschluss vom Amtsgericht an das Landgericht ist für dieses **bin-** **480** **dend**[605] (§§ 506 Abs. 2, 281 Abs. 2 S. 4 ZPO). Er enthält **keine Kostenentscheidung**. Vielmehr werden die vor dem Amtsgericht angefallenen **Mehrkosten** als Kosten der vor dem Landgericht fortzusetzenden Klage behandelt (§§ 506 Abs. 2, 281 Abs. 3 S. 1 ZPO), ohne dass diese Mehrkosten dem Kläger aufzuerlegen sind, wenn er den Rechtsstreit beim Landgericht gewinnt.[606]

---

601 OLG Stuttgart, Urt. v. 20.11.1979 – 17 UF 219/79, in: FamRZ 1980, 384, 385.

602 Vgl. die Parallelregelung in § 17 Abs. 1 GVG für den Rechtsweg. § 261 Abs. 3 Nr. 2 ZPO gilt auch für die internationale Zuständigkeit: BGH, Urt. v. 01.03.2011 – XI ZR 48/10, in: NJW 2011, 2515; Thomas/Putzo/Reichold § 261 ZPO Rn. 16.

603 BGH, Urt. v. 26.04.2001 – IX ZR 53/00, in: NJW 2001, 2477; Thomas/Putzo/Reichold § 261 ZPO Rn. 16.

604 BGH, Urt. v. 26.04.2001 – IX ZR 53/00, in: NJW 2001, 2477, 2478; Thomas/Putzo/Reichold § 261 ZPO Rn. 17.

605 Eine Ausnahme von der Unanfechtbarkeit ist wie bei § 17 a Abs. 2 S. 3 GVG nur zu machen, wenn die Verweisung auf objektiver Willkür ohne jede Gesetzesgrundlage beruht: Thomas/Putzo/Reichold § 281 ZPO Rn. 12.

606 § 506 Abs. 2 ZPO verweist nicht auf die Mehrkostentragungspflicht des § 281 Abs. 3 S. 2 ZPO. Dies hat seinen Grund darin, dass das angerufene Gericht zunächst zuständig war.

> **Beschluss**
>
> *In Sachen Schulze gegen Homann*
>
> *erklärt sich das Amtsgericht Essen für sachlich unzuständig und verweist den Rechtsstreit auf Antrag des Klägers an das Landgericht Essen.*

II. Örtliche Zuständigkeit

481   Die **Gerichtsstandsregelungen** der §§ 12 ff. ZPO unterscheiden zwischen dem **allgemeinen**, den **besonderen** sowie **ausschließlichen** Gerichtsständen.[607] Auch für die örtliche Zuständigkeit sind **Verweisungsbeschlüsse** nach § 281 Abs. 2 S. 4 ZPO grundsätzlich bindend, sodass auch durch sie die Zuständigkeit begründet werden kann. **Anders** ist dies nach § 696 Abs. 5 ZPO bei der **Abgabe der Streitsache** nach Widerspruchseinlegung im gerichtlichen **Mahnverfahren**. Dort kann es zu einer Verweisung kommen.[608] Für die örtliche Zuständigkeit gilt ebenfalls die **Fortdauerregelung** des § 261 Abs. 3 Nr. 2 ZPO, die beispielsweise den Fall eines Umzuges des Beklagten in einen anderen Gerichtsbezirk nach Rechtshängigkeit erfasst.

1. Allgemeiner Gerichtsstand

482   Der **allgemeine** Gerichtsstand für natürliche Personen wird nach §§ 12, 13 ZPO durch ihren **Wohnsitz** begründet. Der Wohnsitzbegriff entspricht dem der §§ 7–11 BGB, bei mehrfachen Wohnsitzen ist der allgemeine Gerichtsstand an allen Wohnsitzen begründet.[609] Der allgemeine Gerichtsstand anderer passiv parteifähiger Personen mit Ausnahme des Bundes und der Länder wird nach § 17 Abs. 1 S. 1 ZPO durch ihren **Sitz** begründet. Unter diese Vorschrift fallen insbesondere alle juristischen Personen, ferner Personenhandelsgesellschaften, nicht rechtsfähige Vereine und die Gesellschaft bürgerlichen Rechts.[610] Unternehmenssitz ist der **Ort der Verwaltung** (§ 17 Abs. 1 S. 2 ZPO). Der Fiskus (Bund und Länder) hat nach § 18 ZPO seinen allgemeinen Gerichtsstand an dem Sitz der Behörde, die zur Vertretung des Fiskus durch Gesetze und Rechtsverordnungen bestimmt sind.[611]

2. Besonderer Gerichtsstand

483   **Besondere** Gerichtsstände sind solche, die nur für einzelne bestimmte Rechtsstreitigkeiten gegeben sind.[612] Sie sind überwiegend in der ZPO normiert, aber auch in anderen Gesetzen (z.B. § 20 StVG für Ansprüche aus dem StVG). Die wichtigsten besonderen Gerichtsstände der ZPO sind: der Gerichtsstand der **Niederlassung** (§ 21 ZPO), der **Erbschaft** (§ 27 ZPO), des **Erfüllungsortes** (§ 29 ZPO), der **Haustürgeschäftsklagen** (§ 29 c ZPO), der **unerlaubten Handlung** (§ 32 ZPO), der **Widerklage** (§ 33 ZPO) und der **Anwaltshonorarklage** (§ 34 ZPO). Zudem kann die örtliche Zuständigkeit (auch die sachliche) durch eine **Gerichtsstandsvereinbarung** (§ 38 ZPO) oder durch **rügelose Einlassung** (§ 39 ZPO) begründet werden.

484   Daneben ist von der h.M. ein **Gerichtsstand des Sachzusammenhanges** in Fällen der Anspruchskonkurrenz (für denselben Klageanspruch, also nicht bei objektiver

---

607 Thomas/Putzo/Hüßtege Vorbem. § 12 ZPO, Rn. 2–4.

608 Thomas/Putzo/Hüßtege § 696 ZPO Rn. 26.

609 Thomas/Putzo/Hüßtege § 13 ZPO Rn. 1.

610 Thomas/Putzo/Hüßtege § 17 ZPO Rn. 1.

611 Thomas/Putzo/Hüßtege § 18 ZPO Rn. 1.

612 Thomas/Putzo/Hüßtege Vorbem. § 12 ZPO Rn. 3.

Klagehäufung)[613] anerkannt.[614] Diese Praktikabilitätslösung bewirkt, dass ein an sich nicht für alle Anspruchsgrundlagen (besonders) zuständiges Gericht im Rechtsstreit wegen § 17 Abs. 2 GVG auch konkurrierende Anspruchsnormen prüft, für die seine besondere Zuständigkeit nicht gegeben ist. So darf beispielsweise das Gericht des Deliktsortes (§ 32 ZPO) nicht nur Ansprüche aus unerlaubter Handlung, sondern auch nichtdeliktische Anspruchsgrundlagen prüfen.

Das **Wahlrecht** zwischen mehreren Gerichtsständen, sei es zwischen mehreren besonderen Gerichtsständen oder zwischen dem allgemeinem und einem besonderen Gerichtsstand, hat der Kläger (§ 35 ZPO). Ausgeübt wird dieses Wahlrecht **durch Klageerhebung**, die getroffene Wahl ist nach Eintritt der Rechtshängigkeit endgültig und unwiderruflich.[615]   **485**

3. Ausschließlicher Gerichtsstand

Die wichtigsten **ausschließlichen** Gerichtsstände der ZPO sind: **dinglicher** Gerichtsstand (§ 24 ZPO), dinglicher Gerichtsstand des **Sachzusammenhanges** (§ 25 ZPO), **Miet- und Pachtstreitigkeiten** (§ 29 a ZPO), Klagen aus **Haustürgeschäften gegen Verbraucher** (§ 29 c Abs. 1 S. 3 ZPO) und die Gerichtsstände des **Vollstreckungsrechts** (§ 802 ZPO). Ein ausschließlicher Gerichtsstand bewirkt, dass nur dieses Gericht zuständig ist, es mithin kein Wahlrecht des Klägers zwischen mehreren Gerichten gibt.   **486**

III. Übersicht zu den wichtigsten Zuständigkeitsvorschriften:

- ◾ **Sachliche Zuständigkeit:**
  - ▪ **Amtsgericht:**
    - – **Grundsatz:** Streitwert bis 5.000 € (§ 23 Nr. 1 GVG)
    - – **Ausnahme: Streitwertunabhängige Zuweisung an das Amtsgericht**
      - -- § 23 Nr. 2 GVG: insbesondere Wohnraummietsachen
      - -- § 23 b Abs. 1 GVG: Familiensachen
  - ▪ **Landgericht:**
    - – **Grundsatz:** Streitwert über 5.000 € (§ 71 Abs. 1 GVG)
    - – **Ausnahmen: Streitwertunabhängige Zuweisung an das Landgericht**
      - -- § 71 Abs. 2 GVG: insbesondere Amtshaftungsklagen
  - ▪ **Besonderheiten:**
    - – **Gerichtsstandsvereinbarung** (§ 38 ZPO):
      - nicht bei ausschließlicher Zuständigkeit (§ 40 Abs. 2 S. 1 Nr. 2 ZPO)
  - ▪ **Rügelose Einlassung des Beklagten** (§ 39 ZPO):
    - – Nicht bei Klage beim Amtsgericht, wenn kein **Hinweis nach § 504 ZPO**
    - – Nicht bei **ausschließlicher Zuständigkeit** (§ 40 Abs. 2 S. 2 ZPO)
  - ▪ **Fortdauer** der sachlichen Zuständigkeit (§ 261 Abs. 3 Nr. 2 ZPO)
  - **Ausnahme: § 506 ZPO** bei nachträglicher Unzuständigkeit des Amtsgerichts

---

613 Vgl. Thomas/Putzo/Hüßtege Einl. II Rn. 16.

614 Vgl. BayObLG, Beschl. v. 31.08.1995 – 1Z AR 37/95, in: NJW-RR 1996, 508; Thomas/Putzo/Hüßtege § 12 ZPO Rn. 8.

615 Thomas/Putzo/Hüßtege § 35 ZPO Rn. 2.

■ **Örtliche Zuständigkeit:**

  ■ **allgemeine** Zuständigkeit:
    – Wohnsitz des Beklagten (§§ 12, 13 ZPO)
    – Unternehmenssitz (§ 17 ZPO)

  ■ **besondere** Zuständigkeit:
    – Niederlassung (§ 21 ZPO)
    – Erbschaft (§ 27 ZPO)
    – Erfüllungsort (§ 29 ZPO)
    – Haustürgeschäfte (§ 29 c Abs. 1 S. 1 ZPO für Klage des Verbrauchers)
    – Unerlaubte Handlung (§ 32 ZPO)
    – Widerklage (§ 33 ZPO)
    – Anwaltsvergütung (§ 34 ZPO)
    – Unfallort (§ 20 StVG)

  ■ **ausschließliche** Zuständigkeit:
    – dinglicher Gerichtsstand (§ 24 ZPO)
    – Sachzusammenhang (§ 25 ZPO)
    – Mietsache und Pacht (§ 29 a ZPO)
    – Vollstreckungsrecht (§ 802 ZPO)

  ■ **Besonderheiten:**
    – **Wahlrecht des Klägers** (§ 35 ZPO)
    – **Gerichtsstandsvereinbarung** (§ 38 ZPO):
      -- Nicht bei ausschließlicher Zuständigkeit (§ 40 Abs. 2 S. 1 Nr. 2 ZPO)
    – **Rügelose Einlassung** (§ 39 ZPO):
      -- Nicht bei Klage beim Amtsgericht, wenn kein **Hinweis nach § 504 ZPO**
      -- Nicht bei **ausschließlicher Zuständigkeit** (§ 40 Abs. 2 S. 2 ZPO)
    – **Fortdauer der örtlichen Zuständigkeit** (§ 261 Abs. 3 Nr. 2 ZPO)

F. Besondere Prozesssituationen

I. Prozessaufrechnung

487   Die **Prozessaufrechnung** ist ein **häufiges Klausurthema im Assessorexamen**. Sie hat eine **Doppelnatur:**[616] Die **Aufrechnungserklärung** (§ 388 BGB) ist die Ausübung eines **materiellen** Gestaltungsrechts, sodass sich Zulässigkeit, Voraussetzungen und Wirkungen ausschließlich nach dem materiellen Recht richten.[617] Die **gerichtliche Geltendmachung** der (vor, außerhalb und im Prozess erklärten)[618] Aufrechnung als rechtsvernichtende Einwendung ist eine **Prozesshandlung**, deren Zulässigkeit, Voraussetzungen und Wirkungen sich nach dem Prozessrecht beurteilen.[619] Die Prozessaufrechnung führt zur **Hemmung der Verjährung** (§ 204 Abs. 1 Nr. 5 BGB).

1. Primär- und Eventualaufrechnung

488   Zu unterscheiden sind die **Primäraufrechnung** und die **Eventualaufrechnung**. Eine Primäraufrechnung liegt vor, wenn sich die Verteidigung des Beklagten auf die Aufrechnung beschränkt.[620] Eine Eventualaufrechnung **(Hilfsaufrechnung)** ist gege-

---

616 Palandt/Grüneberg § 388 BGB Rn. 2.
617 Thomas/Putzo/Reichold § 145 ZPO Rn. 12.
618 Thomas/Putzo/Reichold § 145 ZPO Rn. 12.
619 Thomas/Putzo/Reichold § 145 ZPO Rn. 13, 14.
620 Thomas/Putzo/Reichold § 145 ZPO Rn. 16.

ben, wenn der Beklagte die Aufrechnung neben anderen Verteidigungsmitteln (hilfsweise) geltend macht. Bei einer Hilfsaufrechnung handelt es sich um eine zulässige **innerprozessuale Bedingung**, die nicht gegen § 388 S. 2 BGB verstößt.[621] Die rechtliche Zulässigkeit einer Hilfsaufrechnung wird von § 45 Abs. 3 GKG vorausgesetzt.

Die Prozessaufrechnung ist stets als **letztes** Verteidigungsmittel **zu prüfen**, auch wenn der Beklagte nicht ausdrücklich hilfsweise aufrechnet. Dies gilt auch, wenn es zu anderen streitigen Tatsachen einer Beweisaufnahme bedarf, während die Gegenforderung des Beklagten nicht im Streit ist.[622] Grund dafür ist das Interesse des Beklagten, seinen Gegenanspruch möglichst nicht zu verlieren. Die Entscheidung über die zur Aufrechnung gestellte Gegenforderung wird nach § 322 Abs. 2 ZPO von der Rechtskraft erfasst.[623]   **489**

> **Beachte:** Es ist ein grober Fehler, ein klageabweisendes Urteil darauf zu stützen, das Klagebegehren scheitere **jedenfalls** an der Aufrechnung des Beklagten.

Der Beklagte kann **mehrere** zur Aufrechnung gestellte Forderungen in ein Eventualverhältnis stellen, an das das Gericht aufgrund der Dispositionsbefugnis der Parteien gebunden ist.[624] Ansonsten bestimmt sich die Tilgungsreihenfolge nach §§ 396 Abs. 1 S. 2, 366 Abs. 2 BGB.   **490**

Scheitert eine Prozessaufrechnung an einem **Aufrechnungsverbot**, kann die Gegenforderung des Beklagten ggf. im Wege der (Hilfs-)Widerklage geltend gemacht werden.[625]   **491**

2. Keine Rechtshängigkeit der Gegenforderung

Durch eine Prozessaufrechnung wird die geltend gemachte **Gegenforderung nicht rechtshängig**.[626] Deshalb ist der Beklagte nicht gehindert, die Gegenforderung in einem anderen Prozess einzuklagen.[627] Ebenso kann der Beklagte mit seinem Gegenanspruch in mehreren Prozessen die Aufrechnung erklären.[628]   **492**

Die Prozessaufrechnung hat keinerlei Einfluss auf die **Zuständigkeit** des Gerichts, sie ist für den Zuständigkeitsstreitwert ohne Relevanz.[629]

3. Rechtswegfremde Gegenforderung

Ein **Sonderproblem** stellt die Aufrechnung mit einer **rechtswegfremden Forderung** dar. Es ist wegen der Regelung des **§ 17 Abs. 2 S. 1 GVG** umstritten, ob in einem Rechtsstreit vor einem Zivilgericht die Aufrechnung mit vermögensrechtlichen Ansprüchen, für die eine andere Fachgerichtsbarkeit zuständig ist, erfolgen kann. Nach der genannten Vorschrift hat das Gericht des zulässigen Rechtsweges den Rechtsstreit unter allen in Betracht kommenden rechtlichen Gesichtspunkten zu entscheiden.   **493**

---

621 Palandt/Grüneberg § 388 BGB Rn. 3.

622 Vgl. Palandt/Grüneberg § 388 BGB Rn. 3; Thomas/Putzo/Reichold § 145 ZPO Rn. 15.

623 Siehe dazu Rn. 793.

624 Thomas/Putzo/Reichold § 145 ZPO Rn. 15.

625 Siehe dazu Rn. 505.

626 Thomas/Putzo/Reichold § 145 ZPO Rn. 20.

627 BGH, Urt. v. 12.01.1994 – XII ZR 167/92, in: NJW-RR 1994, 379, 380; Thomas/Putzo/Reichold § 145 ZPO Rn. 20.

628 BGH, Urt. v. 08.01.2004 – III ZR 401/02, in: NJW-RR 2004, 1000.

629 Thomas/Putzo/Hüßtege § 3 ZPO Rn. 19; Thomas/Putzo/Reichold § 145 ZPO Rn. 19.

Die h.M.[630] differenziert zum einen danach, ob es sich um **unbestrittene oder streitige** Aufrechnungsforderungen handelt. Mit unbestrittenen Gegenansprüchen kann **immer** aufgerechnet werden, auch wenn sie rechtswegfremd sind.[631] **Streitige (rechtswegfremde) Gegenforderungen** haben Zivilgerichte nach h.M. nur zu berücksichtigen, wenn es sich um zum ordentlichen Rechtsweg gehörende Ansprüche handelt, für die **eine familiengerichtliche** Zuständigkeit[632] oder eine der **freiwilligen Gerichtsbarkeit.**[633]

Hat das Zivilgericht über rechtswegfremde Gegenforderungen nicht zu entscheiden (wie zum Beispiel über einen vor die **Arbeitsgerichte**[634] gehörenden streitigen Anspruch), ist der Rechtsstreit nach § 148 ZPO auszusetzen oder Vorbehaltsurteil nach § 302 Abs. 1 ZPO zu erlassen.[635]

4. Rechtskraftwirkung

494　Nach § 322 Abs. 2 ZPO umfasst die **Rechtskraft** des Urteils die zur Aufrechnung gestellte Gegenforderung. Dies ist die einzige[636] im Gesetz vorgesehene **Ausnahme** von dem Grundsatz, dass die (materielle) Rechtskraft nur den Tenor erfasst und sich nicht auf Einwendungen und Einreden erstreckt.[637]

495　Nach dem Wortlaut des § 322 Abs. 2 ZPO erfasst die **Rechtskrafterstreckung** nur den Fall, dass das Gericht die Aufrechnung für **unbegründet** erachtet. Dies gilt auch bei fehlender Substantiierung des Gegenanspruchs.[638] Anerkannt ist, dass auch die für **begründet** erachtete **Aufrechnung** von der Rechtskraft des Urteils erfasst wird. Es steht dann bei Abweisung der Klage wegen erfolgreicher Aufrechnung der Verbrauch der Gegenforderung rechtskräftig fest.[639] Schließlich erfasst die Rechtskraft des Urteils **analog § 322 Abs. 2 ZPO** auch den Fall, dass nicht der Beklagte die Aufrechnung erklärt, sondern der **Kläger**[640] (z.B. bei einer negativen Feststellungsklage[641] oder bei einer Vollstreckungsabwehrklage[642] nach § 767 ZPO).

> **Merke:** Im Urteilstenor taucht die Aufrechnung unabhängig davon, ob sie erfolgreich oder erfolglos ist, nicht auf.

496　Demgegenüber tritt **keine Rechtskraftwirkung** hinsichtlich des Aufrechnungsanspruchs ein, wenn das Gericht die Aufrechnung im Urteil für unzulässig erklärt[643] oder ihre Zulässigkeit (rechtsfehlerhaft) dahingestellt lässt.[644] In diesen Fällen ist die materielle **Aufrechnungserklärung** nach dem Rechtsgedanken des § 139 BGB wir-

---

630　Nachweise bei Thomas/Putzo/Reichold § 145 ZPO Rn. 22–24.

631　Palandt/Grüneberg § 388 BGB Rn. 5; Thomas/Putzo/Reichold § 145 ZPO Rn. 24; Thomas/Putzo/Hüßtege § 17 GVG Rn. 9.

632　BGH, Urt. v. 19.10.1988 – IV b ZR 70/87, in: NJW-RR 1989, 173, 174.

633　BGH, Urt. v. 10.07.1980 – VII ZR 328/79, in: NJW 1980, 2466.

634　Vgl. dazu Palandt/Grüneberg § 388 BGB Rn. 5.

635　BGH, Urt. v. 11.01.1955 – I ZR 106/53, in: NJW 1955, 497; Thomas/Putzo/Reichold § 145 ZPO Rn. 24.

636　Thomas/Putzo/Reichold § 145 ZPO Rn. 28.

637　Siehe dazu Rn. 793.

638　BGH, Beschl. v. 24.02.1994 – VII ZR 209/93, in: NJW 1994, 1538; Thomas/Putzo/Reichold § 145 ZPO Rn. 18; § 322 ZPO Rn. 46.

639　BGH, Urt. v. 13.12. 2001 – VII ZR 148/01, in: NJW 2002, 900; Thomas/Putzo/Reichold § 322 ZPO Rn. 47.

640　BGH, Urt. v. 04.12.1991 – VIII ZR 32/91, in: NJW 1992, 982, 983; Thomas/Putzo/Reichold § 322 ZPO Rn. 44.

641　Thomas/Putzo/Reichold § 145 Rn. 29.

642　BGH, Urt. v. 04. 12.2014 – VII ZR 4/13, in: RÜ2 2015, 65, 67; Thomas/Putzo/Reichold § 322 ZPO Rn. 44.

643　BGH, Urt. v. 24.02.1994 – VII ZR 209/93, in: NJW 1994, 1538; Palandt/Grüneberg § 388 BGB Rn. 2; Thomas/Putzo/Reichold § 322 ZPO Rn. 48a.

644　BGH, Beschl. v. 25.05.1988 – VIII ZR 18/88, in: NJW 1988, 3210; Thomas/Putzo/Reichold § 322 ZPO Rn. 48a.

kungslos[645] und die Gegenforderung bleibt bestehen, sodass der Beklagte seinen Gegenanspruch später selbstständig im Wege einer Leistungsklage geltend machen kann.[646] Dies ist beispielsweise beim Ausschluss der Aufrechnung wegen Präklusion nach § 767 Abs. 2 ZPO im Rahmen einer Vollstreckungsabwehrklage der Fall.

Wenn der Kläger gegen die Prozessaufrechnung des Beklagten seinerseits die Aufrechnung erklärt, ist dies prozessual unbeachtlich.[647] Der Grund liegt darin, dass bei erfolgreicher Aufrechnung des Beklagten dessen Gegenforderung erlischt und die klägerische **Gegenaufrechnung** ins Leere geht. Es ist dann allerdings zu prüfen, ob der Kläger seine erfolglos zur Gegenaufrechnung eingesetzte Forderung im Wege einer (**verdeckten**) **Eventualklagehäufung** zur (hilfsweisen) Begründung seines Klageanspruchs einsetzt.

497

5. Urteilsinhalt

Soweit der Aufrechnungseinwand des Beklagten greift, geht die Klageforderung nach § 389 BGB unter. Die Klage ist (als unbegründet) **abzuweisen**.[648]

498

Erfolgt die Prozessaufrechnung des Beklagten erst im laufenden Rechtsstreit, ist dieser, wenn die Aufrechnung die Klageforderung zu Fall bringt, vom Kläger in der Hauptsache **für erledigt zu erklären**, um eine Kostenhaftung zu vermeiden.[649]

499

Bei der **Kostenentscheidung** ist § 45 Abs. 3 GKG zu beachten. Danach erhöht die Aufrechnungsforderung des Beklagten den **Gebührenstreitwert** nur, wenn die Prozessaufrechnung **hilfsweise** mit einer **bestrittenen** Gegenforderung erfolgt und über die Gegenforderung eine **rechtskraftfähige Entscheidung** (§ 322 Abs. 2 ZPO) ergeht. Grund dafür ist, dass nur dann ein Mehraufwand des Gerichtes entsteht, der durch höhere Gerichtsgebühren abzugelten ist.

500

Eine **Primäraufrechnung** hat daher keinen Einfluss auf den Gebührenstreitwert.[650] Dies gilt auch beim Übergang von einer Hilfsaufrechnung zu einer Primäraufrechnung.[651]

501

Die Entscheidung über die vorläufige Vollstreckbarkeit erfolgt nach allgemeinen Regeln.

502

> **Merke:** Ist nur die Entscheidung über die Kosten vorläufig vollstreckbar, ist bei der Prüfung, ob die Höhe der vollstreckbaren Kosten die Grenze des § 708 Nr. 11 Var. 2 ZPO überschreitet, besonders der ggf. nach § 45 Abs. 3 GKG erhöhte Gebührenstreitwert zu beachten.

Für die Darstellung des **Tatbestandes** empfiehlt sich folgender **Regelaufbau**, von dem (wie immer) aus Gründen der Verständlichkeit abgewichen werden kann:

503

---

645 Palandt/Grüneberg § 388 BGB Rn. 2.
646 BGH, Urt. v. 05.03.2009 – IX ZR 141/07 NJW 2009, 1671, 1672; Palandt/Grüneberg § 388 BGB Rn. 2; Thomas/Putzo/ Reichold § 145 ZPO Rn. 18.
647 BGH, Urt. v. 14.06.1994 – XI ZR 127/93, in: NJW-RR 1994, 1203; Thomas/Putzo/Reichold § 145 Rn. 30.
648 Thomas/Putzo/Reichold § 145 ZPO Rn. 26.
649 Thomas/Putzo/Reichold § 145 ZPO Rn. 26; vgl. dazu Rn. 535, 537.
650 Thomas/Putzo/Hüßtege § 3 ZPO Rn. 19.
651 OLG Stuttgart NJW 2011, 540.

- Einleitungssatz (fakultativ)

- **Sachstand:** möglichst einheitlich zur Klage- und zur Hilfsaufrechnungsforderung

- **Streitiger Klägervortrag** nur zur Klageforderung

- **Antrag des Klägers**

- **Antrag des Beklagten**

- **Streitiger Beklagtenvortrag** zur Klage (alle Einwendungen außer der Hilfsaufrechnung)

- **Überleitungssatz:** Hilfsweise erklärt der Beklagte die Aufrechnung mit einer Gegenforderung in Höhe von … €.

- **Streitiger Beklagtenvortrag** zur Hilfsaufrechnung

- **Replik des Klägers** zur Hilfsaufrechnung

- **Ggf. Duplik des Beklagten**

- Prozessgeschichte

Tatbestand:

Die Parteien streiten um einen Kaufpreisanspruch der Klägerin.

Am 23.01.2016 verkaufte die Klägerin ihren gebrauchten Kühlschrank der Marke ABC zum Preis von 75 € an den Beklagten, der ihn in seiner Wohnung aufstellte. Zu dieser Zeit war der eigene Kühlschrank des Beklagten defekt. Diesen erhielt der Beklagte erst Mitte Februar 2016 repariert zurück.

*Die Klägerin **behauptet**, der Vertragsabschluss vom 23.01.2016 sei unbedingt erfolgt.*

*Sie **beantragt**,*
   den Beklagten zu verurteilen, an sie 75 € zu zahlen.

*Der Beklagte **beantragt**,*
   die Klage abzuweisen.

*Der Beklagte **bestreitet** eine unbedingte Einigung **damit**, der Kaufvertrag habe nur gelten sollen, wenn sein eigener Kühlschrank nicht reparabel gewesen wäre.*

***Hilfsweise erklärte** der Beklagte am 27.03.2016 die **Aufrechnung** mit einer Gegenforderung. Insoweit ist **unstreitig**, dass der Beklagte …. Ergänzend **behauptet** der Beklagte, …*

*Die Klägerin **meint**, die Hilfsaufrechnung sei unzulässig. Sie verstoße gegen den Grundsatz der Bedingungsfeindlichkeit von Prozesserklärungen. Zudem ist sie **der Ansicht**, dem Beklagten stehe kein Aufwendungsersatzanspruch zu. Sie **behauptet**, …*

*Das Gericht **hat Beweis erhoben** zum Inhalt der Einigung durch uneidliche Vernehmung des Zeugen Wolfgang Schäfermeier. Zum Ergebnis der Beweisaufnahme wird Bezug genommen auf ….*

504   Der **Aufbau der Entscheidungsgründe** in einem **Hilfsaufrechnungsfall** ist wie folgt vorzunehmen:

- **Generelle Begründung des Tenors:** z.B. Die Klage ist zulässig, aber unbegründet.

- **Zulässigkeit der Klage:** Keine Besonderheiten durch Hilfsaufrechnung, auch bei einer Entscheidung über die Hilfsaufrechnung ergibt sich keine nachträgliche Veränderung der sachlichen Zuständigkeit.

- **Begründetheit der Klage:**

  - **Bestehen der Klageforderung:** Mit Ausnahme der Hilfsaufrechnung sind alle Einwendungen (ggf. mit durchgeführter Beweisaufnahme) zu erörtern.

  - **Bei Bejahung des Bestehens** der Klageforderung:
    Untergang der Klageforderung durch zulässige Hilfsaufrechnung

    - **Zulässigkeit der Hilfsaufrechnung:** Problematische Punkte sind abzuhandeln, keine schematische Prüfung aller rechtlichen Voraussetzungen. Insbesondere ist auf das Vorliegen einer zulässigen innerprozessualen Bedingung einzugehen.

    - **Materielle Voraussetzungen der Aufrechnung** (§§ 387 ff. BGB):
      -- **Aufrechnungserklärung** (§ 388 BGB)
      -- **Aufrechnungslage** (§ 387 BGB)
      -- **Kein Aufrechnungsverbot**

- **Prozessuale Nebenentscheidungen**

- **Rechtsbehelfsbelehrung**

- **Unterschrift(en)**

Entscheidungsgründe:

*Die **zulässige Klage** ist aufgrund der Hilfsaufrechnung des Beklagten **unbegründet**.*

*Die eingeklagte Kaufpreisforderung in Höhe von 75 € aus § 433 Abs. 2 BGB ist durch den Vertragsabschluss vom 23.01.2016 **entstanden**. Die Klägerin hat **bewiesen**, dass sie sich unbedingt mit dem Beklagten über den Verkauf ihres gebrauchten Kühlschrankes geeinigt hat. Soweit der Beklagte eine unbedingte Einigung mit der Behauptung bestreitet, der Vertragsabschluss habe nur gelten sollen, wenn sein eigener defekter Kühlschrank nicht reparabel sei, hat die beweispflichtige Klägerin den Beweis erbracht, dass keine solche aufschiebende Bedingung vereinbart worden ist. Das Gericht ist nach dem Ergebnis der durchgeführten Beweisaufnahme überzeugt, …*

*Die **entstandene** Kaufpreisforderung der Klägerin ist nach § 398 BGB durch die vom Beklagten erklärte Hilfsaufrechnung vom 27.03.2016 mit seinem Aufwendungsersatzanspruch aus §§ 670, 677, 683 S. 1 BGB in Höhe von 80 € vollständig **untergegangen**.*

*Entgegen der Auffassung der Klägerin verstößt die **Eventualaufrechnung** des Beklagten nicht gegen § 388 S. 2 BGB. Eine hilfsweise erklärte Aufrechnung verstößt nicht gegen § 388 S. 2 BGB. Sie ist für den Fall des Bestehens der Klageforderung zulässig, wie § 45 Abs. 3 GKG zeigt. Der Bestand der Klageforderung ist eine innerprozessuale Bedingung, bei der keine über das Ende des Prozesses hinausgehende Ungewissheit besteht. Die Hilfsaufrechnung des Beklagten begegnet auch sonst keinen **prozessualen** Bedenken …*

> *Die Hilfsaufrechnung ist auch **materiell-rechtlich** wirksam. Dem Beklagten steht eine fällige gleichartige Gegenforderung (§ 387 BGB) in einer den erfüllbaren Klagean-spruch übersteigenden Höhe gegen die Klägerin zu, mit der er am 27.03.2016 wirksam die Aufrechnung gegenüber der Klägerin erklärt hat (§ 388 S. 1 BGB) ....*

II. Widerklage

505   Das Widerklagerecht ist wie die Prozessaufrechnung **besonders examensrelevant**. Bei einer **Widerklage** handelt es sich um einen selbstständigen Gegenangriff des Be-klagten gegen den Kläger in einem rechtshängigen Prozess.[652] Eine solche Widerkla-ge kann auch **hilfsweise** als **Eventualwiderklage (Hilfswiderklage)** erhoben wer-den.[653] Die **innerprozessuale Bedingung** besteht darin, dass die Klage erfolgreich oder erfolglos ist.[654] Ein examensrelevanter Anwendungsfall ist die Hilfswiderklage für den Fall des Scheiterns der Prozessaufrechnung.[655] Eine Widerklage ist auch in Form einer **Urkundenwiderklage** möglich.[656]

1. Zulässigkeitsvoraussetzungen

506   Für die **Zulässigkeit** einer Widerklage müssen **allgemeine und besondere Prozess-voraussetzungen** erfüllt sein.[657]

a) Allgemeine Prozessvoraussetzungen

507   Bei einer Widerklage bedarf es zunächst der Prüfung der folgenden **allgemeinen** Prozessvoraussetzungen.[658]

aa) Ordnungsgemäße Widerklageerhebung

508   Nach § 261 Abs. 2 ZPO erfolgt die Erhebung einer Widerklage durch einen den Erfor-dernissen des § 253 Abs. 2 Nr. 2 ZPO entsprechenden **Schriftsatz oder** in der **münd-lichen Verhandlung** über die Klage.[659]

bb) Sachliche Zuständigkeit

509   Nach § 5 S. 2 ZPO erfolgt **keine Addition der Zuständigkeitsstreitwerte**. Ist die sachliche Zuständigkeit des Landgerichts für das Klageverfahren gegeben, besteht diese auch für die Widerklage **unabhängig** vom Widerklagestreitwert.[660] Ist das Kla-geverfahren beim **Amtsgericht** rechtshängig, richtet sich das weitere Verfahren, falls der Zuständigkeitsstreitwert der Widerklage über 5.000 € liegt, nach §§ 504, 506 ZPO. Dies bedeutet, dass beide Parteien nach erteiltem richterlichen Hinweis berechtigt sind, **Verweisung** des Rechtsstreits an das Landgericht zu beantragen. Wird kein Ver-weisungsantrag gestellt, kommt es darauf an, ob der (widerbeklagte) Kläger die feh-lende Zuständigkeit des Amtsgerichts für die Widerklage rügt. Geschieht dies nicht, ist das Amtsgericht nach § 39 S. 1 ZPO durch **rügelose Verhandlung** auch für die Wi-

---

652   Thomas/Putzo/Hüßtege § 33 ZPO Rn. 8.

653   BGH, Urt. v. 06.03.1996 – VIII ZR 212/94, in: NJW 1996, 2165, 2167; Thomas/Putzo/Hüßtege § 33 ZPO Rn. 14.

654   BGH, Urt. v. 16.10.2008 – III ZR 253/07, in: NJW 2009, 148, 150; Thomas/Putzo/Hüßtege § 33 ZPO Rn. 14.

655   Vgl. dazu Thomas/Putzo/Hüßtege § 33 ZPO Rn. 14.

656   Siehe dazu Rn. 642 ff.

657   Thomas/Putzo/Hüßtege § 33 ZPO Rn. 16–28.

658   Thomas/Putzo/Hüßtege § 33 ZPO Rn. 16–21.

659   Vgl. Thomas/Putzo/Hüßtege § 33 ZPO Rn. 17; Thomas/Putzo/Reichold § 261 ZPO Rn. 3.

660   Thomas/Putzo/Hüßtege § 33 ZPO Rn. 18.

derklage sachlich zuständig.[661] Andernfalls ergeht **Prozessurteil** über die Widerklage.[662]

cc) Örtliche Zuständigkeit

Nach der **Systematik des Gesetzes** begründet § 33 Abs. 1 ZPO einen **besonderen Gerichtsstand** für die Widerklage, sofern dafür nicht ein ausschließlicher Gerichtsstand besteht (§ 33 Abs. 2 ZPO). Es bedarf eines **Zusammenhanges** zwischen dem Widerklageanspruch und der Klageforderung oder mit den gegen die Klage vorgebrachten Verteidigungsmitteln des Beklagten (sogenannte **Konnexität**).[663] Die h.M.[664] sieht § 33 Abs. 1 ZPO trotz seiner systematischen Stellung nicht nur als Gerichtsstandsregelung, sondern als eine **besondere Zulässigkeitsvoraussetzung** für die Widerklage,[665] ohne dass dieser Meinungsstreit große praktische Relevanz hat. Häufig ist die örtliche Zuständigkeit des Gerichts der Klage bereits aus den allgemeinen Zuständigkeitsvorschriften (§§ 12 ff. ZPO) oder (anderen) besonderen (§§ 20 ff. ZPO) gegeben.

510

b) Besondere Prozessvoraussetzungen

Neben den allgemeinen Prozessvoraussetzungen bestehen für eine Widerklage zusätzliche besondere Voraussetzungen.

aa) Rechtshängigkeit der Klage

Wie schon der Name Widerklage sagt, bedarf es einer **(rechtshängigen) Klage**. Sobald die Widerklage zugestellt worden ist, ist sie vom rechtlichen Schicksal der Klage **unabhängig**.[666] Wird beispielsweise die Klage wirksam zurückgenommen, bleibt die Widerklage rechtshängig und bedarf der Entscheidung. Der späteste Zeitpunkt der (erstinstanzlichen)[667] Widerklageerhebung ist der Schluss der letzten mündlichen Verhandlung.[668]

511

bb) Prozessartsidentität

Die Widerklage muss in **derselben Prozessart** wie die Klage erhoben werden.[669] Beispielsweise ist es unzulässig, im regulären Klageverfahren im Wege der Widerklage Antrag auf Erlass einer einstweiligen Verfügung zu stellen.[670]

512

cc) Konnexität

Das von der h.M. als besondere Zulässigkeitsvoraussetzung der Widerklage angesehene **Konnexitätserfordernis** des § 33 Abs. 1 ZPO ist erfüllt, wenn ein prozessualer Zusammenhang besteht, wobei auch ein **unmittelbarer wirtschaftlicher Zusammenhang** ausreicht, der sich weitgehend mit dem des § 273 BGB deckt.[671]

513

---

661 Thomas/Putzo/Reichold § 506 ZPO Rn. 9.

662 Thomas/Putzo/Reichold § 506 ZPO Rn. 9.

663 Vgl. Thomas/Putzo/Hüßtege § 33 ZPO Rn. 1.

664 BGH, Urt. v. 17.10.1963 – II ZR 77/61, in: NJW 1964, 44, 45.

665 Siehe dazu Rn. 513.

666 Thomas/Putzo/Hüßtege § 33 ZPO Rn. 23.

667 Für das Berufungsverfahren siehe die besonderen Voraussetzungen des § 533 ZPO.

668 BGH, Beschl. v. 12.05.1992 – XI ZR 251/91, in: NJW-RR 1992, 1085; Thomas/Putzo/Hüßtege § 33 ZPO Rn. 24.

669 Thomas/Putzo/Hüßtege § 33 ZPO Rn. 27.

670 Thomas/Putzo/Hüßtege § 33 ZPO Rn. 27.

671 Thomas/Putzo/Hüßtege § 33 ZPO Rn. 4.

> **Merke:** Bei fehlender Konnexität ergeht über die Widerklage **kein Prozessurteil**, sondern es kommt nach § 145 Abs. 2 ZPO zur **Prozesstrennung** durch Beschluss (§ 145 Abs. 1 S. 2, Abs. 2 ZPO).

dd) Parteiidentität

514 Außerdem erfordert eine Widerklage grundsätzlich **Parteiidentität**, d.h. Widerkläger ist der Beklagte, Widerbeklagter der Kläger. Die Parteien heißen im Rubrum „Kläger und Widerbeklagter" sowie „Beklagter und Widerkläger". Besteht bei der Klage eine Streitgenossenschaft, kann jeder Streitgenosse gegen jede Partei der Gegenseite Widerklage erheben.[672]

Formulierungsbeispiel bei einer Klage gegen zwei Beklagte und einer Widerklage nur des Beklagten zu 1) gegen die Klägerin:

In dem Rechtsstreit

der Frau Anke Meilert, Heilbronner Str. 19, 70174 Stuttgart,

Klägerin und Widerbeklagte,

– Prozessbevollmächtigter: Rechtsanwalt Dr. Hirschhorn, Bankenplatz 8, 70176 Stuttgart–

gegen

1. Herrn Eberhard Feldmann, Tübinger Allee 2, 71065 Sindelfingen,

Beklagter zu 1) und Widerkläger,

2. Frau Christine Koch, Tübinger Allee 8a, 71065 Sindelfingen,

Beklagte zu 2),

515 Als **Sonderfall einer Widerklage** ist eine **Wider-Widerklage** des Klägers gegen die Widerklage des Beklagten prozessual möglich. Für sie gelten die Privilegien des § 33 ZPO.[673]

ee) Sonderfall Drittwiderklage

516 Eine **Ausnahme vom Grundsatz der Parteiidentität** bildet die sogenannte **Drittwiderklage**. Bei dieser wird (mindestens) ein Dritter bei der Widerklage als Streitgenosse des Klägers zur Prozesspartei.[674] Verklagt der Beklagte als Widerkläger den Kläger und einen Dritten, handelt es sich um eine **streitgenössische Drittwiderklage**. Ist nur der Dritte widerbeklagt, spricht man von einer **isolierten Drittwiderklage**.[675] Beide Drittwiderklagekonstellationen kommen in der Praxis häufig im **Verkehrsunfallprozess** vor, wenn der beklagte Kraftfahrzeughalter seinen Schadensersatzanspruch gegen den Kläger und/oder dessen Haftpflichtversicherung durch Widerklage gerichtlich geltend macht.

517 Der **streitgenössisch widerbeklagte Kläger** wird als „Widerbeklagter zu 1)" bezeichnet, der bisher am Rechtsstreit unbeteiligte Drittwiderbeklagte als „Widerbeklagter zu 2)". Bei einer **isolierten Drittwiderklage** gibt es keine widerbeklagte Klagepartei, sondern nur einen „Widerbeklagten" (oder „Drittwiderbeklagten"). Es ist

---

672 Thomas/Putzo/Hüßtege § 33 ZPO Rn. 9.

673 BGH, Beschl. v. 13.09.1995 – XII ARZ 14/95, in: NJW-RR 1996, 65; Thomas/Putzo/Hüßtege § 33 ZPO Rn. 9.

674 Thomas/Putzo/Hüßtege § 33 ZPO Rn. 8.

675 Thomas/Putzo/Hüßtege § 33 ZPO Rn. 10.

sachgerecht, im Assessorexamen die **im Sitzungsprotokoll benutzten Parteibezeichnungen** zu übernehmen.

In dem Rechtsstreit

1. der Frau Josefine Kohlgruber, Eibseestr. 34, 82493 Klais,

Klägerin und Widerbeklagte zu 1),

2. der Frau Erna Kohlgruber, Eibseestr. 34, 82493 Klais,

Widerbeklagte zu 2),

3. der ABC-Kraftfahrzeugversicherungs-AG, gesetzlich vertreten durch ihren Vorstand, dieser vertreten durch die Vorstandsvorsitzende Sandra Hauser, Bayreuther Allee 5–9, 81929 München,

Widerbeklagte zu 3)

– Prozessbevollmächtigte zu 1) bis 3): Rechtsanwältin Meta Huber, Mittenwalder Str. 76, 82467 Garmisch-Partenkirchen –

gegen

Herrn Eberhard Feldmann, Watzmannweg 6, 82418 Murnau,

Beklagter und Widerkläger,

518 Die Erhebung einer Drittwiderklage ist ein Fall der **(gewillkürten) Parteierweiterung**[676], sodass dafür die **Voraussetzungen der Streitgenossenschaft** (§§ 59 ff. ZPO) vorliegen müssen,[677] außerdem nach der st.Rspr. des BGH[678] analog § 263 ZPO die Voraussetzungen der **Klageänderung**[679] (Einwilligung oder Sachdienlichkeit). Sowohl für die streitgenössische als auch für die isolierte Drittwiderklage findet § 33 ZPO analoge Anwendung.[680]

519 Bei fehlender Einwilligung ist eine **isolierte Drittwiderklage** grundsätzlich unzulässig.[681] Anders ist dies, wenn die Klage und die Widerklageansprüche tatsächlich und rechtlich eng miteinander verknüpft sind und kein schutzwürdiges Interesse des Drittwiderbeklagten entgegensteht.[682] Beispielsweise ist eine isolierte Drittwiderklage sachdienlich, wenn der Kläger eine ihm von einem Dritten abgetretene Forderung einklagt und den Dritten als Zeugen benennt, woraufhin der Beklagte isolierte Drittwiderklage gegen den Dritten erhebt, um diesen als Zeugen auszuschalten. Durch dieses prozessuale Vorgehen stellt der Beklagte die vor der Abtretung bestehende **Beweismittellage** wieder her.

2. Entscheidung über die Klage und die Widerklage

520 Im Regelfall ergeht über die Klage und die Widerklage ein **einheitliches Urteil**. Im Tenor, im Tatbestand und in den Entscheidungsgründen wird **nur die ursprüngliche Parteibezeichnung** (Kläger, Beklagter) benutzt, nicht „Kläger und Widerbeklagter" oder „Beklagter und Widerkläger".

---

676 Siehe dazu Rn. 467.

677 BGH NJW 1975, 1228; Thomas/Putzo/Hüßtege § 33 ZPO Rn. 12.

678 BGH, Urt. v. 17.10.1963 – II ZR 77/61, in: NJW 1964, 44, 45.

679 A.A. Thomas/Putzo/Hüßtege § 33 ZPO Rn. 12.

680 BGH, Beschl. v. 30.09.2010 – Xa ARZ 191/10, in: NJW 2011, 460; Thomas/Putzo/Hüßtege § 33 ZPO Rn. 13.

681 BGH, Urt. v. 07.11.2013 – VII ZR 105/13, in: NJW 2014, 1670; Thomas/Putzo/Hüßtege § 33 ZPO Rn. 11.

682 BGH, Urt. v. 07.11.2013 – VII ZR 105/13, in: NJW 2014, 1670; Thomas/Putzo/Hüßtege § 33 ZPO Rn. 12.

521   Der **Urteilstenor** hat **alle** gestellten **Anträge** zu bescheiden.[683] Beim (Teil-)Erfolg der Klage und der Widerklage kommt es in der Hauptsache zur Verurteilung sowohl des Klägers als auch des Beklagten.

> **Merke:** Sind Klage und Widerklage nur teilweise erfolgreich, bedarf es ihrer jeweiligen Abweisung **im Übrigen**.

522   Beim **Scheitern von Klage und Widerklage** ergeht folgender Hauptsachetenor:

> *Klage und Widerklage werden abgewiesen.*

523   Ist die **Klage** nur **teilweise erfolgreich**, die **Widerklage insgesamt erfolgreich**, lautet der Hauptsachetenor wie folgt:

> *Der Beklagte wird verurteilt, an die Klägerin 3.120 € nebst Zinsen in Höhe von fünf Prozentpunkten über dem jeweiligen Basiszinssatz seit dem 25.04.2016 zu zahlen. **Im Übrigen wird die Klage abgewiesen.***
>
> *Die Klägerin wird verurteilt, an den Beklagten den Pkw Marke XYZ mit der Fahrzeugidentifikations-Nr. 123456789 herauszugeben.*

524   Die **Kostenentscheidung** ergeht **einheitlich**[684] über die Kosten der Klage und der Widerklage **(Grundsatz der Kosteneinheit)**. Zu beachten ist, dass sich der **Gebührenstreitwert** nach § 45 Abs. 1 S. 1 GKG (anders als der Zuständigkeitsstreitwert) grundsätzlich aus einer **Addition** des Klage- und des Widerklagewertes ergibt. Dies gilt nur dann nicht, wenn Klage- und Widerklageanspruch denselben Gegenstand bilden. Ob dies der Fall ist, beurteilt sich wie bei einer Eventualklagehäufung nach dem **wirtschaftlichen Streitgegenstandsbegriff**.[685]

> **Merke:** Eine Kostenentscheidung des Inhaltes, die Kosten der Klage dem Beklagten und die Kosten der Widerklage dem Kläger aufzuerlegen, verstößt gegen den Grundsatz der Kosteneinheit und ist grob fehlerhaft.

525   Die Entscheidung über **die vorläufige Vollstreckbarkeit** ist **einheitlich** für die Klage und die Widerklage nach den allgemeinen Bestimmungen der §§ 708 ff. ZPO zu fassen. Sie hat je nach Hauptsachetenor die **Vollstreckungsmöglichkeiten aller Parteien** des Rechtsstreits zu beinhalten.

Formulierungsbeispiel für eine vorläufige Vollstreckung des Klägers nach § 709 ZPO sowie des Beklagten (gegen den Widerbeklagten zu 2)) und des Widerbeklagten zu 2) (gegen den Beklagten) jeweils nach §§ 708 Nr. 11, 711 ZPO:

> *Das Urteil ist vorläufig vollstreckbar, für den Kläger nur gegen Sicherheitsleistung in Höhe von 110% des jeweils zu vollstreckenden Betrages. Der Beklagte und der Widerbeklagte zu 2) dürfen die jeweilige Vollstreckung durch Sicherheitsleistung in Höhe von 110% des aufgrund des Urteils vollstreckbaren Betrages abwenden, wenn nicht bei der Vollstreckung des Beklagten der Widerbeklagte zu 2) und bei der Vollstreckung des Widerbeklagten zu 2) der Beklagte jeweils Sicherheit in Höhe von 110% des aufgrund des Urteils vollstreckbaren Betrages leisten.*

---

683   Vgl. Thomas/Putzo/Hüßtege § 33 ZPO Rn. 29.
684   Thomas/Putzo/Hüßtege § 33 ZPO Rn. 30.
685   Siehe dazu Rn. 348–350.

Der **Aufbau des Tatbestandes** ist davon abhängig, ob Klage- und Widerklageforderung aus demselben Lebenssachverhalt abgeleitet werden (z.B. bei einem Verkehrsunfall) oder aus verschiedenen Sachverhalten. Bei der erstgenannten Konstellation ist der **Einheitsaufbau** anzuwenden, bei der letztgenannten der **Trennungsaufbau**. Dies gilt auch für **Drittwiderklagefälle**.

526

Beim **Einheitsaufbau** wird einleitend der unstreitige Sachvortrag zur Klage und zur Widerklage dargestellt. Es folgt das streitige Klägervorbringen nur zur Klage. Danach werden sämtliche Parteianträge zur Klage und zur Widerklage im Block unter kurzem Hinweis auf die Widerklageerhebung mitgeteilt.[686] Eine solche wirtschaftliche Identität ist nicht gegeben, wenn mit Klage und Widerklage lediglich Teilansprüche aus demselben Rechtsverhältnis verfolgt werden, die sich zwar rechtlich ausschließen, aber aufgrund unterschiedlicher Vermögenspositionen nicht wirtschaftlich überschneiden.[687] Daran schließt sich der streitige Vortrag des Beklagten zur Klage und zur Widerklage an. Soweit erforderlich folgen Replik des Klägers und Duplik des Beklagten. Am Ende des Tatbestandes steht die gemeinsame Prozessgeschichte von Klage und Widerklage. Im **Überblick:**

527

- Einleitungssatz (fakultativ)
- Sachstand **zur Klage und Widerklage**
- Streitiger Klägervortrag **zur Klage**
- Antrag **zur Klage**
- Gegenantrag **zur Klage**
- **Widerklageerhebung** als vorgezogene Prozessgeschichte
- Antrag **zur Widerklage**
- Gegenantrag **zur Widerklage**
- Streitiger Beklagtenvortrag **zur Klage und Widerklage**
- Replik des Klägers
- Duplik des Beklagten
- Gemeinsame Prozessgeschichte von **Klage und Widerklage**

Tatbestand:

*Die Parteien streiten **im Wege von Klage und Widerklage** um Schadensersatzansprüche aus einem Verkehrsunfall.*

Am 09.01.2016 kam es in Hamburg auf der Eppendorfer Landchaussee in Höhe des Hauses 416 zu einem Verkehrsunfall, an dem der Pkw Mercedes Benz 280 E mit dem amtlichen Kennzeichen HH-TS 159 und der Pkw BMW Z3 mit dem amtlichen Kennzeichen BS-HT 52 beteiligt waren. Der Kläger ist Halter und war Fahrer des verunfallten Mercedes, die Beklagte zu 1) Halterin und Fahrerin des unfallbeteiligten BMW. Bei der Beklagten zu 2) handelt es sich um den Haftpflichtversicherer des Fahrzeuges der Beklagten zu 1). Das klägerische Fahrzeug ist bei der Widerbeklagten zu 2) haftpflichtversichert.

---

686 Aufbaumäßig ist auch möglich, den Widerklagegegenantrag des Klägers erst nach dem Verteidigungsvorbringen des Klägers zur Widerklage mitzuteilen.
687 BGH, Beschl. v. 11.03.2014 – VIII ZR 261/12, in: RÜ 2014, 634.

*Der Unfall ereignete sich als die Beklagte zu 1) ihren Pkw rückwärts in eine am rechten Straßenrand befindliche Parklücke einparkte. Dabei fuhr das klägerische Fahrzeug in Höhe des linken Außenspiegels in den sich im Einparkvorgang befindlichen Pkw der Beklagten zu 1). Der weitere Unfallhergang ist **streitig**.*

Unstreitig *entstanden dem Kläger bei dem Verkehrsunfall folgende Schadenspositionen: … Die Beklagte zu 1) erlitt die folgenden ebenfalls unstreitigen Einzelschäden: …*

*Der Kläger **behauptet**, …*

*Er **beantragt**,*

> *die Beklagten als Gesamtschuldner zu verurteilen, an ihn 1.246,33 € nebst Zinsen in Höhe von fünf Prozentpunkten über dem Basiszinssatz seit dem 18.03.2016 zu zahlen.*

*Die Beklagten **beantragen**,*

> *die Klage abzuweisen.*

Widerklagend beantragt *die Beklagte zu 1) den Kläger und die Widerbeklagte zu 2) als Gesamtschuldner zu verurteilen, 2.977,08 € nebst Zinsen in Höhe von fünf Prozentpunkten über Basiszinssatz seit dem 19.04.2016 zu zahlen.*

*Die Widerbeklagten **beantragen**,*

> *die Widerklage abzuweisen.*

*Die Beklagten **behaupten**, …*

*Das Gericht **hat** zum Unfallhergang **Beweis erhoben** durch Einholung eines mündlichen Sachverständigengutachtens des Kraftfahrzeugingenieurs Holger Grundmann und durch uneidliche Vernehmung des Zeugen Schäferbarthold. Wegen des Ergebnisses der Beweisaufnahme wird auf das Sitzungsprotokoll vom 13.05.2016 Bezug genommen.*

528 Beim **Trennungsaufbau** werden die unterschiedlichen Lebenssachverhalte, aus denen der Klage- und Widerklageanspruch abgeleitet werden, nach den allgemeinen Regeln eines Tatbestandsaufbaus **hintereinander** dargestellt. Am Ende des Klagesachverhaltes steht keine Prozessgeschichte (zur Klage), sondern ein **Überleitungssatz** zum Widerklagesachverhalt (z.B. „Der Beklagte hat Widerklage erhoben, mit der er den Widerruf einer ehrverletzenden Äußerung begehrt.") Erst am Ende des Tatbestandes wird die (sonstige) **gemeinsame Prozessgeschichte** von Klage und Widerklage mitgeteilt. Im Überblick:

- ■ Einleitungssatz (fakultativ)
- ■ Sachstand (nur) **zur Klage**
- ■ Streitiger Klägervortrag **zur Klage**
- ■ Antrag **zur Klage**
- ■ Gegenantrag **zur Klage**
- ■ Streitiger Beklagtenvortrag **zur Klage**
- ■ Ggf. Replik/Duplik **zur Klage**
- ■ **Widerklageerhebung** als vorgezogene Prozessgeschichte

- Sachstand **zur Widerklage**

- Streitiger Beklagtenvortrag **zur Widerklage**

- Antrag **zur Widerklage**

- Gegenantrag **zur Widerklage**

- Streitiger Klägervortrag **zur Widerklage**

- Ggf. Replik/Duplik **zur Widerklage**

- Gemeinsame Prozessgeschichte von **Klage und Widerklage**

Für eine **isolierte Drittwiderklage** empfiehlt sich folgender **Aufbau des Tatbestandes**, von dem wiederum aus Gründen der Verständlichkeit abgewichen werden kann: **529**

- Einleitungssatz (fakultativ)

- **Sachstand: möglichst einheitlich** zur Klage- und zur Widerklageforderung

- Streitiger Klägervortrag **nur zur Klage**

- Antrage des Klägers **zur Klage**

- Antrag des Beklagten **zur Klage**

- Streitiger Beklagtenvortrag **zur Klage**

- Ggf. Replik/Duplik **zur Klage**

- **Drittwiderklageerhebung** als vorgezogene Prozessgeschichte: Mit Schriftsatz vom … hat der Beklagte nur gegen den Drittwiderbeklagten Widerklage erhoben. Diese Widerklage ist dem Drittwiderbeklagten am … zugestellt worden.

- Streitiger Vortrag des Beklagten **zur Drittwiderklage**

- Antrag des Beklagten **zur Drittwiderklage**

- Antrag des Drittwiderbeklagten

- Streitiger Vortrag des **Drittwiderbeklagten**

- Ggf. Replik/Duplik **zur Drittwiderklage**

- **(Weitere) Prozessgeschichte**

Die **Entscheidungsgründe** in einer Klage-/Widerklagekonstellation beginnen mit einer das Gesamtergebnis von Klage und Widerklage zusammenfassenden Kurzbegründung. **530**

Die Klage ist zulässig und bis auf einen geringen Teil der Zinsforderung begründet. Die Widerklage ist zulässig, aber unbegründet.

Nachfolgend sind die **Zulässigkeit und Begründetheit der Klage** einerseits und die **Zulässigkeit und Begründetheit der Widerklage** andererseits **getrennt** abzuhandeln. Grundsätzlich wird zuerst die Klage, erst danach die Widerklage behandelt. Daraus ergibt sich folgender **Regelaufbau**: **531**

- ■ Generelle Begründung zur **Klage und Widerklage**

- ■ Zulässigkeit der **Klage**

- ■ Begründetheit der **Klage**

- ■ Zulässigkeit der **Widerklage**

- ■ Begründetheit der **Widerklage**

- ■ Prozessuale Nebenentscheidungen

- ■ Rechtbehelfsbelehrung

- ■ Unterschrift(en)

532 Von diesem Regelaufbau kann aus Gründen der **Verständlichkeit** abgewichen werden. Dies ist insbesondere zur **Vermeidung einer Inzidentprüfung** sachgerecht, z.B. bei der **petitorischen Widerklage**. Bei dieser Konstellation klagt der Kläger einen Besitzschutzanspruch aus verbotener Eigenmacht (§§ 861, 862 BGB) ein, der Beklagte beruft sich auf einen petitorischen Einwand, der an sich nach §§ 863, 864 Abs. 2 BGB nur bei (vorheriger) **rechtskräftiger Feststellung** geltend gemacht werden kann, und erhebt wegen der angestrebten Feststellung seines petitorischen Einwandes Feststellungswiderklage. Ist der petitorische Einwand des Beklagten erfolgreich, wird dieser analog § 864 Abs. 2 BGB bei **gleichzeitiger Entscheidungsreife von Klage und Widerklage** ausnahmsweise zugelassen.[688] Dies führt zur Abweisung der Klage und zum Stattgeben der Widerklage. So lässt sich vermeiden, dass der Beklagte zur Herausgabe verurteilt wird, aber gleichzeitig das stärkere Recht des Beklagten an der herauszugebenden Sache festgestellt wird.

533 Ein weiteres Praxisbeispiel dafür, in den Entscheidungsgründen[689] zunächst die Widerklage zu erörtern, und erst danach die Klage, stellt die Erhebung einer **Leistungswiderklage bei bestehender Rechtshängigkeit einer negativen Feststellungsklage** (auf Feststellung des Nichtbestehens des per Widerklage eingeklagten Anspruchs) dar. Da das Feststellungsinteresse (§ 256 Abs. 1 ZPO) des Klägers entfällt, sobald die Leistungswiderklage erhoben ist und nicht mehr einseitig zurückgenommen werden kann,[690] empfiehlt sich, zunächst die Widerklage abzuhandeln, da die Klage unzulässig (geworden) ist. Andernfalls wäre bei der Prüfung des Feststellungsinteresses des Klägers **inzident** die Widerklage abzuhandeln.

III. Erledigung

534 Das in der ZPO nur unvollkommen geregelte[691] Erledigungsrecht ist von **besonderer** Praxis- und **Examensbedeutung**. Es behandelt Fallkonstellationen, bei denen für den Kläger eine Fortsetzung des laufenden Rechtsstreits **zwecklos** wird, weil er in der Hauptsache nicht mehr obsiegen kann. Klassischer Fall ist die **Erfüllung** des eingeklagten Anspruchs nach der Klagezustellung. Reagiert der Kläger darauf mit einer Klagerücknahme (§ 269 ZPO), mit einem Klageverzicht (§ 306 ZPO) oder mit Säumnis (§ 330 ZPO), hat er jeweils die Kosten des Rechtsstreits zu tragen (§§ 91 Abs. 1 S. 1, 269 Abs. 3 S. 2 ZPO). Im Wege einer Erledigungserklärung kann er erreichen, dass die **Kostenfolgen** den Beklagten treffen.[692] Vor diesem Hintergrund ist Zurückhaltung ge-

---

688 BGH, Urt. v. 09.11.1998 – II ZR 144-97, in: NJW 1999, 425, 427; Palandt/Bassenge § 863 BGB Rn. 3.

689 Dasselbe gilt für den Gutachtenaufbau.

690 BGH, Urt. v. 02.03.1999 – VI ZR 71/98, in: NJW 1999, 2516, 2517; Thomas/Putzo/Reichold § 256 ZPO Rn. 19.

691 Thomas/Putzo/Hüßtege § 91 a ZPO Rn. 1.

692 Thomas/Putzo/Hüßtege § 91 a ZPO Rn. 1.

boten, eine grundsätzlich auslegungsfähige Erledigungserklärung in eine Klagerücknahme oder einen Klageverzicht umzudeuten.[693]

Es ist zwischen der **Erledigungserklärung** und der **Erledigung** der Hauptsache selbst zu unterscheiden.[694] Mit ihrer Erledigungserklärung macht die Partei geltend, es sei Erledigung eingetreten. | **535**

Die (auslegungsfähige) Erledigungserklärung ist eine aufgrund der **Dispositionsfreiheit** der Parteien zulässige **Prozesshandlung**, die auf eine vorzeitige Beendigung des laufenden Rechtsstreits abzielt.[695] Sie ersetzt den bisherigen Klageantrag und stellt eine privilegierte Klageänderung[696] nach § 264 Nr. 2 ZPO dar.[697] | **536**

Der Rechtsstreit **erledigt sich** in der Hauptsache, wenn die **ursprüngliche Klage zulässig und begründet** war und aufgrund eines **nach Rechtshängigkeit** eintretenden Ereignisses gegenstandslos, d.h. **unzulässig oder unbegründet** worden ist.[698] | **537**

> **Beachte:** Bei der Prüfung des Erledigungsfeststellungsantrages ist **inzident** die ursprüngliche Klage zu erörtern.

Die **Wirksamkeit der Erledigungserklärung**(en) erfordert das Vorliegen der allgemeinen Prozesshandlungsvoraussetzungen.[699] Es ist nicht erforderlich, dass wörtlich für erledigt erklärt wird, es genügt der durch Auslegung feststellbare Wille dazu.[700] | **538**

Zu differenzieren ist zwischen den in § 91 a ZPO (hinsichtlich ihrer Kostenfolgen) geregelten **übereinstimmenden Erledigungserklärungen** der Parteien und der **einseitigen Erledigungserklärung** des Klägers. | **539**

1. Übereinstimmende Erledigungserklärungen

Erklären **beide** Prozessparteien den Rechtsstreit wirksam für erledigt, handelt es sich um einen Fall der **übereinstimmenden Erledigungserklärungen**. | **540**

Die Reihenfolge der Erklärungen ist beliebig.[701]

Außerhalb der mündlichen Verhandlung können übereinstimmende Erledigungserklärungen nach § 91 a Abs. 1 S. 1 ZPO durch Einreichung eines Schriftsatzes oder zu Protokoll der Geschäftsstelle und damit frei von Anwaltszwang (§ 78 Abs. 3 ZPO) erklärt werden.[702]

> **Beachte:** Die Erklärung zu Protokoll der Geschäftsstelle kann nach § 129 a Abs. 1 ZPO bei jedem Amtsgericht erfolgen, sie wird erst mit Eingang beim Prozessgericht wirksam (§ 129 a Abs. 2 S. 2 ZPO).

Eine **Einwilligung** des Beklagten kann beispielsweise darin liegen, dass er keinen Hauptsacheantrag auf Klageabweisung mehr stellt oder **nur Kostenantrag.**

---

693 Thomas/Putzo/Hüßtege § 91 a ZPO Rn. 6.

694 Thomas/Putzo/Hüßtege § 91 a ZPO Rn. 2.

695 Thomas/Putzo/Hüßtege § 91 a ZPO Rn. 6.

696 Siehe dazu Rn. 358–360.

697 Thomas/Putzo/Hüßtege § 91 a ZPO Rn. 6.

698 Thomas/Putzo/Hüßtege § 91 a ZPO Rn. 4, 33.

699 Vgl. dazu Thomas/Putzo/Reichold Einl. III ZPO Rn. 9 ff.

700 Thomas/Putzo/Hüßtege § 91 a ZPO Rn. 10.

701 Thomas/Putzo/Hüßtege § 91 a ZPO Rn. 14, 17.

702 Thomas/Putzo/Hüßtege § 91 a ZPO Rn. 10.

> **Beachte:** Nach § 91 a Abs. 1 S. 2 ZPO genügt bei entsprechender Belehrung Schweigen des Beklagten innerhalb der zweiwöchigen Notfrist nach Zustellung der Erledigungserklärung des Klägers.

541   Die übereinstimmenden Erledigungserklärungen bedürfen **keiner Begründung**.[703] Sie sind nach h.M. **hilfsweise möglich**.[704]

Wenn die Erledigungserklärungen wirksam sind, führt dies zur **Beendigung des Rechtsstreits in der Hauptsache**, die **Rechtshängigkeit entfällt rückwirkend**.[705]

Noch **nicht rechtskräftige Entscheidungen** (z.B. ein Versäumnisurteil) sind analog § 269 Abs. 3 S. 1 Hs. 2 ZPO **kraft Gesetzes wirkungslos**, ohne dass es ihrer Aufhebung bedarf.[706] Dies kann deklaratorisch[707] per Beschluss festgestellt werden.

542   Der **Umfang** der Erledigungserklärungen der Parteien kann den gesamten Streitgegenstand umfassen oder (bei Teilbarkeit des Streitgegenstandes oder mehreren Streitgegenständen) einen Teil davon,[708] sodass zwischen den übereinstimmenden **Gesamt- und Teilerledigungserklärungen** zu unterscheiden ist.

a) Übereinstimmende Gesamterledigungserklärungen

543   Erklären die Parteien den Rechtsstreit insgesamt für erledigt, ist das **Gericht** daran **gebunden** und es ergeht **nur** noch ein **Kostenbeschluss** nach § 91 a Abs. 1 S. 1 ZPO. Es ist im Tenor nicht zum Ausdruck zu bringen, ob Erledigung eingetreten ist. Das Gericht hat nicht zu prüfen, ob die Hauptsache tatsächlich erledigt ist, sondern nur die Wirksamkeit der Erledigungserklärungen.[709] Maßstab der Kostenentscheidung ist das **billige Ermessen des Gerichts unter Berücksichtigung des bisherigen Sach- und Streitstandes**. Die Entscheidung ergeht durch zu begründenden Beschluss, der nach § 329 Abs. 2 ZPO zuzustellen ist.

544   **Ausgangspunkt der kostenrechtlichen Billigkeitserwägungen** des Gerichts sind die **Erfolgsaussichten des Rechtsstreits**. Diese sind summarisch zu prüfen,[710] d.h. es ist im Wege einer **Inzidentprüfung** zu fragen, welche Partei im Rechtsstreit ohne die übereinstimmenden Erledigungserklärungen unterlegen gewesen wäre. Hinter dieser Überlegung verbirgt sich der Kostengedanke des § 91 Abs. 1 S. 1 ZPO, dass die Kostenlast die unterlegene Partei trifft.

545   Tatsachengrundlage der Prüfung der Erfolgsaussichten der übereinstimmend für erledigt erklärten Hauptsache ist nach § 91 a Abs. 1 S. 1 ZPO der **bisherige** Sach- und Streitstand. Dennoch ist umstritten, ob nach Abgabe der übereinstimmenden Erledigungserklärungen noch eine Beweisaufnahme erfolgen darf. Dies lässt die h.M. für Urkunden als neue **präsente** (sofort verwertbare) **Beweismittel** zu.[711]

546   In die **Billigkeitserwägung** nach § 91 a Abs. 1 S. 1 ZPO fließen neben den Erfolgsaussichten des Rechtsstreits die **sonstigen Grundgedanken des Kostenrechts** ein.[712] Bei ungewissem Prozessausgang und bei voraussichtlichem Teilunterliegen kann

---

703 Thomas/Putzo/Hüßtege § 91 a ZPO Rn. 11.

704 Nachweise bei Thomas/Putzo/Hüßtege § 91 a ZPO Rn. 12.

705 Thomas/Putzo/Hüßtege § 91 a ZPO Rn. 17.

706 Thomas/Putzo/Hüßtege § 91 a ZPO Rn. 17, 21, 30; Thomas/Putzo/Reichold § 269 ZPO Rn. 14.

707 Thomas/Putzo/Reichold § 269 ZPO Rn. 19, 25.

708 Thomas/Putzo/Hüßtege § 91 a ZPO Rn. 43.

709 Thomas/Putzo/Hüßtege § 91 a ZPO Rn. 22.

710 Thomas/Putzo/Hüßtege § 91 a ZPO Rn. 46a.

711 BGH, Urt. v. 26.04.1954 – III ZR 6/53, in: NJW 1954, 1283; vgl. Thomas/Putzo/Hüßtege § 91 a ZPO Rn. 46a.

712 Thomas/Putzo/Hüßtege § 91 a ZPO Rn. 48.

§ 92 ZPO zur Anwendung kommen.[713] Auch ist der Grundgedanke des § 93 ZPO anwendbar.[714] Hat beispielsweise der nicht im Schuldnerverzug befindliche Beklagte unmittelbar nach der Klagezustellung den Klageanspruch vorbehaltlos erfüllt, ist es billig, den Kläger mit den Kosten des Rechtsstreits zu belasten, obwohl er voraussichtlich in der Hauptsache obsiegt hätte.

Ein **häufiger Anwendungsfall** übereinstimmender Erledigungserklärungen ist der **547** **Abschluss eines Prozessvergleiches ohne Kostenregelung.** Entweder erklären die Parteien nach Abschluss des Prozessvergleiches den Rechtsstreit übereinstimmend für erledigt, sodass § 91 a Abs. 1 S. 1 ZPO direkt anwendbar ist oder die Parteien vereinbaren in dem Vergleich, dass das Gericht über die Kosten des Rechtsstreits nach billigem Ermessen entscheiden soll. Dies ist prozessual möglich, da die Vergleichskosten nach § 98 S. 1 ZPO nur dann als gegeneinander aufgehoben anzusehen sind, wenn nichts anderes vereinbart ist. Eine solche **negative Kostenregelung** kann auch in der Vereinbarung der Anwendung des § 91 a ZPO liegen, sodass die Kostenentscheidung ohne Rücksicht auf den Grundgedanken des § 98 ZPO zu treffen ist.[715]

Inhalt und Aufbau des Kostenbeschlusses folgen allgemeinen Regeln, sodass we- **548** gen § 794 Abs. 1 Nr. 3 ZPO **kein Ausspruch über die vorläufige Vollstreckbarkeit** ergeht.[716] Für die Beschlussgründe bietet sich folgender **Regelaufbau** an:

Der **Sachverhaltsteil** der Beschlussgründe beginnt mit dem **Sachstand**, der im Indi- **549** kativ Imperfekt zu verfassen ist. Es folgt das **streitige klägerische Vorbringen** im Konjunktiv Perfekt, da es wegen des Wegfalls der Rechtshängigkeit der Hauptsache nunmehr Prozessgeschichte bildet. Daran schließt sich die Mitteilung der **ursprünglichen Sachanträge der Parteien als vorgezogene Prozessgeschichte** an (im Indikativ Perfekt). Danach ist das (angeblich) **erledigende Ereignis** im Indikativ Imperfekt[717] zu nennen, an das sich die Schilderungen der **übereinstimmenden Erledigungserklärungen** (im Indikativ Präsens oder als Prozessgeschichte im Indikativ Perfekt) anschließt, zumeist kombiniert mit wechselseitigen **Kostenanträgen**, die wegen § 308 Abs. 2 ZPO entbehrlich, aber dennoch üblich sind. Dahinter steht der **streitige Beklagtenvortrag**[718] im Konjunktiv Perfekt. Die Sachverhaltsschilderung endet mit der **sonstigen Prozessgeschichte** im Indikativ Perfekt, z.B. der Mitteilung einer durchgeführten Beweisaufnahme. In Kurzform:

- Einleitungssatz (fakultativ)

- Sachstand

- Streitiger Klägervortrag zur Hauptsache

- Ursprüngliche Parteianträge

- (Angeblich) erledigendes Ereignis

- Erledigungserklärungen der Parteien

- Kostenanträge der Parteien (soweit gestellt)

- Streitiger Beklagtenvortrag

- (Weitere) Prozessgeschichte

---

713 Thomas/Putzo/Hüßtege § 91 a ZPO Rn. 48.

714 OLG Hamm, Beschl. v. 16.03.2011 – 8 WF 35/11, in: MDR 2011, 1319.

715 Thomas/Putzo/Hüßtege § 98 ZPO Rn. 4.

716 Thomas/Putzo/Hüßtege § 91 a ZPO Rn. 25.

717 Es wird auch vertreten, das erledigende Ereignis im Indikativ Perfekt darzustellen.

718 Ebenso ist es möglich, den streitigen Beklagtenvortrag bereits nach den ursprünglichen Parteianträgen aufzuführen.

550 Die Rechtsausführungen in den Beschlussgründen beginnen mit einer kurzen **Rechtfertigung des Kostentenors**. Danach ist die getroffene Billigkeitsentscheidung im **Beschlussstil**, der dem **Urteilsstil** entspricht, näher zu begründen.

Formulierungsbeispiel nur für die Rechtsausführungen in den Beschlussgründen für den Fall der alleinigen Kostenpflicht des Beklagten:

> *Die Kostenentscheidung entspricht **billigem Ermessen** i.S.d. § 91 a Abs. 1 S. 1 ZPO. In die Billigkeitserwägungen des Gerichts ist nur der **bisherige Sach- und Streitstand** eingeflossen. Es bestehen **keine sonstigen kostenrechtlichen Billigkeitsaspekte**.*
>
> *Nach dem **bisherigen Sach- und Streitstand** hätte voraussichtlich der Kläger in der Hauptsache obsiegt. Seine Klage war bei summarischer Prüfung ihrer Erfolgsaussichten zulässig und begründet.*
>
> *...*

551 Der **Kostenbeschluss** nach § 91 a Abs. 1 S. 1 ZPO unterliegt nach § 91 a Abs. 2 S. 1 ZPO der **sofortigen Beschwerde**. Diese ist aber **in doppelter Hinsicht eingeschränkt**. Zum einen bestimmt § 91 a Abs. 2 S. 2 ZPO, dass der Kostenbeschluss unanfechtbar ist, wenn der Hauptsachestreitwert nicht die Berufungssumme[719] (über 600 €) des § 511 Abs. 2 Nr. 1 ZPO erreichte. Dahinter verbirgt sich der **Rechtsgedanke**, dass der Rechtszug wegen einer **Nebenentscheidung** nicht weiter gehen soll als der Hauptsacherechtszug. Zum anderen ist die sofortige Beschwerde nach § 567 Abs. 2 ZPO ausgeschlossen, wenn der **Wert des Beschwerdegegenstandes** 200 € nicht übersteigt.[720] Den Gegenstandswert des Kostenbeschlusses bildet die Summe der im Rechtsstreit entstandenen Kosten; der bis zu den übereinstimmenden Erledigungserklärungen bestehende Hauptsachestreitwert hat sich auf diesen Betrag reduziert.[721]

b) Übereinstimmende Teilerledigungserklärungen

552 Bei (wirksamen) übereinstimmenden Teilerledigungserklärungen entfällt nur die Rechtshängigkeit des übereinstimmend für erledigt erklärten Teiles der Klage. Über den restlichen Streitgegenstand ist nach allgemeinen Regeln durch Urteil zu entscheiden. Der **Gebührenstreitwert** reduziert sich auf den Wert der verbliebenen Restklage, da die Kosten des übereinstimmend für erledigten Teiles der Klage als Nebenforderung streitwertneutral bleiben.[722]

553 Die Beschränkung der Klage auf den verbliebenen Streitgegenstand stellt eine **privilegierte Klageänderung** nach § 264 Nr. 2 ZPO dar. Das zu erlassende Urteil enthält im Tenor (nur) eine **Hauptsacheentscheidung** zum rechtshängig gebliebenen restlichen Streitgegenstand, eine **Kostenentscheidung** über **alle Prozesskosten** sowie eine Entscheidung über die **vorläufige Vollstreckbarkeit**.

554 Wegen des **Grundsatzes der Kosteneinheit** ergeht **kein gesonderter Beschluss** über den Teil der Kosten, die durch den übereinstimmend für erledigt erklärten Streitgegenstand entstanden sind.[723] Vielmehr ist im Urteil eine **gemischte Kostenentscheidung** zu treffen, in die die auf den erledigt erklärten Teil entfallenden Kos-

---

719 Siehe dazu Rn. 733 ff.

720 Siehe dazu Rn. 760.

721 Thomas/Putzo/Hüßtege § 91 a ZPO Rn. 57.

722 BGH, Beschl. v. 31.03.2011 – V ZB 236/10, in: NJW-RR 2011, 1026; Thomas/Putzo/Hüßtege § 91 a ZPO Rn. 58.

723 Thomas/Putzo/Hüßtege § 91 a ZPO Rn. 44.

ten einzubeziehen sind, sodass die Gesamtkostenquote teilweise auf § 91 a Abs. 1 S. 1 ZPO beruht, im Übrigen auf §§ 91, 92 ff. ZPO.[724] Dies erfordert **drei Arbeitsschritte**, um die gemischte Kostenentscheidung des Urteils zu ermitteln:

Im **ersten** Arbeitsschritt ist **isoliert** zu entscheiden, wer die Kosten des nicht für erledigt erklärten Teiles der Klage zu tragen hat. Dies ist im Regelfall nach § 91 Abs. 1 S. 1 ZPO die unterlegene Partei.   **555**

Im **zweiten** Arbeitsschritt ist zu klären, wie die Kosten des **übereinstimmend** für erledigt erklärten Teiles der Klage zu verteilen sind. Maßstab dieser Prüfung ist das **billige Ermessen** nach § 91 a Abs. 1 S. 1 ZPO. Für die anzustellenden kostenrechtlichen Erwägungen gelten dieselben Grundsätze wie bei übereinstimmenden Gesamterledigungserklärungen.   **556**

Der **dritte** und letzte Arbeitsschritt besteht in der **Zusammenführung der beiden isolierten Kostenergebnisse**. Ist der Kostenschuldner der beiden ersten Arbeitsschritte identisch, trägt diese Partei die gesamten Kosten. Andernfalls ist nach den Grundsätzen des § 92 ZPO eine Kostenquote zu bilden, deren Ermittlung im Einzelfall einen **größeren Rechenaufwand** verursacht. In Examensklausuren ist dieser Arbeitsschritt, sofern kein einfacher im Kopf auszurechnender Fall vorliegt, im Bearbeitervermerk erlassen, da kein Taschenrechner eingesetzt werden darf. Der Referendar sollte den **abstrakten Rechenweg** auf jeden Fall kennen.   **557**

Bei der **vorläufigen Vollstreckbarkeitsentscheidung** ist zu berücksichtigen, dass die **einheitliche Kostenentscheidung** auch Kosten umfasst, die im Falle eines isolierten Kostenbeschlusses (nach § 91 a Abs. 1 S. 1 ZPO) **ohne Sicherheitsleistung und ohne Abwendungsbefugnis** vollstreckt werden können, da die §§ 708 ff. ZPO auf Beschlüsse keine Anwendung finden. Dieser Vollstreckungsvorteil bei Beschlüssen darf dem obsiegenden Vollstreckungsgläubiger nicht deswegen verloren gehen, weil der Grundsatz der Kosteneinheit eine getrennte Entscheidung über den übereinstimmend für erledigt erklärten Teil der Klage verhindert. Deswegen ist **dieser Kostenbetrag immer ohne Sicherheitsleistung und ohne Abwendungsbefugnis** für vorläufig vollstreckbar zu erklären.   **558**

Formulierungsbeispiel bei einer Hauptsacheverurteilung zu einer Geldforderung von mehr als 1.250 € (Wertgrenze des § 708 Nr. 11 ZPO):

> *... (Hauptsache und Kosten)*
>
> *Das Urteil ist gegen Sicherheitsleistung in Höhe von 110% des jeweils zu vollstreckenden Betrages vorläufig vollstreckbar. Davon ausgenommen ist die Vollstreckung eines Kostenbetrages von 200 €, der ohne Sicherheitsleistung der Klägerin und ohne Abwendungsbefugnis des Beklagten vorläufig vollstreckbar ist.*

---

724 Thomas/Putzo/Hüßtege § 91 a ZPO Rn. 44.

559   Der **Aufbau des Tatbestandes** ist im Regelfall wie folgt vorzunehmen:[725]

> - Einleitungssatz (fakultativ)
>
> - Sachstand
>
> - Streitiges Vorbringen des Klägers zum noch rechtshängigen Teil
>
> - Streitiger Klägervortrag zum übereinstimmend für erledigt erklärten Teil
>
> - Ursprüngliche Anträge
>
> - Teilerledigungserklärungen
>
> - Anträge zum noch rechtshängigen Teil
>
> - Streitiger Beklagtenvortrag zum noch rechtshängigen Teil
>
> - Streitiger Beklagtenvortrag zum übereinstimmend für erledigt erklärten Teil
>
> - (Weitere) Prozessgeschichte

560   In den **Entscheidungsgründen** zur Hauptsache ist nur der nicht übereinstimmend für erledigt erklärte Teil der Klage **getrennt** nach Zulässigkeit und Begründetheit abzuhandeln. Die Reduzierung der Klageforderung ist eine nach § 264 Nr. 2 ZPO privilegierte Klageänderung.

561   Bei der **Begründung der Kostenentscheidung** genügt **kein pauschaler Hinweis** auf §§ 91 Abs. 1 S. 1, 91a Abs. 1 S. 1, 92 Abs. 1 ZPO. Vielmehr ist die Kostenentscheidung eingehend zu begründen, auch wenn keine Kostenquote ausgeurteilt ist. Dieser Teil der Entscheidungsgründe ist in der gerichtlichen Praxis häufig länger als die Begründung der Hauptsacheentscheidung zum verbliebenen, nicht übereinstimmend für erledigt erklärten Teil der Klage, da inzident im Rahmen der Billigkeitserwägungen die Erfolgsaussichten des für erledigt erklärten Teiles abzuhandeln sind.

> *… (verbliebene Hauptsacheentscheidung)*
>
> *Die Kostenentscheidung beruht auf §§ 91 Abs. 1 S. 1, 91a Abs. 1 S. 1 ZPO. Der Kläger hat alle Kosten des Rechtsstreits zu tragen.*
>
> *Soweit die Klage abgewiesen worden ist, folgt seine Kostenlast aus § 91 Abs. 1 S. 1 ZPO.*
>
> *Der Kläger hat nach § 91 a Abs. 1 S. 1 ZPO auch die Kosten des übereinstimmend für erledigt erklärten Teiles der Klage zu tragen. Dies entspricht der Billigkeit. Es ist nach dem Rechtsgedanken des § 93 ZPO unbillig, diese Kosten dem Beklagten aufzuerlegen, obwohl der Kläger diesen Teil der Klage ohne die nach Rechtshängigkeit erfolgte Zahlung des Beklagten in Höhe von 1.200 € voraussichtlich gewonnen hätte. Der Beklagte hat dem Kläger für diesen Teilbetrag seiner Klage keinen Klageanlass gegeben, da er sich nicht im Schuldnerverzug befand. Zudem hat er den berechtigten Anspruch des Klägers sofort, nur drei Tage nach der Klagezustellung, erfüllt. Dadurch hat er noch mehr getan als die Forderung anzuerkennen. Dies hätte schon für eine Anwendung des § 93 ZPO ausgereicht.*
>
> *… (vorläufige Vollstreckbarkeit)*

562   Gegen die **Hauptsacheentscheidung** im Urteil ist nach allgemeinen Regeln die Berufung der statthafte Rechtsbehelf. Diese umfasst auch den auf der Billigkeitsentscheidung des § 91 a Abs. 1 S. 1 ZPO beruhenden Kostenanteil.[726] **Daneben** kann

---

725 Auch hier steht die Verständlichkeit im Vordergrund; wegen der Tempora und Modi siehe die Darstellung des Tatbestandes in Rn. 549 für den Fall von übereinstimmenden Gesamterledigungserklärungen.

726 BGH, Beschl. v. 19.03.2013 – VIII ZB 45/12, in: NJW 2013, 2361; Thomas/Putzo/Hüßtege § 91 a ZPO Rn. 56.

wahlweise die einheitliche **Kostenentscheidung** mit der sofortigen Beschwerde angefochten werden.[727] Diese **isolierte Anfechtungsmöglichkeit** der Kostenentscheidung beruht auf der Erwägung, dass der dem Kostenschuldner nach § 91 a Abs. 2 S. 1 ZPO zustehende Rechtsbehelf nicht dadurch entfallen darf, dass wegen des Grundsatzes der Kosteneinheit kein isolierter Kostenbeschluss zu erlassen ist. Mit der **isolierten Kostenbeschwerde** kann allerdings nur eine Abänderung des Teiles der gemischten Kostenentscheidung erreicht werden, der auf § 91 a Abs. 1 S. 1 ZPO beruht.[728]

2. Einseitige Erledigungserklärung des Klägers

Im Falle einer **einseitigen Erledigungserklärung** widersetzt sich der **Beklagte** der vorzeitigen Prozessbeendigung und beantragt weiterhin **Klageabweisung**,[729] da er die Hauptsache nicht für erledigt erachtet. Die einseitige Erledigungserklärung des Klägers führt **nicht** zum **Wegfall der Rechtshängigkeit** der Hauptsache, sodass § 91 a ZPO keine Anwendung findet.[730] Es ist der **Antrag des Klägers** an das Gericht, **die Erledigung des Rechtsstreits festzustellen**.[731] Der Kläger geht also von seiner bisherigen Klage zu einer (positiven) **Feststellungsklage** über.

Im Rahmen der **Zulässigkeitsprüfung** ist Folgendes zu beachten: Begrifflich stellt der Antrag auf Erledigungsfeststellung eine **Klageänderung** dar, diese ist aber nach § 264 Nr. 2 **privilegiert**.[732] Das **Feststellungsinteresse** (§ 256 Abs. 1 ZPO) des Klägers resultiert aus seinem **Kosteninteresse**, da alle anderen prozessualen Möglichkeiten der Prozessbeendigung (Rücknahme, Säumnis, Verzicht) kostennachteilig sind.

Es kann auch **hilfsweise** die Feststellung der Erledigung beantragt werden.[733]

Bei der **Begründetheit der Klage** hat das Gericht zu prüfen, ob das Klagebegehren tatsächlich gegenstandslos geworden ist, d.h. die **ursprünglich zulässige und begründete Klage nach Rechtshängigkeit unzulässig oder unbegründet** geworden ist. Bei der Abgabe von **Gestaltungserklärungen** (z.B. Aufrechnung) nach Rechtshängigkeit liegt auch dann ein Erledigungsfall vor, wenn die **Gestaltungslage** bereits vor der Rechtshängigkeit bestand.[734] Gleiches gilt für die Erhebung der Verjährungseinrede nach Rechtshängigkeit.[735]

> **Merke:** Eine Klage kann sich nicht **vor** Rechtshängigkeit erledigen. Deshalb scheidet eine Feststellung der Erledigung in diesem Fall aus.

Eine von Anfang an unzulässige oder unbegründete Klage kann sich begrifflich nicht erledigen, sie ist auf Antrag des Beklagten abzuweisen.[736] Ergibt daher bei einer **Stufenklage** die nach Rechtshängigkeit erteilte Auskunft, dass von Anfang an kein Zah-

563

564

565

---

727 Thomas/Putzo/Hüßtege § 91 a ZPO Rn. 55.

728 BGH, Beschl. v. 29.07.2003 – VIII ZB 55/03, in: NJW-RR 2003, 1504, 1505.

729 Vgl. Thomas/Putzo/Hüßtege § 91 a ZPO Rn. 32a.

730 BGH, Urt. v. 05.05.1994 – III ZR 98/93, in: NJW 1994, 2895, 2896; Thomas/Putzo/Hüßtege § 91 a ZPO Rn. 31.

731 Thomas/Putzo/Hüßtege § 91 a ZPO Rn. 32.

732 BGH, Urt. v. 19.06.2008 – IX ZR 84/07, in: NJW 2008, 2580; Thomas/Putzo/Hüßtege § 91 a ZPO Rn. 32.

733 Thomas/Putzo/Hüßtege § 91 a ZPO Rn. 32.

734 BGH, Urt. v. 17.07.2003 – IX ZR 268/02, in: NJW 2003, 3134; Thomas/Putzo/Hüßtege § 1 a ZPO Rn 4 a. Demgegenüber kommt es bei der Ausübung von Gestaltungsrechten im Rahmen der Präklusionsprüfung des § 767 Abs. 2 nicht auf den Zeitpunkt der Gestaltungserklärung, sondern den der objektiven Gestaltungslage an: siehe dazu AS-Skript Vollstreckungsrecht in der Assessorklausur (2015), Rn. 268.

735 BGH, Urt. v. 27.01. 2010 – VIII ZR 58/09, in: NJW 2010, 2422; Thomas/Putzo/Hüßtege § 91 a ZPO Rn. 5.

736 BGH, Urt. v. 27.02.1992 – I ZR 35/90, in: NJW 1992, 2235, 2236; Thomas/Putzo/Hüßtege § 91 a ZPO Rn. 32.

lungsanspruch bestand, tritt insoweit keine Erledigung ein. Gleiches gilt bei einer **Forderungseinzugsklage**,[737] wenn die erst nach Rechtshängigkeit erteilte Drittschuldnerauskunft (§ 840 ZPO) dazu führt, dass kein zu pfändender und überweisender Anspruch des Schuldners gegen den Drittschuldner besteht.[738]

566 Liegt das Ereignis, das die Klage unzulässig oder unbegründet macht, **zwischen Anhängigkeit und Rechtshängigkeit,** steht dem Kläger der Weg der **privilegierten Klagerücknahme** nach § 269 Abs. 3 S. 3 ZPO zur Verfügung.[739] Seine Klagerücknahme löst nicht automatisch seine Kostentragungspflicht aus, vielmehr entscheidet das Gericht unter entsprechender Anwendung des § 91 a ZPO nach billigem Ermessen über die Kosten. In diese Billigkeitserwägung hat auch der Grundgedanke des § 93 ZPO einzufließen, sodass eine Kostentragungspflicht des Beklagten voraussetzt, dass er Anlass zur Klageerhebung gegeben hat.[740]

567 **Alternativ** kann der Kläger wahlweise aus einer materiellen Anspruchsgrundlage (insbesondere aus Schuldnerverzug) im Wege der **Kostenerstattungsklage** vorgehen.[741] Für diese Klage besteht trotz der Möglichkeit des Vorgehens, einen Kostenbeschluss nach § 269 Abs. 3 S. 3 ZPO zu erwirken, ein **Rechtsschutzinteresse**.[742] Dieses resultiert daraus, dass bei der Billigkeitsbeurteilung im Rahmen des § 91 a Abs. 1 S. 1 ZPO lediglich eine summarische Prüfung auf der Basis des bisherigen Sach- und Streitstandes erfolgt, sodass bei schwierigen Rechtsfragen und/oder streitigen Tatsachen der Weg über ein Klageverfahren mit förmlicher Beweisaufnahme vorzuziehen ist. Dies sollte bei **Anwaltsklausuren** im Rahmen der **Zweckmäßigkeitserwägungen** unbedingt beachtet werden.

568 **Zusammenfassend** ergibt sich folgender **Prüfungsaufbau:** Zulässigkeit der Feststellungsklage:

> ■ **Zulässigkeit der Feststellungsklage:**
>
> > ▪ Zulässigkeit der **Klageänderung:** § 264 Nr. 2 Var. 2. ZPO
> >
> > ▪ Zulässigkeit der **geänderten** Klage: **insbesondere** Feststellungsinteresse nach § 256 Abs. 1 ZPO: Kosteninteresse des Klägers
>
> ■ **Begründetheit der Feststellungsklage:**
>
> > ▪ **Zulässigkeit** der **ursprünglichen** Klage
> >
> > ▪ **Begründetheit** der **ursprünglichen** Klage
> >
> > ▪ Ereignis **nach** Rechtshängigkeit
> >
> > ▪ dadurch Unzulässigkeit **oder** Unbegründetheit der **ursprünglichen** Klage

569 Für das **Klageverfahren** nach einseitiger Erledigungserklärung des Klägers gelten die **allgemeinen Vorschriften.** Beweiserhebliche und beweisbedürftige Tatsachen sind einer **förmlichen Beweisaufnahme** zu unterziehen, um Entscheidungsreife

---

737 Siehe dazu AS-Skript Vollstreckungsrecht in der Assessorklausur (2015), Rn. 326–335.

738 Der Kläger kann in diesen Fällen im Wege der Klageänderung zur Geltendmachung eines materiellen Kostenerstattungsanspruchs übergehen: BGH, Urt. v. 05.05.1994 – III ZR 98/93, in: NJW1994, 2895; BGH, Urt. v. 28.01.1981 – VIII ZR 1/80, in: NJW 1981, 990; Thomas/Putzo/Reichold § 254 ZPO Rn. 6; vgl. auch Thomas/Putzo/Seiler § 840 ZPO Rn. 19.

739 Nach h.M. gilt dies über den Wortlaut des § 269 Abs. 3 S. 3 ZPO auch beim Wegfall des Anlasses zur Klageerhebung schon vor Anhängigkeit: OLG Frankfurt, Beschl. v. 06.05.2014 – 6 W 13/14, in: NJW-RR 2014, 1406; Thomas/Putzo/Reichold § 269 ZPO Rn. 16.

740 OLG Dresden, Beschl. v. 25.11.2014 – 5 W 1310/14, in: RÜ2 2015, 113, 115.

741 Thomas/Putzo/Hüßtege § 91 a ZPO Rn. 36.

742 BGH, Urt. v. 18.04.2013 – III ZR 156/12, in: NJW 2013, 2201; Thomas/Putzo/Hüßtege § 91 a ZPO Rn. 36.

herzustellen. Darin liegt der **wesentliche Unterschied** zu den Rechtsfolgen übereinstimmender Erledigungserklärungen der Parteien.

Ebenso wie bei übereinstimmenden Erledigungserklärungen der Parteien kann der Kläger die Hauptsache **insgesamt oder teilweise** für erledigt erklären, soweit der Streitgegenstand teilbar ist oder mehrere Streitgegenstände vorliegen.[743]

a) Einseitige Gesamterledigungserklärung

Über den Antrag des Klägers auf Feststellung der Gesamterledigung entscheidet das Gericht durch gewöhnliches **Urteil**.[744] Hat sich die Hauptsache nicht erledigt, ist die Klage abzuweisen. Andernfalls ist die **Hauptsacheerledigung festzustellen**.

570

Formulierungsvorschlag: [745]

> *Es wird festgestellt, dass der Rechtsstreit in der Hauptsache erledigt ist.*

Oder (kürzer):

> *Der Rechtsstreit ist in der Hauptsache erledigt.*

Die **Kostenentscheidung** ergeht nach §§ 91, 92 ff. ZPO, nicht nach § 91 a ZPO, da über die Feststellungsklage geurteilt wird.[746] Der **Gebührenstreitwert** ist bei einer einseitigen Erledigungserklärung **umstritten**.[747] Während vereinzelt angenommen wird, der Streitwert ändere sich durch die Erledigungserklärung des Klägers nicht oder entspreche dem hälftigen Feststellungswert, erfordert die anzustellende wirtschaftliche Betrachtungsweise, auf das Kosteninteresse des Klägers abzustellen.[748] Dies ist die **Summe der entstandenen Kosten** des Rechtsstreits, die nach den allgemeinen Regeln[749] zu ermitteln sind.[750]

571

Da keine Hauptsachevollstreckung erfolgt, ergeht eine Entscheidung über die **vorläufige Vollstreckbarkeit nur wegen der Kostenvollstreckung**.

572

Das ergehende Urteil ist nach allgemeinen Regeln mit der **Berufung** anfechtbar.

Der **Tatbestand** ist im Regelfall wie folgt aufzubauen:

573

- Sachstand
- Streitiges Vorbringen des Klägers
- Ursprünglicher Antrag des Klägers
- (Angeblich) erledigendes Ereignis
- Erledigungserklärung des Klägers
- Feststellungsantrag des Klägers
- Klageabweisungsantrag des Beklagten
- Streitiger Vortrag des Beklagten
- (Weitere) Prozessgeschichte

---

743 Siehe dazu Rn. 542.

744 Thomas/Putzo/Hüßtege § 91 a ZPO Rn. 38.

745 Thomas/Putzo/Hüßtege § 91 a ZPO Rn. 38.

746 BGH, Urt. v. 15.01.1982 – V ZR 50/81, in: NJW 1982, 1598; Thomas/Putzo/Hüßtege § 91 a ZPO Rn. 38.

747 Nachweise bei Thomas/Putzo/Hüßtege § 91 a ZPO Rn. 59–61.

748 Thomas/Putzo/Hüßtege § 91 a ZPO Rn. 61.

749 Siehe dazu Rn. 90 ff.

750 BGH, Beschl. v. 13.07.2005 – XII ZR 295/02, in: NJW-RR 2005, 1728; Thomas/Putzo/Hüßtege § 91 a ZPO Rn. 61.

574 Die **Entscheidungsgründe** sind nach allgemeinen Regeln aufzubauen.

Bei der Erörterung der **Zulässigkeit** der Klage ist auf das Vorliegen einer **privilegierten Klageänderung** (§ 264 Nr. 2 ZPO) und das Bestehen eines **Feststellungsinteresses** nach § 256 Abs. 1 ZPO einzugehen.

> *Die durch die einseitige Erledigungserklärung des Klägers in eine Feststellungsklage übergegangene Klage ist zulässig. Der Antrag des Klägers, die Erledigung der Hauptsache festzustellen, stellt eine privilegierte Klageänderung nach § 264 Nr. 2 ZPO dar. Die beantragte Feststellung der Hauptsacheerledigung ist ein Minus gegenüber seinem bisherigen Leistungsantrag. Er möchte festgestellt wissen, dass sein bisheriges Leistungsbegehren zulässig und begründet war und nach Rechtshängigkeit unzulässig oder unbegründet geworden ist.*
>
> *Der Kläger hat auch das erforderliche Feststellungsinteresse (§ 256 Abs. 1 ZPO). Dieses resultiert aus seinem Kosteninteresse, auf die veränderte Klagesituation so zu reagieren, dass er nicht kostenpflichtig ist. Ein erfolgreicher Erledigungsfeststellungsantrag begründet nach § 91 Abs. 1 S. 1 ZPO die Kostentragungspflicht des Beklagten. Sämtliche anderen ihm zur Verfügung stehenden prozessualen Möglichkeiten (Klagerücknahme nach § 269 ZPO, Klageverzicht nach § 306 ZPO, Säumnis nach § 330 ZPO) wären für den Kläger kostenschädlich.*

575 Im Rahmen der Ausführungen zur **Begründetheit** der Feststellungsklage ist die Zulässigkeit und Begründetheit der Ursprungsklage sowie die nach Rechtshängigkeit eingetretene Unzulässigkeit oder Unbegründetheit der Ursprungsklage zu erörtern.

> ...
>
> *Die Feststellungsklage ist unbegründet.*
>
> *Der Rechtsstreit hat sich nicht erledigt. Die ursprüngliche Herausgabeklage des Klägers war nicht zulässig und begründet und ist erst nach Rechtshängigkeit unzulässig oder unbegründet geworden. Die Klage war vielmehr von Anfang an unbegründet. Der Beklagte war dem Kläger zu keinem Zeitpunkt zur Herausgabe der Büchersammlung verpflichtet.*
>
> ...

576 Liegt das Ereignis, dass den Klageanlass teilweise entfallen lässt, **vor der Rechtshängigkeit,** ist wiederum der Weg über eine Teilklagerücknahme mit einer Kostenentscheidung nach § 269 Abs. 3 S. 3 ZPO eröffnet, allerdings unter Beachtung des Grundsatzes der Einheitlichkeit der Kostenentscheidung.

b) Einseitige Teilerledigungserklärung

577 Bei einer **einseitigen Teilerledigungserklärung** des Klägers ändert dieser seinen ursprünglichen Antrag hinsichtlich des für erledigt erklärten Teils der Klage in einen Feststellungsantrag. Der nicht für erledigt erklärte Klageteil reduziert sich um den für erledigt erklärten Teil. Dieses Vorgehen des Klägers ist zum einen eine **privilegierte Klageänderung** nach § 264 Nr. 2 ZPO und führt zu einer **nachträglichen Klagehäufung** (§ 260 ZPO). Das nach § 256 Abs. 1 ZPO erforderliche Teilerledigungs**feststellungsinteresse** des Klägers resultiert wie bei der einseitigen Gesamterledigungserklärung aus dem klägerischen Kosteninteresse.

Über die Klage ist nach allgemeinen Regeln durch **Endurteil** zu entscheiden. Ist der **578** einseitige Teilerledigungsfeststellungsantrag erfolgreich, ist dies im **Tenor** durch die Teilerledigungsfeststellung zum Ausdruck zu bringen.[751]

Formulierungsbeispiel für eine Zahlungsklage in Höhe von 3.000 €, die der Kläger in Höhe von 2.000 € für einseitig erledigt erklärt und die in Höhe von 1.000 € unbegründet ist:

> *Der Rechtsstreit ist **in der Hauptsache in Höhe von 2.000 € erledigt. Im Übrigen** wird die Klage abgewiesen.*

Die Entscheidungen über die **Kosten** und über die **vorläufige Vollstreckbarkeit** ergehen nach allgemeinen Grundsätzen. Der **Gebührenstreitwert** ergibt sich aus der Addition des verbliebenen Restwertes der Hauptsache und dem Kostenwert des einseitig für erledigt erklärten Teiles der Klage.[752]

Der **Aufbau des Tatbestandes** entspricht dem bei der einseitigen Gesamterledi- **579** gungserklärung.[753] In den **Entscheidungsgründen** ist zwischen der Restklage und dem einseitig für erledigt erklärten Teil der Klage zu unterscheiden. Bei der **Zulässigkeit** der Teilerledigungsfeststellungsklage ist auf das Vorliegen einer **privilegierten Klageänderung** nach § 264 Nr. 2 ZPO einzugehen, außerdem auf das aus dem Kosteninteresse des Klägers hervorgehende **Feststellungsinteresse** (§ 256 Abs. 1 ZPO) und auf die **Zulässigkeit der nachträglich entstandenen objektiven Klagehäufung** (§ 260 ZPO). Die Erwägungen zur **Begründetheit** konzentrieren sich auf den einzelfallabhängigen Schwerpunkt des Rechtsstreits.

Rechtsbehelf gegen das Urteil ist nach allgemeinen Regeln die **Berufung**. **580**

IV. Versäumnisurteil und Einspruch

Das **Säumnisrecht** (§§ 330 ff. ZPO) ist ebenfalls von hoher **Examensrelevanz**. Es sind **581** **zwei Verfahrensabschnitte** zu unterscheiden: Der **Erlass eines Versäumnisurteils** (§§ 330, 331 ZPO) und der (spezielle) Rechtsbehelf des **Einspruchs** (§§ 338 ff. ZPO).

1. Voraussetzungen eines Versäumnisurteils

a) Säumnis

Säumnis liegt vor, wenn eine Partei entweder **nicht erscheint** oder zwar erscheint, **582** aber **nicht verhandelt** (§ 333 ZPO). Ein Verhandeln erfordert das Stellen eines Sachantrages.[754] Nur vollständiges oder (bei einem selbstständigen Teil des Anspruchs) teilweises Nichtverhandeln steht dem Nichterscheinen gleich; davon ist unvollständiges Verhandeln zu unterscheiden, für das § 334 ZPO gilt.

Im **Anwaltsprozess** (§ 78 ZPO) ist ein Fall des Nichterscheinens auch gegeben, wenn **583** für die Partei **kein zugelassener Anwalt** verhandelt.[755] Maßgeblich ist nach § 220 Abs. 2 ZPO der Schluss der mündlichen Verhandlung. Deshalb endet die Säumnis, wenn eine beim Terminbeginn säumige Partei bis zum Schluss der mündlichen Verhandlung doch noch verhandelt.[756] Andererseits kann eine Partei, die bereits zur

---

751 Thomas/Putzo/Hüßtege § 91 a ZPO Rn. 45.

752 BGH, Beschl. v. 30.01.1992 – IX ZR 222/91, in: NJW-RR 1992, 1404; Thomas/Putzo/Hüßtege § 91 a ZPO Rn. 62.

753 Siehe dazu Rn. 573.

754 BAG, Urt. v. 04.12.2002 – 5 AZR 556/01, in: NJW 2003, 1548; Thomas/Putzo/Reichold § 333 Rn. 1.

755 BGH, Beschl. v. 06.05.1999 – V ZB 1/99, in: NJW 199, 2599; Thomas/Putzo/Reichold Vorbem. § 330 ZPO Rn. 5.

756 BGH, Urt. v. 15.12.1992 – VI ZR 85/92, in: NJW 1993, 861; Thomas/Putzo/Reichold Vorbem. § 330 ZPO Rn. 5.

Hauptsache verhandelt hat, im **selben Termin** nicht mehr durch Widerruf oder Zurücknahme ihres Antrages säumig werden.[757]

584 Die sonst zu beachtende **Einheit aller Termine** findet im Versäumnisverfahren **keine Anwendung**. Nach § 332 ZPO ist jeder Termin, auf den die mündliche Verhandlung vertagt ist oder der zu ihrer Fortsetzung bestimmt ist, eigenständig zu beurteilen. Es liegt somit Säumnis vor, wenn eine Partei nach erfolgter Antragstellung in einem früheren Termin in einem Folgetermin nicht erscheint, nicht verhandelt oder **nicht postulationsfähig** ist.

585 Im **schriftlichen Vorverfahren** ist der Beklagte säumig, wenn er trotz Aufforderung nach § 276 Abs. 1 S. 1 ZPO und ordnungsgemäßer Belehrung nach § 276 Abs. 2 ZPO **keine Verteidigungsbereitschaftsanzeige** bis zur Übergabe des unterschriebenen Versäumnisurteils an die Geschäftsstelle erklärt (§ 331 Abs. 3 S. 1 ZPO).

b) Kein Erlasshindernis

586 Neben der Säumnis im vorgenannten Sinne setzt ein Versäumnisurteil das **Nichtbestehen von Erlasshindernissen** nach §§ 335, 337 ZPO voraus.[758] Die in der Praxis wichtigsten Fälle sind die des § 335 Abs. 1 Nr. 2–4 ZPO. Es bedarf insbesondere einer ordnungsgemäßen Ladung, deren Rechtmäßigkeit sich nach §§ 214 ff., vor allem § 215 ZPO, beurteilt;[759] dazu gehört auch eine **ordnungsgemäße Zustellung** nach den §§ 166 ff. ZPO. In **Examensklausuren** finden sich dazu **häufig Problemstellungen**.

Ein **Standardproblem** zu § 335 ZPO ist die Frage, ob die **(einseitige) Erledigungserklärung** des Klägers im oder kurz vor dem Verhandlungstermin den Erlass eines Versäumnisurteils hindert, durch das die Feststellung der Erledigung erfolgt. An sich führt eine **nicht rechtzeitige Antragsänderung** nach § 335 Abs. 1 Nr. 3 ZPO dazu, dass kein Versäumnisurteil gegen den Beklagten ergehen darf. Nicht rechtzeitig ist neuer Schriftsatzvortrag, zu dem auch ein neuer Antrag gehört,[760] wenn dieser dem Prozessgegner nicht **mindestens eine Woche** vor der mündlichen Verhandlung zugestellt werden kann (§ 132 Abs. 1 S. 1 ZPO). Bei einer Erledigungserklärung besteht aber nicht das der Regelung des § 335 Abs. 1 Nr. 3 ZPO zugrunde liegende Schutzbedürfnis des säumigen Prozessgegners, da sich das Klagebegehren lediglich reduziert (vgl. § 264 Nr. 2 ZPO). Auf diese Konstellation findet § 335 Abs. 1 Nr. 3 ZPO vom **Sinn und Zweck** her **keine Anwendung**, sodass der Erlass eines die Erledigung feststellenden Versäumnisurteils zulässig ist.[761]

c) Antrag

587 Ein Versäumnisurteil kann nur auf **Antrag** erlassen werden (§§ 330, 331 Abs. 1 S. 1 ZPO). Es bedarf **keines ausdrücklichen Antrages** auf Erlass eines Versäumnisurteils, vielmehr genügt ein konkludenter (im Sachantrag liegender) Antrag.[762] Im Fall eines schriftlichen Vorverfahrens (§ 276 ZPO) kann der klägerische Antrag bereits **in der Klageschrift gestellt** werden (§ 331 Abs. 3 S. 2 ZPO). Darauf sollte in Anwaltsklausuren besonders geachtet werden. Üblich ist in der Praxis folgende Formulierung in der Klageschrift:

---

757 OLG München, Urt. v. 26.10.2010 – 5 U 2320/10, in: MDR 2011, 384; Thomas/Putzo/Reichold § 333 ZPO Rn. 1.

758 Thomas/Putzo/Reichold Vorbem. § 330 ZPO Rn. 4–7.

759 Thomas/Putzo/Reichold § 335 ZPO Rn. 3.

760 Thomas/Putzo/Reichold § 132 ZPO Rn. 2.

761 OLG Köln, Beschl. v. 14.07.1993 – 17 W 145/93, in: MDR 1995, 103.

762 Thomas/Putzo/Reichold § 330 ZPO Rn. 2, § 331 ZPO Rn. 2.

Für den Fall des Vorliegens der Voraussetzungen des § 331 Abs. 3 ZPO wird Antrag auf Erlass eines Versäumnisurteils gegen den Beklagten gestellt.

Das Gesetz unterscheidet **drei Säumnisfälle: Säumnis des Klägers** (§ 330 ZPO), **Säumnis des Beklagten** (§ 331 ZPO) und **Doppelsäumnis** (§ 251 a ZPO). Bei Doppelsäumnis ist nach § 251 a Abs. 3 ZPO regelmäßig das **Ruhen** des Verfahrens anzuordnen. Eine **Aktenlageentscheidung** nach § 251 a Abs. 1 ZPO setzt voraus, dass bereits in einem früheren Termin mündlich verhandelt worden ist (§ 251 a Abs. 2 S. 1 ZPO). Alternativ kann statt eines Ruhensbeschlusses eine **Terminvertagung** (§ 227 ZPO) erfolgen.

588

d) Zulässigkeit der Klage

Versäumnisurteile sind (außer im Fall des § 347 Abs. 2 ZPO) **Sachurteile**. Sind sie (formell) rechtskräftig, haben sie volle **materielle Rechtskraftwirkung**,[763] d.h. jede neue Verhandlung und Entscheidung über die festgestellte Rechtsfolge ist ausgeschlossen.[764] Aufgrund der Sachurteilseigenschaft eines Versäumnisurteils kann dieses nur ergehen, wenn die Klage zulässig ist.[765]

589

> **Merke:** Zu unterscheiden sind **echte und unechte Versäumnisurteile**. Das echte Versäumnisurteil ergeht gegen die säumige Partei aufgrund ihrer Säumnis. Demgegenüber handelt es sich bei einem unechten Versäumnisurteil um ein streitiges Endurteil, das gegen die erschienene Partei trotz gegnerischer Säumnis ergeht.

Zusammenfassend müssen für den Erlass eines echten Versäumnisurteils **immer** folgende Voraussetzungen erfüllt sein:

590

- Säumnis
- Keine Erlasshindernisse
- Prozessantrag
- Zulässigkeit der Klage

e) Schlüssigkeit

Zusätzlich ist bei der Säumnis des Beklagten die **Schlüssigkeit** des Klagevortrags erforderlich (§ 331 Abs. 2 Hs. 1 ZPO). Es kommt dabei nur auf den Klägervortrag an, abweichender (schriftsätzlicher) Sachvortrag des Beklagten bleibt unberücksichtigt. Fehlt die Schlüssigkeit, ergeht nach § 331 Abs. 2 Hs. 2 ZPO ein klageabweisendes unechtes Versäumnisurteil. Darauf ist § 336 ZPO nicht anwendbar.[766]

591

Besonderheiten sind im **schriftlichen Vorverfahren** zu beachten: Wenn das Klagevorbringen nur hinsichtlich einer **Nebenforderung** unschlüssig ist, kann die Klage insofern nach vorherigem rechtlichen Hinweis des Gerichts an den Kläger ohne mündliche Verhandlung durch unechtes Versäumnisurteil abgewiesen werden (§ 331 Abs. 3 S. 3 ZPO). Nebenforderungen sind vor allem **Zinsen und Kosten** (§ 4 Abs. 1 ZPO).

592

---

763 BGH, Urt. v. 17.12.2002 – XI ZR 90/02, in: NJW 2003, 1044; Thomas/Putzo/Reichold § 322 ZPO Rn. 3, § 330 ZPO Rn. 4.

764 Thomas/Putzo/Reichold § 322 ZPO Rn. 9.

765 Thomas/Putzo/Reichold § 330 ZPO Rn. 3, § 331 ZPO Rn. 3.

766 BGH, Beschl. v. 25.11.1986 – VI ZB 12/86, in: NJW 1987, 1204; Thomas/Putzo/Reichold § 336 ZPO Rn. 1.

2. Inhalt des Versäumnisurteils

593   Das (echte) Versäumnisurteil ist als solches **zu bezeichnen** (§ 313 b Abs. 1 S. 2 ZPO). Für die Hauptsache- und die Kostenentscheidung bestehen keine Besonderheiten. Das Urteil ist nach § 708 Nr. 2 ZPO **ohne Sicherheitsleistung** für vorläufig vollstreckbar zu erklären, eine **Abwendungsbefugnis** nach § 711 ZPO sieht das Gesetz nicht vor. Das Urteil bedarf nach § 313 b Abs. 1 S. 1 ZPO **weder** eines **Tatbestandes noch Entscheidungsgründen**, wohl aber einer **Rechtsbehelfsbelehrung** (§ 232 S. 1, 2 ZPO). In Examensklausuren wird die Anwendung des § 313 b Abs. 1 S. 1 ZPO regelmäßig ausgeschlossen.

> *Versäumnisurteil*
>
> *Der Beklagte wird verurteilt, an den Kläger 6.550 € zu zahlen.*
>
> *Die Kosten des Rechtsstreits trägt der Beklagte.*
>
> *Das Urteil ist vorläufig vollstreckbar.*

594   Ergeht ein **unechtes** Versäumnisurteil, ergibt sich dies **nicht aus seiner Überschrift**, da § 313 b Abs. 1 S. 2 ZPO nur auf echte Versäumnisurteile anzuwenden ist.[767] Es heißt dann (nur) ein (allgemeines) „Urteil", die Entscheidung über die vorläufige Vollstreckbarkeit folgt allgemeinen Regeln (kein Fall des § 708 Nr. 2 ZPO).

3. Einspruch gegen das Versäumnisurteil

595   **Statthafter Rechtsbehelf** gegen ein (echtes) Versäumnisurteil ist der Einspruch (§ 338 ZPO). Gleiches gilt für **Vollstreckungsbescheide**, die nach § 700 Abs. 1 ZPO einem vorläufig vollstreckbar erklärten Versäumnisurteil gleichstehen. **Unechte Versäumnisurteile** demgegenüber werden mit dem Rechtsmittel der **Berufung** angegriffen.[768]

Ein Einspruch ist beispielhaft wie folgt zu formulieren:

> *Dr. Petra Martens*   *24.02.2016*
> *Rechtsanwältin*
> *(...)*
>
> *An das*
> *Landgericht Frankfurt*
> *(...)*
>
> *In Sachen Meier ./. Müller*
>
> *4 O 21/16*
>
> *lege ich gegen das Versäumnisurteil vom 10.02.2016, zugestellt am ...,*
>
> *Einspruch*
>
> *ein und stelle den A n t r a g :*
>
> *Das Versäumnisurteil vom 10.02.2016 wird aufgehoben und die Klage abgewiesen.*

---

767   Thomas/Putzo/Reichold § 313 b ZPO Rn. 1.
768   Thomas/Putzo/Reichold § 338 ZPO Rn. 3.

a) Zulässigkeit des Einspruchs

Das Prozessgericht hat die **Zulässigkeit des Einspruchs** nach § 341 Abs. 1 S. 1 ZPO **596** **von Amts wegen** zu überprüfen. Es müssen folgende **Zulässigkeitsvoraussetzungen** erfüllt sein:[769]

- Statthaftigkeit
- Zuständigkeit
- Einspruchsfrist
- Form
- Kein Verzicht und keine Rücknahme

aa) Statthaftigkeit

Ist im Rahmen der **Statthaftigkeit** zweifelhaft, ob es sich um ein streitiges oder um **597** ein Versäumnisurteil handelt, kommt es auf den **Inhalt**, nicht auf die Bezeichnung an.[770] Ist unklar, ob es sich um ein echtes oder um ein unechtes Versäumnisurteil handelt, hat der Unterlegene in Anwendung des **Meistbegünstigungsgrundsatzes** die Wahl zwischen einer Berufung und einem Einspruch.[771] Aus einem **Verlautbarungsfehler** des Gerichts darf dem Unterlegenen kein Rechtsnachteil erwachsen, deshalb kann er den Rechtsbehelf oder das Rechtsmittel einlegen, das gegen die falsch bezeichnete Entscheidung gegeben ist, oder das Rechtsmittel, das bei richtiger Bezeichnung statthaft wäre.[772] Die Überprüfungsmöglichkeit des Rechtsbehelfs- oder Rechtsmittelgerichts richtet sich nach dem Verfahrensrecht bei richtiger Bezeichnung der Entscheidung, da die fehlerhafte Verlautbarung keine weiteren Rechtsvorteile als das genannte Wahlrecht auslöst.[773]

bb) Zuständigkeit

Der Einspruch ist beim **Prozessgericht** einzulegen (§ 340 Abs. 1 ZPO); dieses ist auch **598** **zuständig** für die Entscheidung über den Einspruch.

cc) Einspruchsfrist

Die **Einspruchsfrist** ist eine **Notfrist** (§§ 339 Abs. 1, 224 Abs. 1 S. 2 ZPO) und beträgt **599** **zwei Wochen ab der Zustellung** des Versäumnisurteil an die unterlegene Partei (§ 339 Abs. 1 ZPO). Nicht verkündete Versäumnisurteile werden nach § 317 Abs. 1 S. 1 ZPO allen Parteien zugestellt, verkündete nur der unterlegenen Partei.

> **Merke:** Eine Besonderheit gilt im **Arbeitsgerichtsprozess**. Dort gewährt das Gesetz in § 59 S. 1 ArbGG nur eine **einwöchige** Einspruchsfrist gegen ein Versäumnisurteil.

Für die **Fristberechnung** gelten die allgemeinen Vorschriften (§§ 222 ZPO, 187, 188 **600** BGB). Für **Versäumnisurteile im schriftlichen Vorverfahren** beginnt die Einspruchsfrist nicht bereits mit der Zustellung an den verurteilten Beklagten, sondern

---

769 Thomas/Putzo/Reichold § 341 ZPO Rn. 1.

770 BGH, Urt. v. 19.06.1974 – VIII ZB 14/74, in: VersR 1974, 1099; Thomas/Putzo/Reichold § 338 ZPO Rn. 3.

771 BGH, Urt. v. 03.11.1998 – VI ZB 29/98, in: NJW 1999, 583, 584; Thomas/Putzo/Reichold § 338 ZPO Rn. 4, Vorbem. § 511 ZPO Rn. 7.

772 Thomas/Putzo/Reichold Vorbem. § 511 ZPO Rn. 8, 9.

773 OLG Brandenburg, Beschl. v. 18.06.1997 – 7 W 18/97, in: NJW-RR 1998, 1286; Thomas/Putzo/Reichold Vorbem. § 511 ZPO Rn. 10.

mit der **letzten Zustellung** (§ 310 Abs. 3 S. 1 ZPO).[774] Grund dafür ist, dass die Zustellung die Verkündung ersetzt und das Versäumnisurteil daher erst mit der letzten Zustellung wirksam wird.

601 Ein häufiges **Klausurproblem** besteht in der Klärung des Fristbeginns aufgrund von **Zustellungsmängeln**. In diesen Fällen ist zumeist vorsorglich ein (hilfsweise möglicher)[775] **Antrag auf Wiedereinsetzung in den vorigen Stand** (§§ 233 ff. ZPO) gestellt. Ist dieser zulässig und begründet, wird die versäumte und nachgeholte Prozesshandlung als rechtzeitig fingiert,[776] sodass der Einspruch nicht verfristet ist.[777]

dd) Form

602 Die **Formalien** des Einspruchs regelt § 340 ZPO. Er bedarf prinzipiell der **Schriftform**, beim Amtsgericht ist nach § 496 ZPO auch eine Erklärung zu **Protokoll der Geschäftsstelle** möglich; diese Protokollerklärung muss nicht zwingend beim Prozessgericht erfolgen, sondern kann nach § 129 a Abs. 1 ZPO vor der Geschäftsstelle eines jeden Amtsgerichts erfolgen,[778] wird aber erst mit dem Eingang beim Prozessgericht wirksam (§ 129 a Abs. 2 S. 2 ZPO). Die inhaltlichen Vorgaben des Einspruchs normiert § 340 Abs. 2, 3 ZPO. Ein Verstoß gegen die **Begründungspflicht** des § 340 Abs. 3 S. 1, 2 ZPO macht den Einspruch nicht unzulässig,[779] es droht allerdings **Präklusion** des Vortrages (§§ 340 Abs. 3 S. 3, 296 ZPO).

ee) Kein Verzicht und keine Rücknahme

603 Für den **Verzicht** auf den Einspruch und seine **Rücknahme** gelten nach § 346 ZPO die §§ 515, 516 ZPO entsprechend. Der Einspruchsverzicht ist eine **einseitige**,[780] grundsätzlich unwiderrufliche und unanfechtbare Prozesshandlung gegenüber dem Prozessgericht, die den Einspruch unzulässig macht.[781] Die ebenfalls gegenüber dem Prozessgericht zu erklärende (§§ 346, 516 Abs. 2 S. 1 ZPO) Rücknahme des Einspruchs führt zum Rechtsbehelfsverlust und begründet die nach §§ 346, 516 Abs. 3 S. 2 ZPO per Beschluss auszusprechende Verpflichtung zur Tragung der Einspruchskosten.

b) Verwerfungsurteil bei Unzulässigkeit

604 Ist der Einspruch unzulässig, ist er **als unzulässig zu verwerfen** (§ 341 Abs. 1 S. 2 ZPO). Diese Verwerfungsentscheidung ergeht per **Urteil**, ohne dass es einer mündlichen Verhandlung bedarf (§ 341 Abs. 2 ZPO). Analog § 97 Abs. 1 ZPO hat der Einspruchsführer die **Kosten** seines unzulässigen Rechtsbehelfs zu tragen.[782] Da es bei dem Versäumnisurteil und der darin enthaltenen Kostenentscheidung bleibt, ergeht die von Amts wegen (§ 308 Abs. 2 ZPO) zu treffende Kostenentscheidung nur über die Einspruchskosten, die üblicherweise als **„weitere Kosten"** bezeichnet werden. Die **vorläufige Vollstreckbarkeit** richtet sich nach § 708 Nr. 3 ZPO.

---

774 BGH, Beschl. v. 05.10.1994 – XII ZB 90/94, in: NJW 194, 3359; Thomas/Putzo/Reichold § 310 ZPO Rn. 3; § 339 ZPO Rn. 1.

775 BGH, Beschl. v. 27.11.1996 – XII ZB 177/96, in: NJW 1997, 1312; Thomas/Putzo/Hüßtege § 236 ZPO Rn. 3.

776 Thomas/Putzo/Hüßtege § 233 ZPO Rn. 1.

777 Die Einzelheiten zum Wiedereinsetzungsrecht sind in den Rn. 803 ff. erörtert.

778 Thomas/Putzo/Reichold § 340 ZPO Rn. 1.

779 Thomas/Putzo/Reichold § 340 ZPO Rn. 7.

780 Thomas/Putzo/Reichold § 346 ZPO Rn. 1, § 515 ZPO Rn. 9.

781 Thomas/Putzo/Reichold § 346 ZPO Rn. 1, § 515 ZPO Rn. 1, 13.

782 Thomas/Putzo/Reichold § 341 ZPO Rn. 5.

Der Einspruch gegen das Versäumnisurteil vom 04.04.2016 wird als unzulässig verworfen.

Die weiteren Kosten des Rechtsstreits trägt der Beklagte.

Das Urteil ist vorläufig vollstreckbar.

Ein solches Verwerfungsurteil unterliegt dem allgemeinen Rechtsmittel der **Berufung** (§§ 511 ff. ZPO); wurde der Einspruch fehlerhaft nicht durch Urteil, sondern per Beschluss als unzulässig verworfen, ist dagegen nach dem Meistbegünstigungsprinzip wahlweise die sofortige Beschwerde (§§ 767 ff. ZPO) gegeben.[783]   **605**

c) Sacherfolg des Einspruchs

Durch einen **zulässigen Einspruch** wird der Rechtsstreit nach § 342 ZPO in die **Lage vor der Säumnis zurückversetzt**; es ist nach § 341 a ZPO eine mündliche Verhandlung anzuberaumen.   **606**

Über einen **zulässigen Einspruch** wird regelmäßig erst in den **Entscheidungsgründen** des Einspruchsurteils (§ 343 ZPO) entschieden. Es kann allerdings nach § 303 ZPO ein **Zwischenurteil** ergehen.[784]

Dieses ist wie folgt zu formulieren:[785]

Der Einspruch des Beklagten gegen das Versäumnisurteil vom 17.02.2016 ist zulässig.

Ein solches Zwischenurteil ist **nicht isoliert anfechtbar**, sondern nur zusammen mit dem Endurteil.[786]

aa) Kein Suspensiveffekt

Der Einspruch hat **keinen Suspensiveffekt**, d.h. aus dem für vorläufig vollstreckbar erklärten Versäumnisurteil (und aus einem Vollstreckungsbescheid) kann weiterhin ohne Sicherheitsleistung und ohne Abwendungsbefugnis die Zwangsvollstreckung betrieben werden. Der Einspruchsführer kann ab Einspruchseinlegung nur über einen Antrag nach §§ 719 Abs. 1, 707 Abs. 1 ZPO erreichen, dass im Beschlusswege (§§ 719 Abs. 3 ZPO) vom Prozessgericht eine **einstweilige Einstellung der Vollstreckung** angeordnet wird. Ein solcher Antrag sollte regelmäßig mit der Einspruchseinlegung verbunden werden. Ergeht ein Einstellungsbeschluss, tritt ein **Vollstreckungshindernis** (§ 775 Nr. 2 ZPO) ein, das jedes Vollstreckungsorgan von Amts wegen[787] zu berücksichtigen hat.   **607**

Ich beantrage, die Zwangsvollstreckung aus dem Versäumnisurteil vom 10.02.2016 einstweilen einzustellen, und zwar ohne Sicherheitsleistung, hilfsweise gegen Sicherheitsleistung.

Nach § 719 Abs. 1 S. 2 ZPO kann die Einstellung der Zwangsvollstreckung aus einem Versäumnisurteil nur dann **ohne Sicherheitsleistung** angeordnet werden, wenn das Versäumnisurteil in **gesetzeswidriger Weise** ergangen ist oder glaubhaft gemacht wird, dass die säumige Partei unverschuldet säumig war.   **608**

---

783 Thomas/Putzo/Reichold § 341 ZPO Rn. 9.

784 Thomas/Putzo/Reichold § 341 ZPO Rn. 2.

785 Thomas/Putzo/Reichold § 341 ZPO Rn. 7.

786 Thomas/Putzo/Reichold § 303 ZPO Rn. 7; § 341 ZPO Rn. 7.

787 Thomas/Putzo/Seiler § 775 ZPO Rn. 2.

> **Merke:** Der Antrag auf einstweilige Einstellung der Vollstreckung **ohne** Sicherheitsleistung wegen Gesetzeswidrigkeit des Versäumnisurteils ist ein **bedeutsames Taktikmittel**, um vorab die Chancen des Einspruchs anzutesten.

bb) Einspruchsverfahren

609 Bei einem zulässigen Einspruch entscheidet das Gericht nicht über den Einspruch, sondern über die **Zulässigkeit und Begründetheit der Klage**.[788] Dabei kommt es **nicht** darauf an, ob das Versäumnisurteil zulässig und prozessual ordnungsgemäß ergangen ist, insbesondere ist ohne Relevanz, ob Säumnis vorlag. Dies spielt allenfalls nach § 344 ZPO für die **Kostenentscheidung** im Einspruchsurteil eine Rolle.[789] Nach § 344 ZPO setzt eine Verurteilung des erfolgreichen Einspruchsführers in die Säumniskosten nämlich ein „in gesetzlicher Weise" ergangenes Versäumnisurteil voraus. Für den Sacherfolg des Einspruchs kommt es alleine darauf an, ob das nach mündlicher Verhandlung zu erlassende Endurteil zum selben Ergebnis wie das Versäumnisurteil kommt.[790]

> **Beachte:** Die Formulierung **„Begründetheit des Einspruchs"** ist zumindest missverständlich und sollte in Klausuren **vermieden** werden. Vielmehr ist auf den „Erfolg des Einspruchs in der Sache" abzustellen.

610 Nach § 340 Abs. 3 S. 1 ZPO hat der Einspruchsführer seine Angriffs- und Verteidigungsmittel, soweit es nach der Prozesslage einer sorgfältigen und auf Verfahrensförderung bedachten Prozessführung entspricht, vorzubringen. § 296 Abs. 1, 3 und 4 ZPO ist entsprechend anzuwenden (§ 340 Abs. 3 S. 3 ZPO). Diese Regelung ermöglicht die **„Flucht in die Säumnis"**, indem eine von der Präklusion nach § 296 ZPO bedrohte Partei **bewusst ein Versäumnisurteil** gegen sich ergehen lässt **und** ihr verspätetes Angriffs- oder Verteidigungsmittel durch **rechtzeitigen Vortrag im Einspruchsverfahren** doch noch einbringen darf. Zwar hebt die nach § 342 ZPO eintretende Zurückversetzung des Rechtsstreits in die Zeit vor der Säumnis die eingetretene Verspätung nicht auf,[791] nun kann das Gericht den Einspruchstermin unter Beachtung seiner Prozessförderungspflicht aus § 273 Abs. 1 ZPO aber so sachgerecht vorbereiten und zeitlich so ansetzen, dass ursprünglich verspätete Angriffs- und Verteidigungsmittel noch berücksichtigt werden können.[792]

cc) Erfolgloser Einspruch

611 Ist der (zulässige) **Einspruch in der Sache erfolglos**, ist nach § 343 S. 1 ZPO das Versäumnisurteil **aufrechtzuerhalten**. Dem Einspruchsführer sind dann (wie bei einem unzulässigen Einspruch) die **weiteren Kosten** aufzuerlegen.[793] Die Kostensonderregelung des § 344 ZPO ist auf diese Fallgestaltung unanwendbar, auch wenn das Versäumnisurteil in gesetzeswidriger Weise ergangen ist.[794] Die vorläufige Vollstreck-

---

788 Thomas/Putzo/Reichold § 342 ZPO Rn. 2.

789 Siehe dazu Thomas/Putzo/Reichold § 344 ZPO Rn. 5.

790 Thomas/Putzo/Reichold § 343 ZPO Rn. 2.

791 BGH, Urt. v. 23.10.1980 – VII ZR 307/79, in: NJW 1981, 286; vgl. auch Thomas/Putzo/Reichold § 340 ZPO Rn. 7.

792 Es besteht allerdings kein Anspruch auf eine beliebig lange Hinausschiebung des Einspruchstermins, sondern nur im Rahmen des Zumutbaren; siehe dazu das in der vorherigen Fußnote genannte Urteil des BGH. Andererseits ist das Verbot der Überbeschleunigung zu beachten, vgl. dazu für einen Arzthaftungsprozess mit erfahrungsgemäß langer Verfahrensdauer BGH, Urt. v. 03.07.2012 – VI ZR 120/11; in: NJW 2012, 2808, 2809; Thomas/Putzo/Reichold § 340 ZPO Rn. 7.

793 Thomas/Putzo/Reichold § 343 ZPO Rn. 5.

794 Thomas/Putzo/Reichold § 344 ZPO Rn. 1.

barkeitsentscheidung hat nach allgemeinen Regeln unter besonderer Beachtung des § 709 S. 3 ZPO zu ergehen. Es sind zwei Fälle zu unterscheiden:

Nur wenn das Versäumnisurteil als streitiges Urteil unter § 709 S. 1 ZPO gefallen wäre, ist § 709 S. 3 ZPO einschlägig,[795] d.h. beispielsweise bei einer Hauptsacheverurteilung im Wert von mehr als 1.250 €.   **612**

Formulierungsbeispiel für den Fall einer Verurteilung zur Zahlung von 2.000 €:

> *Das Versäumnisurteil vom 28.03.2016 wird aufrechterhalten.*
>
> *Der Beklagte trägt die weiteren Kosten des Rechtsstreits.*
>
> *Das Urteil ist gegen Sicherheitsleistung in Höhe von 110% des jeweils zu vollstreckenden Betrages vorläufig vollstreckbar. Die Zwangsvollstreckung aus dem Versäumnisurteil vom 28.03.2016 darf nur gegen Leistung dieser Sicherheit fortgesetzt werden.*

Wäre das aufrecht zu erhaltende Versäumnisurteil als streitiges Urteil unter § 708 Nr. 11 ZPO gefallen, findet die Regelung des § 709 S. 3 ZPO keine Anwendung.[796] Die vorläufige Vollstreckbarkeitsentscheidung ergeht dann nach §§ 708, 711 ZPO.   **613**

Formulierungsbeispiel für den Fall einer Verurteilung zu einer Zahlung von 1.000 €:

> *Das Versäumnisurteil vom 05.01.2016 wird aufrechterhalten.*
>
> *Der Beklagte trägt die weiteren Kosten des Rechtsstreits.*
>
> *Das Urteil ist vorläufig vollstreckbar. Der Beklagte kann die Vollstreckung durch Sicherheitsleistung in Höhe von 110% des vollstreckbaren Betrages abwenden, wenn nicht der Kläger vor der Zwangsvollstreckung Sicherheit in Höhe von 110% des jeweils zu vollstreckenden Betrages leistet.*

dd) Erfolgreicher Einspruch

Im Falle eines **erfolgreichen** Einspruchs gegen das Versäumnisurteil ist nach § 343 S. 2 ZPO das **Versäumnisurteil aufzuheben**. Es verbleibt allerdings nicht bei dieser Aufhebungsentscheidung, vielmehr ist zusätzlich **in der Sache selbst** zu entscheiden.[797] Nunmehr ist über die **gesamten Kosten** des Rechtstreits unter Berücksichtigung von § 344 ZPO neu zu entscheiden. Es ist mithin die Gesetzmäßigkeit des ergangenen Versäumnisurteils zu prüfen, insbesondere mögliche Verstöße gegen die §§ 335, 337 ZPO. Die **vorläufige Vollstreckbarkeitsentscheidung** beurteilt sich nach den allgemeinen Regeln der §§ 708, 709, 711 ZPO.   **614**

Bei einem erfolgreichen Einspruch gegen ein **gesetzmäßiges** Versäumnisurteil in Höhe von 3.000 €, wobei davon ausgegangen wird, dass keine besonderen Kosten durch einen unbegründeten Widerspruch des Einspruchsgegners (z.B. Kosten einer Beweisaufnahme über Zulässigkeitsvoraussetzungen des Einspruchs)[798] entstanden sind, ist zu formulieren:

---

795 Thomas/Putzo/Seiler § 709 ZPO Rn. 5.

796 Thomas/Putzo/Seiler § 709 ZPO Rn. 5.

797 Thomas/Putzo/Reichold § 343 ZPO Rn. 4.

798 Thomas/Putzo/Reichold § 344 ZPO Rn. 4.

> *Das Versäumnisurteil vom 15.02.2016 wird aufgehoben.*
>
> *Die Klage wird abgewiesen.*
>
> *Der Beklagte trägt die Kosten seiner Säumnis, die übrigen Kosten trägt der Kläger.*
>
> *Das Urteil ist für beide Parteien vorläufig vollstreckbar. Jede Partei kann die Vollstreckung durch Sicherheitsleistung in Höhe von 110% des vollstreckbaren Betrages abwenden, wenn nicht die gegnerische Partei zuvor Sicherheit in Höhe von 110% des jeweils vollstreckbaren Betrages leistet.*

Bei einem erfolgreichen Einspruch gegen ein **gesetzeswidriges** Versäumnisurteil in Höhe von 3.000 € heißt es:

> *Das Versäumnisurteil vom 15.02.2016 wird aufgehoben.*
>
> *Die Klage wird abgewiesen.*
>
> *Die Kosten des Rechtsstreits trägt der Kläger.*
>
> *Das Urteil ist vorläufig vollstreckbar. Der Kläger kann die Vollstreckung durch Sicherheitsleistung in Höhe von 110% des vollstreckbaren Betrages abwenden, wenn nicht der Beklagte zuvor Sicherheit in Höhe von 110% des jeweils vollstreckbaren Betrages leistet.*

ee) Teilerfolg des Einspruchs

615   Bei einem **Teilerfolg** des Einspruchs gegen ein (gesetzmäßiges) Versäumnisurteil sind eine **Teilaufrechterhaltung und** eine **Teilaufhebung** des Versäumnisurteils auszusprechen.[799]

Bei einem Teilerfolg in Höhe von 1.000 € gegen ein (gesetzmäßiges) Versäumnisurteil in Höhe von 3.000 € ist zu formulieren:

> *Das Versäumnisurteil vom 22.04.2016 wird in Höhe von 2.000 € aufrechterhalten. Im Übrigen wird es aufgehoben und die Klage abgewiesen.*
>
> *Der Beklagte trägt die Kosten seiner Säumnis, die übrigen Kosten werden zu einem Drittel dem Kläger und zu zwei Dritteln dem Beklagten auferlegt.*
>
> *Das Urteil ist vorläufig vollstreckbar, für den Kläger nur gegen Sicherheitsleistung in Höhe von 110% des jeweils zu vollstreckenden Betrages. Die Zwangsvollstreckung aus dem Versäumnisurteil vom 22.04.2016 darf nur gegen Leistung dieser Sicherheit fortgesetzt werden. Der Kläger darf die Vollstreckung des Beklagten durch Sicherheitsleistung in Höhe von 110% des vollstreckbaren Betrages abwenden, wenn nicht der Beklagte zuvor Sicherheit in Höhe von 110% des jeweils vollstreckbaren Betrages leistet.*

Abzuraten ist bei einem Teilerfolg des Einspruchs von einer vollständigen Aufhebung des Versäumnisurteils und Neutenorierung der Verurteilung, da dann (für eine juristische Sekunde) der gesamte Titel entfiele und dadurch der Rang eines Vollstreckungspfandrechtes unterginge.[800]

---

799   Thomas/Putzo/Reichold § 343 ZPO Rn. 3.
800   OLG Köln, Urt. v. 18.09.1975 – 1 U 24/75 in: NJW 1996, 113; Thomas/Putzo/Reichold § 343 ZPO Rn. 5.

d) Inhalt des Einspruchsurteils

Im **Tatbestand** des Einspruchsurteils sind als **vorgezogene Prozessgeschichte** **616** sämtliche für die Prüfung der Zulässigkeit des Einspruchs relevanten Verfahrensabläufe im **Indikativ Perfekt** zu schildern.

> *Der Kläger **hat** in der mündlichen Verhandlung vom 17.03.2016 beantragt, den Beklagten zur Herausgabe des Pkw VW Golf mit der Fahrzeug-Identifikationsnummer 123456789 zu verurteilen. Das Gericht **hat** gegen den nicht erschienenen Beklagten antragsgemäß Versäumnisurteil erlassen. Dieses Versäumnisurteil **ist** dem Beklagten am 24.03.2016 in seiner Wohnung persönlich zugestellt worden. Mit am 30.03.2016 beim Gericht eingegangenem Schriftsatz vom 29.03.2017 **hat** der Beklagte Einspruch gegen das Versäumnisurteil eingelegt.*
>
> *Er **behauptet**, ...*
>
> *Der Beklagte **beantragt**,*
>
> > *das Versäumnisurteil vom 17.03.2016 aufzuheben und die Klage abzuweisen.*
>
> *Der Kläger **beantragt**,*
>
> > *das Versäumnisurteil vom 17.03.2016 aufrechtzuerhalten.*

Die **Entscheidungsgründe** des Einspruchsurteils beginnen mit einer kurzen **Recht-** **617** **fertigung des Hauptsachetenors**.

> *Der Einspruch des Beklagten gegen das Versäumnisurteil ist zulässig und hat in der Sache Erfolg.*

Oder:

> *Der Einspruch des Beklagten gegen das Versäumnisurteil vom 17.03.2016 ist zulässig, hat aber in der Sache keinen Erfolg.*

Es folgen (soweit die Zulässigkeit unproblematisch ist) nur **knappe** Ausführungen **618** zur Statthaftigkeit und zur Rechtzeitigkeit des Einspruchs, z.B.:

> *Der Einspruch ist der nach § 338 ZPO statthafte Rechtsbehelf des Beklagten gegen das echte Versäumnisurteil vom 30.04.2016. Auch sind die sonstigen Zulässigkeitsvoraussetzungen erfüllt, insbesondere hat der Beklagte seinen Einspruch vom 15.05.2016 innerhalb der zweiwöchigen Notfrist des § 339 Abs. 1 ZPO eingelegt, die einen Tag nach der am 06.05.2016 erfolgten Zustellung des Versäumnisurteils begann ...*

Nach der Auseinandersetzung mit der **Zulässigkeit des Einspruchs** folgen Ausführungen zur **Zulässigkeit und Begründetheit** der **Klage**. **619**

Zusammenfassender Aufbau der Entscheidungsgründe des **Einspruchsurteils**:

■ Generelle Begründung: z.B. Der Einspruch ist zulässig und hat in der Sache Erfolg.

■ Zulässigkeit des **Einspruchs**

■ Zurückversetzung des Rechtsstreits in die Lage vor der Säumnis

■ Zulässigkeit der **Klage**

■ Begründetheit der **Klage**

■ Prozessuale Nebenentscheidungen
– Kosten: ggf. **§ 344 ZPO**
– Vorläufige Vollstreckbarkeit: ggf. **§ 709 S. 3 ZPO**

■ Rechtsbehelfsbelehrung

■ Unterschrift(en)

---

e) Sonderfall Zweites Versäumnisurteil

620 Ist der **Einspruchsführer** (nach zulässigem Einspruch gegen ein Versäumnisurteil) im Einspruchstermin erneut **säumig**, ergeht gegen ihn nach § 345 ZPO ein **Zweites Versäumnisurteil**, das als solches überschrieben wird.[801]

aa) Prüfungsumfang beim Einspruch gegen ein Zweites Versäumnisurteil

621 Beim Erlass eines Zweiten Versäumnisurteils ist der Einspruch nach h.M.[802] **ohne Prüfung der Gesetzesmäßigkeit** des (ersten) Versäumnisurteils zu verwerfen: Die Regelung des § 345 ZPO ist **lex specialis** zu § 342 ZPO.[803] Die **Kostenentscheidung** ergeht analog § 97 Abs. 1 ZPO,[804] die über die **vorläufige Vollstreckbarkeit** nach § 708 Nr. 2 ZPO, der auch ein Zweites Versäumnisurteil erfasst.[805]

> *Der Einspruch gegen das Versäumnisurteil vom 29.03.2016 wird verworfen.*
>
> *Der Beklagte trägt die weiteren Kosten des Rechtsstreits.*
>
> *Das Urteil ist vorläufig vollstreckbar.*

bb) Prüfungsumfang beim Einspruch gegen einen Vollstreckungsbescheid

622 **Anders ist der Prüfungsumfang** des Einspruchsrichters im Falle der Säumnis des Einspruchsführers beim Einspruch gegen einen **Vollstreckungsbescheid**. § 700 Abs. 6 ZPO verweist für diesen Fall (auch) auf § 331 Abs. 2 ZPO, sodass nunmehr (insbesondere) die **Schlüssigkeit des Klagevortrages zu prüfen** ist.[806] Grund dafür ist, dass ein Vollstreckungsbescheid anders als ein Versäumnisurteil gegen den Beklagten ohne Schlüssigkeitsprüfung erlassen wird.[807] Ist sie gegeben, wird der Einspruch

---

801 Thomas/Putzo/Reichold § 345 ZPO Rn. 6.

802 BGH, Beschl. v. 06.05.1999 – V ZB 1/99, in: NJW 1999, 2599; Thomas/Putzo/Reichold § 345 ZPO Rn. 4.

803 Dieses Verwerfungsurteil unterscheidet sich von der Verwerfung eines unzulässigen Einspruchs (§ 341 Abs. 1 S. 2 ZPO) dadurch, dass dort im Tenor zusätzlich die Worte „als unzulässig" stehen.

804 Thomas/Putzo/Reichold § 345 ZPO Rn. 6.

805 Thomas/Putzo/Seiler § 708 ZPO Rn. 3.

806 Thomas/Putzo/Reichold § 345 ZPO Rn. 3.

807 Vgl. Thomas/Putzo/Hüßtege § 699 ZPO Rn. 14.

gegen den Vollstreckungsbescheid verworfen, andernfalls ergeht ein unechtes Versäumnisurteil.[808]

Formulierungsbeispiel für den Fall eines Vollstreckungsbescheides über 150 €. Bei der Kostenentscheidung findet § 344 ZPO auf einen Einspruch gegen einen Vollstreckungsbescheid keine Anwendung. Grundlage der Entscheidung über die vorläufige Vollstreckbarkeit ist nicht § 708 Nr. 2 ZPO, sondern § 708 Nr. 11 Var. 2 ZPO. Die Anordnung einer Abwendungsbefugnis (§ 711 ZPO) unterbleibt wegen § 713 ZPO:

> *Der Vollstreckungsbescheid des Amtsgerichts Euskirchen vom 03.03.2016 wird aufgehoben. Die Klage wird abgewiesen.*
>
> *Die Kosten des Rechtsstreits trägt der Kläger.*
>
> *Das Urteil ist vorläufig vollstreckbar.*

cc) Säumnis des Einspruchsgegners

623   Von einem Zweiten Versäumnisurteil zu unterscheiden ist der Fall der **Säumnis des Einspruchsgegners** im Einspruchstermin. Es ergeht dann unter den Voraussetzungen der §§ 330, 331 ZPO ein **technisch erstes** Versäumnisurteil gegen den Einspruchsgegner.[809]

Bei einem (ersten) Versäumnisurteil nach einem zulässigen Einspruch gegen ein gesetzmäßiges Versäumnisurteil ist zu formulieren:

> *Das Versäumnisurteil vom 02.05.2016 wird aufgehoben. Die Klage wird abgewiesen.*
>
> *Die Kosten seiner Säumnis trägt der Beklagte. Die übrigen Kosten werden dem Kläger auferlegt.*
>
> *Das Urteil ist vorläufig vollstreckbar.*

f) Rechtsbehelf gegen das Einspruchsurteil

624   **Statthafter Rechtsbehelf gegen das Einspruchsurteil** ist die **Berufung** (§ 511 Abs. 1 ZPO). Anders ist dies nur, wenn über den Einspruch durch (erstes) Versäumnisurteil gegen den **Einspruchsgegner** entschieden wird.[810] Dann steht diesem der **Einspruch** nach § 338 ZPO zu.

625   Auch gegen ein **Zweites Versäumnisurteil** nach einem Einspruch gegen ein (erstes) Versäumnisurteil findet **kein erneuter Einspruch** statt, sondern nur die nach § 514 Abs. 2 S. 1 ZPO auf die Prüfung schuldhafter Säumnis **beschränkte Berufung**, allerdings bedarf es nicht des Erreichens der Berufungssumme des § 511 Abs. 2 Nr. 1 ZPO. Praktisch bedeutsam ist dies in Fällen der unverschuldeten Terminversäumung, die konkret darzulegen ist.[811] Nicht erfasst sind Fälle, in denen der Erlass des zweiten Versäumnisurteils gegen § 335 Abs. 1 Nr. 1, 3 ZPO verstieß.[812]

---

808   Thomas/Putzo/Reichold § 345 ZPO Rn. 7.

809   Thomas/Putzo/Reichold § 343 ZPO Rn. 2.

810   Vgl. Thomas/Putzo/Reichold § 345 ZPO Rn. 2.

811   Thomas/Putzo/Reichold § 514 ZPO Rn. 4.

812   Thomas/Putzo/Reichold § 514 ZPO Rn. 5.

aa) Prüfungsumfang bei einer Berufung gegen ein Zweites Versäumnisurteil nach einem Einspruch gegen ein (erstes) Versäumnisurteil

626 Wegen der **Prüfungskongruenz des Berufungsrichters und des Einspruchsrichters** kann der Berufungskläger gegen ein Zweites Versäumnisurteil auch nicht geltend machen, das erste Versäumnisurteil sei wegen **fehlender Schlüssigkeit** des Klagevorbringens gesetzeswidrig ergangen.[813] Wenn der Berufungskläger keine unverschuldete Säumnis darlegen kann, ist seine Berufung unstatthaft.[814]

Der Hauptsachetenor der Berufungsentscheidung lautet dann:[815]

> *Die Berufung gegen das Zweite Versäumnisurteil vom 19.02.2016 wird als unzulässig verworfen.*

627 Erweist sich der Sachvortrag des Berufungsklägers als richtig, kann **auf** seinen **Antrag** hin das Versäumnisurteil vom Berufungsgericht aufgehoben und der Rechtsstreit an die erste Instanz **zurückverwiesen** werden (§ 538 Abs. 2 S. 1 Nr. 6 ZPO).

bb) Prüfungsumfang bei einer Berufung gegen ein Zweites Versäumnisurteil nach einem Einspruch gegen einen Vollstreckungsbescheid

628 **Anders** ist der Prüfungsumfang des Berufungsgerichts bei einer Berufung gegen ein **Zweites Versäumnisurteil nach vorausgegangenem Vollstreckungsbescheid.** Über den Wortlaut des § 514 Abs. 2 S. 1 ZPO hinaus bewirkt nach h.M.[816] die **Prüfungskongruenz** des Berufungsrichters und des Einspruchsrichters, im Berufungsverfahren zu überprüfen, ob die Klage im Zeitpunkt der Entscheidung über den Einspruch unzulässig oder (wegen Unschlüssigkeit des Klagevorbringens) unbegründet war. Dies resultiert daraus, dass der Einspruchsrichter nach § 700 Abs. 6 ZPO vor Erlass des Zweiten Versäumnisurteils ebenfalls diese Prüfung vorzunehmen hatte.

V. Prozesskostenhilfe

629 **Prozesskostenhilfe** ist eine besondere Form der **Sozialhilfe** für ein beabsichtigtes oder schon laufendes gerichtlichen Verfahren. Sowohl dem (künftigen) Kläger als auch dem Beklagten kann Prozesskostenhilfe bewilligt werden.

1. Voraussetzungen der Prozesskostenhilfebewilligung

630 Nach § 114 Abs. 1 S. 1 ZPO erhält eine Partei **auf Antrag** Prozesskostenhilfe für ein gerichtliches Verfahren, wenn ihr (beabsichtigtes) rechtliches Vorgehen **Aussicht auf Erfolg** hat, die Partei aufgrund ihrer **persönlichen und wirtschaftlichen Verhältnisse nicht in der Lage ist, die entstehenden Prozesskosten aufzubringen**, und ihr Vorgehen **nicht mutwillig** erscheint.

a) Erfolgsaussicht

631 Die beabsichtigte Rechtsverfolgung des Antragstellers oder die beabsichtigte Rechtsverteidigung des Antragsgegners muss Aussicht auf Erfolg haben. Dies wird in

---

813 BGH, Beschl. v. 06.05.1999 – V ZB 1/99, in: NJW 1999, 2599; Thomas/Putzo/Reichold § 514 ZPO Rn. 4.

814 Thomas/Putzo/Reichold § 514 ZPO Rn. 6.

815 Vgl. BGH, Urt. v. 28.01.1969 – VI ZR 195/67, in: NJW 1969, 845; Thomas/Putzo/Reichold § 514 ZPO Rn. 6.

816 BGH, Urt. v. 25.10.1990 – IX ZR 62/90, in: NJW 1991, 43; Thomas/Putzo/Reichold § 514 ZPO Rn. 4.

dem Bewilligungsverfahren **summarisch** geprüft.[817] Der jeweilige Antragsteller hat in seinem Antrag das Streitverhältnis unter Angabe seiner Beweismittel darzustellen (§ 117 Abs. 1 S. 2 ZPO), um dem Gericht die Prüfung der Erfolgsaussicht der Hauptsache zu ermöglichen. Erfolgsaussicht ist gegeben, wenn **der rechtliche Erfolg im Hauptsacheverfahren möglich** erscheint.[818]

Zur Bejahung einer Erfolgsaussicht bedarf es für den **Kläger** als Antragsteller **schlüssigen Sachvortrages mit Beweisantritten**.[819] Für den Beklagten ist die beabsichtigte Verteidigung erfolgversprechend, wenn er sich **erheblich verteidigt** und für von ihm zu beweisende (anspruchshindernde, anspruchsvernichtende und anspruchshemmende) Tatsachen **Beweis antritt**. Wegen der nur summarischen Prüfung dürfen an die Substantiierung im PKH-Verfahren keine zu hohen Anforderungen gestellt werden, allerdings ist eine **vorweggenommene Beweiswürdigung** in engen Grenzen möglich.[820] Das Gericht kann nach § 118 Abs. 2 S. 1 ZPO verlangen, dass der Antragsteller seine tatsächlichen Angaben glaubhaft macht.   **632**

b) Bedürftigkeit des Antragstellers

Nach § 115 Abs. 1 S. 1 ZPO hat die Partei für den beabsichtigten Rechtsstreit ihr **Einkommen** einzusetzen, außerdem nach § 115 Abs. 3 S. 1 ZPO ihr **Vermögen**, soweit dies zumutbar ist. Im Einzelnen verweisen die genannten Vorschriften auf entsprechend anwendbare Regelungen des **SGB XII**. Um prüfen zu können, ob der PKH-Antragsteller nach seinen persönlichen und wirtschaftlichen Verhältnissen die entstehenden Prozesskosten nicht tragen kann, hat er darüber unter Beifügung von Belegen eine **Formularerklärung** abzugeben (§ 117 Abs. 2 S. 1, Abs. 4 ZPO). Vom Referendar wird nicht erwartet, dass er die anzustellende PKH-Berechnung vornimmt. In Examensklausuren findet sich im Bearbeitervermerk jeweils der Hinweis, dass das Vorliegen der wirtschaftlichen und persönlichen Verhältnisse für eine PKH-Bewilligung zu unterstellen ist. Von daher bedarf es in Examensklausuren keiner Erwägungen zur Festsetzung von **Monatsraten** oder aus dem Vermögen des Antragstellers zu zahlenden **Beträgen** (vgl. dazu § 120 Abs. 1 S. 1 ZPO).   **633**

c) Keine Mutwilligkeit

Nach § 114 Abs. 2 ZPO ist eine Rechtsverfolgung oder Rechtsverteidigung **mutwillig**, wenn eine Partei, die für die Prozesskosten selbst aufkommt, bei verständiger Würdigung aller Umstände trotz Erfolgsaussicht von der Prozessführung absehen würde. Beispielsweise ist es als mutwillig anzusehen, wenn der Antragsteller bei einer vom Antragsgegner unbestrittenen Forderung das Klageverfahren bestreiten will, obwohl ihm das kostengünstigere gerichtliche Mahnverfahren zur Verfügung steht.[821]   **634**

2. Verfahrensablauf

Die Prüfung der **Bewilligungsvoraussetzungen** erfolgt in einem **eigenständigen Verfahren**.[822] Die **Zuständigkeit** für dieses Verfahren liegt bei dem Gericht, das für das schon laufende oder erst noch anhängig zu machende Verfahren zuständig ist (§ 117 Abs. 1 S. 1 ZPO). Die Entscheidung ergeht grundsätzlich erst nach Anhörung des Verfahrensgegners (§ 118 Abs. 1 S. 1 ZPO) durch **Beschluss**.[823] Das Verfahren ist   **635**

---

817 Thomas/Putzo/Seiler § 114 ZPO Rn. 3.
818 BGH, Beschl. v. 14.12.1993 – VI ZR 235/92, in: NJW 1994, 1160, 1161; Thomas/Putzo/Seiler § 114 ZPO Rn. 3.
819 Thomas/Putzo/Seiler § 114 ZPO Rn. 4.
820 BVerfG, Beschl. v. 29.10.2009 – 1 BvR 2237/09, in: NJW 2010, 288; Thomas/Putzo/Seiler § 114 ZPO Rn. 4.
821 Thomas/Putzo/Seiler § 114 ZPO Rn. 7a.
822 Thomas/Putzo/Seiler § 118 ZPO Rn. 1.
823 Thomas/Putzo/Seiler § 127 ZPO Rn. 1.

gerichtsgebührenfrei,[824] dem Gegner entstehende Kosten werden nicht erstattet (§ 118 Abs. 1 S. 4 ZPO). Von daher sei nochmals[825] auf das PKH-Verfahren als kostengünstiges **Taktikmittel** hingewiesen, um die Rechtsansicht des Gerichts anzutesten.

636   Nach § 119 Abs. 1 S. 1 ZPO erfolgt die **Bewilligung** von Prozesskostenhilfe gesondert für jeden **Rechtszug**. Soweit **Anwaltszwang** in dem beabsichtigten Hauptsacheverfahren besteht, ist der Partei ein zur ihrer Vertretung bereiter Rechtsanwalt ihrer Wahl beizuordnen (§ 121 Abs. 1 ZPO). Wenn keine Anwaltspflicht vorhanden ist (z.B. beim Amtsgericht außerhalb von Familiensachen), erfolgt eine Anwaltsbeiordnung nur, wenn der **Gegner anwaltlich vertreten** ist oder die Vertretung durch einen Anwalt **erforderlich** ist. Letzteres ist im Einzelfall nach Umfang und Schwierigkeit des Rechtsstreits sowie den persönlichen Verhältnissen der Partei, insbesondere ihrer Fähigkeit zu mündlichem und schriftlichem Vortrag, zu beurteilen.[826] Ausschlaggebend ist, ob sich eine Partei, die selbst für die Prozesskosten aufkommen kann, vernünftigerweise anwaltlich vertreten lässt oder nicht.[827]

637   In der Praxis stellt der Kläger seinen Antrag auf PKH-Bewilligung (und Anwaltsbeiordnung) in aller Regel **zusammen mit der Klageschrift**. Dies geschieht entweder, indem er seinen Schriftsatz mit „Klage und Antrag auf Bewilligung von Prozesskostenhilfe" überschreibt oder aber für den PKH-Antrag einen eigenen Schriftsatz fertigt und diesem die Klageschrift beifügt. Es ist **unbedingt zu verdeutlichen**, ob es sich nur um einen PKH-Antrag handelt oder die Klage unabhängig von der beantragten PKH-Bewilligung erhoben werden soll.[828] Da dem Beklagten erst nach Zustellung der Klage Prozesskostenhilfe bewilligt werden kann,[829] stellt er seinen Antrag regelmäßig in der Klageerwiderungsschrift.

638   Will der Kläger die Klage nur im Falle der PKH-Bewilligung erheben, sollte er die Klageschrift als **Entwurf** kenntlich machen und nicht unterschreiben.[830]

Sylvia Brulheide   *Dortmund, den 12.04.2016*
Rechtsanwältin
(…)

An das
Landgericht Dortmund
Kaiserstr. 34
44135 Dortmund

Antrag auf Bewilligung von Prozesskostenhilfe

des Herrn Jens Schmitt, Ruhrweg 6, 44135 Dortmund,

Antragstellers,

– Verfahrensbevollmächtigte: Rechtsanwältin Sylvia Brulheide, Gerichtstr. 3, 44135 Dortmund –

g e g e n

Frau Michaela Hansen, Westfalenstr. 33, 44135 Dortmund,

Antragsgegnerin,

---

824 Thomas/Putzo/Seiler § 118 ZPO Rn. 11.

825 Siehe bereits Rn. 223.

826 Thomas/Putzo/Seiler § 121 ZPO Rn. 5.

827 BVerfG, Beschl. v. 22.06.2007 – 1 BvR 681/07, in: NJW-RR 2007, 1713; Thomas/Putzo/Seiler § 121 ZPO Rn. 5.

828 Thomas/Putzo/Seiler § 117 ZPO Rn. 2.

829 Thomas/Putzo/Seiler § 118 ZPO Rn. 5.

830 Thomas/Putzo/Seiler § 117 ZPO Rn. 3.

*Namens und mit Vollmacht des Antragstellers **beantrage** ich,*

1. dem Antragsteller Prozesskostenhilfe ohne Anordnung von Monatsraten und Vermögensbeträgen für die Durchführung eines Klageverfahrens gegen die Antragsgegnerin zu gewähren,

2. mich dem Antragsteller beizuordnen.

Begründung:

Die beabsichtigte Rechtsverfolgung verspricht hinreichende Aussicht auf Erfolg und ist nicht mutwillig. Ich überreiche hierzu in der Anlage den Entwurf meiner Klageschrift vom heutigen Tage.

Des Weiteren füge ich die Erklärung des Antragstellers zu seinen persönlichen und wirtschaftlichen Verhältnissen anbei.

Beglaubigte und einfache Abschrift anbei.

(…)
Rechtsanwältin

Wenn das Gericht die beantragte Prozesskostenhilfe **ablehnt**, kann der Antragsteller **639** dagegen nach § 127 Abs. 2 S. 2 ZPO **sofortige Beschwerde** einlegen, sofern der Hauptsachestreitwert 600 € übersteigt. Sinn dieser Einschränkung ist, dass der Rechtszug im Prozesskostenhilfeverfahren nicht weiter geht als im Hauptsacheverfahren. Die PKH-Beschwerde unterliegt nach § 127 Abs. 2 S. 3 ZPO einer **einmonatigen Notfrist**. Kosten des Beschwerdeverfahrens werden nicht erstattet (§ 127 Abs. 4 ZPO).

Für das PKH-Verfahren selbst kann **keine Prozesskostenhilfe** bewilligt werden.[831]

Wird dem Antragsteller **Prozesskostenhilfe bewilligt**, ist diese Entscheidung für **640** den Verfahrensgegner **unanfechtbar**. Nur die Staatskasse kann die PKH-Bewilligung unter den Voraussetzungen des § 127 Abs. 3 ZPO anfechten.

Die **PKH-Bewilligung** bewirkt nach § 122 Abs. 1 ZPO, dass die bedürftige Partei **kei-** **641** **ne Gerichtskosten** zu bezahlen braucht, d.h. die Klage ohne Gebührenvorschuss zugestellt wird (§ 14 Nr. 1 GKG). Außerdem kann der **beigeordnete Rechtsanwalt keine Vergütung gegen seine Partei** geltend machen, sondern rechnet (im Falle des Unterliegens im Klageverfahren) mit der Staatskasse ab oder betreibt (im Falle des Obsiegens im Klageverfahren) das Kostenfestsetzungsverfahren nach §§ 103 ff. ZPO gegen den Klagegegner. Die PKH-Bewilligung befreit allerdings nicht von der Verpflichtung, **gegnerische Kosten** zu erstatten, wenn es zu einem Unterliegen im Hauptsachverfahren kommt (§ 123 ZPO).

VI. Urkundenklage

Die Urkundenklage ist eine besondere Verfahrensart (§§ 592 ff. ZPO), deren Ziel darin **642** besteht, dem Kläger schnell einen vorläufig vollstreckbaren Titel zu verschaffen.[832] Dies geschieht durch eine Beschränkung der Beweismittel (§ 595 Abs. 2 ZPO) und den Ausschluss der Widerklage (§ 595 Abs. 1 ZPO) im sogenannten **Vorverfahren**. Dieses ist vom **Nachverfahren** (§ 600 ZPO) zu unterscheiden. **Sonderformen** der Urkundenklage sind die **Wechselklage** (§ 602 ZPO) und die **Scheckklage** (§ 605 a ZPO).

---

831 BGH, Beschl. v. 08.06.2004 – VI ZB 49/03NJW 2004, 2595, 2596; Thomas/Putzo/Seiler § 114 ZPO Rn. 1.

832 Thomas/Putzo/Reichold Vorbem. § 592 ZPO Rn. 1.

Das Urkundenverfahren kann nicht nur im Wege der Klage, sondern nach § 703 a Abs. 1 ZPO auch durch einen Antrag auf Erlass eines **Urkundenmahnbescheides** eingeleitet werden.

1. Zulässigkeit der Urkundenklage

643   Die **Zulässigkeit** einer Urkundenklage erfordert neben den **allgemeinen Zulässigkeitsvoraussetzungen** für eine Klage das Vorliegen **besonderer Prozessvoraussetzungen.**[833]

a) Allgemeine Zulässigkeitsvoraussetzungen

644   Die **allgemeinen** Zulässigkeitsvoraussetzungen entsprechen denen einer Normalklage.[834] Insbesondere bestimmt sich die Zuständigkeit sowohl sachlich als auch örtlich nach den allgemeinen Regeln.

b) Besondere Prozessvoraussetzungen

645   Die Erhebung einer Urkundenklage erfordert eine entsprechende **Erklärung** des Klägers (§ 593 Abs. 1 ZPO). Außerdem muss der Kläger nach § 592 S. 1 ZPO einen Anspruch auf eine **bestimmte Geldsumme** (oder eine bestimmte Menge anderer **vertretbarer Sachen** oder **Wertpapiere**) einklagen, des Weiteren müssen sämtliche **anspruchsbegründenden** Tatsachen **durch Urkunden bewiesen** werden können. Andernfalls ist die Klage unstatthaft.[835] Besonderheiten bestehen hinsichtlich einer Widerklage.

aa) Erklärung des Klägers

646   Die Erklärung, im Wege der Urkundenklage vorzugehen, muss eindeutig erfolgen.[836] Dafür reicht die **Überschrift „Urkundenklage"** in der Klageschrift aus. Unterbleibt diese Erklärung, kann der Kläger sie in der mündlichen Verhandlung oder einem späteren Schriftsatz analog § 263 ZPO **nachholen**.[837] Bei fehlender Einwilligung des Beklagten kommt es dann auf die Prüfung der Sachdienlichkeit durch das Gericht an. Umgekehrt kann der Kläger nach § 596 ZPO jederzeit ohne Einwilligung des Beklagten vom Urkundenprozess in den ordentlichen Prozess übergehen.

bb) Klageanspruch

647   In aller Regel wird eine **bestimmte Geldsumme** eingeklagt. Dazu gehören trotz der besonderen Schutzbedürftigkeit von Mietern auch Mietzinsansprüche.[838] Nach § 592 S. 2 ZPO gelten auch Ansprüche aus einer Hypothek, einer Grundschuld oder einer Rentenschuld als Geldforderung. Dabei handelt es sich um Klagen aus § 1147 BGB auf **Duldung der Zwangsvollstreckung**. Diese sind allerdings in der gerichtlichen Praxis nur selten anzutreffen, da sich gewerbliche Kreditgeber zur Absicherung von Kreditverbindlichkeiten ihrer Kunden regelmäßig eine Grundschuld mit **Vollstreckungsunterwerfungserklärung** einräumen lassen und dadurch bereits einen **Vollstreckungstitel** (§ 794 Abs. 1 Nr. 5 ZPO) erhalten.

---

833   Thomas/Putzo/Reichold Vorbem. § 592 ZPO Rn. 1.

834   Siehe dazu Rn. 301.

835   Dieser Begriff ergibt sich aus der Formulierung des § 597 Abs. 2 S. 1 ZPO.

836   Thomas/Putzo/Reichold § 593 ZPO Rn. 1.

837   BGH, Urt. v. 06.06.1977 – III ZR 116/75 in: NJW 1977, 1883; Thomas/Putzo/Reichold § 593 ZPO Rn. 1.

838   BGH, Urt. v. 20.12.2006 – VIII ZR 112/06, in: NJW 2007, 1061; Thomas/Putzo/Reichold § 592 ZPO Rn. 3.

cc) Beweisbarkeit durch Urkunden

Nur die **streitigen anspruchsbegründenden Tatsachen** bedürfen des Beweises **648** durch Urkunden, wie sich aus § 597 Abs. 2 ZPO (dem Kläger obliegender Beweis) ergibt.[839] Auch im Urkundenprozess gilt der Grundsatz, dass **unstreitige Tatsachen keines Beweises** bedürfen.[840] Dies bedeutet allerdings nicht, dass bei gänzlich unstreitigem Klägervortrag vollständig auf einen Urkundenbeweis verzichtet werden kann, vielmehr gehört zu einem Urkundenprozess begriffsnotwendig eine Urkunde, sodass immer die Vorlage mindestens einer **Grundurkunde** erforderlich ist; die Urkunde muss nicht selbst Träger des geltend gemachten Anspruchs sein, es genügt eine **Indizurkunde**.[841]

> **Merke:** Es gibt keinen Urkundenprozess ohne Urkunde.

dd) Ausschluss einer Widerklage

Im Vorverfahren ist nach § 595 Abs. 1 ZPO eine Widerklage unstatthaft. Zulässig ist demgegenüber eine **Urkundenwiderklage** gegen eine Klage im ordentlichen Verfahren.[842]

2. Begründetheit der Urkundenklage

Die Besonderheit der Urkundenklage, dass für **alle streitigen anspruchsbegrün-** **649** **denden Tatsachen** nur **Urkunden als Beweismittel** zugelassen sind, gilt auch für Zinsen und Nebenforderungen.[843] Die nach § 440 Abs. 1 ZPO vom Kläger zu beweisende **Echtheit der Urkunden** kann daneben nach § 595 Abs. 2 ZPO durch Antrag auf (gegnerische) **Parteivernehmung** bewiesen werden. Dies gilt auch für andere streitige Tatsachen als die anspruchsbegründenden.[844]

Streitige anspruchshindernde, anspruchsvernichtende, anspruchshemmende und anspruchserhaltende Tatsachen können nicht nur durch Urkunden, sondern auch durch Antrag auf Parteivernehmung bewiesen werden.[845]

3. Urteil im Vorverfahren

Die Entscheidung über die Urkundenklage erfolgt durch **Urteil**. Bei seiner Tenorie- **650** rung sind die speziellen Regelungen der §§ 597–599 ZPO zu beachten. Zudem sind Urteile im Urkundenklageverfahren immer ohne Sicherheitsleistung für vorläufig vollstreckbar zu erklären (§ 708 Nr. 4 ZPO).

a) Unzulässige Klage

Ist die Urkundenklage wegen Fehlens einer **allgemeinen** Prozessvoraussetzung **un-** **651** **zulässig**, ergeht ein (klageabweisendes) **Prozessurteil**, bei dem es (zur Unterscheidung von einem Urteil nach § 597 Abs. 2 ZPO möglich ist, die (allgemeine) Unzuläs-

---

839 BGH, Urt. v. 18.09.2007 – XI ZR 211/0, in: NJW 2008, 523; Thomas/Putzo/Reichold § 592 ZPO Rn. 6.

840 BGH, Urt. v. 22.10.2014 – VIII ZR 41/14, in: RÜ2 2015, 33, 34; Thomas/Putzo/Reichold § 592 ZPO Rn. 6

841 BGH, Urt. v. 24.04.1974 – VIII ZR 211/72, in: NJW 1974, 1199, 1200; Thomas/Putzo/Reichold § 592 ZPO Rn. 6.

842 BGH, Urt. v. 28.11.2001 – VIII ZR 75/00, in: NJW 2002, 751, 752; Thomas/Putzo/Reichold § 260 ZPO Rn. 13; § 595 ZPO Rn. 1.

843 Thomas/Putzo/Reichold § 592 ZPO Rn. 6.

844 Thomas/Putzo/Reichold § 595 ZPO Rn. 3.

845 Thomas/Putzo/Reichold § 595 ZPO Rn. 3.

sigkeit mit dem Zusatz „als unzulässig" zum Ausdruck zu bringen.[846] Praxisüblich ist jedoch, es bei der **Klageabweisung ohne Zusatz** zu belassen.[847]

> *Die Klage wird abgewiesen.*
>
> *Der Kläger trägt die Kosten des Rechtsstreits.*
>
> *Das Urteil ist vorläufig vollstreckbar. Der Kläger kann die Vollstreckung durch Sicherheitsleistung in Höhe von 110% des aufgrund des Urteils vollstreckbaren Betrages abwenden, wenn nicht der Beklagte vor der Vollstreckung Sicherheit in Höhe von 110% des jeweils zu vollstreckenden Betrages leistet.*

b) Unstatthafte Klage

652   Wenn die Klage wegen Fehlens einer **besonderen** Prozessvoraussetzung **unstatthaft** ist, wird dies nach § 597 Abs. 2 ZPO im Hauptsachetenor zum Ausdruck gebracht; darunter fällt auch der Fall, dass der Kläger beweisfällig ist.[848] Dem Kläger bleibt dann auch bei rechtskräftiger Klageabweisung (als im Urkundenprozess unstatthaft) noch die Möglichkeit einer Klage im ordentlichen Verfahren. Die Rechtskraft des klageabweisenden Urteils steht lediglich einer neuen Urkundenklage entgegen.[849]

> *Die Klage wird **als im Urkundenprozess unstatthaft** abgewiesen.*
>
> *Der Kläger trägt die Kosten des Rechtsstreits.*
>
> *Das Urteil ist vorläufig vollstreckbar. Der Kläger kann die Vollstreckung durch Sicherheitsleistung in Höhe von 110% des aufgrund des Urteils vollstreckbaren Betrages abwenden, wenn nicht der Beklagte vor der Vollstreckung Sicherheit in Höhe von 110% des jeweils zu vollstreckenden Betrages leistet.*

c) Unbegründete Klage

653   Ist die Klage **unbegründet**, weil der Klagevortrag nicht schlüssig ist oder Einwendungen des Beklagten erfolgreich sind, ergeht nach § 597 Abs. 1 ZPO ein klageabweisendes **Sachurteil**.[850]

> *Die Klage wird abgewiesen.*
>
> *Der Kläger trägt die Kosten des Rechtsstreits.*
>
> *Das Urteil ist vorläufig vollstreckbar. Der Kläger kann die Vollstreckung durch Sicherheitsleistung in Höhe von 110% des aufgrund des Urteils vollstreckbaren Betrages abwenden, wenn nicht der Beklagte vor der Vollstreckung Sicherheit in Höhe von 110% des jeweils zu vollstreckenden Betrages leistet.*

d) Begründete Klage

654   Bei einer **begründeten** Klage ist der Beklagte, wenn er dem geltend gemachten Anspruch widersprochen hat, nach § 599 Abs. 1 ZPO **unter dem Vorbehalt der Ausführung seiner Rechte im Nachverfahren** zu verurteilen.[851] Der **Widerspruch** des Be-

---

846   Thomas/Putzo/Reichold § 597 ZPO Rn. 1.

847   Siehe dazu Rn. 63.

848   Thomas/Putzo/Reichold § 597 ZPO Rn. 2.

849   Thomas/Putzo/Reichold § 598 ZPO Rn. 3.

850   Thomas/Putzo/Reichold § 597 ZPO Rn. 4.

851   Thomas/Putzo/Reichold § 599 ZPO Rn. 3.

klagten bedarf keiner Begründung, jede Verteidigung gegen die Verurteilung reicht aus.[852]

Der Vorbehalt ist in den **Tenor** aufzunehmen, üblicherweise unter der vorläufigen Vollstreckbarkeitsentscheidung.[853]   **655**

> *Der Beklagte wird verurteilt, an den Kläger 3.500 € zu zahlen.*
>
> *Der Beklagte trägt die Kosten des Rechtsstreits.*
>
> *Das Urteil ist vorläufig vollstreckbar. Der Beklagte kann die Vollstreckung durch Sicherheitsleistung in Höhe von 110% des aufgrund des Urteils vollstreckbaren Betrages abwenden, wenn nicht der Kläger vor der Vollstreckung Sicherheit in Höhe von 110% des jeweils zu vollstreckenden Betrages leistet.*
>
> **Dem Beklagten bleibt die Ausführung seiner Rechte im Nachverfahren vorbehalten.**

Anders als bei Beweisfälligkeit des Klägers, die nach § 597 Abs. 2 ZPO im Tenor zum Ausdruck kommt, werden **Einwendungen des Beklagten** nach § 598 ZPO (nur) in den **Entscheidungsgründen** des Vorbehaltsurteils als unstatthaft zurückgewiesen.[854] Ein **Urkundenvorbehaltsurteil** ist nach § 599 Abs. 3 ZPO für die Rechtsmittel und für die Zwangsvollstreckung als **Endurteil** anzusehen. Gegen das Vorbehaltsurteil kann deswegen nach § 511 Abs. 1 ZPO **Berufung** eingelegt werden. Der Rechtsstreit befindet sich dann auch im Berufungsrechtzug im Vorverfahren mit seinen besonderen Verfahrensregeln. Unterbleibt eine Berufung, wird das Vorbehaltsurteil **formell rechtskräftig**, unterliegt aber dennoch nach § 600 Abs. 1 ZPO der Überprüfung im **Nachverfahren**.   **656**

e) Sonderfälle

Im Vorverfahren bedürfen **zwei besondere** Verfahrenskonstellationen näherer Betrachtung: **657**

aa) Säumnis des Beklagten

Nach § 597 Abs. 2 ZPO kann ein **Versäumnisurteil** gegen den Beklagten nur ergehen, wenn der Kläger **alle** anspruchsbegründenden Tatsachen **urkundlich bewiesen** hat. Anders als im allgemeinen Säumnisfall (§ 331 Abs. 1 S. 1 ZPO) gelten bei einer Urkundenklage die anspruchsbegründenden Tatsachen bei Säumnis des Beklagten nicht als zugestanden, die **Geständnisfiktion** ergreift nur die **Echtheit der Urkunden**, nicht die Wahrheit der aufgestellten Behauptungen.   **658**

bb) Anerkenntnis des Beklagten

Da ein Urkundenvorbehaltsurteil gegen den Beklagten nach § 599 Abs. 1 ZPO voraussetzt, dass dieser dem geltend gemachten Anspruch widersprochen hat, ist es an sich begrifflich ausgeschlossen, ein **Anerkenntnisurteil** als Vorbehaltsurteil zu erlassen. Dennoch lässt die h.M.[855] aus **Zweckmäßigkeitsgründen** ein auf das Vorverfahren **beschränktes Anerkenntnis** zu. Von daher kann das Vorbehaltsurteil auch als   **659**

---

852   Thomas/Putzo/Reichold § 599 ZPO Rn. 4.

853   Thomas/Putzo/Reichold § 599 ZPO Rn. 6.

854   Thomas/Putzo/Reichold § 598 ZPO Rn. 2.

855   Thomas/Putzo/Reichold § 307 ZPO Rn. 3; § 599 Rn. 5.

Anerkenntnisurteil ergehen. Nur wenn der Beklagte den Klageanspruch **vorbehaltlos** anerkennt, unterbleibt im Tenor der Vorbehalt.[856]

4. Nachverfahren

660   Das **Nachverfahren** bildet mit dem Urkundenprozess eine **Einheit**, d.h. die Rechtshängigkeit besteht auch nach Eintritt der Rechtskraft des Vorbehaltsurteils fort.[857] Der Streitgegenstand bleibt derselbe, die Zuständigkeit für das Nachverfahren liegt bei dem Gericht, das das Vorbehaltsurteil erlassen hat.[858] Das **Ziel des Nachverfahrens** besteht für den Beklagten darin, das Vorbehaltsurteil zu beseitigen. Der Kläger demgegenüber strebt an, dass es bei der Verurteilung des Beklagten bleibt.[859]

661   Auch wenn § 600 Abs. 1 ZPO anordnet, dass der Rechtsstreit nach einem Vorbehaltsurteil im ordentlichen Verfahren anhängig bleibt, wird ein **Verhandlungstermin nur auf Antrag** anberaumt.[860] Eine Frist sieht das Gesetz nicht vor.

> **Merke:** Der Antrag auf Durchführung des Nachverfahrens kann nach § 707 Abs. 1 S. 1 ZPO mit einem Antrag auf einstweilige Einstellung der Zwangsvollstreckung verbunden werden.

662   Im **Nachverfahren** gilt die **Beweismittelbeschränkung des Vorverfahrens nicht**, da sich der Rechtsstreit nunmehr im ordentlichen Verfahren befindet. Nach § 318 ZPO entfaltet das Vorbehaltsurteil aber eine **Bindungswirkung** für das Nachverfahren, soweit das Vorbehaltsurteil nicht auf der Beweismittelbeschränkung beruht.[861] Diese Bindungswirkung gilt auch für ein Anerkenntnisvorbehaltsurteil.[862] Aufgrund dieser Bindungswirkung hat das Gericht die von ihm ausgesprochene Rechtsfolge für das weitere Verfahren zugrunde zu legen, selbst wenn die Entscheidung rechtsfehlerhaft gewesen ist.[863] Da das Gericht vor Erlass seines Vorbehaltsurteils die **Zulässigkeit der Klage** im Urkundenverfahren geprüft und bejaht haben muss, steht diese bindend fest.[864] Ebenso unterfällt die **Schlüssigkeit** des Klägervortrags der Bindungswirkung des Vorbehaltsurteils, da sie nichts mit der Beweismittelbeschränkung zu tun hat.[865] Ebenso sind die vom Beklagten in das Vorverfahren eingeführten **Einwendungen**, die das Gericht als **unerheblich** (oder als durch eine rechtserhaltende Duplik widerlegt) angesehen hat, für das Nachverfahren bindend verbraucht.[866]

> **Merke:** Die Bindungswirkung des Vorbehaltsurteils kann nur durch eine Berufung verhindert werden.

663   **Nicht von der Bindungswirkung** des § 318 ZPO erfasst sind anspruchshindernde, anspruchsvernichtende und anspruchshemmende Einwendungen des (beweisbelasteten) Beklagten, die er in das Vorverfahren eingebracht, aber entweder nicht unter Beweisantritt gestellt hat oder den Beweis nicht führen konnte. Diese im Vorbehaltsurteil nach § 598 ZPO **als im Urkundenprozess unstatthaft** zurückgewiesenen

---

856   Thomas/Putzo/Reichold § 599 ZPO Rn. 1.

857   Thomas/Putzo/Reichold § 600 ZPO Rn. 1.

858   Thomas/Putzo/Reichold § 600 ZPO Rn. 1, 3.

859   Zur Tenorierung siehe Rn. 665, 666.

860   Thomas/Putzo/Reichold § 600 ZPO Rn. 1.

861   BGH, Urt. v. 10.02.02004 – XI ZR 36/03, 1159, in: NJW 2004, 1159, 1160; Thomas/Putzo/Reichold § 600 ZPO Rn. 4.

862   OLG Düsseldorf, Urt. v. 12.02.1998 – 6 U 87/97, in: NJW-RR 1999, 68; Thomas/Putzo/Reichold § 600 ZPO Rn. 4.

863   Thomas/Putzo/Reichold § 318 ZPO Rn. 4, § 600 ZPO Rn. 4.

864   BGH, Urt. v. 17.01.1973 – VIII ZR 48/71, in: NJW 1973, 467, 468; Thomas/Putzo/Reichold § 600 ZPO Rn. 4.

865   BGH, Urt. v. 10.02.2004 – XI ZR 36/03, in: NJW 2004, 1159, 1160; Thomas/Putzo/Reichold § 600 ZPO Rn. 4.

866   Thomas/Putzo/Reichold § 600 ZPO Rn. 4.

Einwendungen kann der Beklagte im Nachverfahren weiter verfolgen.[867] Außerdem ist es dem Beklagten unbenommen, im Nachverfahren **neue Einwendungen und Beweisangebote** vorzutragen.[868] Ihm stehen sämtliche neuen Angriffs- und Verteidigungsmittel zur Verfügung, die noch nicht Gegenstand des Vorbehaltsurteils gewesen sind. So kann er beispielsweise **Tatsachenbehauptungen** des Klägers erstmals **bestreiten**[869] oder die **Verjährungseinrede** neu erheben.[870]

Im **Nachverfahren** kann der Beklagte **Widerklage** erheben. Das Widerklageverbot des § 595 Abs. 1 ZPO gilt im Nachverfahren nicht.[871] **664**

Die **gerichtliche Entscheidung** im Nachverfahren ergeht regelmäßig durch **streitiges Urteil**. Bei Säumnis einer Partei finden die allgemeinen Säumnisvorschriften Anwendung (§ 600 Abs. 3 ZPO).

Wenn die **Verteidigung des Beklagten im Nachverfahren erfolgreich** ist, wird das **665** Vorbehaltsurteil aufgehoben und die Klage abgewiesen (§§ 302 Abs. 4 S. 2, 600 Abs. 2 ZPO). Die gesamten Kosten sind dem Kläger aufzuerlegen. Die vorläufige Vollstreckbarkeit richtet sich nach §§ 708 Nr. 11, 709 ZPO.

Bei einem Gebührenstreitwert von 2.000 € ist zu formulieren:

> *Das Vorbehaltsurteil vom 07.04.2016 wird aufgehoben. Die Klage wird abgewiesen.*
>
> *Der Kläger trägt die Kosten des Rechtsstreits.*
>
> *Das Urteil ist vorläufig vollstreckbar. Der Kläger kann die Vollstreckung durch Sicherheitsleistung in Höhe von 110% des aufgrund des Urteils vollstreckbaren Betrages abwenden, wenn nicht der Beklagte vor der Vollstreckung Sicherheit in Höhe von 110% des jeweils zu vollstreckenden Betrages leistet.*

Bleibt das **Nachverfahren** für den Beklagten **erfolglos**, ist das Vorbehaltsurteil **für** **666** **vorbehaltlos zu erklären** (vgl. § 708 Nr. 5 ZPO). Dem Beklagten sind die weiteren Kosten des Rechtsstreits aufzuerlegen, das Urteil bleibt ohne Sicherheitsleistung vorläufig vollstreckbar (§ 708 Nr. 5 ZPO).

> *Das Vorbehaltsurteil vom 11.05.2016 wird **für vorbehaltlos erklärt**.*
>
> *Der Beklagte trägt die **weiteren** Kosten des Rechtsstreits.*
>
> *Das Urteil ist vorläufig vollstreckbar. Der Beklagte kann die Vollstreckung durch Sicherheitsleistung in Höhe von 110% des aufgrund des Urteils vollstreckbaren Betrages abwenden, wenn nicht der Kläger vor der Vollstreckung Sicherheit in Höhe von 110% des jeweils zu vollstreckenden Betrages leistet.*

Bei einem **Teilerfolg** des Beklagten im Nachverfahren ist das Vorbehaltsurteil teilweise **667** für vorbehaltlos zu erklären, im Übrigen aufzuheben und die Klage im Umfang der Aufhebung abzuweisen. Die Kostenentscheidung ergeht nach § 92 Abs. 1 ZPO, die über die vorläufige Vollstreckbarkeit nach allgemeinen Regeln.

Bei einem Vorbehaltsurteil in Höhe von 800 €, das im Nachverfahren nur in Höhe von 500 € Bestand hat, ist zu formulieren:

---

867 Thomas/Putzo/Reichold § 598 ZPO Rn. 2.
868 Thomas/Putzo/Reichold § 598 ZPO Rn. 3.
869 OLG Brandenburg, Urt. v. 16.01.2002 – 7 U 108/01, in: NJW-RR 2002, 1294; Thomas/Putzo/Reichold § 600 ZPO Rn. 6.
870 BGH, Urt. v. 10.02.2004 – XI ZR 36/03, in: WM 2004, 650; Thomas/Putzo/Reichold § 600 ZPO Rn. 6.
871 Thomas/Putzo/Reichold § 600 ZPO Rn. 1.

> *Das Vorbehaltsurteil vom 18.03.2016 wird **für vorbehaltlos erklärt**, soweit der Beklagte zur Zahlung von 500 € verurteilt ist. Im Übrigen wird das Vorbehaltsurteil aufgehoben und die Klage abgewiesen.*
>
> *Die Kosten des Rechtsstreits trägt der Kläger zu 3/8, der Beklagte zu 5/8.*
>
> *Das Urteil ist vorläufig vollstreckbar.*

668   Im **Tatbestand** des Urteils im Nachverfahren ist das Vorbehaltsurteil vor den im Nachverfahren gestellten Anträgen als **vorgezogene Prozessgeschichte** darzustellen.

G. Beweisaufnahme

669   Die Beweisaufnahme (§§ 355 ff. ZPO) dient der **Feststellung entscheidungserheblicher streitiger Tatsachen**. Das Gericht soll sich die Überzeugung bilden, welche der Parteibehauptungen, auf die es für die Entscheidung ankommt, wahr sind und welche nicht.[872] Dadurch wird die **Entscheidungsreife** des Prozesses hergestellt.

I. Beweiserheblichkeit

670   Den **Ausgangspunkt** der Beweisprüfung stellt die Frage dar, welche Tatsachen **beweiserheblich** sind. Diese bilden das **Beweisthema**. Regelmäßig sind in einem Rechtsstreit auch Tatsachen streitig, die für den Prozessausgang ohne Bedeutung sind. Diese bedürfen keiner Beweiserhebung. **Beweiserheblich** sind (nur) die Tatsachen, ohne deren Aufklärung der Rechtsstreit nicht entschieden werden kann. Dies können **anspruchsbegründende, anspruchshindernde, anspruchsvernichtende, anspruchshemmende und anspruchserhaltende** Tatsachen sein.

671   Welche Tatsachen im Einzelfall beweiserheblich sind, ist zuvor in der **rechtlichen** Prüfung des Sachverhaltes herausgearbeitet worden. Diese beweiserheblichen Tatsachen sind in einem **Gutachten** mit dem **Einleitungssatz** „Für die Entscheidung des Rechtsstreits kommt es darauf an, ob …" herauszustellen. Dabei ist sogleich die **beweispflichtige Partei** zu benennen. Exakt diesen Inhalt hat nach § 359 ZPO ein **förmlicher Beweisbeschluss**. Ein solcher fehlt regelmäßig in Examensklausuren, da sich daraus die Klausurlösung (bis zur Beweisaufnahme) ergibt.

672   Die **Beweislastverteilung** ist teilweise **gesetzlich ausdrücklich geregelt**. So hat beispielsweise bei einem Schadenersatzanspruch aus § 280 Abs. 1 S. 1 BGB der Anspruchsteller nicht zu beweisen, dass der Anspruchsgegner die (objektive) Pflichtwidrigkeit (subjektiv) zu vertreten hat, vielmehr ergibt sich aus § 280 Abs. 1 S. 2 BGB, dass der Anspruchsgegner für das fehlende Vertretenmüssen beweispflichtig ist.[873] Ansonsten gilt der Grundsatz, dass der **Anspruchsteller die Beweislast für anspruchsbegründende und anspruchserhaltende Tatsachen, der Anspruchsgegner für anspruchshindernde, anspruchsvernichtende und anspruchshemmende Tatsachen** hat.[874]

> *Für die Entscheidung des Rechtsstreits kommt es darauf an, ob der Kläger beweisen kann, sich mit dem Beklagten auf eine Vergütung in Höhe von 3.200 € geeinigt zu haben.*

---

872   Thomas/Putzo/Reichold Vorbem. § 284 ZPO Rn. 1.

873   Palandt/Grüneberg § 280 BGB Rn. 40.

874   Thomas/Putzo/Reichold Vorbem. § 284 ZPO Rn. 19, 23.

Die **Beweislastverteilung** ist **von der Parteistellung und der Klageart unabhängig.**[875] Es spielt daher keine Rolle, ob der Anspruchsteller (Leistungs-)Kläger oder (negativer Feststellungs-)Beklagter ist. **673**

> **Merke:** Bei einer negativen Feststellungsklage braucht der Kläger nicht zu beweisen, dass der Anspruch nicht entstanden ist, sondern nur den Untergang oder die Hemmung des (entstandenen) Anspruchs.

Sind mehrere streitige Tatsachen beweiserheblich, ist das Gericht bei der **Reihenfolge der Beweiserhebung** grundsätzlich nicht gebunden. Das gerichtliche Vorgehen ist an **prozessökonomischen Aspekten** zu orientieren. Maßgeblich ist, dass durch die Beweiserhebung schnellstmögliche **Entscheidungsreife** hergestellt wird. Deshalb kann das Gericht zunächst zu einer anspruchshemmenden Tatsache Beweis erheben und, falls die Tatsache bewiesen wird, die Klage abweisen, ohne zuvor die Frage der Anspruchsentstehung und des Anspruchsuntergangs zu entscheiden. Da nur der **Tenor des Urteils in Rechtskraft** erwächst,[876] kommt es nicht darauf an, weshalb die Klage abgewiesen wird, sondern nur dass sie abgewiesen wird. **674**

> *Die zulässige Klage ist unbegründet.*
>
> *Es kann **dahinstehen**, ob die Behauptung des Klägers zutrifft, er habe sich am 20.12. 2012 mit dem Beklagten auf den Abschluss eines Beratungsvertrages geeinigt. Ebenso kann dahinstehen, ob der Beklagte, wie er behauptet, am 05.01.2013 vorsorglich die Anfechtung des (von ihm bestrittenen) Beratungsvertrages erklärt hat. Zu diesen beiden Fragen bedarf es keiner Vernehmung der von den Parteien benannten Zeugen, da die Klageforderung **jedenfalls** wegen der vom Beklagten erhobenen Einrede der Verjährung nicht durchsetzbar ist (§ 214 Abs. 1 BGB). Sollte das Vertragsverhältnis zustande gekommen sein und nicht durch Anfechtung rückwirkend untergegangen sein, endete die Verjährung der klägerischen Honorarforderung mit Ablauf des 31.12.2015. …*

Ausnahmsweise gebunden in der Reihenfolge der Beweiserhebung zu beweiserheblichen Tatsachen ist das Gericht in Fällen der **eventuellen Klagehäufung.**[877] Dies gilt sowohl, wenn der Kläger mehrere Anträge stellt, deren Bescheidung einer Beweisaufnahme bedarf, als auch im Fall einer verdeckten Eventualklagehäufung, bei der der Kläger nur einen Antrag stellt, diesen aber auf mehrere Lebenssachverhalte in einem Eventualverhältnis stützt. **675**

II. Beweisbedürftigkeit

Bevor es zu einer Beweiserhebung zu **beweiserheblichen** Tatsachen kommt, ist in einem Zwischenschritt zu klären, ob nicht die Beweisaufnahme wegen fehlender **Beweisbedürftigkeit** unterbleiben kann. Der Überleitungssatz in einem Gutachten lautet: „Es stellt sich die Frage, ob die beweiserheblichen Tatsachen beweisbedürftig sind." **676**

In **sechs Fallkonstellationen** ist die Beweisbedürftigkeit beweiserheblicher Tatsachen **zu verneinen:**[878] **677**

---

875 Thomas/Putzo/Reichold Vorbem. § 284 ZPO Rn. 23.
876 Siehe dazu Rn. 791, 792.
877 Siehe dazu Rn. 338 ff.
878 Thomas/Putzo/Reichold Vorbem. § 284 ZPO Rn. 1.

- Offenkundige Tatsachen

- Hilfstatsachen (Indizien)

- Vermutungen

- Schätzung

- Beweisvereitelung

- Präklusion wegen Verspätung

1. Offenkundige Tatsachen

678 Nach § 291 ZPO bedürfen **offenkundige** Tatsachen keines Beweises. Darunter fallen allgemeinkundige und gerichtskundige Tatsachen.

a) Allgemeinkundige Tatsachen

679 **Allgemeinkundig** sind Tatsachen, die einer beliebig großen Anzahl von Menschen bekannt und ohne weiteres zuverlässig wahrnehmbar sind.[879] Informationsquellen können beliebige Medien, auch das Internet, sein, wenn es zur Bestätigung der Parteibehauptung eingesetzt wird. Darunter fallen beispielsweise historische Geschehnisse, Entfernungen und statistische Zahlenangaben in Jahrbüchern.[880]

b) Gerichtskundige Tatsachen

680 **Gerichtskundig** sind Tatsachen, die das erkennende Gericht selbst amtlich wahrgenommen hat, beispielsweise in anderen Rechtsstreitigkeiten.[881]

2. Hilfstatsachen (Indizien)

681 Der Beweis einer beweiserheblichen Haupttatsache kann auch durch **Hilfstatsachen (Indizien)** geführt werden.[882] Ein solcher Hilfstatsachenbeweis erfordert, dass aus einer Hilfstatsache andere Schlüsse als die auf das Vorliegen der streitigen Haupttatsache nicht ernstlich in Betracht kommen.[883] Von daher kann sich das **Beweisthema** von einer beweiserheblichen **Haupttatsache** auf eine beweiserhebliche **Hilfstatsache** ändern, sodass keine Haupttatsachenbeweiserhebung durchgeführt wird. Das ist der Fall, wenn die beweispflichtige Partei zu der streitigen Haupttatsache keine Beweismittel benennt. Hat der Kläger beispielsweise eine vertragliche Einigung zu beweisen, stellt es eine geeignete Hilfstatsache dar, wenn der Kläger behauptet, der Beklagte habe sich in einem Brief an einen Dritten auf die erfolgte Einigung mit dem Kläger bezogen. Allerdings darf wegen der notwendigen **Gesamtwürdigung** aller Einzelumstände ein Beweisantritt zu einer streitigen Haupttatsache nicht wegen angeblich bereits ausreichender **Indiztatsachen** völlig übergangen werden.[884]

3. Vermutungen

682 Eine Beweisführung kann auch durch **Vermutungen** erfolgen, sodass beim Eingreifen einer Vermutung die Beweisbedürftigkeit der beweiserheblichen Tatsache ent-

---

879 Thomas/Putzo/Reichold § 291 ZPO Rn. 1.

880 Thomas/Putzo/Reichold § 291 ZPO Rn. 1.

881 Thomas/Putzo/Reichold § 291 ZPO Rn. 2.

882 Thomas/Putzo/Reichold Vorbem. § 284 ZPO Rn. 11.

883 Thomas/Putzo/Reichold Vorbem. § 284 ZPO Rn. 11.

884 BGH, Urt. v. 06.06.2013 – IX ZR 204/12, in: NJW 2013, 2345, 2346; Thomas/Putzo/Reichold Vorbem. § 284 ZPO Rn. 11.

fällt. Es ist zwischen **gesetzlichen Vermutungen** (§ 292 ZPO) und **Anscheinsvermutungen (prima facie)** zu unterscheiden. Beide Vermutungsarten setzen sich aus einer **Vermutungsgrundlage** und einer **Vermutungsfolge** zusammen. Das Eingreifen der Vermutungsfolge setzt voraus, dass die Vermutungsgrundlage feststeht. Dies ist der Fall, wenn die Tatsachen der Vermutungsgrundlage unstreitig oder bewiesen sind.[885] Die **Beweislast** für die Vermutungs**grundlage** liegt bei demjenigen, der sich auf das Eingreifen der Vermutung beruft.

a) Gesetzliche Vermutungen

683 **Gesetzliche Vermutungen** können sich auf **Tatsachen** (z.B. in § 1117 Abs. 3 BGB auf die Übergabe des Hypothekenbriefes) und auf **Rechte** (z.B. auf das Eigentum in § 1006 Abs. 1 BGB) beziehen. Steht die Vermutungsgrundlage (z.B. in § 1006 Abs. 1 S. 1 BGB der aktuelle Besitz) fest, ist es Sache des Vermutungsgegners, den **Beweis des Gegenteils** zu führen (§ 292 S. 1 ZPO), z.B. dass der Besitzer sein Eigentum während seiner Besitzzeit wieder verloren hat.[886]

> **Beachte:** Der **Beweis des Gegenteils** ist vom **Gegenbeweis**, bei dem die nicht beweisbelastete Partei Beweismittel gegen die Beweisführung des Beweispflichtigen benennt, zu unterscheiden.

684 Eine **Widerlegung** der Vermutung ist allerdings nur bei **widerlegbaren Vermutungen** (z.B. § 1006 Abs. 1 BGB[887]) möglich, nicht aber bei **unwiderlegbaren Vermutungen** (wie beispielsweise bei der Gewahrsamsvermutung des § 739 ZPO[888]).

> **Merke:** Der Vermutungsgegner hat **zwei** Angriffsmöglichkeiten gegen eine (widerlegbare) gesetzliche Vermutung: Er kann die **Vermutungsgrundlage bestreiten** und/oder die **Vermutungsfolge widerlegen**.

685 Der **Beweis des Gegenteils** ist geführt, wenn die Vermutung **widerlegt** ist.[889] Dies erfordert den Beweis der Unwahrheit einer vermuteten Tatsache oder des Nichtbestehens eines vermuteten Rechts. Beispielsweise kann die **Eigentumsvermutung** des § 1006 Abs. 1 S. 1 BGB durch den Beweis widerlegt werden, dass mit dem (Eigenbesitz-)Erwerb kein Eigentumserwerb verbunden war.[890] Diese Beweisführung des Vermutungsgegners erfolgt nach allgemeinen Regeln.[891]

> *Entscheidungsgründe:*
>
> *Die zulässige Klage ist begründet.*
>
> *Der Kläger ist Eigentümer des Gemäldes. Dies wird nach § 1006 Abs. 1 S. 1 BGB **widerlegbar vermutet**, da der Kläger das Gemälde seit seinem Besitzerwerb unstreitig in unmittelbarem Eigenbesitz hatte.*

---

885 Thomas/Putzo/Reichold § 292 ZPO Rn. 3.

886 Palandt/Bassenge § 1006 BGB Rn. 8.

887 Vgl. dazu Palandt/Bassenge § 1006 BGB Rn. 6.

888 Vgl. dazu Thomas/Putzo/Seiler § 739 ZPO Rn. 9.

889 Thomas/Putzo/Reichold § 292 ZPO Rn. 4.

890 BGH, Urt. v. 20.09.2004 – II ZR 318/02, in: NJW-RR 2005, 280, 281; Palandt/Bassenge § 1006 BGB Rn. 7.

891 Thomas/Putzo/Reichold § 292 ZPO Rn. 4.

> *Der Beklagte hat die Eigentumsvermutung des Klägers **nicht widerlegt**. Er hat den ihm nach § 292 S. 1 ZPO obliegenden **Beweis des Gegenteils** nicht erbracht. Er hat nicht bewiesen, dass der Kläger nicht Eigentümer des Gemäldes ist. Sein Bestreiten des klägerischen Eigentums reicht dafür nicht aus. Damit greift der Beklagte lediglich die Vermutungsfolge an, ohne konkrete Tatsachen zur Widerlegung der Vermutung vorzutragen. ...*

b) Anscheinsvermutungen

686 Bei **Anscheinsvermutungen**[892] wird wie bei gesetzlichen Vermutungen von einer feststehenden Grundlage auf einen bestimmten Erfolg geschlossen. Für sie gilt die Regelung des § 292 ZPO **nicht**.[893] Es fehlt eine allgemeine gesetzliche Regelung zu Anscheinsvermutungen. Die vorzunehmende Schlussfolgerung basiert auf der **Lebenserfahrung**.[894] § 371 a Abs. 1 S. 2 ZPO zeigt die **Struktur** einer Anscheinsbeweisführung. Derjenige, der sich auf den Beweis des ersten Anscheins beruft, hat die Erfahrungsgrundlage darzutun, der Vermutungsgegner braucht sie nicht (wie bei der gesetzlichen Vermutung) zu widerlegen, sondern sie nur zu **erschüttern**. Dies geschieht durch die Darlegung (und im Bestreitensfall durch den Beweis) der **ernsthaften Möglichkeit eines atypischen Geschehensablaufs**.[895] Beispielsweise wird bei einem Auffahrunfall im Straßenverkehr das Verschulden des Auffahrenden vermutet,[896] die Entkräftung kann durch einen im räumlichen und zeitlichen Zusammenhang mit dem Auffahrvorgang erfolgten Spurwechsel des Vordermannes erfolgen.[897]

4. Schätzung

687 Nach § 287 Abs. 1 ZPO kann eine streitige Schadenshöhe vom Gericht geschätzt werden. Für eine solche Schätzung bedarf es feststehender, d.h. unstreitiger oder bewiesener **Berechnungsgrundlagen**.[898] Die Schätzungsbefugnis des Gerichts macht nach pflichtgemäßem Ermessen eine Beweisaufnahme entbehrlich (§ 287 Abs. 1 S. 2 ZPO). Dies gilt nach § 287 Abs. 2 ZPO bei vermögensrechtlichen Streitigkeiten auch bei anderen Forderungen, deren Höhe streitig ist, entsprechend, wenn eine vollständige Sachaufklärung so schwierig ist, dass sie **unwirtschaftlich** ist.

5. Beweisvereitelung

688 Bei einer **Beweisvereitelung kann** die Beweisbedürftigkeit einer beweiserheblichen Tatsache wegen treuwidrigen Verhaltens ebenfalls entfallen, **zumindest** aber eine **Beweiserleichterung** mit sich bringen.[899] Eine Beweisvereitelung liegt vor, wenn eine Partei die Beweisführung des Gegners schuldhaft unmöglich macht oder erschwert, indem sie vorhandene Beweismittel beseitigt, vorenthält oder in sonstiger Weise schuldhaft auf sie einwirkt.[900] Im Urkundenbeweisrecht beinhaltet § 444 ZPO eine solche Regelung, bei der die rechtlichen Konsequenzen der Einwirkung auf das Beweismittel in das **Ermessen** des Gerichts gestellt sind. Ein Fall der Beweisvereite-

---

892 Bisweilen auch tatsächliche Vermutung genannt, was aber zu einer Verwechslungsgefahr mit der gesetzlichen Vermutung einer Tatsache führt.

893 BGH, Urt. v. 09.10.2009 – V ZR 178/08, in: NJW 2010, 363, 364; Thomas/Putzo/Reichold § 292 ZPO Rn. 3.

894 Thomas/Putzo/Reichold § 286 ZPO Rn. 13.

895 BGH NJW 2013, 1092; Thomas/Putzo/Reichold § 286 ZPO Rn. 13.

896 Palandt/Sprau § 823 BGB Rn. 235 „Auffahren".

897 Vgl. KG, Urt. v. 01.09.2010 – 12 U 205/09, in: MDR 2011, 158.

898 Thomas/Putzo/Reichold § 287 ZPO Rn. 5.

899 Thomas/Putzo/Reichold § 286 ZPO Rn. 18; vgl. OLG München, Urt. v. 24.07.2014 – 10 U 3566/14, in: RÜ2 2015, 154, 155, zur Beweisvereitelung bei einem Wildunfall.

900 Thomas/Putzo/Reichold § 286 ZPO Rn. 17.

lung ist beispielsweise gegeben, wenn ein in **Regress** genommener Rechtsanwalt sich weigert, seine Handakten, aus denen sich seine Pflichtwidrigkeit ergeben soll, vorzulegen.[901] Gleiches gilt, wenn in einem **Kunstfehlerprozess** der beklagte Arzt als Beweismittel dienende Röntgenaufnahmen nicht vorlegt und damit die Sachaufklärung unzumutbar erschwert.[902]

> **Beachte:** Im materiellen Recht beinhaltet § 162 BGB eine auf dem Aspekt treuwidrigen Verhaltens beruhende Regelung zum Bedingungsrecht.

6. Präklusion wegen Verspätung

Schließlich entfällt die Beweisbedürftigkeit einer beweiserheblichen Tatsache, wenn **Präklusion** wegen verspäteten Sachvortrages nach § 296 Abs. 1, 2 ZPO eingreift. In den Fällen des § 296 Abs. 1 ZPO ist der Ausschluss verspäteter Angriffs- oder Verteidigungsmittel **zwingend**[903] („ist"), bei der Verletzung der allgemeinen Prozessförderungspflicht (§ 282 ZPO) liegt die Präklusion nach § 296 Abs. 2 ZPO im pflichtgemäßen **Ermessen** des Gerichts („kann"). **689**

Die Frage der Präklusion verspäteten Vorbringens nach § 296 ZPO stellt sich **erst bei der Beweisbedürftigkeit**, da Ausschlussgrund nicht die Verspätung als solche ist, sondern die durch die Verspätung **bedingte Verzögerung** der Erledigung des Rechtsstreits.[904] Eine solche Verzögerung können **nur streitige beweiserhebliche Tatsachen** hervorrufen, daher ist logische Vorfrage der Präklusion die Beweiserheblichkeit. Unstreitige Tatsachen bedürfen keiner Beweisaufnahme und können deshalb nicht die Notwendigkeit eines (zusätzlichen) Beweistermins und damit einer **Vertagung**[905] des Rechtsstreits bedingen. **690**

a) Voraussetzungen der zwingenden Präklusion

Eine Präklusion nach § 296 Abs. 1 ZPO setzt den schuldhaft verspäteten[906] Vortrag eines **Angriffs- oder Verteidigungsmittels** erst nach Ablauf einer hierfür gesetzten Frist voraus. **691**

aa) Angriffs- oder Verteidigungsmittel

Angriffs- und Verteidigungsmittel ist **jedes prozessuale und sachliche Vorbringen**, das der Durchsetzung oder Abwehr des Klagebegehrens dient.[907] Darunter fällt insbesondere **Tatsachenvortrag** (vgl. § 282 Abs. 1 ZPO). **692**

bb) Fristsetzung

Tatsachenvortrag kann nur verspätet sein, wenn die richterlich gesetzte **Frist wirksam** verfügt worden ist. Dazu bedarf es der Einhaltung verschiedener **Förmlichkeiten**.[908] Die fristsetzende Verfügung des Richters muss seine **Unterschrift** tragen, eine bloße Paraphe genügt nicht.[909] Außerdem bedarf es der **Eindeutigkeit** der **693**

---

901 Thomas/Putzo/Reichold § 286 ZPO Rn. 19.

902 BGH, Urt. v. 06.11.1962 – VI ZR 29/62 NJW 1963, 389, 390; Thomas/Putzo/Reichold § 286 ZPO Rn. 19.

903 Thomas/Putzo/Reichold § 296 ZPO Rn. 2.

904 Thomas/Putzo/Reichold § 296 ZPO Rn. 12.

905 Vgl. Thomas/Putzo/Reichold § 296 ZPO Rn. 16.

906 BVerfG, Beschl. v. 22.08.1991 – 1 BvR 365/91, in: NJW 1992, 680; Thomas/Putzo/Reichold § 296 ZPO Rn. 1.

907 Thomas/Putzo/Reichold § 146 ZPO Rn. 2.

908 BGH, Urt. v. 05.03.1990 – II ZR 109/89, in: NJW 1990, 2389; Thomas/Putzo/Reichold § 296 ZPO Rn. 30–32.

909 BGH, Urt. v. 21.09.1982 – VI ZR 272/80, in: VersR 1983, 33.

Frist,[910] einer **Belehrung** über die Folgen der Fristversäumung[911] (vgl. § 277 Abs. 2, 4 ZPO) und einer förmlichen **Zustellung** der richterlichen Verfügung (§ 329 Abs. 2 S. 2 ZPO).

cc) Fristversäumung

694 Die **Fristdauer** ist nach § 222 Abs. 1 ZPO i.V.m. §§ 187 ff. BGB zu berechnen.

dd) Verzögerung des Rechtsstreits

695 Die Frage der Verzögerung des Rechtsstreits ist nach dem **absoluten Verzögerungsbegriff** zu beurteilen.[912] Eine Verzögerung tritt ein, wenn der Rechtsstreit bei Zulassung des verspäteten Vorbringens **länger dauert** als bei seiner Zurückweisung.[913] Dies ist immer dann zu bejahen, wenn der Rechtsstreit ohne den verspäteten Vortrag entscheidungsreif ist, bei Berücksichtigung demgegenüber noch keine Entscheidungsreife vorliegt und es einer Fortsetzung der mündlichen Verhandlung in einem **neuen Termin** bedarf (z.B. wegen der Notwendigkeit einer Beweiserhebung durch nicht präsente Beweismittel).[914]

ee) Zurechenbarkeit

696 Über den Gesetzeswortlaut des § 296 ZPO hinaus ist **ungeschriebene Voraussetzung** der Präklusion, dass die Verzögerung der verspätet vortragenden Partei zurechenbar ist. Auf diese Weise wird gewährleistet, dass das im Interesse der Verfahrenskonzentration bestehende Präklusionsrecht das Ziel eines Zivilrechtsstreits, eine materiell gerechte Entscheidung zu finden, nicht übermäßig einschränkt.[915] Deshalb erfolgt keine Präklusion, wenn das Gericht die Verzögerung des Rechtsstreits durch **zumutbare prozessleitende Verfügungen** nach §§ 139, 273 ZPO und dem Gebot des fairen Verfahrens hätte auffangen können, dies aber nicht getan hat.[916] Dem Gericht ist beispielsweise zumutbar, nach Fristablauf benannte Zeugen noch nachträglich zum bereits anberaumten Verhandlungstermin zu laden, wenn dafür noch ausreichend Zeit bleibt und es sich um ein eingegrenztes Beweisthema handelt.[917] Ebenso hat eine Präklusion trotz verspäteten Vortrages zu unterbleiben, wenn das Gericht durch sein Terminierungsverhalten (sogenannter **Durchlauftermin**) nach außen zu erkennen gegeben hat, die Sache in dem Termin nur kurz anzuverhandeln und Anträge zu protokollieren, aber keine Beweisaufnahme durchführen zu können (wollen). Dies ist beispielsweise bei einer Terminierung im 10-Minuten-Abstand der Fall.

ff) Verschulden der Partei

697 Wie sich aus der in § 296 Abs. 1 ZPO vorgesehenen Möglichkeit der Entschuldigung der Verspätung ergibt, muss die Verzögerung der Partei nicht nur objektiv zurechenbar, sondern auch von ihr **verschuldet** sein.[918] Dem Parteiverschulden steht nach § 85 Abs. 2 ZPO das **Verschulden ihres Bevollmächtigten** gleich. Bei der Beurtei-

---

910 BGH, Urt. v. 16.05.1991 – III ZR 82/90, in: NJW 1991, 2773, 2774.

911 Thomas/Putzo/Reichold § 296 ZPO Rn. 31.

912 Thomas/Putzo/Reichold § 296 ZPO Rn. 14.

913 Thomas/Putzo/Reichold § 296 ZPO Rn. 15.

914 Thomas/Putzo/Reichold § 296 ZPO Rn. 18.

915 Vgl. BVerfG, Beschl. v. 24.04.1985 – 2 BvR 1248/82, in: NJW 1985, 3005, 3006; Thomas/Putzo/Reichold § 296 ZPO Rn. 13.

916 BVerfG, Beschl. v. 06.04.1998 – 1 BvR 2194–97, in: NJW 1998, 2044, 2045; Thomas/Putzo/Reichold § 296 ZPO Rn. 9.

917 BVerfG, Beschl. v. 16.06.1995 – 2 BvR 2623/93, in: NJW-RR 1995, 1469; Thomas/Putzo/Reichold § 296 ZPO Rn. 9.

918 Thomas/Putzo/Reichold § 296 ZPO Rn. 28.

lung der Verschuldensfrage ist auf den Vergleichsmaßstab einer sorgfältig und auf Förderung des Verfahrens bedachten Prozessführung (vgl. § 282 Abs. 1 ZPO) abzustellen.

gg) Zusammenfassende Übersicht

Zusammenfassend erfordert die Präklusion nach § 296 Abs. 1 ZPO folgende Voraussetzungen: **698**

■ Angriffs- oder Verteidigungsmittel

■ Wirksamkeit der Fristsetzung

■ Fristversäumung

■ Kausale Verspätung

■ Zurechenbarkeit der Verspätung

■ Verschulden

Das für die rechtliche Beurteilung der Präklusion maßgebliche tatsächliche Geschehen ist im **Tatbestand** als **vorgezogene Prozessgeschichte** (im Indikativ Perfekt) darzustellen.

> *Das Gericht hat durch eine vom Vorsitzenden mit vollem Namen unterzeichnete, dem Beklagten am 05.01.2016 mit einer Abschrift der Klageschrift förmlich zugestellte Verfügung das schriftliche Vorverfahren angeordnet. Zugleich hat es dem Beklagten aufgegeben, binnen zwei Wochen ab Zustellung der Klage zu erklären, ob er sich gegen die Klage verteidigen will. Für den Fall der Verteidigungsbereitschaft hat das Gericht den Beklagten in derselben Verfügung aufgefordert, binnen einer Frist von weiteren zwei Wochen ab Klagezustellung schriftlich zu erwidern. Über die Möglichkeit eines Versäumnisurteils im schriftlichen Vorverfahren bei einer Versäumung der Frist zur Anzeige der Verteidigungsbereitschaft hat das Gericht den Beklagten belehrt, ebenso über die kostenrechtlichen Folgen und die vorläufige Vollstreckbarkeit ohne Sicherheitsleistung und ohne Abwendungsbefugnis.*
>
> *Der Beklagte hat am 13.01.2016 seine Verteidigungsbereitschaft angezeigt. Am 10.02.2016 hat das Gericht Termin zu mündlichen Verhandlung auf den 28.03.2016 anberaumt. Am 07.03.2016 hat der Beklagte auf die Klage erwidert und behauptet, ... Für diese Behauptung hat der Beklagte Beweis angetreten durch Einholung eines Sachverständigengutachtens. Die Klageerwiderung ist der Klägerin am 14.03.2016 zugestellt worden. Sie hat mit am 21.03.2016 eingegangenem Schriftsatz Verspätung gerügt und die Behauptung des Beklagten bestritten ...*

b) Umgehung der Präklusion

Eine drohende Präklusion kann durch die **„Flucht in die Säumnis"** und durch die   **699**
„Flucht in die Widerklage" verhindert werden. Diese beiden prozessualen Möglichkeiten eröffnen, das präkludierte Vorbringen doch noch in zulässiger Weise in die Entscheidungsfindung des Gerichts einzubeziehen. Dies geschieht bei der „Flucht in die Säumnis" erst im Einspruchsverfahren gegen ein erlassenes Versäumnisurteil.[919]

Da bei einem zulässigen Einspruch nach § 341 a ZPO ein **Einspruchstermin** stattzu-   **700**
finden hat, **beruht die Verzögerung** dann nicht mehr auf der Verspätung, sondern

---

919 Siehe dazu Rn. 610.

auf der Säumnis. Bei der „Flucht in die Widerklage" verzichtet der Beklagte wegen der drohenden Präklusion auf eine **Prozessaufrechnung** und erhebt stattdessen Widerklage gegen den Kläger. Diese Widerklage ist nicht präkludiert, da es sich dabei nicht um ein Angriffs- oder Verteidigungsmittel i.S.d. § 296 ZPO handelt.[920]

III. Beweisantritt

701 Für eine beweiserhebliche und zugleich beweisbedürftige Tatsache bedarf es eines **ordnungsgemäßen Beweisantrittes** der **beweisbelasteten** Partei. Fehlt ein solcher, ist die Partei beweisfällig und schon deswegen das Beweisthema nicht bewiesen. Steht das Beweisangebot im Widerspruch zur vorgerichtlichen Korrespondenz, darf es deswegen nicht unberücksichtigt bleiben, ein derartiger Widerspruch spielt nur im Rahmen der freien Beweiswürdigung nach § 286 Abs. 1 ZPO eine Rolle.[921] Nur beim Fehlen jeglicher tatsächlicher Anhaltspunkte kann ein Beweisantrag „ins Blaue hinein" aufgestellt und deswegen unzulässig sein.[922]

Die Überleitung von der Beweisbedürftigkeit zur Prüfung ordnungsgemäßer Beweisangebote lautet im Gutachten: „Es ist nunmehr zu prüfen, ob ordnungsgemäße Beweisantritte der beweisbelasteten Partei vorliegen."

Beweis kann nicht nur die **beweispflichtige Partei** anbieten. Auch dem Prozessgegner ist es unbenommen, Beweismittel für Tatsachen zu benennen, die er nicht zu beweisen hat. Es handelt sich dann um Beweisangebote, die Beweisführung durch den Prozessgegner zu verhindern **(Gegenbeweise)**. In der Praxis wird beim **Gegenbeweisantritt** zumeist im Schriftsatz formuliert „zum Gegenbeweis" oder „unter **Protest gegen die Beweislast**".

702 Die **Beweiserhebung** unterliegt grundsätzlich im Wege des **Strengbeweises** (§§ 355 ff. ZPO) der Parteiherrschaft. Der gesetzlich nicht geregelte **Freibeweis** findet demgegenüber bei der Parteiherrschaft nicht unterliegenden **prozessualen** Fragestellungen Anwendung (z.B. im PKH-Verfahren).[923] Sowohl im Strengbeweis- als auch im Freibeweisverfahren bedarf es der **vollen Überzeugung** des Gerichts von der festzustellenden Tatsache.[924]

703 Die **fünf Strengbeweismittel** der §§ 373 ff. ZPO werden durch die Kurzformel **„SAPUZ"** beschrieben. Dies sind der **Sachverständigenbeweis** (§§ 402 ff. ZPO), der Beweis durch richterlichen **Augenschein** (§§ 371 ff. ZPO), die **Parteivernehmung** (§§ 445 ff. ZPO), der **Urkundenbeweis** (§§ 415 ff. ZPO) und der **Zeugenbeweis** (§§ 373 ff. ZPO).

Unzulässige Beweisangebote sind analog § 244 Abs. 3–5 StPO abzulehnen.[925] Zu dieser Problematik gehört der Umgang mit **in rechtswidriger Weise erlangten Beweismitteln**.[926] Darunter fallen z.B. **heimliche Tonbandaufnahmen**,[927] **heimliche Videomitschnitte**[928] und **heimliche Mithörzeugen von Telefonaten**.[929] An der Heimlichkeit des Mithörens fehlt es, wenn die Erklärung abgegeben wird, das Telefon

---

920 BGH, Urt. v. 15.12.1994 – VII ZR 13/94, in: NJW 1995, 1223, 1224; Thomas/Putzo/Reichold § 146 ZPO Rn. 2.

921 BGH, Beschl. v. 23.04.2015 – VII ZR 163/14, in: RÜ2 2015, 129, 130.

922 BGH, Beschl. v. 16.04.2015 – IX ZR 195/14, in: RÜ2 2016, 5, 7.

923 Thomas/Putzo/Reichold Vorbem. § 284 ZPO Rn. 6.

924 BGH, Beschl. v. 22.12.2011 – VII ZB 35/11, in: NJW-RR 2012, 509, 510.

925 BGH, Urt. v. 10.02.1993 – XII ZR 241/91, in: NJW 1993, 1391; Thomas/Putzo/Reichold § 284 ZPO Rn. 4.

926 Vgl. dazu Thomas/Putzo/Reichold § 286 ZPO Rn. 7, 8.

927 Vgl. BGH, Urt. v. 03.06.1997 – VI ZR 133/96, in: NJW 1998, 155.

928 Vgl. BAG, Urt. v. 27.03.2003 – 2 AZR 51/02, in: NJW 2003, 3436.

929 Vgl. BVerfG, Beschl. v. 09.10.2002 – 1 BvR 1611/96, 1 BvR 805/98, in: NJW 2002, 3619, 3620.

sei „auf laut gestellt", da dies ein Mithören durch einen Dritten impliziert.[930] Über die Verwertbarkeit heimlich erlangter Beweismittel ist einzelfallabhängig aufgrund einer umfassenden Interessen- und Güterabwägung zu entscheiden.[931]

1. Sachverständigenbeweis

Der Sachverständigenbeweis dient dazu, dem Gericht das zur Beurteilung erforderliche **Fachwissen** zu vermitteln.[932] Nach § 403 ZPO erfolgt der Beweisantritt durch die Benennung der zu begutachtenden Tatsache. Die Sachverständigenauswahl obliegt nach § 404 Abs. 1 ZPO dem Gericht.

704

Der Sachverständige stellt aufgrund seiner besonderen Fachkunde streitige Tatsachen fest und zieht daraus im Wege der Bewertung unter Anwendung seiner Sachkunde Schlussfolgerungen. Er beurteilt also **Tatsachen, keine Rechtsfragen**.[933] Ein Sachverständigengutachten ist ebenso wie die anderen Strengbeweismittel der ZPO lediglich ein **Hilfsmittel** des Gerichts. Das Gericht hat sicherzustellen, dass der Sachverständige von zutreffenden **Anknüpfungstatsachen** ausgeht (§ 404 a Abs. 3 ZPO). Das vom Sachverständigen erstattete (schriftliche oder mündliche) Gutachten hat das Gericht nicht ungeprüft als Grundlage seiner eigenen Entscheidung zu übernehmen, sondern muss sich von seiner Verwertbarkeit, Geschlossenheit, fachlichen Stichhaltigkeit und Überzeugungskraft vergewissern.[934] Die Parteien können Einwendungen gegen das Gutachten erheben (§ 411 Abs. 4 S. 1 ZPO). Dafür kann ihnen eine Frist gesetzt werden, deren Versäumung zur Präklusion der Einwendungen führen kann (§ 411 Abs. 4 S. 2 ZPO).

705

2. Augenscheinsbeweis

Augenscheinsbeweis ist jede unmittelbare Wahrnehmung des Gerichts (Fühlen, Hören, Riechen, Sehen, Schmecken) über die Beschaffenheit von Personen und Gegenständen oder über Vorgänge.[935] Augenscheinsobjekte sind beispielsweise Fotos von den Örtlichkeiten eines Verkehrsunfalls. In der Regel machen aussagekräftige **Fotos** einen Ortstermin entbehrlich.[936]

706

3. Parteivernehmung

Die von der **Parteianhörung** nach § 141 ZPO abzugrenzende Parteivernehmung ist förmliches **(subsidiäres)** Beweismittel.[937] Mit der **Parteianhörung** werden nur Lücken im Parteivortrag geschlossen und das Parteivorbringen wird substantiiert.[938] Die **Parteivernehmung** dient ebenso wie die übrigen Strengbeweismittel der **vollen Beweisführung** der beweisbelasteten Partei. Grundsätzlich kann nach § 445 Abs. 1 ZPO nur der **Prozessgegner** als Beweismittel benannt werden und das auch nur, wenn die beweispflichtige Partei ihrer Beweispflicht durch andere Beweismittel nicht oder nicht vollständig nachkommen kann. Stimmt der Prozessgegner zu, kann sich die beweispflichtige Partei nach § 447 ZPO auch **selbst** als Beweismittel vernehmen lassen. Ausnahmsweise ist nach § 448 ZPO eine Parteivernehmung ohne Rück-

707

---

930 OLG Koblenz, Urt. v. 08.01.2014 – 5 U 849/13, in: MDR 2014, 743 = RÜ 2014, 500.

931 Thomas/Putzo/Reichold § 286 ZPO Rn. 7.

932 BGH, Urt. v. 18.03.1993 – IX ZR 198/92, in: NJW 1993, 1796, 1797; Thomas/Putzo/Reichold Vorbem. § 402 ZPO Rn. 1.

933 Thomas/Putzo/Reichold Vorbem. § 402 ZPO Rn. 1.

934 OLG München, Beschl. v. 24.10.2005 – 34 Wx 82/05, in: NJW 2006, 1293, 1295; Thomas/Putzo/Reichold § 286 ZPO Rn. 3.

935 Thomas/Putzo/Reichold Vorbem. § 371 ZPO Rn. 1.

936 Thomas/Putzo/Reichold Vorbem. § 371 ZPO Rn. 1.

937 Thomas/Putzo/Reichold Vorbem. § 445 ZPO Rn. 1.

938 Thomas/Putzo/Reichold Vorbem. § 445 ZPO Rn. 2.

sicht auf die Beweislast von Amts wegen möglich, wenn das bisherige Beweisergebnis noch nicht zur Überzeugungsbildung des Gerichts ausreicht. Es bedarf einer gewissen **Anfangswahrscheinlichkeit**, des sogenannter **Anbeweises**.[939]

708 Darüber hinaus ist in Fällen der **Beweisnot** eine Vernehmung der beweispflichtigen Partei zulässig. Dies gilt aus Gründen der Waffengleichheit, des rechtlichen Gehörs und des Anspruchs auf ein faires Verfahren für den Inhalt beweiserheblicher **Gespräche unter vier Augen** zwischen den beiden Parteien oder zwischen dem Zeugen einer Partei und der anderen Partei.[940] Ein weiterer anerkannter Beweisnotfall besteht darin, dass bei einem **Sechs-Augen-Gespräch** der alleinige Zeuge als Ehemann im Lager der gegnerischen Partei steht.[941]

4. Urkundenbeweis

709 Beim Urkundenbeweis bildet der Inhalt einer mittels Schriftzeichen **verkörperten Gedankenäußerung** den Beweisgegenstand.[942] Der Einsatz von Urkunden erfolgt entweder durch die Überreichung von Ablichtungen als bloße Sachvortragssubstantiierung (vgl. § 131 ZPO) oder als Strengbeweismittel. Im letztgenannten Fall ist die Vorlage der **Originalurkunde** erforderlich, sodass eine Kopie nicht ausreicht. Es ist zwischen **öffentlichen Urkunden** und **Privaturkunden** (§ 416 ZPO) zu unterscheiden.

Beweiskraft haben Urkunden nur, wenn die Urkunde **unversehrt** ist (§ 419 Abs. 1 ZPO) und ihre **Echtheit** feststeht (§ 440 Abs. 1 ZPO).[943] **Echtheit einer Urkunde** ist gegeben, wenn die Unterschrift dem Namensträger zuzurechnen ist und die darüber stehende Schrift vom Aussteller selbst stammt oder mit dessen Willen dort steht.[944] Echtheit ist nicht gleichbedeutend mit Wahrheit.

> **Beachte:** Bei feststehender Echtheit der Namensunterschrift hat nach § 440 Abs. 2 ZPO der Text über der Unterschrift die **Vermutung** der Echtheit für sich.

> **Merke:** Bei Urkunden ist zwischen der **formellen und der materiellen Beweiskraft** zu unterscheiden.

710 Für die **formelle Beweiskraft** stellen §§ 415–418 ZPO gesetzliche **Beweisregeln** auf, indem sie für das Gericht bindend bestimmen, wann der Urkundeninhalt als bewiesen anzusehen ist. So umfasst die Beweiskraft der in § 415 Abs. 1 ZPO legaldefinierten öffentlichen Urkunden den vollen Beweis des beurkundeten Vorganges. Diese erstreckt sich beispielsweise bei einer notariellen Urkunde auf **Zeit, Ort und Inhalt** der beurkundeten Willenserklärung.[945] Dagegen ist nach § 415 Abs. 2 ZPO nur der Beweis zulässig, dass der Vorgang unrichtig beurkundet wurde. Dazu bedarf es des vollen Beweises der Unrichtigkeit der Beurkundung, die bloße Erschütterung reicht nicht aus.[946]

711 Die **materielle Beweiskraft** einer Urkunde entscheidet über die Frage, welche Bedeutung die formell bewiesene Tatsache für das Beweisthema und die Urteilsfindung

---

939 Thomas/Putzo/Reichold § 448 ZPO Rn. 2.

940 BGH, Urt. v. 08.07.2010 – III ZR 249/09, in: NJW 2010, 3292, 3293; Thomas/Putzo/Reichold § 448 ZPO Rn. 4.

941 BGH, Urt. v. 14.05.2013 – VI ZR 325/11, in: NJW 2013, 2601, 2602; Thomas/Putzo/Reichold § 448 ZPO Rn. 4.

942 Thomas/Putzo/Reichold Vorbem. § 415 ZPO Rn. 1.

943 Thomas/Putzo/Reichold Vorbem. § 415 ZPO Rn. 6.

944 Thomas/Putzo/Reichold § 437 ZPO Rn. 1.

945 BGH, Urt. v. 19.06.1998 – V ZR 133/97, in: NJW-RR 1998, 1470; Thomas/Putzo/Reichold § 415 ZPO Rn. 5.

946 Thomas/Putzo/Reichold § 415 ZPO Rn. 6.

hat.[947] Dies unterliegt nach § 286 Abs. 1 ZPO der freien richterlichen Beweiswürdigung.

5. Zeugenbeweis

Gegenstand des **Zeugenbeweises** sind Wahrnehmungen der Beweisperson über vergangene Tatsachen und Zustände.[948] Nicht zu den Zeugenaufgaben gehört es, aufgrund von Erfahrungssätzen und Fachkenntnissen Schlussfolgerungen zu ziehen oder dem Gericht besonderes Fachwissen zu vermitteln.[949] Dies ist vielmehr Gegenstand der Sachverständigenbeweisführung. Verfügt der Zeuge über besondere Sachkunde, wird aber über von ihm wahrgenommene Geschehensabläufe vernommen, bleibt er nach § 414 ZPO Zeuge (sogenannter **sachverständiger Zeuge**, z.B. ein Arzt, der einen Verkehrsunfall sieht und über die beobachteten Personenschäden aussagt).

712

Der **Zeugenbeweisantritt** erfolgt nach § 373 ZPO durch die Benennung des Zeugen und des konkreten Beweisthemas. Zum ordnungsgemäßen Beweisantritt gehört die Mitteilung der landungsfähigen **Anschrift** des Zeugen.[950] Fehlen erforderliche Angaben, hat das Gericht nach § 356 ZPO eine Beibringungsfrist zu setzen.

713

Zeuge kann nicht sein, wer **als Partei** zu vernehmen ist.[951] Als Partei zu vernehmen sind gesetzliche Vertreter prozessunfähiger Parteien sowie vertretungsberechtigte Organe von juristischen Personen und vertretungsberechtigte Gesellschafter von Personenhandelsgesellschaften.[952]

714

IV. Beweisergebnis

Nach erfolgter Beweisaufnahme ist das **Beweisergebnis** festzustellen. Dies geschieht im **Gutachten** mit dem Überleitungssatz „Nunmehr ist zu klären, welches Ergebnis die Beweisaufnahme erbracht hat."

715

> **Merke:** In einer **Entscheidungsklausur** ist von Entscheidungsreife auszugehen, notfalls ist sie nach dem Bearbeitervermerk zu unterstellen. Sollte der Referendar eine weitere Beweisaufnahme für erforderlich halten, heißt es im Bearbeitervermerk regelmäßig, dass von deren Ergebnislosigkeit auszugehen ist. Nur so kann erreicht werden, dass die Klausurleistung in der Fertigung eines Urteilsentwurfes besteht, da bei fehlender Entscheidungsreife ein Beweisbeschluss (§ 358 ZPO) zu erlassen wäre.

Hat das Gericht nicht alle angebotenen Beweise der beweisbelasteten Partei ausgeschöpft, ohne dass der Prozessgegner Gegenbeweismittel benannt hat, ist **klausurtaktisch** davon auszugehen, dass die beweispflichtige Partei den Beweis bereits mit den bisherigen Beweismitteln geführt hat. Umgekehrt kann **klausurtaktisch** die Beweisfälligkeit der beweisbelasteten Partei als Klausurergebnis angenommen werden, wenn das Gericht allen Beweisangeboten der beweisbelasteten Partei nachgekommen ist, aber noch (prozessual zulässige) unerledigte Gegenbeweisantritte der nicht beweispflichtigen Partei vorliegen.

716

---

947 Thomas/Putzo/Reichold § 415 ZPO Rn. 7.

948 Thomas/Putzo/Reichold Vorbem. § 373 ZPO Rn. 1.

949 BGH, Urt. v. 09.10.2013 – VIII ZR 224/12, in: NJW 2013, 3570, 3572; Thomas/Putzo/Reichold Vorbem. § 373 ZPO Rn. 1.

950 Thomas/Putzo/Reichold § 373 ZPO Rn. 1.

951 Thomas/Putzo/Reichold Vorbem. § 373 ZPO Rn. 6.

952 Thomas/Putzo/Reichold Vorbem. § 373 ZPO Rn. 6, 7.

717 In **Anwaltsklausuren** ist regelmäßig noch keine Beweisaufnahme erfolgt. Es ist vielmehr nur eine Prognose zu den Erfolgsaussichten der Beweisaufnahme anzustellen. Anders ist dies beispielsweise, wenn der Referendar nach (teilweise oder vollständig) durchgeführter Beweisaufnahme ein Gutachten zur Annahme eines **Vergleichsvorschlages** zu erstellen hat.

1. Beweisergiebigkeit

718 Ausgangspunkt für die Erarbeitung des Beweisergebnisses ist die **Beweisergiebigkeit** der Beweisaufnahme. Jedes einzelne Beweismittel ist gesondert zu untersuchen. Es sind drei Fälle zu unterscheiden. **Positiv ergiebige**, **unergiebige** und **negativ ergiebige** Beweismittel.

a) Positive Ergiebigkeit

719 Ein Beweismittel ist positiv ergiebig, wenn es das Beweisthema **bestätigt**. Will der Kläger beispielsweise durch Zeugenbeweis beweisen, dass der Beklagte ihn geschlagen hat, liegt positive Ergiebigkeit nur bei einer Zeugenaussage vor, die das Schlagen des Klägers durch den Beklagten bekundet.

b) Unergiebigkeit

720 **Unergiebig** ist das Beweismittel, das zum Beweisthema nichts beitragen kann, z.B. der **„Knallzeuge"** beim Verkehrsunfall. Dieser hat den Unfallhergang nicht selbst beobachtet und kann deshalb dazu keine Angaben machen. Er ist erst nachträglich auf das zwischen den Parteien streitige Geschehen aufmerksam geworden und kann deshalb zur Ursache des Unfalles nichts sagen (allenfalls etwas zu den Folgen).

c) Negative Ergiebigkeit

721 **Negativ ergiebig** ist ein Beweismittel, das genau das **Gegenteil der Beweisbehauptung** der beweispflichtigen Partei bestätigt. Behauptet der beweispflichtige Beklagte beispielsweise, sich mit dem Kläger auf eine Vertragsaufhebung geeinigt zu haben, und sagt der vom Beklagten benannte Zeuge aus, es sei keine Einigung erfolgt, ist diese Aussage negativ ergiebig.

2. Einzelwürdigung

722 Nach der Klärung der Beweisergiebigkeit erfolgt eine **Einzelwürdigung** nur **der positiv ergiebigen Beweismittel**. Die unergiebigen und die negativ ergiebigen Beweismittel helfen der beweispflichtigen Partei nicht weiter. Das negativ ergiebige Beweismittel nutzt nur dem Prozessgegner. Dieser kann es sich **zu eigen machen**.[953] Es spricht eine Vermutung dafür, dass dies zumindest hilfsweise geschieht.[954]

> **Merke:** Die beweisbelastete Partei kann nur mit positiv ergiebigen Beweismitteln den ihr obliegenden Beweis führen.

723 Ziel der **Beweiswürdigung** ist zu klären, ob sich die **Überzeugung** von der Wahrheit einer (streitigen) Tatsache erlangen lässt. Hierfür genügt, da sich absolute Gewissheit nicht erzielen lässt und Zweifel nie völlig auszuschließen sind, ein für das praktische Leben **brauchbarer Grad an Gewissheit**.[955]

---

953 BGH, Urt. v. 19.01.1990 – V ZR 241/88, in: NJW-RR 1990, 507; Thomas/Putzo/Reichold § 286 ZPO Rn. 6.

954 BGH, Urt. v. 03.04.2001 – VI ZR 203/00, in: NJW 2001, 2177; Thomas/Putzo/Reichold § 286 ZPO Rn. 6.

955 BGH, Urt. v. 14.01.1993 – IX ZR 238/91, in: NJW 1993, 935, 937; Thomas/Putzo/Reichold § 286 ZPO Rn. 2.

Bei der **Würdigung von Zeugenaussagen** ist zwischen der auf die Sachdarstellung   **724**
bezogenen **Glaubhaftigkeit** der Aussage und der auf die Person bezogenen **Glaub-**
würdigkeit zu unterscheiden.[956] Alle **sach- und personenbezogenen Kriterien**
des Einzelfalles sind gegeneinander abzuwägen, z.B. die Wahrnehmungsfähigkeit
des Zeugen, seine Wahrnehmungsbereitschaft, die Detailliertheit und Widerspruchs-
freiheit seiner Angaben, sein Eigeninteresse am Ausgang des Rechtsstreits, sein Nä-
heverhältnis zu einer Partei usw.

Führt die Einzelwürdigung der Beweismittel schon zur **Beweisfälligkeit** der beweis-   **725**
pflichtigen Partei (z.B. wegen Unglaubhaftigkeit der einzigen Zeugenaussage), ist der
Rechtsstreit **entscheidungsreif**.

3. Gesamtwürdigung

Ergibt die Einzelwürdigung demgegenüber, dass mindestens ein Beweismittel zur   **726**
Beweisführung (isoliert betrachtet) überzeugend ist, ist noch eine **Gesamtwürdi-**
gung aller Beweiserkenntnisse **(Gesamtschau)** vorzunehmen. Dabei hat das Gericht
freies Ermessen (§ 286 Abs. 1 ZPO). Es wägt die einzelnen Beweiserkenntnisse gegeneinander ab, zieht Schlussfolgerungen und bildet sich dadurch die erforderliche
Überzeugung.[957] In diese Gesamtwürdigung fließen **auch negativ ergiebige Be-**
weismittel ein. Es muss eine nach der Gesamtheit der einzelnen Beweisaspekte
nachvollziehbare Beurteilung stattfinden, ohne auf jeden einzelnen Gesichtspunkt
ausführlich einzugehen.[958]

> **Merke:** Die Gesamtwürdigung muss sachgerecht und widerspruchsfrei erfolgen
> und sich mit den Kernpunkten auseinandersetzen.

Am **Ende der Gesamtwürdigung** steht das **Beweisergebnis** fest und ist (im **Gutach-**   **727**
ten) auf die beweiserhebliche(n) Tatsache(n) zu übertragen (z.B. „Somit hat der Kläger bewiesen, dass … Der Beklagte hat nicht bewiesen, dass …"). Die **Entschei-**
dungsgründe eines Urteils formulieren das Beweisergebnis im **Urteilsstil**.

Entscheidungsgründe:

Die Klage ist zulässig und begründet.

Der Unterlassungsanspruch der Klägerin ergibt sich aus § 1004 Abs. 1 S. 2 BGB. Danach
hat es der Beklagte zu unterlassen, das klägerische Grundstück zu betreten.

*Der Beklagte hat seine Behauptung **nicht bewiesen**, dass die Klägerin ihm das Betre-*
ten ihres Grundstücks gestattet habe (§ 1004 Abs. 2 BGB). Auch hat der Beklagte kein
gesetzliches Betretungsrecht.

Die Bekundung der Zeugin Hüttemann, der Ehefrau des Beklagten, die Klägerin habe
dem Beklagten beim Nachbarschaftsfest im Dezember 2015 erlaubt, ihr Grundstück
zu betreten, reicht nicht aus, dem Gericht die sichere Überzeugung von der Wahrhaf-
tigkeit dieser Aussage zu verschaffen. Auch wenn die Bekundungen dieser Zeugin de-
tailliert, frei von Widersprüchen und im Rahmen eines intakten nachbarschaftlichen
Gemeinschaftsverhältnisses plausibel erscheinen, führt die nach § 286 Abs. 1 ZPO vor-
zunehmende Gesamtwürdigung zu einem für den beweispflichtigen Beklagten bes-
tenfalls offenen Beweisergebnis, das zu seinen Lasten geht. Dies gilt unabhängig da-

---

956 Thomas/Putzo/Reichold § 286 ZPO Rn. 6.
957 Thomas/Putzo/Reichold § 286 ZPO Rn. 2a.
958 Thomas/Putzo/Reichold § 286 ZPO Rn. 5.

von, dass die Ehefrau des Beklagten in seinem Lager steht und ein Eigeninteresse daran hat, dass der Kläger den Prozess nicht verliert. Der Überzeugungskraft der Aussage der Zeugin Hüttemann steht entgegen, dass der Zeuge Nigbur als unbeteiligter Nachbar ohne Eigeninteresse am Ausgang des Rechtsstreits ausgesagt hat, die Unterhaltung zwischen den Parteien aus nächster Nähe verfolgt zu haben und sich sicher zu sein, dass es zu einer Gestattung des Betretens des klägerischen Grundstücks nicht gekommen sei. Das Gericht hält diese, der Aussage der Zeugin Hüttemann entgegenstehenden Bekundungen für mindestens ebenso glaubhaft wie die der Ehefrau des Beklagten. Für den Zeugen besteht keinerlei erkennbares Motiv für eine Falschaussage. Seine zusätzliche Aussage, die Klägerin habe auf die Bitte des Beklagten, ihr Grundstück betreten zu dürfen, geantwortet, dies erst in den nächsten Tagen entscheiden zu wollen, da das Nachbarschaftsfest nicht der richtige Ort dafür sei, ist lebensnah und fügt sich in den positiven Gesamteindruck des Gerichts von dem ernstlichen Bemühen des Zeugen Nigbur, zur wahrheitsgemäßen Sachaufklärung beizutragen, ein.

...

H. Rechtsmittel

728   Da aus dem Bereich des Rechtsmittelrechts nur die **Berufung** und die **Beschwerde** (bisher) Examensrelevanz[959] hatten, beschränkt sich die Darstellung auf diese beiden Rechtsmittel, sodass insbesondere die **Revision** (§§ 542 ff ZPO) nicht behandelt ist, ebenso nicht die **Rechtsbeschwerde** (§§ 574 ff ZPO).

I. Berufung

729   Nach § 511 Abs. 1 ZPO findet gegen erstinstanzliche **Endurteile** die **Berufung** statt. Ziel dieses Rechtsmittels ist eine Abänderung des erstinstanzlichen Urteils zugunsten des Rechtsmittelführers.[960]

Die Berufung ist **erfolgreich**, soweit sie **zulässig und begründet** ist.[961]

730   Sind **beide Parteien** in erster Instanz **teilweise unterlegen**, können sie selbstständige Berufungen einlegen oder die eine Partei schließt sich der Berufung der anderen an.[962] Eine solche **Anschlussberufung** ist in § 524 ZPO geregelt. Als **unselbstständige** Anschlussberufung bedarf sie nicht einmal einer Beschwer,[963] ist also beispielsweise zwecks Klageerweiterung zulässig, wenn der (vollständig unterlegene) Beklagte (Haupt-)Berufung eingelegt hat.

1. Zulässigkeit der Berufung[964]

731   Die **Zulässigkeitsvoraussetzungen** der Berufung sind **zuerst zu prüfen**. Sie unterliegen nach § 522 Abs. 1 S. 1 ZPO der Amtsprüfung. Nur eine zulässige Berufung ermöglicht eine Begründetheitsprüfung.[965]

> **Merke:** Bei einem unzulässigen Rechtsmittel kommt es zu keiner Sachprüfung.

---

959   In unterschiedlichem Umfang in den einzelnen Bundesländern.

960   Vgl. Thomas/Putzo/Reichold Vorbem. § 511 ZPO Rn. 1.

961   Thomas/Putzo/Reichold Vorbem. § 511 ZPO Rn. 11.

962   Thomas/Putzo/Reichold § 524 ZPO Rn. 1.

963   BGH, Urt. v. 10.05.2011 – 6 ZR 152/10, in: NJW 2011, 3298; Thomas/Putzo/Reichold § 524 ZPO Rn. 17.

964   Vgl. Thomas/Putzo/Reichold Vorbem. § 511 ZPO Rn. 13–37.

965   Thomas/Putzo/Reichold Vorbem. § 511 ZPO Rn. 11.

a) Statthaftigkeit

Eine Berufung gegen ein erstinstanzliches Urteil ist nach § 511 Abs. 2 Nr. 1 ZPO nur **732** zulässig, wenn der **Wert des Beschwerdegegenstandes** 600 € übersteigt. Ist dies nicht der Fall, bedarf es der **Zulassung der Berufung** (§ 511 Abs. 4 S. 1 ZPO) durch das erstinstanzliche Gericht (§ 511 Abs. 2 Nr. 2 ZPO), die für das Berufungsgericht bindend ist (§ 511 Abs. 4 S. 2 ZPO).

Die **Berufungssumme** des § 511 Abs. 2 Nr. 1 ZPO (Wert des Beschwerdegegenstan- **733** des) setzt sich aus zwei Komponenten zusammen: Zum einen aus der **Beschwer** (§ 511 Abs. 4 S. 1 Nr. 2 ZPO), zum anderen aus dem nach § 520 Abs. 3 S. 2 Nr. 1 ZPO zu stellenden **Berufungsantrag**.[966] Die Beschwer ist das Zurückbleiben des erstinstanz-lichen Urteils hinter dem gestellten Antrag;[967] der Berufungsantrag bestimmt den Umfang der begehrten Urteilsabänderung.[968] Sie ist (beim Teilerfolg der Klage) **für jede Partei gesondert** zu berechnen.[969] Die Berechnung erfolgt nach §§ 3 ff. ZPO (§ 2 ZPO).

Die **Beschwer des Klägers** bestimmt sich durch den Umfang der nachteiligen Ab- **734** weichung des erstinstanzlichen Urteils von seinem Klageantrag.[970] Die **Beschwer des Beklagten** ist materiell durch den nachteiligen rechtskraftfähigen Inhalt des erstinstanzlichen Urteils zu ermitteln.[971]

> **Merke:** Die Berufungssumme kann nicht höher sein als die erstinstanzliche Be-schwer, wohl aber als der erstinstanzliche Streitwert.

In aller Regel begrenzt der **erstinstanzliche Zuständigkeitsstreitwert** die Beru- **735** fungssumme, davon gibt es aber **Ausnahmen**. Hat beispielsweise der Kläger erstin-stanzlich eine Klage auf Beseitigung eines Grenzzaunes gegen den Beklagten ge-wonnen, ist für den erstinstanzlichen **Zuständigkeitsstreitwert** das nach § 3 ZPO zu schätzende wirtschaftliche Interesse des Klägers an der Zaunbeseitigung maßgeb-lich. Dieses bestimmt nach § 48 Abs. 1 S. 1 GKG zugleich den erstinstanzlichen **Ge-bührenstreitwert**. Die **Beschwer** des verurteilten Beklagten demgegenüber besteht in seinem **wirtschaftlichen Interesse** an der Vermeidung der Zaunbeseitigung. Die-ses Interesse liegt in den abzuwendenden Abrisskosten. Sind diese höher als das klä-gerische Beseitigungsinteresse, ist die **Beschwer** des Beklagten **höher als der erstinstanzliche Gegenstandswert.**

> **Merke:** Die Sonderregelung des § 47 Abs. 2 S. 1 GKG, wonach der zweitinstanzli-che Streitwert durch den erstinstanzlichen Wert des Streitgegenstandes begrenzt wird, gilt nur für den Gebührenstreitwert.

Die **Berufungssumme** hat der Berufungskläger nach § 511 Abs. 3 ZPO **glaubhaft** zu **736** machen, ohne dafür (entgegen § 294 Abs. 1 ZPO) eine eidesstattliche Versicherung einsetzen zu können.

b) Zuständigkeit

Die **(sachliche) Zuständigkeit** für das Berufungsverfahren regeln §§ 72 Abs. 1 S. 1, **737** 119 Abs. 1 Nr. 2 GVG. Hat erstinstanzlich das Amtsgericht entschieden, ist Berufungs-

---

966 Thomas/Putzo/Reichold § 511 ZPO Rn. 12.

967 Vgl. Thomas/Putzo/Reichold Vorbem. § 511 ZPO Rn. 16–19.

968 Thomas/Putzo/Reichold § 511 ZPO Rn. 12.

969 BGH, Beschl. v. 30.06.1994 – LwZR 8/93, in: NJW 1994, 2900; Thomas/Putzo/Reichold § 511 ZPO Rn. 12.

970 Thomas/Putzo/Reichold Vorbem. § 511 ZPO Rn. 18.

971 Thomas/Putzo/Reichold Vorbem. § 511 ZPO Rn. 19.

gericht das Landgericht, bei erstinstanzlicher Entscheidung durch das Landgericht entscheidet über die Berufung das Oberlandesgericht.

c) Form und Frist der Einlegung

aa) Form

738 Die Berufung ist nach § 519 Abs. 1 ZPO schriftlich **beim Berufungsgericht** einzulegen. Den **Inhalt** der Berufsschrift bestimmt § 519 Abs. 2 ZPO. Danach ist das angefochtene erstinstanzliche Urteil zu bezeichnen und zu erklären, dass gegen dieses Urteil Berufung eingelegt wird. Die Bezeichnung des erstinstanzlichen Urteils erfolgt zweckmäßig nach Gericht, Parteien, Verkündungsdatum und Aktenzeichen.[972] In dem Schriftsatz muss das Wort „Berufung" nicht zwingend verwendet werden, eine **Falschbezeichnung** (z.B. „Einspruch", „Widerspruch") schadet nicht, wenn der Wille zur Nachprüfung des erstinstanzlichen Urteils durch die höhere Instanz klar erkennbar ist.[973] Nach § 519 Abs. 3 ZPO soll mit der Berufungsschrift eine Ausfertigung oder beglaubigte Abschrift des angefochtenen Urteils übersandt werden.

Ellen Michalski   *Göttingen, den 10.04.2016*
Rechtsanwältin
(…)

An das
Landgericht Göttingen
Berliner Str. 8
37073 Göttingen

Berufung

In dem Rechtsstreit

des Herrn Simon Stohlmann, Holunderweg 14, Göttingen,

Beklagten und Berufungsklägers,

– Prozessbevollmächtigte: Rechtsanwältin Ellen Michalski, Baumstr. 23, 37073 Göttingen –

g e g e n

Frau Dr. Martina Schonseck, Bundesstr. 77, 37073 Göttingen,

Klägerin und Berufungsbeklagte,

–Prozessbevollmächtigter: Rechtsanwalt Torben Berger, Sachsenallee 55, 37073 Göttingen –

lege ich namens und mit Vollmacht des Klägers **Berufung** *gegen das Urteil des Amtsgerichts Göttingen 14 C 599/15 vom 23.03.2016, mir zugestellt am 05.04.2016, ein.*

Eine beglaubigte Abschrift des angefochtenen Urteils füge ich anbei.

…

Beglaubigte und einfache Abschrift anbei.

(…)
Rechtsanwältin

---

972 BGH, Urt. v. 11.01.2001 – III ZR 113/00, in: NJW 2001, 1070, 1071; Thomas/Putzo/Reichold § 519 ZPO Rn. 13.
973 BGH, Beschl. v. 19.11.1997 – XII ZB 157/97, in: NJW-RR 1989, 507; Thomas/Putzo/Reichold § 519 ZPO Rn. 14.

bb) Frist

Die **Berufungseinlegungsfrist** beträgt nach § 517 ZPO **einen Monat**. Sie ist eine **739**
Notfrist und beginnt mit der Zustellung des in vollständiger Form abgefassten Urteils. **Fristbeginn** ist der Tag der wirksamen Amtszustellung.[974] Das **Fristende** liegt einen Monat nach dem Fristbeginn und ist nach § 222 ZPO zu berechnen,[975] der wiederum auf die §§ 187 ff. BGB verweist. Ist das erstinstanzliche Urteil beispielsweise am 04.02.2016 zugestellt, endet die Berufungseinlegungsfrist nach §§ 222 Abs. 1 ZPO, 188 Abs. 2 BGB mit Ablauf des 04.03.2016, d.h. um 24.00 Uhr dieses Tages.[976] Die Berufungsschrift muss **vor 24.00 Uhr**, also bis (zum Ablauf von) 23.59 Uhr eingegangen sein.[977]

Die Beweislast für den rechtzeitigen Eingang beim zuständigen Gericht trägt der **740**
Rechtsmittelführer.[978]

d) Form und Frist der Begründung

aa) Form

Die Berufung ist **begründungspflichtig** (§ 520 Abs. 1 ZPO). Nach § 520 Abs. 3 S. 1 **741**
ZPO hat dies, soweit die Begründung nicht bereits in der Berufungseinlegungsschrift enthalten ist, durch einen beim Berufungsgericht einzureichenden **Schriftsatz** zu geschehen. Darin muss der **Berufungsantrag** enthalten sein, d.h. die Erklärung, in welchem Umfang das erstinstanzliche Urteil angefochten und seine Abänderung begehrt wird (§ 520 Abs. 3 S. 2 Nr. 1 ZPO). Außerdem hat der Berufungskläger eine **inhaltliche Begründung** vorzulegen (§ 520 Abs. 3 S. 1 Nr. 2–4 ZPO). Diese muss sich nach Nr. 2 mit den erstinstanzlichen Entscheidungsgründen auseinandersetzen und aus sich heraus verständliche Angaben enthalten, in welchen Punkten tatsächlicher und rechtlicher Art das angefochtene Urteil unrichtig ist.[979] Die Darlegungen müssen auf den Streitstoff zugeschnitten sein und konkret angeben, in welchen Punkten und aus welchen materiell-rechtlichen oder verfahrensrechtlichen Gründen der Berufungskläger das angefochtene erstinstanzliche Urteil für unrichtig erachtet.[980] Außerdem ist nach Nr. 3 die Unrichtigkeit oder Unvollständigkeit der erstinstanzlichen Tatsachenfeststellungen darzulegen, soweit diese angegriffen werden. Dazu bedarf es einer vertieften Würdigung, die solche Zweifel begründen, dass eine Wiederholung oder Ergänzung der Beweisaufnahme notwendig erscheint.[981] Dies erfordert die Angabe, welche Tatsachenfeststellungen nicht stimmen und weshalb nicht, in welchen Punkten die Beweiswürdigung falsch ist und warum.

Bei **mehreren Streitgegenständen** gelten diese Anforderungen für jeden einzelnen Gegenstand, bei teilbarem Streitgegenstand muss für alle angegriffenen Teile eine Begründung gegeben werden[982] Dabei müssen die gerügten Punkte die Berufungssumme erreichen, andernfalls ist die Berufung unzulässig.[983]

---

974 Thomas/Putzo/Reichold § 517 ZPO Rn. 2.

975 Thomas/Putzo/Reichold § 517 ZPO Rn. 7.

976 Vgl. Thomas/Putzo/Hüßtege § 222 ZPO Rn. 7.

977 BGH, Beschl. v. 08.05.2007 – VI ZB 74/06, in: NJW 2007, 2045, 2046; Thomas/Putzo/Reichold § 520 ZPO Rn. 7, jeweils zur Berufungsbegründungsfrist.

978 BGH, Beschl. v. 08.10.2013 – VIII ZB 13/13, in: NJW-RR 2014, 179; Thomas/Putzo/Reichold § 517 ZPO Rn. 7.

979 BGH, Urt. v. 11.07.2002 – VII ZR 261/00, in: NJW-RR 2002, 1499; Thomas/Putzo/Reichold § 520 ZPO Rn. 20, 21.

980 Thomas/Putzo/Reichold § 520 ZPO Rn. 22.

981 Thomas/Putzo/Reichold § 520 ZPO Rn. 23.

982 BGH, Urt. v. 04.07.2013 – III ZR 52/12, in: NJW-RR 2014, 492, 494; Thomas/Putzo/Reichold § 520 ZPO Rn. 25.

983 BGH, Beschl. v. 16.10.2007 – VIII ZB 26/07, in: NJW-RR 1008, 584; Thomas/Putzo/Reichold § 520 ZPO Rn. 22.

Schließlich hat der Berufungsführer nach Nr. 4 seine **neuen Angriffs- und Verteidigungsmittel** zu benennen und zu begründen, dass diese nach § 531 Abs. 2 ZPO zuzulassen sind. Dazu gehört insbesondere die Begründung, weshalb das Vorbringen nicht bereits erstinstanzlich erfolgt ist.[984]

Zudem soll sich der Berufungsführer nach §§ 520 Abs. 4 Nr. 2, 526 ZPO dazu erklären, ob Gründe gegen eine Einzelrichterentscheidung bestehen.

Ellen Michalski   *Göttingen, den 09.05.2016*
Rechtsanwältin
(…)

An das
Landgericht Göttingen
Berliner Str. 8
37073 Göttingen

In dem Rechtsstreit

Stohlmann gegen Schonseck

2 S 78/16

beantrage ich,

> *das Urteil des Amtsgerichts Göttingen 14 C 599/15 vom 23.03.2016 aufzuheben und die Klage abzuweisen.*

Begründung:

Das angefochtene Urteil stelle ich in vollem Umfang zur Überprüfung durch die Berufungskammer.

Das Amtsgericht Göttingen hat den Beklagten aufgrund des Ergebnisses der Beweisaufnahme vom 23.03.2016 zur Zahlung des eingeklagten Honorars verurteilt. Es hat der einzigen Zeugin, der bei der Klägerin angestellten Arzthelferin Schönebaum, geglaubt, dass sich der Beklagte vor Beginn der kieferorthopädischen Behandlung vom 16.10.2015 mündlich mit der Übernahme der von seiner Krankenkasse nicht erstatteten Behandlungskosten einverstanden erklärt habe.

Es soll nicht bestritten werden, dass die Zeugin die dahingehende Behauptung der Klägerin im Beweistermin vom 23.03.2016 bestätigt hat. Diese Zeugenaussage war aber von Anfang an nicht glaubhaft. Es erscheint lebensfremd, dass die angebliche Kostenübernahmeerklärung seitens des Beklagten nur mündlich erfolgt sein soll. Immerhin betrug der von der gesetzlichen Krankenkasse des Beklagten nicht übernommene Kostenanteil 646 €. Aus Beweisgründen werden derartige Vereinbarungen mit Kassenpatienten regelmäßig schriftlich getroffen. Dies hat auch die Zeugin Schönebaum als ständige Übung der Klägerin bestätigt. Sie konnte aber nicht einmal ansatzweise erklären, weshalb dies angeblich bei der Behandlung des Beklagten vom 16.10.2015 anders gewesen sein soll. Es bestand keinerlei Notsituation, die ein schnelles Handeln erfordert hätte. Erstaunlicherweise konnte die Zeugin sich bei ihrer Vernehmung nicht erinnern, weshalb ausgerechnet bei der Behandlung des Beklagten darauf verzichtet worden sein soll, dass sich die Klägerin ihre übliche Formularerklärung vom Beklagten unterschreiben ließ. Dadurch fehlte es an einer rundherum plausiblen Aussage der Zeugin, sodass das Amtsgericht der Zeugin nicht hätte glauben dürfen. Davon mag sich die Kammer durch eine erneute Vernehmung der Zeugin einen eigenen persönlichen Eindruck verschaffen.

---

984   Thomas/Putzo/Reichold § 520 ZPO Rn. 24.

Vermutlich wird die Zeugin bei einer nochmaligen Vernehmung noch nervöser sein als bei der Vernehmung durch das Amtsgericht. Dazu besteht auch aller Anlass. Die Zeugin Schönebaum hat nämlich mittlerweile gegenüber der nachbenannten Zeugin Linda Dauwe eingeräumt, vor dem Amtsgericht falsch ausgesagt zu haben. Die Zeugin Schönebaum hat der Zeugin Dauwe, einer langjährigen Freundin, am 01.05.2016 im Vertrauen erzählt, ihre „Chefin", die Klägerin, habe sie zu der falschen Zeugenaussage aufgefordert.

Beweis: Zeugnis der Frau Linda Dauwe, Schulstr. 11, 37073 Göttingen

Dieses „Geständnis" der Zeugin Schönebaum ist am 01.05.2016 am Ende einer Fahrradtour in der Gaststätte „Zum grünen Kranz" in Göttingen erfolgt. Die Zeugin Schönebaum war schon erheblich alkoholisiert, als sie der Zeugin Dauwe von dem Prozess vor dem Amtsgericht Göttingen erzählte und berichtete, ihr tue der Beklagte leid, der wegen ihrer Falschaussage verurteilt worden sei. Sie könne aber nicht einfach zum Richter gehen und „die Sache geraderücken". Dann bekomme sie selbst „Ärger mit der Justiz" und sei zudem „ihren Job bei der Klägerin los". Es bleibe ihr jetzt nur, „die Sache durchzustehen".

Beweis: wie vor

Die Zeugin Dauwe und der Beklagte sind Mitglieder desselben Fitnessclubs. Der Beklagte hatte der Zeugin Dauwe Mitte April beiläufig von seinem Prozess und dem für ihn ungünstigen Urteil des Amtsgerichts Göttingen erzählt, ohne den Namen „Schönebaum" zu nennen. Er hatte nur von „der Arzthelferin der Klägerin" gesprochen. Vermutlich wusste die Zeugin Dauwe sogleich, dass dies die Zeugin Schönebaum ist.

Nach erneuter Beweisaufnahme wird das Urteil des Amtsgerichts Göttingen vom 23.03.2016 keinen Bestand haben können.

Es bestehen keine Bedenken gegen eine Einzelrichterentscheidung.

Beglaubigte und einfache Abschrift anbei.

(...)
Rechtsanwältin

bb) Frist

Die **Berufungsbegründungsfrist** beträgt **zwei Monate** und beginnt mit der Zustellung des in vollständiger Form abgefassten Urteils (§ 520 Abs. 2 S. 1 ZPO). Sie ist anders als die Berufungseinlegungsfrist **keine Notfrist**,[985] sondern ist auf Antrag verlängerbar (§ 520 Abs. 2 S. 2 ZPO). Dennoch ist ihre **Versäumung wiedereinsetzungsfähig** (§ 233 S. 1 ZPO). Die Berechnung der Frist richtet sich wiederum nach §§ 222 ZPO, 187 ff. BGB.   **742**

e) Allgemeine Verfahrensvoraussetzungen

Die Zulässigkeit der Berufung erfordert des Weiteren, dass die **allgemeinen Prozesshandlungsvoraussetzungen**[986] (insbesondere Parteifähigkeit, Prozessfähigkeit, Postulationsfähigkeit) vorliegen.[987]   **743**

---

985 Thomas/Putzo/Reichold § 520 ZPO Rn. 7.
986 Vgl. dazu Thomas/Putzo/Reichold Einl. III ZPO Rn. 10.
987 Thomas/Putzo/Reichold Vorbem. § 511 ZPO Rn. 35.

f) Kein Verzicht

744 Schließlich darf der Berufungskläger nicht auf die Berufung verzichtet haben (§ 515 ZPO). Ein solcher Verzicht ist schriftlich oder in der mündlichen Verhandlung gegenüber dem Prozessgericht zu erklären,[988] er bedarf nicht der Einwilligung des Berufungsgegners.

2. Verwerfungsentscheidung bei Unzulässigkeit

745 **Zusammenfassend** sind bei der Zulässigkeit der Berufung folgende Voraussetzungen zu prüfen:

- Statthaftigkeit
- Zuständigkeit
- Form und Frist der Einlegung
- Form und Frist der Begründung
- Allgemeine Verfahrensvoraussetzungen
- Kein Verzicht

746 Nach § 522 Abs. 1 S. 1 ZPO hat das Berufungsgericht die Zulässigkeitsvoraussetzungen der Berufung von Amts wegen zu überprüfen. Fehlt es auch nur an einer Zulässigkeitsvoraussetzung, ist die Berufung **als unzulässig zu verwerfen** (§ 522 Abs. 1 S. 2 ZPO). Dies erfolgt ohne mündliche Verhandlung per Beschluss (§ 522 Abs. 1 S. 3 ZPO), nach mündlicher Verhandlung per Urteil. Die Rechtsmittelkosten hat nach § 97 Abs. 1 ZPO der erfolglose Rechtsmittelführer zu zahlen.

> **Beschluss**
>
> *Die Berufung gegen das Urteil des Amtsgerichts Wernigerode 6 C 521/15 vom 01.02.2016 wird als unzulässig verworfen.*
>
> *Die **Kosten der Berufung** trägt der Beklagte.*

3. Begründetheit der Berufung

747 Die Berufung ist begründet, soweit das erstinstanzliche Urteil **rechtsfehlerhaft** ist, sei es **aus prozessualen oder materiellen Gründen**.[989] Das angefochtene Urteil kann prozessual unzulässig oder inhaltlich falsch sein. Im **Umfang der Anfechtung** (§ 528 ZPO) des erstinstanzlichen Urteils sind vom Berufungsgericht die **Zulässigkeit und** die **Begründetheit der Klage** neu zu prüfen. Maßgeblich ist der Zeitpunkt des Schlusses der mündlichen Verhandlung in der Berufungsinstanz (§§ 296 a S. 1, 525 S. 1 ZPO). Eine Abänderung des erstinstanzlichen Urteils ist nur im beantragten Umfang möglich (§ 528 S. 2 ZPO).

748 Das Berufungsverfahren dient der **Fehlerkontrolle und der Fehlerbeseitigung**.[990] Tatsachengrundlage sind grundsätzlich die **erstinstanzlich festgestellten Tatsachen** (§ 529 Abs. 1 Nr. 1 ZPO). Anders ist dies nur, wenn konkrete Anhaltspunkte Zweifel an der Richtigkeit der entscheidungserheblichen Feststellungen begründen und eine neue Feststellung gebieten.

---

988   Thomas/Putzo/Reichold § 515 ZPO Rn. 10.

989   Thomas/Putzo/Reichold Vorbem. § 511 ZPO Rn. 12.

990   BGH, Beschl. v. 24.11.2009 – VII ZR 31/09, in: NJW 2010, 376, 377; Thomas/Putzo/Reichold Vorbem. § 511 ZPO Rn. 46; § 529 ZPO Rn. 1.

Neuen Tatsachenstoff darf das Berufungsgericht nur unter den Voraussetzungen des § 531 Abs. 2 ZPO zulassen (§ 529 Abs. 1 Nr. 2 ZPO). **Neu** ist der Vortrag, wenn er im ersten Rechtszug bis zum Schluss der mündlichen Verhandlung gar nicht gebracht worden ist; davon abzugrenzen ist die nicht als neu i.S.d. § 531 Abs. 2 S. 1 Nr. 2 ZPO anzusehende Konkretisierung, Erläuterung und Verdeutlichung von bereits erstinstanzlich schlüssigem Vortrag.[991]

749

Praxisrelevant ist insbesondere die Regelung des § 531 Abs. 2 S. 1 Nr. 3 ZPO. Danach kommt es darauf an, ob das Angriffs- oder Verteidigungsmittel (§ 282 Abs. 1 ZPO) erstinstanzlich **nachlässig** nicht geltend gemacht worden ist. Darunter fällt nicht Vorbringen, das erst nach Schluss der (erstinstanzlichen) mündlichen Verhandlung entstanden ist.[992] Für **Nachlässigkeit** genügt **leichte Fahrlässigkeit**; Verschulden des Prozessbevollmächtigten ist der Partei nach § 85 Abs. 2 ZPO zuzurechnen.[993] Der Berufungsführer muss die Tatsachen vortragen, auf Grund deren nach seiner Ansicht das neue Vorbringen zuzulassen ist.[994] Erstinstanzliche Nachlässigkeit bei zweitinstanzlichem Neuvortrag ist allerdings unschädlich, wenn er einen rechtlichen oder tatsächlichen Gesichtspunkt betrifft, der vom erstinstanzlichen Gericht erkennbar übersehen oder für unerheblich gehalten wurde (§ 531 Abs. 2 S. 1 Nr. 1 ZPO).[995]

750

Unstreitiges neues Vorbringen wird nach dem Zweck des Präklusionsrechts[996] nicht von § 531 Abs. 2 ZPO erfasst.[997]

751

Erstinstanzliche **Verfahrensfehler** sind nach § 529 Abs. 2 ZPO nur zu berücksichtigen, wenn sie in der Berufungsbegründung **ordnungsgemäß gerügt** worden sind, soweit sie nicht von Amts wegen Beachtung finden müssen.[998] Nicht gerügt werden kann die **Unzuständigkeit** des erstinstanzlich tätigen Gerichts (§ 513 Abs. 2 ZPO).

752

Die materielle **Rechtsanwendung** erfolgt ohne Bindung an die Berufungsbegründung unter Heranziehung **aller in Betracht kommenden Anspruchsgrundlagen**.[999] Die Entscheidung über die Begründetheit der Berufung ergeht im Regelfall durch **eigenes Sachurteil** des Berufungsgerichts (§ 538 Abs. 1 ZPO).

753

a) Offensichtlich unbegründete Berufung

Unter den Voraussetzungen des § 522 Abs. 2 S. 1 ZPO kann eine **offensichtlich aussichtslose Berufung** durch **einstimmigen Beschluss** des Berufungsgerichts auf Kosten des Rechtsmittelführers (§ 97 Abs. 1 ZPO) zurückgewiesen werden. Bestätigt das Berufungsgericht dadurch ein erstinstanzliches Urteil, das nach § 709 S. 1 ZPO nur gegen Sicherheitsleistung vorläufig vollstreckbar ist, wird im Zurückweisungsbeschluss ausgesprochen, dass das erstinstanzliche Urteil ohne Sicherheitsleistung vorläufig vollstreckbar ist (§ 708 Nr. 10 S. 2 ZPO).[1000]

754

b) Unbegründete Berufung

Ist die **zulässige Berufung** (nicht offensichtlich) **unbegründet**, wird sie durch **Urteil** zurückgewiesen. Die **Rechtsmittelkosten** hat nach § 97 Abs. 1 ZPO der Berufungs-

755

---

991 BGH, Beschl. v. 09.10.2014 – V ZB 225/12, in: RÜ2 2015, 69, 71; Thomas/Putzo/Reichold § 531 ZPO Rn. 13.

992 BGH, Beschl. v. 22.04.2010 – I ZR 17/09, in: NJW-RR 2010, 1478; Thomas/Putzo/Reichold § 531 ZPO Rn. 16.

993 Thomas/Putzo/Reichold § 531 ZPO Rn. 16.

994 BGH, Beschl. v. 09.10.2014 – V ZB 225/12, in: RÜ2 2015, 69, 71.

995 BGH, Urt. v. 01.07.2015 – VIII ZR 226/14, in: RÜ2 2016, 9, 10.

996 Siehe dazu Rn. 690.

997 BGH (GS), Beschl. v. 23.06.2008 – GSZ 1/08, in: NJW 2008, 3434; Thomas/Putzo/Reichold § 531 ZPO Rn. 1.

998 Beispiele siehe Thomas/Putzo/Reichold § 529 ZPO Rn. 8, 9.

999 Thomas/Putzo/Reichold § 529 ZPO Rn. 10.

1000 Vgl. dazu Thomas/Putzo/Seiler § 708 ZPO Rn. 11.

kläger zu tragen. Die Entscheidung über die vorläufige Vollstreckbarkeit ergeht nach §§ 708 Nr. 10, 711,713 ZPO. Bei der Anwendung des § 713 ZPO ist zu beachten, dass nach Art. 26 Nr. 8 EGZPO die Statthaftigkeit der Nichtzulassungsbeschwerde (§ 544 ZPO) für eine Übergangzeit (bis zum 31.12.2016) davon abhängt, dass der Beschwerdewert 20.000 € übersteigt.

Formulierungsbeispiel (nur **Urteilstenor**) bei einer erstinstanzlichen Verurteilung zur Zahlung von 1.000 € und einem Berufungsverfahren in 2016:

> *Die Berufung gegen das Urteil des Landgerichts Würzburg 16 O 44/15 vom 12.01.2016 wird zurückgewiesen.*
>
> *Die Kosten der Berufung trägt der Beklagte.*
>
> *Das Urteil ist vorläufig vollstreckbar.*

c) Begründete Berufung

756 Ist die **zulässige Berufung auch begründet**, hebt das Berufungsgericht das angefochtene **Urteil auf und entscheidet neu über die Klage.**[1001] Die **Kostenentscheidung** ergeht nach den allgemeinen Regeln der §§ 91 ff. ZPO über die gesamten Kosten des Rechtsstreits.[1002] Hat allerdings der Berufungsführer die Berufung aufgrund neuen Vorbringens gewonnen, das er schon erstinstanzlich hätte vortragen können, trägt er die Kosten (nur) der Berufung (§ 97 Abs. 2 ZPO). Für die vorläufige Vollstreckbarkeit gelten wiederum §§ 708 Nr. 10, 711 ZPO.

Formulierungsbeispiel (nur **Urteilstenor**) bei einer erstinstanzlichen Verurteilung zur Zahlung von 1.000 €:[1003]

> *Das Urteil des Amtsgerichts Duisburg 9 C 428/15 vom 19.01.2016 wird aufgehoben. Die Klage wird abgewiesen.*
>
> *Die Kosten des Rechtsstreits trägt der Kläger.*
>
> *Das Urteil ist vorläufig vollstreckbar.*

II. Beschwerde[1004]

757 Die **(sofortige) Beschwerde** findet nach § 567 Abs. 1 ZPO gegen erstinstanzliche Entscheidungen der Amts- und Landgerichte statt, wenn dieses **im Gesetz** (z.B. in § 91 a Abs. 2 S. 1 ZPO im Erledigungsrecht oder in § 793 ZPO im Vollstreckungsrecht) ausdrücklich bestimmt ist (Nr. 1) oder **Anträge durch Beschluss zurückgewiesen** worden sind (Nr. 2). Es ist unerheblich, ob die Antragszurückweisung als unzulässig oder unbegründet erfolgt ist.[1005] Beim erstinstanzlichen Teilunterliegen beider Verfahrensbeteiligten ist nach § 567 Abs. 3 S. 1 ZPO eine **Anschlussbeschwerde** zulässig.

1001 Thomas/Putzo/Reichold Vorbem. § 511 ZPO Rn. 41, 42, 44.

1002 Thomas/Putzo/Hüßtege § 97 ZPO Rn. 9.

1003 Hinsichtlich des Unterbleibens einer Abwendungsbefugnis nach § 711 ZPO beachte auch hier Art. 26 Nr. 8 EGZPO.

1004 Das Rechtsbeschwerderecht ist nicht behandelt, da Rechtsbeschwerdeklausuren im Zivilrecht (bislang) im Assessorexamen nicht gestellt werden.

1005 Thomas/Putzo/Reichold § 567 ZPO Rn. 6.

Die Beschwerde ist ein **selbstständiges Rechtsmittel**, das einfacher gestaltet ist als **758**
die Berufung.[1006] Ziel der Beschwerde ist, die erstinstanzliche Entscheidung zugunsten des Beschwerdeführers zu ändern.

Die Beschwerde ist erfolgreich, soweit sie zulässig und begründet ist.[1007]

1. Zulässigkeit der Beschwerde[1008]

Wie bei der Berufung sind die **Zulässigkeitsvoraussetzungen** der Beschwerde zu- **759**
erst zu prüfen, da ein unzulässiges Rechtsmittel ohne Prüfung seiner Begründetheit
erfolglos bleibt.[1009] Die Prüfung der Zulässigkeitsvoraussetzungen hat nach § 572
Abs. 2 S. 1 ZPO von Amts wegen zu erfolgen.

a) Statthaftigkeit

Die **Statthaftigkeit** einer Beschwerde (§ 567 Abs. 1 ZPO) unterliegt anders als die Be- **760**
rufung grundsätzlich keinem **Beschwerdewert**. Nur wenn es um eine **Kostenbeschwerde** geht, muss der Wert des Beschwerdegegenstandes 200 € übersteigen
(§ 567 Abs. 2 ZPO). Der **Kostenbeschwerdewert** besteht in der Differenz zwischen
dem erlangten oder auferlegten Kostenbetrag und seiner im Beschwerdewege er-
strebten Abänderung.[1010] Scheitert die Statthaftigkeit einer Beschwerde am Nichter-
reichen des Beschwerdewertes, findet bei rechtspflegerischen Kostenentscheidun-
gen nach § 11 Abs. 2 S. 1 RPflG die **Rechtspflegererinnerung** statt.

b) Zuständigkeit

Die **(sachliche) Zuständigkeit** für das Beschwerdeverfahren regeln §§ 72 Abs. 1, 119 **761**
Abs. 1 GVG. Hat erstinstanzlich das Landgericht entschieden, ist Beschwerdegericht
das Oberlandesgericht (§ 119 Abs. 1 Nr. 2 GVG). Geht es um eine Beschwerde gegen
einen amtsgerichtlichen Beschluss, ist grundsätzlich das Landgericht Beschwerdegericht, anders ist dies in Familiensachen und Angelegenheiten der freiwilligen Gerichtsbarkeit (§ 119 Abs. 1 Nr. 1 GVG).

Allerdings ist die **Zuständigkeit des Beschwerdegerichts** für die Beschwerdeent- **762**
scheidung davon abhängig, dass das Ausgangsgericht der Beschwerde nicht abhilft
(§ 572 Abs. 1 S. 1 ZPO). Dieses **Abhilfeverfahren** ist ein vom Ausgangsgericht durchgeführter Teil des Beschwerdeverfahrens.[1011] Hilft das Ausgangsgericht der Beschwerde ab, erledigt sich die Beschwerde und wird dem Beschwerdegericht nicht
mehr vorgelegt.[1012] Die Entscheidung des Ausgangsgerichts im Abhilfeverfahren ergeht durch zu begründenden Beschluss.[1013]

1006 Thomas/Putzo/Reichold Vorbem. § 567 ZPO Rn. 2.

1007 Thomas/Putzo/Reichold Vorbem. § 511 ZPO Rn. 11.

1008 Vgl. Thomas/Putzo/Reichold § 572 ZPO Rn. 13–18.

1009 Thomas/Putzo/Reichold Vorbem. § 511 ZPO Rn. 11.

1010 Thomas/Putzo/Reichold § 567 ZPO Rn. 14.

1011 Thomas/Putzo/Reichold § 572 ZPO Rn. 1.

1012 Thomas/Putzo/Reichold § 572 ZPO Rn. 4.

1013 OLG Stuttgart, Beschl. v. 27.08.2002 – 14 W 3/02, in: MDR 2003, 110; Thomas/Putzo/Reichold § 572 ZPO Rn. 3, 10.

> *Beschluss*
>
> *In dem Prozesskostenhilfeverfahren*
>
> *Schönfeld ./. Grossmann*
>
> *wird der Beschwerde des Antragstellers gegen den Beschluss vom 23.02.2016 nicht abgeholfen und die Beschwerde dem Landgericht Kiel zur Entscheidung vorgelegt.*
>
> *Gründe:*
>
> *...*

c) Form und Frist

aa) Form

763   Nach § 569 Abs. 2 S. 1 ZPO wird die Beschwerde grundsätzlich durch Einreichung einer **Beschwerdeschrift** eingelegt. Diese Beschwerdeschrift muss die Bezeichnung der angefochtenen Entscheidung sowie die Erklärung enthalten, dass Beschwerde eingelegt wird. Es bedarf nicht der Benutzung des Begriffs „Beschwerde"; es genügt, wenn sich durch Auslegung ermitteln lässt, dass eine Überprüfung des angefochtenen Beschlusses gewollt ist.[1014]

764   Anstelle einer Beschwerdeschrift kann die Beschwerde nach § 569 Abs. 3 ZPO in **drei Fällen** alternativ zu **Protokoll der Geschäftsstelle** eingelegt werden. Der praxiswichtigste Fall ist der, dass der Rechtsstreit erstinstanzlich **keinem Anwaltszwang** unterlag (§ 569 Abs. 3 Nr. 1 ZPO). Mit Rechtsstreit ist nicht nur das Urteilsverfahren gemeint, sondern jedes der ZPO unterliegende gerichtliche Verfahren.[1015] So kann beispielsweise wegen der Regelung des § 13 RPflG eine sofortige Beschwerde gegen die Ablehnung einer qualifizierten Vollstreckungsklausel (§§ 726 ff. ZPO) auch dann zu Protokoll der Geschäftsstelle erklärt werden, wenn für die Klauselerteilung eine landgerichtliche Zuständigkeit gegeben ist.

> **Merke:** Kann die Beschwerde ohne einen Rechtsanwalt eingelegt werden, besteht auch für das weitere Verfahren keine Anwaltspflicht (§ 571 Abs. 4 ZPO).

765   Die **Einlegung** der Beschwerde kann nach § 569 Abs. 1 S. 1 ZPO **wahlweise beim Ausgangs- oder beim Beschwerdegericht** erfolgen. Wegen des zwingend durchzuführenden Abhilfeverfahrens ist es zur Vermeidung von Verzögerungen sachgerecht, die Beschwerde beim Ausgangsgericht einzulegen.[1016]

766   Anders als eine Berufung ist die Beschwerde **nicht begründungspflichtig**. Nach § 571 Abs. 1 ZPO **soll** sie begründet werden, um die Angriffspunkte des Beschwerdeführers zu verdeutlichen und dadurch eine raschen Entscheidung über die Beschwerde zu ermöglichen.[1017]

bb) Frist

767   Die **Beschwerdefrist** beträgt nach § 569 Abs. 1 S. 1 ZPO **zwei Wochen**. Sie ist eine **Notfrist** und beginnt mit der Zustellung der Entscheidung gegen die Beschwerde eingelegt werden soll (§ 569 Abs. 1 S. 2 ZPO). Die Dauer der Zweiwochenfrist berechnet sich nach § 222 ZPO i.V.m. §§ 187 ff. BGB.[1018]

1014   Thomas/Putzo/Reichold § 569 ZPO Rn. 10.
1015   Thomas/Putzo/Reichold § 569 ZPO Rn. 13.
1016   Thomas/Putzo/Reichold § 569 ZPO Rn. 2.
1017   Thomas/Putzo/Reichold § 571 ZPO Rn. 1.
1018   Thomas/Putzo/Reichold § 569 ZPO Rn. 7.

d) Allgemeine Verfahrensvoraussetzungen

Die Zulässigkeit der sofortigen Beschwerde erfordert außerdem, dass die **allgemeinen Prozesshandlungsvoraussetzungen** vorliegen. **768**

e) Kein Verzicht

Im Beschwerderecht gilt § 515 ZPO analog.[1019] Hat der Beschwerdeführer auf eine **769** sofortige Beschwerde verzichtet, ist diese unzulässig.

2. Verwerfungsbeschluss bei Unzulässigkeit

Zusammenfassend sind bei der Zulässigkeit der sofortigen Beschwerde folgende **770** Voraussetzungen zu prüfen:

- Statthaftigkeit
- Zuständigkeit
- Form- und fristgerechte Einlegung
- Allgemeine Verfahrensvoraussetzungen
- Kein Verzicht

Fehlt eine dieser Voraussetzungen, ist die sofortige Beschwerde nach § 572 Abs. 2 S. 2 **771** ZPO **als unzulässig zu verwerfen**. Diese **Verwerfungsentscheidung** ergeht durch **Beschluss** (§ 572 Abs. 4 ZPO). Die **Kosten** der verworfenen Beschwerde sind nach § 97 Abs. 1 ZPO dem Beschwerdeführer aufzuerlegen.[1020]

> **Beschluss**
>
> *In Sachen Golbach gegen Franzen*
>
> *wird die Beschwerde des Antragstellers vom 10.05.2016 gegen den Beschluss des Amtsgerichts Minden vom 22.03.2016 als unzulässig verworfen.*
>
> *Die Kosten der Beschwerde trägt der Antragsteller.*

3. Begründetheit der Beschwerde

Die **Beschwerde** ist **begründet**, soweit der erstinstanzliche Beschluss **rechtsfehler-** **772** **haft** ist, sei es aus prozessualen oder materiellen Gründen.[1021] Das bedeutet, dass **Zulässigkeit und Begründetheit** des vom erstinstanzlichen Gericht beschiedenen **Antrages** neu zu prüfen sind. Allerdings kann mit der Beschwerde nicht die Unzuständigkeit des erstinstanzlichen Gerichts gerügt werden (§ 571 Abs. 2 S. 2 ZPO).

Anders als im Berufungsverfahren kann die Beschwerde nach § 571 Abs. 2 S. 1 ZPO **773** **uneingeschränkt auf neue Angriffs- und Verteidigungsmittel gestützt** werden. Dadurch kann sich der Tatsachenstoff des Beschwerdeverfahrens deutlich von dem des erstinstanzlichen Verfahrens unterscheiden. Nach § 571 Abs. 3 S. 1 ZPO kann eine Frist für das Vorbringen von Angriffs- und Verteidigungsmitteln gesetzt werden. Verspätet eingehendes neues Vorbringen unterliegt nach § 571 Abs. 3 S. 2 ZPO der Präklusion.

1019 Thomas/Putzo/Reichold § 572 ZPO Rn. 17.

1020 Thomas/Putzo/Reichold § 572 ZPO Rn. 13.

1021 Thomas/Putzo/Reichold Vorbem. § 511 ZPO Rn. 12.

774   Die **Sachentscheidung** über die Beschwerde ergeht durch **Beschluss** (§ 572 Abs. 4 ZPO). Zuvor kann sowohl das Ausgangsgericht, solange noch keine Nichtabhilfevorlage erfolgt ist,[1022] als auch das Beschwerdegericht die **Vollziehung** des angefochtenen Beschlusses nach § 570 Abs. 2 ZPO **aussetzen**. Zudem kann das Beschwerdegericht nach § 570 Abs. 3 ZPO eine **einstweilige Anordnung** erlassen. Von der prozessualen Möglichkeit zur Vollziehungsaussetzung wird in der Praxis beispielsweise bei **Erinnerungsbeschlüssen** nach § 766 Abs. 1 ZPO, durch die eine Vollstreckungsmaßnahme des Gerichtsvollziehers für unzulässig erklärt wird, im Wege der analogen Anwendung des § 570 Abs. 2 ZPO reger Gebrauch gemacht.[1023]

a) Unbegründete Beschwerde

775   Ist die **zulässige Beschwerde unbegründet**, wird sie **zurückgewiesen**. Die **Rechtsmittelkosten** hat nach § 97 Abs. 1 ZPO der Beschwerdeführer zu tragen.

> *Beschluss*
>
> *In Sachen Hansmann gegen Wolters*
>
> *wird die Beschwerde des Antragsgegners gegen den Beschluss des Landgerichts Düsseldorf 18 O 403/15 vom 07.01.2016 zurückgewiesen.*
>
> *Die Kosten der Beschwerde trägt der Antragsgegner.*

b) Begründete Beschwerde

776   Ist die **zulässige Beschwerde** auch **begründet**, wird der angefochtene **Beschluss aufgehoben**. Ist die Sache entscheidungsreif, erlässt das Beschwerdegericht eine **eigene Sachentscheidung**.[1024] Andernfalls kann es das Verfahren nach Ermessen an das Ausgangsgericht **zurückverweisen** (§ 572 Abs. 3 ZPO).

777   Die **Kostenentscheidung** ergeht nach den allgemeinen Regeln der §§ 91 ff. ZPO über die gesamten Kosten des Verfahrens.[1025]

778   Eine **vorläufige Vollstreckbarkeitsentscheidung** ergeht bei Beschlüssen nicht.

Formulierungsbeispiel für eine sofortige Beschwerde gegen einen Kostenbeschluss nach § 91 a Abs. 1 S. 1 ZPO:

> *Beschluss*
>
> *Der Beschluss des Amtsgerichts Wuppertal 9 C 610/15 vom 09.01.2016 wird aufgehoben.*
>
> *Die Kosten des Rechtsstreits werden gegeneinander aufgehoben.*

I. Rechtskraft

779   Bei der Rechtskraft zu unterscheiden sind die **formelle** (§ 705 ZPO) und die **materielle** (§ 322 ZPO).

Die formelle Rechtskraft ist Voraussetzung für die materielle.[1026]

1022   Thomas/Putzo/Reichold § 570 ZPO Rn. 2.

1023   Thomas/Putzo/Seiler § 766 ZPO Rn. 11.

1024   Thomas/Putzo/Reichold Vorbem. § 511 ZPO Rn. 12.

1025   Thomas/Putzo/Hüßtege § 97 ZPO Rn. 9.

1026   Thomas/Putzo/Reichold § 322 ZPO Rn. 1; Thomas/Putzo/Seiler § 705 ZPO Rn. 3.

I. Formelle Rechtskraft

Formelle Rechtskraft bedeutet, dass eine gerichtliche Entscheidung **unangreifbar** ist.[1027] Formell rechtskräftig können nur Entscheidungen werden, die einem **befristeten Rechtsbehelf** unterliegen.[1028] Die Rechtskraft tritt, sofern ein Rechtsbehelf möglich ist, regelmäßig mit Ablauf der Rechtsbehelfsfrist ein.[1029] Ausnahmsweise wird die Entscheidung schon vor Fristablauf formell rechtskräftig, wenn (beiderseitiger) wirksamer **Rechtmittelverzicht** erklärt wird.[1030]   **780**

Die Unangreifbarkeit einer gerichtlichen Entscheidung bedeutet nicht, dass die formelle Rechtskraft nicht durchbrochen werden kann. Das Gesetz kennt verschiedene (noch zu erörternde) Möglichkeiten der **Rechtskraftbeseitigung**.[1031]   **781**

II. Materielle Rechtskraft

Materielle Rechtskraft bedeutet, dass der Inhalt der formell rechtskräftig gewordenen Entscheidung für das Gericht und die Parteien **bindend** ist, falls in einem späteren Rechtsstreit erneut um dieselbe Rechtsfolge gestritten wird.[1032] Materiell rechtskraftfähig sind sowohl Urteile als auch Beschlüsse.[1033]   **782**

Die materielle Rechtskraft ist **von Amts wegen** zu berücksichtigen.[1034] Materielle Rechtskraft kommt auch solchen Urteilen zu, in denen die Klage durch **Prozessurteil** abgewiesen worden ist. Die Rechtskraft eines Prozessurteils beschränkt sich aber auf die konkret fehlende Zulässigkeitsvoraussetzung. Die fehlende Zulässigkeitsvoraussetzung kann in einem neuen Prozess überwunden werden, ohne dass die Rechtskraft des Prozessurteils entgegensteht.[1035] Ist beispielsweise eine Klage wegen fehlender örtlicher Zuständigkeit rechtskräftig abgewiesen worden, kann bei einem örtlich zuständigen Gericht zulässigerweise eine neue Klage erhoben werden.   **783**

1. Wirkungen der materiellen Rechtskraft

Die **materielle Rechtskraft** führt zu einer **Bindungswirkung**, die zwei Wirkungen mit sich bringt, eine **prozessuale und eine präjudizielle**. Gegenstand der materiellen Rechtskraft ist die gerichtliche Entscheidung über den prozessualen Anspruch, d.h. über den durch **Antrag und Lebenssachverhalt** gebildeten Streitgegenstand.[1036]   **784**

a) Prozessuale Wirkung

In **prozessualer** Hinsicht bewirkt die materielle Rechtskraft, dass jede neue Verhandlung und Entscheidung über die rechtskräftig festgestellte Rechtsfolge ausgeschlossen ist („ne bis in idem"), mithin ein neuer Prozess mit **identischem Streitgegenstand** unzulässig ist.[1037]   **785**

1027 Thomas/Putzo/Seiler § 705 ZPO Rn. 1a.

1028 Thomas/Putzo/Seiler § 705 ZPO Rn. 1a.

1029 Thomas/Putzo/Seiler § 705 ZPO Rn. 8.

1030 Thomas/Putzo/Seiler § 705 ZPO Rn. 7.

1031 Vgl. dazu Rn. 801 ff.

1032 Thomas/Putzo/Reichold § 322 ZPO Rn. 1.

1033 Thomas/Putzo/Reichold § 322 ZPO Rn. 3.

1034 Thomas/Putzo/Reichold § 322 ZPO Rn. 13.

1035 BGH, Urt. v. 06.03.1985 – IV b ZR 76/83, in: NJW 1985, 2535; Thomas/Putzo/Reichold § 322 ZPO Rn. 3.

1036 Thomas/Putzo/Reichold § 322 ZPO Rn. 17.

1037 BGH, Urt. v. 06.03.1985 – IV b ZR 76/83, in: NJW 1985, 2535; Thomas/Putzo/Reichold § 322 ZPO Rn. 7, 11.

786 Die Rechtskraft erfasst nicht nur die ausgeurteilte Rechtsfolge, sondern auch die gegenteilige, das sogenannte **kontradiktorische Gegenteil**.[1038]

Auf das **kontradiktorische Gegenteil** ist die neue Klage gerichtet, wenn ein Stattgeben sich in **logischen Widerspruch** zu der rechtskräftigen Rechtsfolge des alten Prozesses setzt.[1039] Ist der Beklagte beispielsweise rechtskräftig zur Zahlung von 3.000 € aus einem bestimmten Kaufgeschäft verurteilt, ist eine negative Feststellungsklage auf Feststellung des Nichtbestehens derselben Kaufpreisforderung unzulässig. Umgekehrt verhindert die rechtskräftige Abweisung einer negativen Feststellungsklage nicht eine Klage auf Leistung des Gegenstandes, über den bei der negativen Feststellungsklage prozessiert worden ist. Mit der rechtskräftigen Abweisung einer negativen Feststellungsklage steht nur fest, dass nicht festgestellt werden konnte, dass nicht geleistet werden muss (**Negation der Negation**). Eine Verurteilung zur Zahlung in einem Folgeprozess stellt keinen logischen Widerspruch zu dem alten Urteil dar.

> **Merke:** Die prozessuale Wirkung der materiellen Rechtskraft des Urteils im Vorprozess ist eine Frage der **Zulässigkeit** der neuen Klage.

787 Bei **Streitgegenstandsidentität** (einschließlich kontradiktorischem Gegenteil) ergeht ohne Sachprüfung ein **Prozessurteil**.[1040] Nur in engen Ausnahmefällen ist eine erneute Klage zulässig, so beispielsweise beim Verlust eines Vollstreckungstitels.[1041]

b) Präjudizielle Wirkung

788 Des Weiteren führt die materielle Rechtskraft zu einer **Vorgreiflichkeit** für einen späteren Rechtsstreit über einen anderen Streitgegenstand (**präjudizielle Wirkung**).[1042] Das Gericht hat den Inhalt der rechtskräftigen Entscheidung dem neuen Urteil zu Grunde zu legen.[1043]

> **Merke:** Die präjudizielle Wirkung der materiellen Rechtskraft ist ein Problem der **Begründetheit** der neuen Klage.

789 Ist beispielsweise im Wege einer Feststellungsklage das Eigentum des Klägers rechtskräftig festgestellt worden und klagt der Kläger nunmehr auf Herausgabe, hat das Gericht in dem neuen Klageverfahren ohne eigene Sachprüfung vom Eigentum des Klägers auszugehen.[1044]

2. Grenzen der materiellen Rechtskraft

790 Der **Umfang und die Grenzen** der materiellen Rechtskraft sind objektiv, subjektiv und temporär zu bestimmen.

a) Objektive Grenze

791 Der **objektive Umfang** der materiellen Rechtskraft ist durch den **Tenor** der gerichtlichen Entscheidung bestimmt.[1045] Soweit er nicht zur Bestimmung des Rechts-

---

1038 BGH NJW 1995, 2993; Thomas/Putzo/Reichold § 322 ZPO Rn. 11.

1039 Thomas/Putzo/Reichold § 322 ZPO Rn. 20.

1040 Thomas/Putzo/Reichold § 322 ZPO Rn. 11.

1041 Thomas/Putzo/Reichold § 322 ZPO Rn. 12.

1042 Thomas/Putzo/Reichold § 322 ZPO Rn. 9.

1043 BGH, Urt. v. 16.01.2008 – XII ZR 216/05, in: NJW 2008, 1227; Thomas/Putzo/Reichold § 322 ZPO Rn. 9.

1044 Thomas/Putzo/Reichold § 322 ZPO Rn. 10.

1045 Thomas/Putzo/Reichold § 322 ZPO Rn. 17.

kraftumfanges ausreicht, sind **ergänzend der Tatbestand und die Entscheidungsgründe** heranzuziehen.[1046] Dies ist insbesondere in Fällen der Klageabweisung erforderlich.

Anders als die Interventionswirkung[1047] des § 68 ZPO erfasst die objektive Rechtskraft eines Urteils **nicht die tatsächlichen und rechtlichen Feststellungen.**[1048]   **792**

Dies bedeutet bei einem **stattgebenden Urteil**, dass **rechtliche Vorfragen**, die das   **793**
Gericht bei der Prüfung des Klagebegehrens bejaht haben muss, ebenso wenig an
der objektiven Rechtskraft teilhaben wie vom Gericht verneinte Einwendungen und
Einreden des Beklagten.[1049] Einzige **Ausnahme** ist eine rechtskräftige Entscheidung
über eine **Prozessaufrechnung** des Beklagten (§ 322 Abs. 2 ZPO), die von der materiellen Rechtskraft erfasst wird.[1050] Ist der Beklagte beispielsweise aus § 985 BGB
rechtskräftig zur Herausgabe verurteilt, muss das Gericht das klägerische Eigentum
geprüft und bejaht haben, dennoch erstreckt sich die Rechtskraft des Urteils **nicht**
auf diese Vorfragen.[1051] Eine Ausdehnung des Rechtskraftumfanges ist nur im Wege
der **Zwischenfeststellungsklage** nach § 256 Abs. 2 ZPO zu erreichen.

Bei einem **klageabweisenden Urteil** steht fest, dass sich aus dem zur Entscheidung   **794**
gestellten Lebenssachverhalt unter **keinem rechtlichen Gesichtspunkt** die mit dem
Klageantrag begehrte Rechtsfolge ergibt.[1052] Dies gilt unabhängig davon, ob das
Gericht alle Anspruchsgrundlagen geprüft und richtig beurteilt oder aber eine Anspruchsgrundlage übersehen und deswegen falsch entschieden hat.[1053]

> **Merke:** Auch Fehlurteile haben eine materielle Rechtskraftwirkung.

Hat beispielsweise das Gericht eine **negative Feststellungsklage** auf Feststellung,   **795**
dass der Kläger dem Beklagten keine 1.000 € aus einem bestimmten Kaufvertragsverhältnis schuldet, auf der Grundlage eines **offenen Beweisergebnisses** zum Abschluss des Kaufvertrages unter Verkennung der Beweislast rechtskräftig mit der Begründung abgewiesen, der Kläger sei beweisfällig geblieben, steht rechtskräftig fest,
dass der Kläger nicht beweisen kann, dem Beklagten keinen Kaufpreis zu schulden.
Da die **Beweislast unabhängig von der Klageart und der Parteirolle** ist,[1054] ist zugleich rechtskräftig entschieden, dass der Kaufpreisanspruch des Klägers besteht.[1055] Auf Leistungsklage des Beklagten des Vorprozesses ist deshalb der Kläger
des Vorprozesses ohne Sachprüfung des Kaufpreisanspruchs zur Zahlung der 1.000 €
zu verurteilen.

> **Merke:** Die Rechtskraft geht nicht weiter als die Rechtshängigkeit des Klagebe
> gehrens.

Bei einer **Teilklage** ergeht eine rechtskräftige Entscheidung nur über den rechtshän   **796**
gigen Teil der Gesamtforderung. Dies gilt nicht nur für **offene Teilklagen**, sondern
auch für **verdeckte Teilklagen.**[1056] Daher hindert die rechtskräftige Abweisung ei

---

1046 BGH, Urt. v. 14.02.2008 – I ZR 135/05, in: NJW 2008, 2716; Thomas/Putzo/Reichold § 322 ZPO Rn. 17.

1047 Siehe dazu Rn. 436 ff.

1048 Thomas/Putzo/Reichold § 322 ZPO Rn. 19.

1049 BGH, Urt. v. 05.11.2009 – IX ZR 239/07, in: NJW 2010, 2210, 2211; Thomas/Putzo/Reichold § 322 ZPO Rn. 28, 30.

1050 Siehe dazu Rn. 494 ff.

1051 Thomas/Putzo/Reichold § 322 ZPO Rn. 29.

1052 Thomas/Putzo/Reichold § 322 ZPO Rn. 21.

1053 BGH, Urt. v. 18.07.2000 – X ZR 62/98, in: NJW 2000, 3492, 3494; Thomas/Putzo/Reichold § 322 ZPO Rn. 31.

1054 Siehe dazu Rn. 673.

1055 BGH, Urt. v. 10.04.1986 – VII ZR 286/85, in: NJW 1986, 2508, 2509.

1056 Thomas/Putzo/Reichold § 322 ZPO Rn. 23.

ner Teilklage nicht, den Differenzbetrag zum Gegenstand einer neuen Klage zu machen, auch wenn das Gericht die erste Teilklage mit der Begründung abgewiesen hat, dass kein Anspruch dem Grunde nach besteht. Im neuen Klageverfahren ist das Prozessergebnis mangels Bindungswirkung des ersten rechtskräftigen Urteils völlig offen, d.h. es ist möglich, dass das Gericht der Klage stattgibt.

> **Merke:** Will der Beklagte eine rechtskräftige Entscheidung über die nicht rechtshängige Restforderung erreichen, bedarf es der Erhebung einer **negativen Feststellungswiderklage**.

b) Subjektive Grenze

797 In subjektiver Hinsicht erfasst die Rechtskraft eines Urteils nicht nur die Prozessparteien, sondern nach § 325 Abs. 1 ZPO auch ihre **Rechtsnachfolger**, sofern die Rechtsnachfolge **nach Rechtshängigkeit** eingetreten ist. Die Regelung erfasst sowohl die **Gesamt-** als auch die **Einzelnachfolge**.[1057] Diese Rechtskraftwirkung gilt **für und gegen die Parteien und Rechtsnachfolger**. Sie tritt allerdings (vorbehaltlich der Sonderregelung des § 325 Abs. 3 ZPO für Grundpfandrechte) nicht gegenüber **gutgläubigen Rechtsnachfolgern** ein (§ 325 Abs. 2 BGB). Gutglaubensschutz kennt das Gesetz nur für rechtsgeschäftliche Erwerbsvorgänge, nicht aber für gesetzliche (wie beispielsweise die gesetzliche Erbfolge).

798 Der **gute Glaube** des Rechtsnachfolgers muss sich beim **Erwerb vom Berechtigten** auf die fehlende Rechtshängigkeit beziehen.[1058] Beim **Erwerb vom Nichtberechtigten** bedarf es **doppelter Gutgläubigkeit**,[1059] d.h. guten Glaubens sowohl hinsichtlich der fehlenden Rechtshängigkeit als auch der materiellen Berechtigung des Verfügenden.[1060] Der **Gutglaubensmaßstab** ist nicht einheitlich, sondern hängt von dem Rechtsgeschäft ab, das die Rechtsnachfolge herbeigeführt hat.[1061] Sind Immobilien betroffen, macht nur **Kenntnis bösgläubig** (§ 892 Abs. 1 S. 1 BGB), bei beweglichen Sachen ist bereits **grobe Fahrlässigkeit** schädlich (§ 932 Abs. 2 BGB).

799 Die Rechtskrafterstreckung auf Rechtsnachfolger nach § 325 ZPO ist nicht der einzige Fall der **Einbeziehung Dritter** in die materielle Rechtskraftwirkung eines Urteils. Daneben besteht eine Rechtskrafterstreckung auf den Nacherben (§ 326 ZPO) und auf den Testamentsvollstrecker (§ 327 ZPO), außerdem sind **akzessorische Haftungsfälle** des materiellen Rechts[1062] zu nennen. Ist eine OHG rechtskräftig verurteilt, erstreckt sich die materielle Haftung wegen § 129 Abs. 1 HGB auch auf die Gesellschafter.[1063] Umgekehrt gilt dies nicht, eine rechtskräftige Verurteilung der Gesellschafter erfasst die OHG nicht.[1064] Wird die Klage gegen den **Hauptschuldner** rechtskräftig abgewiesen, gilt dies wegen § 768 Abs. 1 S. 1 BGB auch für den **Bürgen**.[1065]

c) Temporäre Grenze

800 In **zeitlicher Hinsicht** bildet der **Schluss der (letzten) mündlichen Verhandlung** den Zäsurakt für die materielle Rechtskraftwirkung.[1066] Dies bedeutet nicht nur, dass

---

1057 Thomas/Putzo/Reichold § 325 ZPO Rn. 2.
1058 Thomas/Putzo/Reichold § 325 ZPO Rn. 8.
1059 Siehe dazu Rn. 388.
1060 Thomas/Putzo/Reichold § 325 ZPO Rn. 8.
1061 Thomas/Putzo/Reichold § 325 ZPO Rn. 8.
1062 Thomas/Putzo/Reichold § 325 ZPO Rn. 8.
1063 BGH, Urt. v. 26.11.1979 – II ZR 256/78, in: NJW 1980, 784, 785.
1064 BGH, Urt. v. 22.03.2011 – II ZR 249/09, in: NJW 2011, 2048.
1065 BGH, Urt. v. 24.11.1969 – VIII ZR 78/68, in: NJW 1970, 279.
1066 BGH, Urt. v. 28.06.1985 – V ZR 43/84, in: NJW 1985, 2825, 2826; Thomas/Putzo/Reichold § 322 ZPO Rn. 35.

alle im rechtskräftig abgeschlossenen Vorprozess festgestellten Tatsachen in einem Folgeprozess nicht abweichend festgestellt werden können,[1067] sondern auch im Vorprozess zwar nicht vorgetragene, aber **objektiv bereits vorhandene** Tatsachen.[1068] Nur erst **nach** Schluss der (letzten) mündlichen Verhandlung **neu entstandene Tatsachen** können nach dem Rechtsgedanken des § 767 Abs. 2 ZPO Berücksichtigung finden und zu abweichenden Feststellungen im Folgeprozess führen.[1069]

Bei Gestaltungsrechten kommt es wie bei § 767 Abs. 2 ZPO unabhängig von der Kenntnis nicht auf den Zeitpunkt der Ausübung, sondern allein auf den ihres Entstehens an.[1070]

3. Durchbrechung der Rechtskraft

Die Rechtskraft einer gerichtlichen Entscheidung kann nachträglich wieder beseitigt werden.   **801**

a) Verfahren nach der ZPO

Die in der ZPO vorgesehenen prozessualen Möglichkeiten der Rechtskraftdurchbrechung sind die **Wiedereinsetzung in den vorigen Stand** (§§ 233 ff. ZPO), die **Gehörsrüge** (§ 321 a ZPO), die **Abänderungsklage** (§ 323 ZPO) und das **Wiederaufnahmeverfahren** (§§ 578 ff. ZPO).   **802**

aa) Wiedereinsetzung in den vorigen Stand

Die Wiedereinsetzung in den vorigen Stand ist das in der Praxis **bedeutsamste Instrumentarium der Durchbrechung** der formellen und damit auch der materiellen Rechtskraft. Es ermöglicht zur Schaffung von Einzelfallgerechtigkeit eine inhaltlich und verfahrensmäßig beschränkte Korrekturmöglichkeit, eine versäumte und nachgeholte Prozesshandlung als rechtzeitig zu fingieren.[1071] Grundlegende Voraussetzung ist eine **unverschuldete Fristversäumung** (§ 233 ZPO).   **803**

(1) Zulässigkeit des Antrages

Die Zulässigkeit des Wiedereinsetzungsantrages ist **von Amts wegen** zu prüfen.[1072]   **804**

Es bestehen folgende **Zulässigkeitsvoraussetzungen:**[1073]

- Statthaftigkeit
- Zuständigkeit
- Antrag (Form, Frist, Inhalt)
- Nachholung der versäumten Handlung

(a) Statthaftigkeit

Nach § 233 S. 1 ZPO ist ein Antrag auf Wiedereinsetzung in den vorigen Stand bei der Versäumung einer **Notfrist** und bei den anderen in der Vorschrift genannten **Rechts-**   **805**

1067 Thomas/Putzo/Reichold § 322 ZPO Rn. 38.

1068 Thomas/Putzo/Reichold § 322 ZPO Rn. 39.

1069 BGH, Urt. v. 02.03.2000 – IX ZR 285/99, in: NJW 2000, 2022, 2023; Thomas/Putzo/Reichold § 322 ZPO Rn. 43.

1070 BGH, Urt. v. 19.11.2003 – VIII ZR 60/03, in: NJW 2004, 1252, 1253; Thomas/Putzo/Reichold § 322 ZPO Rn. 43.

1071 BGH, Beschl. v. 10.10.2013 – IX ZB 229/11, in: NZG 2014, 232, 233; Thomas/Putzo/Hüßtege § 233 ZPO Rn. 1.

1072 Thomas/Putzo/Hüßtege § 233 ZPO Rn. 6.

1073 Vgl. Thomas/Putzo/Hüßtege § 233 ZPO Rn. 7–9.

behelfsbegründungsfristen statthaft, außerdem wegen der **Versäumung der Wiedereinsetzungsfrist** (§ 234 Abs. 1 ZPO) selbst.

> **Merke:** Ein Antrag auf Wiedereinsetzung in den vorigen Stand bei der Versäumung der Frist zur Beantragung von Wiedereinsetzung in den vorigen Stand ist möglich.

(b) Zuständigkeit

806 Die **Zuständigkeit** zur Entscheidung über den Wiedereinsetzungsantrag liegt bei dem Gericht, dass über die **versäumte Prozesshandlung** zu entscheiden hat (§ 237 ZPO). Ist beispielsweise die Berufungseinlegungsfrist versäumt worden, ist Wiedereinsetzungsgericht das Berufungsgericht (vgl. § 519 Abs. 1 ZPO).

(c) Antrag

807 Für die Gewährung von Wiedereinsetzung in den vorigen Stand besteht nach § 233 ZPO ein **Antragserfordernis**, nur im Fall des § 236 Abs. 2 S. 2 ZPO kann Wiedereinsetzung ohne Antrag gewährt werden. Eine **hilfsweise Antragstellung** ist zulässig.[1074] Ein Hilfsantrag ist beispielsweise sachgerecht, wenn der Antragsteller keine Fristversäumung für gegeben erachtet, aber für den Fall einer abweichenden Beurteilung des Gerichts vorsorgen möchte.

(aa) Form

808 Die **Form** des Antrags richtet sich nach den für die versäumte Prozesshandlung geltenden Vorschriften (§ 236 Abs. 1 ZPO). Dies ist **zumeist** die **Schriftform**, nur ausnahmsweise kann der Antrag zu Protokoll der Geschäftsstelle gestellt werden.[1075] Besteht für die versäumte Prozesshandlung **Anwaltszwang** (§ 78 Abs. 1 ZPO), erfasst dieser auch das Wiedereinsetzungsverfahren.[1076]

(bb) Frist

809 Die Frist für den Wiedereinsetzungsantrag beträgt nach § 234 Abs. 1 S. 1 ZPO grundsätzlich zwei Wochen, in den Fällen des § 234 Abs. 1 S. 2 ZPO einen Monat. Sie beginnt mit dem Tag, an dem das Hindernis behoben ist, das zur Nichteinhaltung der Frist geführt hat. § 234 Abs. 3 ZPO normiert zudem eine einjährige Ausschlussfrist.

810 Die **Hindernisbehebung** i.S.v. § 234 Abs. 2 ZPO liegt häufig in der Beseitigung der **Unkenntnis von fristauslösenden Umständen**[1077] oder des **Irrtums über Tatsachen**.[1078] Ist beispielsweise eine wirksame Ersatzzustellung nach § 178 Abs. 1 ZPO erfolgt, hat der Zustellungsempfänger das Schriftstück aber nicht gleich an den Zustellungsadressaten ausgehändigt, ist der Tag der Aushändigung die Hindernisbehebung. Dieser Tag wird nach §§ 222 Abs. 1 ZPO, 187 Abs. 1 BGB nicht mitgerechnet.[1079] Das **Fristende** berechnet sich nach §§ 222 Abs. 1 ZPO, 188 Abs. 2 BGB.

1074 BGH, Beschl. v. 27.11.1996 – XII ZB 177/96, in: NJW 1997, 1312, 1313; Thomas/Putzo/Hüßtege § 236 ZPO Rn. 2.

1075 Nachweise bei Thomas/Putzo/Hüßtege § 236 ZPO Rn. 2.

1076 Nachweise bei Thomas/Putzo/Hüßtege § 236 ZPO Rn. 2.

1077 Thomas/Putzo/Hüßtege § 234 ZPO Rn. 6.

1078 Thomas/Putzo/Hüßtege § 234 ZPO Rn. 7.

1079 Thomas/Putzo/Hüßtege § 236 ZPO Rn. 3.

Berechnungsbeispiel:

Ist ein verkündetes Versäumnisurteil dem säumigen Beklagten am 09.05.2016 (Montag) nach § 178 Abs. 1 Nr. 1 ZPO wirksam durch Übergabe an seine ständige Mitbewohnerin ersatzzugestellt worden, begann die zweiwöchige Einspruchsfrist des § 339 Abs. 1 ZPO am 10.05.2016, da der Zustellungstag nicht mitgezählt wird (§§ 222 Abs. 1 ZPO, 187 Abs. 1 BGB). Sie lief mit dem Ablauf des 23.05.2016 (Montag) ab. Informiert die Mitbewohnerin den Beklagten aber erst am 25.05.2016 (Mittwoch) durch Aushändigung des zugestellten Schriftstückes von dem Versäumnisurteil, wird dadurch das bisherige Einspruchshindernis behoben. Damit beginnt die zweiwöchige Wiedereinsetzungsfrist des § 234 Abs. 2 ZPO, wobei der 25.05.2016 nach §§ 222 Abs. 1 ZPO, 187 Abs. 1 BGB nicht mitgerechnet wird. Der Beklagte hat bis zum Ablauf des 08.06.2016 (Mittwoch) Zeit, Antrag auf Wiedereinsetzung in die Versäumung der Einspruchsfrist zu stellen.

(cc) Inhalt

Inhaltlich sind im Antrag die **Wiedereinsetzungstatsachen** zu nennen (§ 236 Abs. 2 S. 1 ZPO). Dafür genügt der hinreichend erkennbare Wille, die betreffende Prozesshandlung möge aufgrund der genannten Tatsachen als rechtzeitig angesehen werden.[1080] Dazu gehört die Darlegung, wann das Hindernis behoben worden ist.[1081]

811

(d) Nachholung der versäumten Handlung

Letztlich bedarf es der **Nachholung der versäumten Prozesshandlung** innerhalb der Antragsfrist (§ 236 Abs. 2 S. 2 ZPO). Es ist also bei der Versäumung der Einspruchsfrist bei einem Versäumnisurteil nicht nur fristgerecht Wiedereinsetzungsantrag zu stellen, sondern **auch Einspruch** gegen das Versäumnisurteil einzulegen. Dies wird in der Praxis gar nicht selten vergessen und kann bei anwaltlicher Vertretung zu **Regressansprüchen** führen.

812

Katja Tannenbusch　　　　　　　　　　　　　　　　*Höxter, den 18.05.2016*
Rechtsanwältin
(…)

An das
Amtsgericht Höxter
Möllingerstraße 8
37671 Höxter

In dem Rechtsstreit

Quader / Zurheide
4 C 22/16

beantrage *ich,*

> *der Beklagten **Wiedereinsetzung in den vorigen Stand** wegen der Versäumung der Einspruchsfrist gegen das Versäumnisurteil vom 04.04.2016 zu gewähren.*

*Außerdem lege ich **Einspruch** gegen das Versäumnisurteil vom 04.04.2016 ein und* **beantrage,**

> *das Versäumnisurteil aufzuheben und die Klage abzuweisen.*

Begründung:

…

1080 Thomas/Putzo/Hüßtege § 236 ZPO Rn. 3.
1081 Thomas/Putzo/Hüßtege § 236 ZPO Rn. 3.

(2) Begründetheit des Antrags

813 Die **Begründetheit** eines Wiedereinsetzungsantrages ist ebenfalls **von Amts wegen**[1082] zu prüfen und erfordert folgende **Voraussetzungen:**[1083]

> ■ Verhinderung der Fristeinhaltung
>
> ■ Ohne Verschulden
>
> ■ Glaubhaftmachung

(a) Verhinderung der Fristeinhaltung

814 Der **Grund** für die Verhinderung der Fristeinhaltung ist **beliebig.**[1084]

(b) Ohne Verschulden

815 **Ohne Verschulden** bedeutet das **Fehlen von Vorsatz und Fahrlässigkeit** (§ 276 Abs. 1 S. 1, Abs. 2 BGB).[1085] Maßgeblich ist das **Verschulden der Partei**. Nach § 85 Abs. 2 ZPO steht das **Verschulden des Prozessbevollmächtigten** dem Parteiverschulden gleich. Es erfolgt keine automatische Zurechnung des Verschuldens des **Büropersonals** von Rechtsanwälten an die Partei, da es nur auf das Verschulden des Bevollmächtigten selbst ankommt.[1086] Allerdings kann ein **Mitarbeiterverschulden** unter dem Aspekt des **Organisationsverschuldens** zugleich ein **Eigenverschulden des Prozessbevollmächtigten** (in Form eines **Auswahl- oder Überwachungsverschuldens**) begründen.[1087] Verschuldensmaßstab ist die von einem ordentlichen Rechtsanwalt für eine Prozessführung zu fordernde übliche Sorgfalt.[1088] Dazu hat die kaum noch zu übersehende Rspr. eine Vielzahl von (hohen) Anforderungen an sorgfältige **Organisationsabläufe** bei der anwaltlichen Tätigkeit entwickelt, beispielsweise bei der **Fristenkontrolle**.[1089]

816 Eine **unverschuldete Fristversäumung** wird nach § 233 S. 2 ZPO **gesetzlich vermutet**, wenn entgegen § 232 S. 1 ZPO keine **Rechtsbehelfsbelehrung** erteilt worden ist oder die erteilte fehlerhaft ist.

(c) Glaubhaftmachung

817 Die **Wiedereinsetzungstatsachen** sind nach § 236 Abs. 2 S. 2 ZPO **glaubhaft** zu machen. Dies erfordert eine **überwiegende Wahrscheinlichkeit**, dass die behauptete Tatsache zutrifft.[1090] Die Glaubhaftmachung kann nach § 294 Abs. 1 ZPO neben den üblichen Beweismitteln auch durch eine **eidesstattliche Versicherung** geschehen, in der die glaubhaft zu machenden Tatsachen konkret zu schildern sind.[1091]

1082 Thomas/Putzo/Hüßtege § 233 ZPO Rn. 10.

1083 Thomas/Putzo/Hüßtege § 233 ZPO Rn. 11 ff.

1084 Thomas/Putzo/Hüßtege § 233 ZPO Rn. 11.

1085 Thomas/Putzo/Hüßtege § 233 ZPO Rn. 12.

1086 BGH, Beschl. v. 04.06.2003 – XII ZB 86/02, in: NJW-RR 2003, 1578; Thomas/Putzo/Hüßtege § 233 ZPO Rn. 12.

1087 Thomas/Putzo/Hüßtege § 233 ZPO Rn. 41.

1088 BGH, Beschl. v. 12.11.2013 – VI ZB 4/13, in: NJW 2014, 700; Thomas/Putzo/Hüßtege § 233 ZPO Rn. 13.

1089 Beispiele bei Thomas/Putzo/Hüßtege § 233 ZPO Rn. 15.

1090 BGH, Beschl. v. 11.09.2003 – IX ZB 37/03, in: NJW 2003, 3558; Thomas/Putzo/Reichold § 294 ZPO Rn. 2.

1091 Thomas/Putzo/Reichold § 294 ZPO Rn. 2.

Auch der Verfahrensbeteiligte selbst kann eine eidesstattliche Versicherung abgeben, nicht nur Dritte.[1092] Rechtsanwälte geben über beruflich wahrgenommene Vorgänge eine **anwaltliche Versicherung** ab.[1093]

(3) Entscheidung des Gerichts

Nach § 238 Abs. 1 ZPO kann das Gericht das Wiedereinsetzungsverfahren entweder mit dem Hauptsacheverfahren **verbinden** (S. 1) **oder isoliert betreiben** (S. 2). Über den Wiedereinsetzungsantrag entscheidet das Gericht entweder **durch Urteil oder durch Beschluss**.[1094] Die Entscheidungsform hängt davon ab, wie über die nachgeholte Prozesshandlung entschieden wird (§ 238 Abs. 2 S. 1 ZPO).   **818**

In einer Entscheidungsklausur sollte der Referendar von der **Verbindungsmöglichkeit** Gebrauch machen. Dies ermöglicht eine zusammenfassende Prüfung.   **819**

> **Merke:** Die Erörterung der beantragten Wiedereinsetzung erfolgt üblicherweise **(inzident) im Rahmen der Zulässigkeit des jeweiligen Rechtsbehelfes** bei der Frage der Fristwahrung. Dies gilt sowohl für ein Gutachten als auch für eine gerichtliche Entscheidung.

> *Entscheidungsgründe:*
>
> *Der Einspruch der Beklagten gegen das Versäumnisurteil vom 08.03.2016 ist zulässig und hat in der Sache Erfolg.*
>
> *Der statthafte Einspruch ist zulässig. Es ist unschädlich, dass der Einspruch der Beklagten vom 11.04.2016 nicht innerhalb der zweiwöchigen Einspruchsfrist des § 339 Abs. 1 ZPO, die am Tag nach der Urteilszustellung an die Beklagte am 17.03.2016 begann, eingegangen ist. Der Beklagten ist antragsgemäß wegen der Versäumung der Einspruchsfrist Wiedereinsetzung in den vorigen Stand (§ 233 S. 1 ZPO) zu gewähren. Ihr Wiedereinsetzungsantrag vom 11.04.2016 ist zulässig und begründet.*
>
> *...*

Bei einem erfolgreichen Wiedereinsetzungsantrag hat der (erfolgreiche) Antragsteller die **Kosten** nach § 238 Abs. 4 ZPO zu tragen. Für das Verfahren selbst fallen keine besonderen Gebühren an.[1095]   **820**

Wird Wiedereinsetzung gewährt, ist die gerichtliche Entscheidung **unanfechtbar** (§ 238 Abs. 3 ZPO). Andernfalls kann die Verweigerung der Wiedereinsetzung durch ein **Urteil** mit der **Berufung** angegriffen werden,[1096] gegen einen ablehnenden **Beschluss** ist nach § 567 Abs. 1 Nr. 2 ZPO die **sofortige Beschwerde** gegeben.[1097]   **821**

bb) Gehörsrüge

Die **Gehörsrüge** nach § 321 a Abs. 1 ZPO eröffnet die Möglichkeit der Selbstkorrektur unanfechtbarer Entscheidungen, wenn der Anspruch auf rechtliches Gehör (Art. 103 Abs. 1 GG) in entscheidungserheblicher Weise verletzt worden ist.[1098] Es besteht   **822**

1092 Thomas/Putzo/Reichold § 294 ZPO Rn. 2.
1093 Thomas/Putzo/Reichold § 294 ZPO Rn. 2.
1094 Thomas/Putzo/Hüßtege § 238 ZPO Rn. 5–9.
1095 Thomas/Putzo/Hüßtege § 238 ZPO Rn. 19.
1096 Thomas/Putzo/Reichold § 238 ZPO Rn. 14.
1097 Thomas/Putzo/Reichold § 238 ZPO Rn. 17.
1098 Thomas/Putzo/Reichold § 321 a ZPO Rn. 1.

nach § 321 a Abs. 2 S. 1 ZPO eine mit der Kenntnis der Verletzung des rechtlichen Gehörs beginnende Notfrist zur Anbringung der Gehörsrüge. Ist diese erfolgreich, hilft ihr das Gericht ab und setzt das gerichtliche Verfahren fort (§ 321 a Abs. 5 S. 1 ZPO).

cc) Abänderungsklage

823   Mit der **Abänderungsklage** nach § 323 Abs. 1 ZPO können Titel auf künftig fällig werdende wiederkehrende Leistungen bei einer wesentlichen Änderung der tatsächlichen oder rechtlichen Verhältnisse (nur) für die Zukunft (§ 323 Abs. 3 ZPO) abgeändert werden. Bis zur Verlagerung von Unterhaltsverfahren in den Anwendungsbereich des FamFG (§ 238) lag der Hauptanwendungsfall des § 323 ZPO in der Abänderung von Unterhaltstiteln; seit der Gesetzesreform hat § 323 ZPO kaum noch praktische Bedeutung, da die Abänderung von Unterhaltstiteln nunmehr nach §§ 238 ff. FamFG erfolgt.[1099] Von § 323 ZPO erfasst sind heute nur noch nicht die gesetzliche Unterhaltspflicht betreffende Urteile auf wiederkehrende Leistungen, z.B. Geldrentenansprüche nach § 843 BGB.

dd) Wiederaufnahmeverfahren

824   Durch die **Wiederaufnahme eines rechtskräftig abgeschlossenen Verfahrens** (§§ 578 ff. ZPO) kann im Wege eines **prozessualen Gestaltungsurteils** die Aufhebung eines rechtskräftigen Urteils mit **rückwirkender** Kraft erreicht werden.[1100] Zu unterscheiden sind die **Nichtigkeitsklage** (§ 579 ZPO) und die **Restitutionsklage** (§ 580 ZPO). Gründe für die Nichtigkeitsklage sind schwerste Verfahrensmängel, bei einer Restitutionsklage beruht das Urteil auf einer unrichtigen, insbesondere verfälschten Grundlage.[1101]

b) Klage aus § 826 BGB

825   In **krassen Ausnahmefällen** kann neben den in der ZPO vorgesehenen Möglichkeiten die Rechtskraft eines Titels mit einer **Schadensersatzklage aus § 826 BGB** durchbrochen werden.[1102] Der auf Naturalrestitution gerichtete Anspruch gewährt als Rechtsfolgen die **Unterlassung der Titelvollstreckung, Herausgabe der vollstreckbaren Ausfertigung** und **Herausgabe des Vollstreckungserlöses**[1103] (sowie weiterer Schadensersatz).

> ... wird beantragt,
>
> > den Beklagten zu verurteilen,
>
> > > 1. die Zwangsvollstreckung aus dem Urteil des Amtsgerichts Oberhausen 4 C 331/15 vom 18.08.2015 zu unterlassen,
> >
> > > 2. an den Kläger die vollstreckbare Ausfertigung des Urteils herauszugeben,
> >
> > > 3. an den Kläger 1.485,55 € nebst Zinsen in Höhe von 5 Prozentpunkten über dem jeweiligen Basiszinssatz seit dem der Rechtshängigkeit folgenden Tag zu zahlen.

826   Ein Anspruch aus § 826 BGB erfordert eine **vorsätzliche sittenwidrige Schädigung**. Diese ist gegeben, wenn der rechtskräftige Titel **objektiv unrichtig** ist, der Titelinha-

---

1099 Thomas/Putzo/Hüßtege § 323 ZPO Rn. 6.

1100 Thomas/Putzo/Reichold Vorbem. § 578 ZPO Rn. 1.

1101 Thomas/Putzo/Reichold Vorbem. § 578 ZPO Rn. 1.

1102 Vgl. Palandt/Sprau § 826 BGB Rn. 52–58.

1103 Palandt/Sprau § 826 BGB Rn. 58; Thomas/Putzo/Reichold 322 ZPO Rn. 50.

ber dies **weiß** (wobei **nachträgliche Kenntnis** ausreicht) und es mit dem **Gerechtigkeitsgedanken schlechthin unvereinbar** ist, dass der Titelgläubiger die formelle Rechtskraft unter Missachtung der materiellen Rechtslage zulasten des Vollstreckungsschuldners in **unerträglicher Weise** missbraucht.[1104] Dies kann durch **ethisch anstößige Titelerschleichung** oder **moralisch verwerfliche Titelausnutzung** geschehen. Dies ist beispielsweise anzunehmen, wenn der Titelgläubiger das Urteil oder seine Rechtskraft durch eine sittenwidrige Handlung im Bewusstsein der Unrichtigkeit herbeigeführt hat.[1105]

J. Einstweiliger Rechtsschutz

Der einstweilige Rechtsschutz der §§ 916 ff. ZPO dient der **Sicherung** eines Gläubigeranspruchs.[1106] Streitgegenstand ist nicht der Anspruch selbst, sondern seine zwangsweise Sicherung. Das Verfahren gliedert sich in die **Schaffung eines Vollstreckungstitels** (§§ 916 ff. ZPO) und seine Vollstreckung, die das Gesetz Vollzug nennt (§§ 928 ff. ZPO). Für die Vollstreckung gelten nach § 928 ZPO grundsätzlich die allgemeinen Vollstreckungsvorschriften. In den §§ 929 bis 934 ZPO finden sich **Sonderregeln**.   **827**

Die Vorschrift des § 945 ZPO normiert für Vollzugsschäden eine **verschuldensunabhängige**[1107] **Schadensersatzhaftung**, falls sich ein Arrest oder eine einstweilige Verfügung als von Anfang an ungerechtfertigt erweist oder aufgehoben wird.[1108] Das Schadensersatzbegehren ist in diesem Fall der **Aufhänger für die Inzidentprüfung der Rechtmäßigkeit** der ergangenen Arrest- oder einstweiligen Verfügungsentscheidung.   **828**

Anträge im einstweiligen Rechtsschutzverfahren führen **nicht zur Rechtshängigkeit** des zu schützenden Anspruchs, Entscheidungen über sie **nicht zur Rechtskrafterstreckung** im Hauptsacheverfahren.[1109]   **829**

Das einstweilige Rechtsschutzverfahren ist ein **summarisches Eilverfahren**, in dem an die Stelle der Beweisführung die **Glaubhaftmachung** tritt (vgl. § 920 Abs. 2 ZPO).[1110] Glaubhaftmachung erfolgt mit den allgemeinen Beweismitteln der ZPO und durch eidesstattliche Versicherung (§ 294 Abs. 1 ZPO). Das Gericht lädt keine Zeugen, vielmehr sind diese von den Verfahrensbeteiligten zum Gericht mitzubringen,[1111] um eine **sofortige Beweisaufnahme** (§ 294 Abs. 2 ZPO) zu ermöglichen.   **830**

I. Arten des einstweiligen Rechtsschutzes

Eilentscheidungen im einstweiligen Rechtsschutz ergehen im Wege des **Arrestes** (§§ 916 ff. ZPO) oder der **einstweiligen Verfügung** (§§ 935 ff. ZPO). In der Praxis ist das einstweilige Verfügungsverfahren von erheblich größerer Bedeutung als der Arrest. Examensklausuren zum einstweiligen Rechtsschutz werden deshalb ganz überwiegend aus dem Bereich des einstweiligen Verfügungsrechts gestellt.   **831**

Das Arrestverfahren dient der **Sicherung** von **Zahlungsansprüchen**, das einstweilige Verfügungsverfahren erfasst **sonstige Ansprüche**.[1112] Das Gesetz regelt das Ar-   **832**

1104 BGH, Urt. v. 29.06.2005 – VIII ZR 299/04, in: NJW 2005, 2991, 2994; Thomas/Putzo/Reichold § 322 ZPO Rn. 51.

1105 Thomas/Putzo/Reichold § 322 ZPO Rn. 51.

1106 Thomas/Putzo/Seiler Vorbem. § 916 ZPO Rn. 1.

1107 Thomas/Putzo/Seiler § 945 ZPO Rn. 2.

1108 Damit ergänzt § 945 ZPO die ansonsten in § 717 Abs. 2 ZPO und § 799 a ZPO geregelte Ersatzhaftung für Vollstreckungsschäden.

1109 Thomas/Putzo/Seiler Vorbem. § 916 ZPO Rn. 2.

1110 Thomas/Putzo/Seiler § 922 ZPO Rn. 2.

1111 BGH, Beschl. v. 11.09.2003 – IX ZB 37/03, in: NJW 2003, 3558; Thomas/Putzo/Reichold § 294 ZPO Rn. 2.

1112 Thomas/Putzo/Seiler Vorbem. § 916 ZPO Rn. 6, 7.

restverfahren ausführlich (§ 916 – § 934 ZPO) und ordnet in § 936 ZPO die entsprechende Anwendung des Arrestrechts auf das einstweilige Verfügungsverfahren an, soweit nicht in §§ 937 ff. ZPO Sondervorschriften für einstweilige Verfügungen bestehen.

1. Arrest

833 Beim Arrest ist zwischen dem **dinglichen Arrest** (§ 917 ZPO) als **Regelfall** und dem aus Verhältnismäßigkeitsgründen subsidiären[1113] **persönlichen Arrest** (§ 918 ZPO) zu unterscheiden. Beim dinglichen Arrest erfolgt die Sicherung des Anspruchsgläubigers aus dem (beweglichen oder unbeweglichen) **Vermögen** des Schuldners, beim persönlichen Arrest wird in die **Fortbewegungsfreiheit** des Schuldners durch Meldeauflagen, Entzug von Ausweispapieren, Hausarrest oder Verhaftung eingegriffen (vgl. § 933 ZPO).

2. Einstweilige Verfügungen

834 Bei den einstweiligen Verfügungen sind die **Sicherungsverfügung** (§ 935 ZPO), die **Regelungsverfügung** (§ 940 ZPO) und die **Leistungsverfügung** (§ 940 a ZPO) zu unterscheiden. Sicherungsverfügungen dienen der vorläufigen Sicherung eines Individualanspruchs, z.B. auf Herausgabe einer Sache.[1114] Durch eine Regelungsverfügung wird in ein streitiges Rechtsverhältnis, insbesondere Dauerschuldverhältnis, zur Abwendung von Gefahren eingegriffen, z.B. durch die vorläufige Entziehung der Geschäftsführungsbefugnis im Gesellschaftsrecht.[1115] In einer Examensklausur kann wie in der gerichtlichen Praxis eine dogmatische **Abgrenzung** der Sicherungs- von der Regelungsverfügung unterbleiben, da daran keine Rechtsfolgen geknüpft sind. Nur die Leistungsverfügung unterliegt Besonderheiten.

3. Sonderfall Leistungsverfügung

835 Die Leistungsverfügung stellt einen **Sonderfall** dar. Sie ist in der ZPO nicht umfassend geregelt, sondern nur die **Räumungsverfügung** in § 940 a ZPO. Von besonderer Praxisrelevanz ist dabei § 940 a Abs. 2 ZPO für die Zwangsräumung von Wohnraum (§ 885 ZPO). Diese Norm findet auf Gewerberaum keine entsprechende Anwendung.[1116]

836 Analog § 940 a ZPO kann eine **Leistungsverfügung** ergehen, wenn der Anspruchsgläubiger so dringend auf die sofortige Erfüllung angewiesen ist, dass er ein ordentliches Verfahren nicht abwarten kann, ohne einen unverhältnismäßig großen Schaden zu erleiden.[1117]

> **Beachte:** Systemwidrig nimmt eine Leistungsverfügung die Hauptsacheentscheidung (zumindest teilweise) vorweg.

837 Hauptanwendungsfälle sind die **presserechtliche Gegendarstellung**,[1118] die wettbewerbsrechtliche **Untersagung unlauterer Werbung**,[1119] die Gewährung von **Versicherungsleistungen**[1120] und der **Besitzschutz** bei verbotener Eigen-

---

1113 Thomas/Putzo/Seiler § 918 ZPO Rn. 1.

1114 Thomas/Putzo/Seiler Vorbem. § 916 ZPO Rn. 7.

1115 Thomas/Putzo/Seiler Vorbem. § 916 ZPO Rn. 7.

1116 OLG Celle, Beschl. v. 24.11.2014 – 2 W 237/14, in: RÜ2 2015, 53; Thomas/Putzo/Seiler § 940 a Rn. 3.

1117 Thomas/Putzo/Seiler § 940 ZPO Rn. 6.

1118 Thomas/Putzo/Seiler § 940 ZPO Rn. 13.

1119 Thomas/Putzo/Seiler § 940 ZPO Rn. 14.

1120 Thomas/Putzo/Seiler § 940 ZPO Rn. 16a.

macht.[1121] Streiten beispielsweise Vermieter und Mieter über die Wirksamkeit einer vom Vermieter ausgesprochenen Kündigung und nutzt der Vermieter eine vorübergehende Abwesenheit des Mieters zum Austausch der Türschlösser, kann eine Besitzschutzverfügung auf Wiedereinräumung des Besitzes ergehen.[1122] Auf ein Recht des Vermieters zum Besitz kommt es wegen § 863 BGB nicht an, verbotener Selbstjustiz ist durch die **Gewährung effektiven Rechtsschutzes** zu begegnen.[1123] Ebenso können, obwohl Geldforderung und damit an sich durch Arrest zu sichern, für einen kurzen Zeitraum **Notunterhaltszahlungen** per Leistungsverfügung angeordnet werden.[1124]

II. Verfahrensablauf und Entscheidungsform

Einstweilige Rechtsschutzverfahren werden durch einen **Antrag** eingeleitet („Gesuch", § 920 Abs. 1 ZPO). Sie können der Hauptsacheklage **vorgeschaltet** sein oder **parallel** dazu **betrieben** werden, aber nicht mehr nach rechtskräftiger Entscheidung über die Hauptsache.[1125]

838

Der weitere Verfahrensablauf nach Antragseingang hängt davon ab, ob das Gericht **ohne oder mit mündlicher Verhandlung** entscheidet.

> **Merke:** Ohne mündliche Verhandlung wird durch Beschluss entschieden, mit mündlicher Verhandlung durch Urteil (§ 922 Abs. 1 S. 1 ZPO).

Im **Arrestverfahren** steht es im nicht näher ausgestalteten freien **Ermessen** des Gerichts, ob ohne oder mit mündlicher Verhandlung entschieden wird, dies hängt maßgeblich von der Eilbedürftigkeit der Entscheidung ab. Im **Beschlussverfahren** bedarf es nicht einmal einer schriftlichen Anhörung des Verfahrensgegners,[1126] sodass innerhalb kürzester Zeit ein gerichtlicher Beschluss erwirkt werden kann. Für das **einstweilige Verfügungsverfahren** schränkt § 937 Abs. 2 ZPO den Verzicht auf eine mündliche Verhandlung auf dringende Fälle (und solche der Erfolglosigkeit des Antrages) ein. In der gerichtlichen Praxis ergehen die Entscheidungen wegen der Eilbedürftigkeit in aller Regel ohne mündliche Verhandlung.

Da der Anspruchsgegner im Beschlussverfahren vor Erlass der gerichtlichen Entscheidung nicht gehört werden muss, ist es in der Praxis vor allem in **Wettbewerbsstreitigkeiten** gängige Praxis, im Vorfeld eines befürchteten Eilantrages eine **Schutzschrift** beim (oder bei den) zuständigen Gericht(en) zu hinterlegen.[1127] Seit **dem 01.01.2016** sind in §§ 945 a, 945 b ZPO Vorschriften zur Erfassung von Schutzschriften in einem **zentralen**, länderübergreifenden elektronischen **Register** eingeführt worden. Das Ziel dieses **vorbeugenden Verteidigungsmittels** besteht darin, dass das Gericht (im Zeitpunkt der Hinterlegung der Schutzschrift noch gar nicht anhängigen Eilverfahren) keine einstweilige Verfügung erlässt, zumindest nicht ohne mündliche Verhandlung entscheidet.[1128]

839

Einzelheiten zum von der Landesjustizverwaltung Hessen für alle Bundesländer geführten **Schutzschriftenregister** regelt die auf der Grundlage des § 945 b ZPO erlas-

840

1121 Thomas/Putzo/Seiler § 940 ZPO Rn. 12.

1122 Vgl. Palandt/Bassenge § 861 BGB Rn. 11; Thomas/Putzo/Seiler § 940 ZPO Rn. 12.

1123 Vgl. Palandt/Bassenge § 863 BGB Rn. 1.

1124 Dies ist einhellige Meinung; Uneinigkeit herrscht nur über den frühestmöglichen Beginn der Zahlungspflicht; vgl. dazu Thomas/Putzo/Seiler § 940 ZPO Rn. 9.

1125 Thomas/Putzo/Seiler Vorbem. § 916 ZPO Rn. 3.

1126 Thomas/Putzo/Seiler § 922 ZPO Rn. 3.

1127 Vgl. dazu Thomas/Putzo/Seiler § 945 a ZPO Rn. 1.

1128 Thomas/Putzo/Seiler § 935 ZPO Rn. 9, § 945 a ZPO Rn. 1.

sene **Schutzschriftenregisterverordnung.**[1129] Die Einreichung einer Schutzschrift löst nach § 15a JVKostG i.V.m. Nr. 1160 GebVerz eine Gebühr von 83 Euro aus. Ein prozessualer **Kostenerstattungsanspruch** auf die Kosten der Schutzschrift kann nur bestehen, wenn es zu einem gerichtlichen Verfahren kommt.[1130]

III. Zulässigkeit und Begründetheit eines einstweiligen Rechtsschutzantrages

Wie im Klageverfahren ist auch bei der Prüfung eines einstweiligen Rechtsschutzantrages zwischen seiner **Zulässigkeit und Begründetheit** zu unterscheiden.[1131]

1. Zulässigkeit des Antrages

841   Der Antrag ist zulässig,[1132] soweit die **allgemeinen** Verfahrensvoraussetzungen vorliegen, außerdem die **besonderen Voraussetzungen** eines einstweiligen Rechtsschutzverfahrens.[1133] Dies sind im Überblick:

■ **Allgemeine Verfahrensvoraussetzungen**
  – Statthaftigkeit
  – Zuständigkeit
  – Antrag
  – Rechtsschutzinteresse
  – Sonstige Voraussetzungen

■ **Besondere Verfahrensvoraussetzungen**
  – **Berühmen** eines Eil**anspruchs**
  – **Behaupten** eines Eil**grundes**

---

a) Allgemeine Verfahrensvoraussetzungen

aa) Statthaftigkeit

842   Bei der Prüfung der **Statthaftigkeit** bedarf es der (in der Regel unproblematischen) **Abgrenzung** zwischen der Sicherung einer **Geldforderung** einerseits (Arrest) und der Sicherung eines **sonstigen Anspruchs** oder der Regelung eines streitigen Rechtsverhältnisses (einstweilige Verfügung) andererseits. Wegen dieser Unterscheidung **schließen sich Arrest und einstweilige Verfügung grundsätzlich wechselseitig aus.**[1134] Da ein Arrest aber auch zur Sicherung von Ansprüchen stattfindet, die in eine Geldforderung übergehen können (§ 916 Abs. 1 ZPO), sind in diesem Ausnahmefall ein Arrest und eine einstweilige Verfügung **ausnahmsweise nebeneinander** (oder wahlweise) **möglich.**[1135]

1129   Abgedruckt im Kommentar von Thomas/Putzo im Anhang zu § 945 b ZPO.

1130   Thomas/Putzo/Hüßtege § 91 ZPO Rn. 8; Thomas/Putzo/Seiler, § 945 a ZPO Rn. 5.

1131   Thomas/Putzo/Seiler § 916 ZPO Rn. 1.

1132   Der **Aufbau** ist bei der Prüfung der Voraussetzungen des § 920 Abs. 2 ZPO (Glaubhaftmachung des Arrest- oder Verfügungsanspruchs und des Arrest- oder Verfügungsgrundes) **umstritten**, die nachfolgende Darstellung folgt aus Zweckmäßigkeitsgründen der dem Referendar im Examen zur Verfügung stehenden Kommentierung von Thomas/Putzo. Ein davon abweichender Aufbau ist zumindest vertretbar.

1133   Thomas/Putzo/Seiler § 916 ZPO Rn. 1.

1134   Thomas/Putzo/Seiler Vorbem. § 916 ZPO Rn. 8.

1135   Thomas/Putzo/Seiler Vorbem. § 916 ZPO Rn. 8.

bb) Zuständigkeit

Die **Zuständigkeit** ist nach § 802 ZPO eine **ausschließliche**. Es bedarf der Differenzierung zwischen Arrest- und einstweiligen Verfügungsverfahren. **843**

(1) Arrest

Nach § 919 ZPO ist für **Arrestverfahren wahlweise**[1136] die Zuständigkeit des Gerichts der **Hauptsache** und des Amtsgerichts gegeben, in dessen **Bezirk** sich der zu arrestierende Gegenstand oder die in ihrer Freiheit zu beschränkende Person befindet. Gericht der Hautsache ist das Gericht, bei dem das Hauptsacheverfahren bereits schwebt, sonst das Gericht, das nach den allgemeinen Zuständigkeitsvorschriften für die (noch nicht anhängige) Hauptsache zuständig ist.[1137] **844**

(2) Einstweilige Verfügung

Die **Regelzuständigkeit** für einstweilige Verfügungsverfahren liegt nach § 937 Abs. 1 ZPO beim **Gericht der Hauptsache**. Dies ist nach § 943 Abs. 1 ZPO grundsätzlich das Gericht des ersten Rechtszuges. **845**

Ausnahmsweise besteht nach § 942 Abs. 1, 2 ZPO eine **Wahlzuständigkeit**[1138] des **Amtsgerichts der belegenen Sache**. Dies ist nach § 942 Abs. 1 ZPO in **dringenden Fällen** zuständig. **Dringend** ist ein Antrag, bei dem die Anrufung des Hauptsachegerichts eine nachteilige Verzögerung mit sich brächte.[1139] Diese Voraussetzung ist beispielsweise an Wochenenden oder Feiertagen zu bejahen, wenn Hauptsachegericht ein Landgericht ist, da es **richterliche Bereitschaftsdienste** außerhalb der üblichen Dienstzeiten nicht bei den Landgerichten gibt. Soll durch einstweilige Verfügung eine Vormerkung oder ein Widerspruch ins Grundbuch eingetragen werden, so ist das Amtsgericht der belegenen Sache auch in **nicht dringlichen Fällen** zuständig (§ 942 Abs. 2 S. 1 ZPO). Dies ist sachgerecht, da die Grundbücher beim Amtsgericht geführt werden (§ 1 Abs. 1 S. 1 GBO). **846**

cc) Antrag

Der **Eilantrag** wird **schriftlich oder zu Protokoll der Geschäftsstelle** (§ 920 Abs. 3 ZPO) gestellt. Da er protokollfähig ist, unterliegt er nicht dem Anwaltszwang (§ 78 Abs. 3 ZPO). **Inhaltlich** soll er nach § 920 Abs. 1 ZPO den Arrest- oder Verfügungsanspruch sowie den Arrest- oder Verfügungsgrund bezeichnen. Beim Arrest bedarf es eines **bestimmten Antrages**,[1140] im einstweiligen Verfügungsverfahren genügt die Darstellung der Tatsachen, die dem Gericht die nach § 938 Abs. 1 ZPO zu treffende Ermessensentscheidung über die Rechtsfolge ermöglichen. Da § 308 Abs. 1 ZPO auch im einstweiligen Rechtsschutzverfahren gilt,[1141] ist Zurückhaltung mit bestimmten Anträgen geboten, da das Gericht keine weitergehende Rechtsfolge anordnen darf.[1142] Beantragt der Antragsteller beispielsweise zur Sicherung eines Herausgabeanspruchs an einer beweglichen Sache, dem Antragsgegner die Weitergabe zu untersagen, darf das Gericht keine **Sequestration** (amtliche Verwahrung) durch den Gerichtsvollzieher (vgl. § 938 Abs. 2 ZPO) anordnen. Ein bestimmter An- **847**

1136 Thomas/Putzo/Seiler § 919 ZPO Rn. 7.

1137 Thomas/Putzo/Seiler § 919 ZPO Rn. 2, 3.

1138 Thomas/Putzo/Seiler § 942 ZPO Rn. 1.

1139 Thomas/Putzo/Seiler § 942 ZPO Rn. 2.

1140 Thomas/Putzo/Seiler § 920 ZPO Rn. 1.

1141 Thomas/Putzo/Hüßtege § 308 ZPO Rn. 1.

1142 Thomas/Putzo/Seiler § 938 ZPO Rn. 2.

trag ist aber zu formulieren, wenn das Gesetz das Sicherungsmittel selbst festgelegt. Dies ist bei der Sicherung eines schuldrechtlichen Anspruchs auf dingliche Rechtsänderung an einer Immobilie durch eine Vormerkung (§ 883 Abs. 1 S. 1 BGB) der Fall (§ 885 Abs. 1 S. 1 BGB). Ebenso beim Grundbuchberichtigungsanspruch aus § 894 BGB, der durch Eintragung eines Widerspruchs im Grundbuch zu sichern ist (§ 899 Abs. 1 BGB). Nach § 941 ZPO ist zusätzlich das Grundbuchamt um die Eintragung zu ersuchen.

Carla Begemann   *Paderborn, den 07.05.2016*
Rechtsanwältin
(...)

An das
Amtsgericht Paderborn
Am Bogen 2–4
33098 Paderborn

Antrag auf Erlass einer einstweiligen Verfügung

des Herrn Simon Haller, Sportplatzweg 5, 33102 Paderborn,

Antragstellers,

– Verfahrensbevollmächtigte: Rechtsanwältin Carla Begemann, Domplatz 3, 33102 Paderborn –

gegen

Frau Meike Schwabedissen, Am Bahnhof 21, 22111 Hamburg,

Antragsgegnerin.

Namens und mit Vollmacht des Antragstellers beantrage ich,

*1. die Eintragung einer **Vormerkung** zur Sicherung des Anspruchs des Antragstellers auf Erwerb des Eigentums an dem im Grundbuch von Paderborn Bl. 1765 eingetragenen Grundstück Flur 7, Flurstück 432, zu verfügen,*

*2. das Grundbuchamt Paderborn um Eintragung der **Vormerkung** zu ersuchen.*

Wegen der besonderen Dringlichkeit bitte ich um Entscheidung ohne mündliche Verhandlung.

Begründung:

...

Beglaubigte und einfache Abschrift anbei.

(...)
Rechtsanwältin

---

dd) Rechtsschutzinteresse

848   Das **Rechtsschutzinteresse** für ein einstweiliges Rechtsschutzverfahren fehlt, wenn der Antragsteller bereits anderweitig gesichert ist.[1143]

1143 Thomas/Putzo/Seiler § 916 ZPO Rn. 2.

ee) Sonstige Voraussetzungen

Für ein gerichtliches Eilverfahren müssen zudem die übrigen **allgemeinen Verfahrensvoraussetzungen** vorliegen.[1144]

849

b) Besondere Verfahrensvoraussetzungen

Neben den allgemeinen bestehen **besondere Verfahrensvoraussetzungen** für ein einstweiliges Rechtsschutzverfahren. Diese resultieren aus § 920 Abs. 2 ZPO, der einen **Arrestanspruch** sowie einen **Arrestgrund** erfordert.

850

aa) Berühmen eines Arrest- oder Verfügungsanspruchs

Für die Zulässigkeit reicht aus, dass sich der Antragsteller eines zu sichernden Anspruchs **berühmt**.[1145] Ob ein solcher Anspruch schlüssig vorgetragen und ggf. glaubhaft gemacht ist, ist eine Frage der Begründetheit des Antrages.

851

bb) Schlüssiger Vortrag eines Arrest- oder Verfügungsgrundes

Streitig ist, ob der schlüssige Vortrag eines Eilgrundes und (erforderlichenfalls) seine Glaubhaftmachung bereits bei der Zulässigkeit des Antrages oder erst bei der Begründetheit zu prüfen sind. Teilweise[1146] wird darin ein **besonderes Rechtsschutzbedürfnis** für das einstweilige Rechtsschutzverfahren gesehen, sodass der Verfügungsgrund abschließend (einschließlich Glaubhaftmachung) Gegenstand der Zulässigkeitsprüfung sei. Nach der überwiegenden Auffassung genügt für die Zulässigkeit das **(schlüssige) Behaupten** eines Verfügungsgrundes aus, während seine Glaubhaftmachung erst in der Begründetheit zu klären ist.[1147]

852

(1) Arrest

Beim (dinglichen) Arrest ist ein **Arrestgrund** gegeben, wenn eine Vereitelung oder wesentliche Erschwerung der Vollstreckung droht (§ 916 Abs. 1 ZPO). Dafür genügt nach § 817 Abs. 2 S. 1 ZPO, dass es einer Auslandsvollstreckung bedarf, ohne dass die Gegenseitigkeit verbürgt ist.

853

Die **drohende Verschlechterung der Vollstreckungsmöglichkeit** muss nach dem objektiven Urteil eines verständigen, gewissenhaft prüfenden Gläubigers unmittelbar bevorstehen.[1148] Eine schlechte Vermögenslage des Schuldners alleine genügt nicht, auch nicht, wenn konkurrierende Gläubiger vorhanden sind.[1149] Ein Arrestgrund ist beispielsweise zu bejahen, wenn der Schuldner sein Vermögen verschleudert.[1150]

854

Nur wenn ein dinglicher Arrest zur Sicherung der Zwangsvollstreckung unzureichend ist, kommt als ultima ratio ein **persönlicher** Arrest in Betracht.[1151]

855

1144 Thomas/Putzo/Seiler § 916 ZPO Rn. 2, § 935 ZPO Rn. 1.

1145 In der Lit. findet sich oft der Begriff **„Behaupten"** eines Verfügungsanspruchs, z.B. Thomas/Putzo/Seiler § 916 ZPO Rn. 2, § 935 ZPO Rn. 1. Davon wird hier abgesehen, da der Begriff des Behauptens mit **streitigen Tatsachen** verbunden ist.

1146 Beispielsweise OLG Frankfurt, Urt. v. 14.07.2005 – 16 U 23/05, in: NJW 2005, 3222.

1147 H.M., z.B. Thomas/Putzo/Seiler § 916 ZPO Rn. 2, 3, § 935 ZPO Rn. 1, 4.

1148 Thomas/Putzo/Seiler § 917 ZPO Rn. 1.

1149 Thomas/Putzo/Seiler § 917 ZPO Rn. 2.

1150 OLG Karlsruhe, Urt. v. 17.10.1996 – 2 UF 140/96, in: NJW 1997, 1017; Thomas/Putzo/Seiler § 917 ZPO Rn. 1.

1151 Thomas/Putzo/Seiler § 918 ZPO Rn. 1.

(2) Einstweilige Verfügung

856 Bei der **Sicherungsverfügung** (§ 935 ZPO) besteht der Verfügungsgrund darin, dass eine **Vereitelung oder wesentliche Erschwerung** der Realisierung des zu sichernden Individualanspruchs zu befürchten ist. Es müssen Umstände vorhanden sein, die nach dem objektiven Urteil eines vernünftigen Gläubigers die Befürchtung aufkommen lassen, dass die Rechtsverwirklichung gefährdet ist.[1152] Dies ist beispielsweise bei einer drohenden Veräußerung, Wegschaffung, Belastung oder Verarbeitung des Verfügungsgegenstandes zu bejahen.[1153]

857 Ein Verfügungsgrund für eine **Regelungsverfügung** (§ 940 ZPO) besteht bei der **objektiven Notwendigkeit**, wesentliche Nachteile abzuwenden, drohende Gewalt zu verhindern oder aus ähnlichen Gründen das streitige Rechtsverhältnis zur Sicherung des Rechtsfriedens vorläufig zu regeln.[1154] Eine solche Situation liegt z.B. vor, wenn Streit über die Wirksamkeit der Abberufung des Organs einer juristischen Person besteht, um ein vorläufiges Tätigkeitsverbot anzuordnen.[1155]

858 Bei der **Leistungsverfügung** (§ 940 a ZPO analog) sind **hohe Anforderungen** an die Annahme eines Verfügungsgrundes zu stellen, da die Vorwegnahme der Hauptsache auf eng begrenzte Ausnahmefälle beschränkt bleiben muss.[1156]

2. Begründetheit des Antrages

859 Ein Antrag auf Gewährung einstweiligen Rechtsschutzes ist **begründet**, wenn ein Arrest- oder Verfügungs**anspruch** sowie ein Arrest- oder Verfügungs**grund glaubhaft** gemacht sind.[1157] Zu prüfen sind somit in der **Begründetheit**:

- **Schlüssigkeit** des Vortrages eines Arrest- oder Verfügungs**anspruchs**
- **Erheblichkeit** der Verteidigung gegen den Arrest- oder Verfügungs**anspruch**
- **Glaubhaftmachung** des Arrest- oder Verfügungs**anspruchs**
- **Erheblichkeit** der Verteidigung gegen den Arrest- oder Verfügungs**grund**
- **Glaubhaftmachung** des Arrest- oder Verfügungs**grundes**

a) Arrest- oder Verfügungsanspruch

860 Es bedarf zunächst des **schlüssigen Vortrages** seitens des Antragstellers. Die **Darlegungslast** folgt allgemeinen Regeln.[1158] Der Antragsteller hat deshalb anspruchsbegründende (und anspruchserhaltende) Tatsachen vorzutragen, der Antragsgegner anspruchshindernde, anspruchsvernichtende und anspruchshemmende Tatsachen.

861 Falls der Antragsteller **nicht schlüssig** vorträgt, ist sein Antrag unbegründet und **entscheidungsreif**. Bei schlüssigem Vortrag kommt es auf die Erheblichkeit der Verteidigung des Antragsgegners an. Dieser kann sich wie im Klageverfahren[1159] zum einen durch **(zulässiges) Bestreiten** erheblich verteidigen, zum anderen durch den Vortrag von **Einwendungen und Einreden**.

1152 Thomas/Putzo/Seiler § 935 ZPO Rn. 6.

1153 Thomas/Putzo/Seiler § 935 ZPO Rn. 7.

1154 Thomas/Putzo/Seiler § 940 ZPO Rn. 5.

1155 Thomas/Putzo/Seiler § 940 ZPO Rn. 4.

1156 Thomas/Putzo/Seiler § 940 ZPO Rn. 6.

1157 Thomas/Putzo/Seiler § 916 ZPO Rn. 3, § 935 ZPO Rn. 4.

1158 Thomas/Putzo/Seiler Vorbem. § 916 ZPO Rn. 9.

1159 Siehe dazu Rn. 10 ff.

Sollte keine **erhebliche Verteidigung** des Antragsgegners vorliegen, dieser insbesondere das Tatsachenvorbringen des Antragstellers nicht bestreiten, ist der Arrest- oder Verfügungsanspruch gegeben. **862**

Bei erheblicher **selbstständiger** Verteidigung des Antragsgegners kommt es nach allgemeinen Regeln darauf an, ob der Antragsteller darauf erheblich repliziert. **863**

b) Erhebliche Verteidigung gegen den Arrest- oder Verfügungsgrund

Da die **Schlüssigkeitsprüfung** zum Arrest- oder Verfügungsgrund bereits im Rahmen der Erörterung der Zulässigkeit des Antrages erfolgt ist, kommt es bei der Begründetheitsprüfung zunächst darauf an, ob **erhebliche Verteidigung** des Antragsgegners vorliegt. Bestreitet dieser das Tatsachenvorbringen des Antragstellers nicht, ist der Arrest- oder Verfügungsanspruch gegeben, ohne dass es seiner Glaubhaftmachung bedarf. **864**

c) Glaubhaftmachung

Die **Glaubhaftmachung** des Arrest- oder Verfügungsanspruchs und -grundes erfolgt nach allgemeinen Regeln. **865**

> **Merke:** Auch im einstweiligen Rechtsschutzverfahren sind nur streitige Tatsachen glaubhaft zu machen.

Die Verteilung der **Glaubhaftmachungslast** entspricht der **Beweislastverteilung** im Klageverfahren. Sie folgt grundsätzlich allgemeinen Regeln. Eine **Ausnahme** ist nur in einem Beschlussverfahren ohne Anhörung des Antragsgegners anzunehmen, wenn sich schon aus dem Vorbringen des Antragstellers mögliche Einwendungen des Antragsgegners ergeben. In diesem Fall hat der Antragsteller auch glaubhaft zu machen, dass der zu sichernde oder zu regelnde Anspruch **einwendungsfrei** ist.[1160] Dies ist der prozessuale Ausgleich dafür, dass der Antragsgegner vor der Beschlussentscheidung des Gerichts keine Gelegenheit zur Verteidigung bekommt. **866**

Eine **Glaubhaftmachung** ist ausnahmsweise **entbehrlich**, wenn das Gesetz dies anordnet. So bestimmen § 885 Abs. 1 S. 2 BGB für eine **Vormerkung** und § 899 Abs. 2 S. 2 BGB für einen **Grundbuchwiderspruch**, dass **keine Glaubhaftmachung** erforderlich ist. In beiden Fällen besteht nach h.M. (nur) eine **widerlegbare Vermutung** für die eine einstweilige Verfügung rechtfertigende Gefährdungslage,[1161] sodass (anders als bei einer unwiderlegbaren Vermutung) das Eilinteresse des Antragstellers zunächst darzulegen ist. **867**

Die **Würdigung** von Glaubhaftmachungsmitteln ist nach den allgemeinen Grundsätzen des Beweisrechts vorzunehmen. Den **Beweiswert** würdigt das Gericht frei nach § 286 ZPO.[1162] **868**

IV. Tenor der Entscheidung über den Ausgangsantrag

Im Praxisteil der Klausur sind bei der **Tenorierung** gerichtlicher Entscheidungen im einstweiligen Rechtsschutzverfahren verschiedene Verfahrenskonstellationen zu unterscheiden. Diese knüpfen zum einen daran an, ob durch **Urteil** oder durch **Be- 869**

1160 Thomas/Putzo/Seiler Vorbem. § 916 ZPO Rn. 9.

1161 OLG Düsseldorf, Urt. v. 05.02.2013 – I-21 U 123/12, in: NJW-RR 2013, 798; Palandt/Bassenge § 885 BGB Rn. 5; Thomas/Putzo/Seiler § 935 ZPO Rn. 8.

1162 BGH, Beschl. v. 21.10.2010 – V ZB 210/09, in: NJW-RR 2011, 136, 137; Thomas/Putzo/Reichold § 294 ZPO Rn. 2.

schluss entschieden wird, zum anderen durch **Erfolg oder Misserfolg** des einstweiligen Rechtsschutzbegehrens.

870 Es ist empfehlenswert, die **Verfahrensbeteiligten** durchgängig mit den neutralen Begriffen **Antragsteller und Antragsgegner** zu bezeichnen. Nach erfolgter mündlicher Verhandlung sind auch die Begriffe **Arrestkläger und Arrestbeklagter** sowie **Verfügungskläger und Verfügungsbeklagter** praxisüblich. Der Referendar sollte in der Klausur die in der Sitzungsniederschrift benutzten Bezeichnungen verwenden, dies ist unangreifbar.

871 Der **Gebührenstreitwert** einstweiliger Rechtsschutzanträge beläuft sich regelmäßig auf **ein Drittel des Hauptsachewertes**,[1163] nur bei Leistungsverfügungen erreicht er den Hauptsachewert.

1. Urteil

a) Erfolgloser Antrag

872 In der **Hauptsacheentscheidung** ist ein **erfolgloser** Antrag **abzuweisen**. Die **Kosten** sind nach § 91 Abs. 1 S. 1 ZPO dem Antragsteller aufzuerlegen. Nach § 708 Nr. 6 ZPO ist das Urteil unabhängig von der Höhe der vollstreckbaren Kosten (anders als nach § 708 Nr. 11 ZPO) **ohne Sicherheitsleistung** vorläufig vollstreckbar. Dem Antragsteller ist nach § 711 ZPO eine **Abwendungsbefugnis** einzuräumen, soweit nicht eine Berufung ausgeschlossen ist (§ 713 ZPO).

b) Erfolgreicher Antrag

873 Beim **erfolgreichen** Eilantrag ist im Tenor (neben dem Zweck der Eilentscheidung) eine **konkrete Rechtsfolge** auszusprechen. Die **Kosten** trägt nach § 91 Abs. 1 S. 1 ZPO der Antragsgegner. Eine **vorläufige Vollstreckbarkeitsentscheidung** ist bei einem stattgebenden Urteil entbehrlich[1164] und in der Praxis **unüblich**. Gerichtliche Eilentscheidungen sind aus der Natur der Sache vorläufig vollstreckbar; ihr Zweck besteht gerade in der Sicherung der Vollstreckung. Bei Arresten ist nach § 923 ZPO von Amts wegen[1165] eine **Abwendungsbefugnis** (sogenannte **Lösungssumme**) anzuordnen; dies gilt nicht für einstweilige Verfügungen (§ 939 ZPO).[1166]

> *Zur Sicherung der Zwangsvollstreckung wegen einer Mietforderung in Höhe von 1.500 € wird der dingliche Arrest in das Vermögen des Antragstellers angeordnet.*
>
> *Die Kosten des Verfahrens trägt der Antragsgegner. Wenn der Antragsgegner 1.500 € hinterlegt, wird die Vollziehung des Arrestes gehemmt.*
>
> *Der Antragsgegner ist dann berechtigt, Antrag auf Aufhebung des vollzogenen Arrestes zu stellen.*

2. Beschluss

874 Anders als in Urteilstenören ergeht bei **Beschlüssen kein Ausspruch über die vorläufige Vollstreckbarkeit**, da Beschlüsse kraft Gesetzes vorläufig vollstreckbar sind (vgl. § 794 Abs. 1 Nr. 3 ZPO).

1163 Thomas/Putzo/Hüßtege § 3 ZPO Rn. 16.
1164 Thomas/Putzo/Seiler § 705 ZPO Rn. 4.
1165 Thomas/Putzo/Seiler § 923 ZPO Rn. 1.
1166 Thomas/Putzo/Seiler § 923 ZPO Rn. 3.

a) Erfolgloser Antrag

In der Hauptsache ist der Antrag **zurückzuweisen** (vgl. § 922 Abs. 3 ZPO), die **Kosten** **875** trägt wie beim Urteil der Antragsteller (§ 91 Abs. 1 S. 1 ZPO).

b) Erfolgreicher Antrag

Der Beschlusstenor bei einem **erfolgreichen** einstweiligen Rechtsschutzbegehren **876** deckt sich mit dem Tenor eines Urteils, beinhaltet also auch eine Abwendungsbefugnis (Lösungssumme).

V. Rechtsbehelfe

Der **statthafte Rechtsbehelf** gegen die gerichtliche Eilentscheidung hängt davon **877** ab, in welcher **Form** über den Ausgangsantrag entschieden worden ist.

1. Berufung

Gegen ein **Urteil** ist unabhängig vom Inhalt der Entscheidung nach § 511 Abs. 1 ZPO **878** die **Berufung**[1167] der statthafte Rechtsbehelf. Über die Berufung entscheidet das Berufungsgericht nach allgemeinen Verfahrensregeln durch **Urteil**.[1168] Das Berufungsurteil unterliegt **keiner Revision** (§ 542 Abs. 2 S. 1 ZPO).

> **Merke:** Bei einem Beschluss kommt es für den statthaften Rechtsbehelf darauf an, ob der einstweilige Rechtsschutzantrag erfolglos oder erfolgreich gewesen ist.

2. Sofortige Beschwerde

Ist der Antrag zurückgewiesen worden, findet dagegen nach § 567 Abs. 1 Nr. 2 ZPO **879** die **sofortige Beschwerde**[1169] statt.[1170] Über diese wird prinzipiell durch Beschluss entschieden (§ 572 Abs. 4 ZPO), der keiner Rechtsbeschwerde unterliegt (§§ 542 Abs. 2 S. 1, 574 Abs. 1 S. 2 ZPO). Beraumt allerdings das Beschwerdegericht im Beschwerdeverfahren eine mündliche Verhandlung an, entscheidet es ausnahmsweise durch Urteil, gegen das die Berufung statthaft ist.[1171]

3. Widerspruch

Ein **Sonderrechtsbehelf** ist gegeben, wenn durch Beschluss dem Eilantrag stattgegeben **880** worden ist. Dann ist dagegen der **Widerspruch** nach § 924 Abs. 1 ZPO der statthafte Rechtsbehelf.[1172] Dies gilt nicht nur für Arrestbeschlüsse, sondern auch für Beschlussverfügungen (§ 936 ZPO).

a) Zulässigkeit des Widerspruchs

Für das **Widerspruchsverfahren** ist grundsätzlich das Gericht **zuständig**, das den **881** Arrest- oder Verfügungsbeschluss erlassen hat.[1173] Anders ist dies beim sogenannten **Rechtfertigungsverfahren** i.S.d. § 942 Abs. 1 ZPO, das dem **Widerspruchsverfahren entspricht**,[1174] dort hat das **Hauptsachegericht** über die Rechtmäßigkeit

1167 Siehe dazu Rn. 729 ff.
1168 Thomas/Putzo/Seiler § 922 ZPO Rn. 6.
1169 Siehe dazu Rn. 757 ff.
1170 Thomas/Putzo/Seiler § 922 ZPO Rn. 7.
1171 OLG Hamburg, Urt. v. 27.02.2013 – 8 U 10/13, in: MDR 2013, 1122; Thomas/Putzo/Seiler § 922 ZPO Rn. 7.
1172 Thomas/Putzo/Seiler § 922 ZPO Rn. 7.
1173 Thomas/Putzo/Seiler § 924 ZPO Rn. 2.
1174 Thomas/Putzo/Seiler § 942 ZPO Rn. 9.

der ergangenen einstweiligen Verfügung zu entscheiden. Es erfolgt eine (erneute) Prüfung der **Zulässigkeit und der Begründetheit des Antrages** auf Erlass des Arrestes oder der einstweiligen Verfügung,[1175] bezogen auf den **Zeitpunkt der mündlichen Verhandlung im Widerspruchsverfahren**.

882 Eine **Frist** sieht das Gesetz für die Einlegung des Widerspruchs nicht vor. Der Widerspruch ist grundsätzlich **schriftlich** einzulegen; ist das Arrest- oder Verfügungsgericht ein Amtsgericht, kann er auch **zu Protokoll der Geschäftsstelle** eingelegt werden (§ 924 Abs. 2 S. 3 ZPO).

> **Merke:** Durch einen Antrag auf **Erlass einer einstweiligen Anordnung** kann die einstweilige Hemmung der Vollziehung des Arrestes oder der einstweiligen Verfügung erreicht werden (§ 924 Abs. 3 S. 2 ZPO).

883 **Zusammenfassend** ist die **Zulässigkeit des Widerspruchs** wie folgt zu prüfen:

> - Statthaftigkeit
> - Zuständigkeit
> - Form
> - Allgemeine Verfahrensvoraussetzungen

b) Entscheidung über den Widerspruch

884 Im Widerspruchsverfahren ist nach § 925 Abs. 1 ZPO durch **Endurteil** über die **Rechtmäßigkeit des angefochtenen Beschlusses** zu entscheiden. Bei der **Tenorierung des Widerspruchsurteils** ist die gesetzliche Vorgabe des § 925 Abs. 2 ZPO zu beachten, aus der sich ergibt, dass nicht über den Widerspruch, sondern über den Eilantrag entschieden wird.[1176]

aa) Unzulässiger Widerspruch

885 Nicht von § 925 Abs. 2 ZPO erfasst ist der (in der Praxis höchst seltene) Fall eines **unzulässigen Widerspruchs**. In diesem Fall ist analog § 341 Abs. 1 S. 2 ZPO (wie beim unzulässigen Einspruch gegen ein Versäumnisurteil) der Widerspruch **als unzulässig zu verwerfen**. Dem Antragsgegner als Widerspruchsführer sind die **weiteren Kosten** aufzuerlegen; eine Entscheidung über die **vorläufige Vollstreckbarkeit** unterbleibt wie bei einem stattgebenden Urteil über den ursprünglichen Antrag.

bb) Zulässiger Widerspruch

886 Im **Widerspruchsverfahren** erfolgt eine (erneute) Prüfung der **Zulässigkeit und der Begründetheit des Antrages** auf Erlass des Arrestes oder der einstweiligen Verfügung,[1177] **bezogen auf den Zeitpunkt der mündlichen Verhandlung im Widerspruchsverfahren**.

> **Merke:** Beim zulässigen Widerspruch ist (wie beim Einspruch gegen ein Versäumnisurteil) nicht über die Begründetheit des Widerspruchs zu entscheiden.

1175 Thomas/Putzo/Seiler § 924 ZPO Rn. 4.

1176 Thomas/Putzo/Seiler § 925 ZPO Rn. 2.

1177 Thomas/Putzo/Seiler § 924 ZPO Rn. 4.

(1) Fehlender Sacherfolg

Bleibt der Widerspruch **in der Sache ohne Erfolg**, ist nach § 925 Abs. 2 ZPO in der **887** Hauptsache der ergangene Beschluss zu **bestätigen**. Die **weiteren Kosten** hat der Antragsgegner als Widerspruchsführer zu tragen. Das bestätigende Urteil ist wie der Ausgangsbeschluss ohne gesonderten Ausspruch **vorläufig vollstreckbar**, auch wegen der Kosten.[1178]

> *Der Beschluss vom 11.04.2016 wird bestätigt.*
>
> *Der Antragsgegner trägt die weiteren Kosten des Verfahrens.*

(2) Sacherfolg

Bei einem in der Sache erfolgreichen Widerspruch ist der **Ausgangsbeschluss auf-** **888** **zuheben** und der Antrag auf Erlass des Arrestes oder der einstweiligen Verfügung **abzuweisen**. Die **Kosten** des **gesamten Verfahrens** trägt nach § 91 Abs. 1 S. 1 ZPO der erfolglose Antragsteller.[1179] Bei **der vorläufigen Vollstreckbarkeit** ist nach § 708 Nr. 6 ZPO eine Kostenvollstreckung unabhängig von der Kostenhöhe ohne Sicherheitsleistung anzuordnen. Der Antragsteller erhält vorbehaltlich des § 713 ZPO eine **Abwendungsbefugnis** (§ 711 ZPO).

> *Der Beschluss vom 26.04.2016 wird aufgehoben. Der Antrag auf Erlass einer einstweiligen Verfügung wird abgewiesen.*
>
> *Die Kosten des Verfahrens trägt die Antragstellerin.*
>
> *Das Urteil ist vorläufig vollstreckbar. Die Antragstellerin kann die Vollstreckung gegen Sicherheitsleistung in Höhe von 110% des vollstreckbaren Betrages abwenden, wenn nicht der Antragsgegner vor der Vollstreckung Sicherheit in Höhe von 110% des jeweils zu vollstreckenden Betrages leistet.*

c) Rechtsbehelf gegen das Widerspruchsurteil

Gegen das Widerspruchsurteil ist nach § 511 Abs. 1 ZPO **Berufung** statthaft, über die durch **Berufungsurteil** zu entscheiden ist.[1180]

4. Sonstige Verfahren zur Beseitigung eines Arrestes oder einer einstweiligen Verfügung

Neben den erörterten allgemeinen Rechtsbehelfen eröffnen die **§§ 926, 927 ZPO** zu- **889** sätzliche **besondere Verfahrensmöglichkeiten**, einstweilige Rechtsschutztitel nachträglich wieder zu beseitigen.

1178 Thomas/Putzo/Seiler § 925 ZPO Rn. 2.

1179 Vgl. Thomas/Putzo/Seiler § 925 ZPO Rn. 3.

1180 Thomas/Putzo/Seiler § 922 ZPO Rn. 6, § 925 ZPO Rn. 4.

Stichwortverzeichnis

Die Zahlen verweisen auf die Randnummern.